唐卉 著

希腊神话历史探赜
——神、英雄与人

中国文学人类学理论与方法研究系列丛书

复旦大学出版社

本丛书为国家社会科学基金重大招标项目
"中国文学人类学理论与方法研究"（10&ZD100） 结项成果

上海市新闻出版专项资金
上海交通大学文学人类学研究中心、神话学研究院
上海市社会科学创新研究基地——中华创世神话 资助项目
中国社会科学院比较文学研究中心

序　言

为什么是希腊？

看似远离尘嚣、偏安一隅的半岛竟然诞生了灿烂的文化，成为西方文明的精神源泉，这本身就是一个"神话"。在数千年的历史岁月里，她的光芒笼罩整个欧洲大地，作为人类美好的黄金期被一代又一代人缅怀和追忆，复兴古希腊文艺辉煌的渴望经久不息。彼特拉克曾悲观地认定欧洲历史除了古希腊古罗马时期，其余都是"黑暗期"。即便是强盛的罗马，虽然在军事上征服了希腊，也在文化上被希腊彻底征服。可以说，古希腊一度成为西方古典文化的代名词，她默默无言地贯穿于整个欧洲文明史。17世纪派生自古希腊史诗中英雄归乡用语νόστος的词汇nostalgia（"乡愁"）悄然兴起——我们都是远离家乡、失魂落魄的游子，如何让疲惫的心灵重返故里？——传达出现代西方人的浪漫情愫和普遍忧郁。

希腊为何让人如此怀旧？因为由神灵、英雄、凡人构成的希腊神话是一个多元的世界，没有谁可以独领风骚、一手遮天，人格化的神灵、神格化的英雄以及卑微如草芥的凡人都在咏叹生死，在神秘莫测的命运面前均展现出束手无策的柔弱一面。希腊神话如此鲜活，某种程度上，她是一部分希腊早期历史的真实写照；传承者对所有的故事深信不疑，在他们眼中神话就是历史。

有死之人在创造不死之神的过程中渴望生命延续，无名小卒在追求真善美的境界里力图灵魂不朽。在这样的神话历史语境中，神话是反映人类探索自身来龙去脉的历史，而历史又何尝不是一部影射社会演变中人类终极命运的神话？

希腊神话历史就像一面镜子，我们在虚幻的世界里看到真实的自己。

目 录

前　言　字母A的神话历史探究

一、从象形到拼音——A的前世今生　　……003
二、"母牛的河流"——字母的神话编码　　……006
三、未曾湮灭的大传统　　……011

上篇　神

第一章　"牛眼的"赫拉

第一节　"牛眼"与闪米特文字A　　……005
第二节　多元发生的赫拉形象　　……011
第三节　从独立母神到婚姻守护神　　……020
小结　A时代的母神　　……028

第二章　"太阳神"阿波罗

第一节　降灾与拯救——荷马史诗中的弓箭之神　　……031
第二节　预言与医药——悲剧时代的净化之神　　……037
第三节　认知与辩证——哲学时代的理性之神　　……043
小结　再造希腊精神的外来神　　……051

第三章　"金色的"阿芙洛狄忒

第一节　阿芙洛狄忒的起源　　……056

第二节　天上的女神，地下的美人　　……065
　　第三节　女诗人萨福的《致阿芙洛狄忒》　　……073
　　小结　女神的多重性　　……086

中篇　英　雄

第四章　赫拉克勒斯：介于神人之间

　　第一节　半神，半人　　……092
　　第二节　英雄神话的"历史性"解读　　……115
　　第三节　神王观念：神话与历史的融合　　……130
　　小结　从神话中发现历史　　……142

第五章　亚马逊：女英雄氏族之谜

　　第一节　可怕的单乳女人　　……150
　　第二节　尚武的女英雄　　……156
　　第三节　消失的女人国　　……160
　　小结　女英雄的神话历史　　……172

第六章　"神圣的"英雄纪念碑

　　第一节　伊利昂与特洛伊：一座城市的两种称谓　　……177
　　第二节　神造的"伊利昂"与人造的"特洛伊"　　……181
　　第三节　特洛伊考古：伊利昂神话的历史想象　　……191
　　小结　城邦的神话历史　　……199

下篇　人

第七章　俄狄浦斯神话：一部人的历史

　　第一节　俄狄浦斯叙事：神话与史诗　　……205
　　第二节　俄狄浦斯悲剧的原型意义　　……213

第三节　从俄狄浦斯神话到俄狄浦斯情结　……236
　　第四节　俄狄浦斯主题的再造与变形　……246
　　小结　认识你自己　……251

第八章　赫西俄德的神话历史

　　第一节　五个时代的划分　……257
　　第二节　时间：宇宙道德秩序　……260
　　第三节　倒退：悲观的历史观　……272
　　小结　神话：另一种历史　……282

第九章　希罗多德的历史神话

　　第一节　历史的多面性　……287
　　第二节　神话催生的"历史"　……292
　　第三节　历史映照神话　……298
　　小结　历史：另一种神话　……308

总　结　史学与文学的汇流

　　一、历史：发明的发明　……312
　　二、神话：原型性的发明　……318
　　三、史学与文学研究的汇流　……323

附　录　"史诗"词源考　……326

主要参考文献　……342

索　引　……354

后　记　……359

前　言
字母A的神话历史探究

Γνῶθι σεαυτόν

认识你自己！

——古希腊箴言

"认识你自己！"是铭刻在德尔斐（Δελφοί，Delphi）阿波罗神庙门前的一句箴言，语词简短却寓意玄妙，充溢着古希腊的智慧，体现着神与人、人与人、人与世界的关联。当我们发出哲学式的询问——"我是谁？我从哪里来？我要到哪里去？"时，也就开启了对自身、对族群乃至对世界神话历史的探赜索隐之门。

长久以来，人们习惯于将神话和历史截然区分：神话往往意味着虚构和荒诞，历史则代表了真实和严谨。由于有这样的观点存在，即认为"大多数古代神话，无论就其自身内在的还是其文字的意义而言，都是荒谬可笑的、非理性的，而且经常是和思维、宗教、道德的原则背道而驰的"，[1] 所以现代意义上一位真正的"求真者"，必定秉承比较科学的治史原则，摒弃所有的"空穴来风"和"道听途说"。[2] 然而，远古时代的人们，生活在神秘莫测的大自然当中，相信万物有灵，认为一草一木皆有神性。他们用口耳相传的神话故事记录自己民族的历史，这个时候，神话就是他们的历史，历史就是他

---

[1] ［德］麦克斯·缪勒：《比较神话学》，金泽译，上海文艺出版社，1989年，第11页。

[2] ［英］弗朗西斯·麦克康纳·康福德：《修昔底德：神话与历史之间》，孙艳萍译，上海三联书店，2006年，中文版序，第1页。

来自罗马圣格雷戈里奥（San Gregorio）修道院的挖掘纪念品，刻有希腊座右铭"认识你自己"，作者不详

们的神话。他们的民族之根已融在祖祖辈辈流传下来的神话历史之中。

不可否认，神话与历史经常处于你中有我、我中有你的状态。那些抱持去伪存真宏愿的"求真者"，未必能成为一名"得真者"。因为在神话历史中求索的先贤，最终关注的已不再是孰真孰假、谁对谁错，而是借由神与人的纠葛去探明人类的行为、思想和命运，从而认识我们自身。无论是西方史学上第一位历史学家、被称作"历史之父"的希罗多德（Ἡροδότος, Herodotus），还是具有批判精神、被称作"政治现实主义学派之父"的修昔底德（Θουκυδίδης, Thucydides），皆是如此。尽管他们努力地从理智上跳离神话与迷信，但其思想和血液早已融入了神话观念，这些神话观念在历史作品中如影随形，成就了一部部卓越的神话历史（mythistory）。①

这里之所以将神话历史合并为一个复合词来谈论，是因为在很长一段时期古希腊人对神话和历史并没有明确的界定，在他们看来，神话即"古史"。②许多历史事件可以从神话中获取证据，"这是因为，传说远非某一个人的捏造，而是整个民族的记忆"。③这些集体记忆从某种程度上来说构成了

---

① 神话历史（mythistory）是复合形式名词，由神话（myth）和历史（history）组合而成。《牛津英语辞典》将mythistory一词解释为"混杂有虚构的神话传说的历史"，见 The Oxford English Dictionary, 2nd Edition, Vol. X, Oxford: Oxford University Press, 1989, p. 178。
② 王以欣、王敦书：《希腊神话与历史——近现代各派学术观点述评》，《史学理论研究》1998年第4期。
③ [美] J. W. 汤普森：《历史著作史》（第4分册下卷），孙秉莹、谢德风译，商务印书馆，1992年，第682—683页。

该民族的历史。神话毕竟是神话，其中不乏大量夸张想象的成分，不可能完全地充当真实可信的史料，然而现实情况是，就连克里特古老的线形文字A尚且未被破解，更何况在无文字时代谜一般的希腊史前史，目前仍处于一个令人遐想连篇的"神话世界"，以至于我们考察历史依旧离不开神话。可以说，代代相传的神话勾勒出的图景在一定程度上反映了当时的社会生活、民风世俗，这些超越时间、追本溯源的神话故事为历史之谜的解答提供了宝贵的线索。

探究古希腊的神话历史，我们先从字母说起。

无论在何种表音文字当中，A都首当其冲，成为当之无愧的万音之母。这个张口即出的发音字母对于现代人而言太过熟悉，也正因如此，人们反而对其产生的来龙去脉以及象征意义感到陌生。众所周知，26个英文字母源自拉丁文，而后者的渊源可以通过古希腊字母及古希腊字母的前身——腓尼基（Phoenicia）字母直接追溯到约公元前1100年在古叙利亚和巴勒斯坦地区通行的北闪米特文字。这是一段有趣的字母文字发生发展史，其背后有着强大的神话语境做支撑。所以只有了解字母A的神话语境和历史背景，才能真正地追溯以表音文字为标志的西方文明的古老源头，才能对那些最熟悉的陌生者——字母，作出逐个的解码。

一、从象形到拼音——A的前世今生

古希腊文原本有26个字母，在3 000多年前由腓尼基字母改制而来；而腓尼基字母是由原始的迦南（Canaan）[①]文字演化而成的，它们在创制之初就曾受到北闪米特文字深刻的影响。往返于欧亚大陆、从事航海生意的腓尼基人（Φοίνικες）在象形文字[②]和楔形文字的基础上简化了复杂繁冗的笔画，"发明"了腓尼基字母。也就是说在古希腊文中出现的每一个字母，包括A、

---

① 迦南一词主要出现在《圣经》中，"腓尼基"是古希腊文对迦南的意译，意思是"紫色的；紫红色"，这与该民族生产的紫红色染料有关。
② 象形文字主要依据的是古埃及的图画文字制定的。

B、Γ、Δ、E、Z……①几乎都是由它们的前身——腓尼基字母在古老的闪米特文字中仿照一定的事物绘制而成，它们由象形文字派生而来，每一个字母本身都具有明确的意义。排列在第一位的字母A［alpha］即是一个典型，它的图像被描绘为一个带有尖尖角之物，活像一双牛角，如下图：

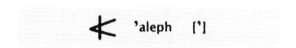

腓尼基语的首字母A

（引自Hoiberg, Dale H., ed., "A" *Encyclopædia Britannica*, Chicago, IL: Encyclopædia Britannica, 2010）

  古希腊人从腓尼基人那里接触到这些文字以后，为了方便学习，不断地加以改进。将这个图像顺时针方向倒立过来，创制了字母文字的首字母A。希罗多德在《历史》第5卷第58章提到，与卡德摩斯（Κάδμος）②一道前来的腓尼基人把许多知识带给了希腊人，特别是字母（γράμμα）。随着时间的推移，字母的声音和形状都发生了改变。"这时住在他们周边的希腊人大多数是伊奥尼亚③人。伊奥尼亚人从腓尼基人那里学会了字母，但他们在使用字母时却少许地改变了它们的形状，而他们使用这些字母时，他们把这些字母称为波依尼凯亚（Φοινικήια）④；这是十分正确的，因为这些字母正是腓尼基人给带到希腊来的。"⑤这些来自腓尼基的"波依尼凯亚"在希腊扎下根来，

---

① 这些古希腊字母被广泛地运用于数学、科学、工程及其他领域，音译的汉语名称分别为"阿尔法、贝塔、伽马、得尔塔、艾普西隆……"
② 希腊神话人物卡德摩斯（Kadmos）是传说中腓尼基国王的儿子，为寻找姐姐欧罗巴，跟随着一头牛从东方来到忒拜，在牛停留的地方建立了一座新城。他既是忒拜城的建设者，也被认为是创造字母的始祖。他的名字寓意深刻，闪米特字根qdm具有"东方"的含义（Gregorio del Olmo Lete and Joaquín Sanmartín, translated and edited by Wilfred G.E. Watson, *A Dictionary of the Ugaritic Language in the Alphabetic Tradition*, part one, Third Revised Edition, Leiden, Boston, Brill, 2015, p.652）。
③ Ionia，现通译爱奥尼亚。
④ 希腊文为Φοινικήια，其字面意思是"腓尼基的东西"。
⑤ 本书关于希罗多德《历史》的引用，希腊文参照Ἡρόδοτος, Ἱστορία, edited by A. D. Godley, Cambridge, 1920年版和Herodotus, *Histories*, edited by Michael A. Flower and John Marincola, Cambridge: Cambridge University Press, 2002；英文参照Herodotus, *The Histories*, London: Penguin Books, 2003(First Published 1954)；中译文引自［古希腊］希罗多德：《历史》（上下册），王以铸译，商务印书馆，2016年（1959年第1版）。此处引自中译本《历史》第434—435页。

聪明的希腊人对它们进行了一番改造：从文字到字母，从象形到表音，从关注文字形状到重视字母的发音，从单一的一字一意到诸多字母相互组合从而集体表意……公元前六七世纪，古希腊字母逐渐演变并最终确定为24个，其中包括7个元音和17个辅音，字母的排列组合变化无穷。当然，此时此刻，那些腓尼基文字原本的意义已经不复存在，随着时间的推移，代表形象思维的象形文字转变为表达抽象思维的拼音文字。比如"A"，人们只关注由它构成的词汇，而不会在意它的形状是否像牛角，进而思考它是否与牛崇拜相关。于是，每个字母的独立性渐渐变得模糊，取而代之的是由数个字母排列组合而成的词汇。这样不仅容易记忆，也方便表达。同时，注重优美言辞的古希腊人更是把声音的优越性发挥到了极致，字母对"音"的重视远远超过了原先对字母文字"义"的关注。虽然发音掩盖了这些表音文字最原初的意义，但却成就了西方文明建构史上的古典文字——希腊文。

尽管字母A作为文字的独立性丧失了，但是在其背后所具有的神圣意蕴并未消隐。古希腊神话中处处体现出对于字母A的崇敬。《新约·启示录》（ΑΠΟΚΑΛΥΨΙΣ）第21章描述道："坐在宝座上的那位对我说：'看！我已经将一切事物都更新了。你要将这一切记录下来，因为这些话都是真实可信的。一切都完成了！我是阿尔法，我是奥美格；我是开始，我是终结。我要将生命的泉水白白赐给口渴的人。'"①其中"我是阿尔法，我是奥美格；我是开始，我是终结"的希腊文写作 ἐγώ εἰμι τὸ α καὶ ω ἡ ἀρχὴ καὶ τὸ τέλος。"阿尔法"即字母A在这里象征着一切事物的开端。这段话不仅反映出希腊字母对西方文化的深远影响，也暗含了来自东方的闪米特文字对希腊文明的贡献。基于《新约》中对A的表述和个人对古希腊神话的浓厚兴趣，甚至可以说是向往，法国象征主义诗人兰波（Arthur Rimbaud）于1871年左右创作出一首令世人感到晦涩难懂的十四行诗《元音》（*Voyelles*），诠释了希腊文首尾两字母α和ω的深层内涵："A黑，E白，I红，U绿，O蓝：元音终有一天我要道破你们隐秘的身世；A，苍蝇身上的黑绒背心，围绕着腐臭嗡嗡不已……O，奇异而尖锐的末日号角，穿越星球与天使的寂寥——噢，奥米茄

---

① 《当代圣经》，（香港）中国圣经出版社，1979年，第573页。

眼里那紫色的柔光！"①这首诗极尽丰富多彩的想象，追溯西方文字的起源、字母的开创，大胆开放的革新精神，成为西方超现实主义诗歌的滥觞之作。文中出现的A（阿尔法）和Ω（奥米茄）分别为古希腊文的首末字母，兰波以诗人的敏锐神经，试图穿透普通人习以为常的字母写法，洞察其背后曾经存在的隐秘意象。这是一位19世纪的法国知识人，希望超越理性崇拜的时代局限，以通灵者的身份重新审视表音字母之初的象形文字，回溯西方文明之源，探寻西方文字之根的痴狂式努力。兰波认为字母A体现的是"苍蝇身上的黑绒背心"之意象，显然出自他的诗意幻觉和主观联想，这使得他驻足于叛逆的理想主义之路上，无法回溯到表音文字符号之前真实存在过的象形符号。

赋予元音字母颜色、声音和气味，打破传统的羁绊，让原本沉静的文字活了起来。兰波认为诗人应该是"通灵者"（voyant），他的《元音》一诗被崇奉理性的同时代人视为"呓语"或者"天书"，因为那个时代的知识条件还无法证明兰波所要发掘的字母背后的隐藏之意。20世纪以来的学术进展，终于满足了重新认识希腊字母起源的条件，揭开了神话信仰之宗教背景的神秘面纱，呈现出希腊字母源于腓尼基象形文字的具体脉络。

二、"母牛的河流"——字母的神话编码

由酷似一双牛角的文字改造而成的字母A，在希腊神话中起到主导性作用。奥林波斯十二主神中有五位神祇的名字打头的字母是A：阿芙洛狄忒（Aphrodite）、阿波罗（Apollo）、阿耳忒弥丝（Artemis）、雅典娜（Athena）、阿瑞斯（Aris）。用A打头的神灵一般都代表了至高无上和无可替代的神圣地位。还有，荷马史诗中英雄阿基琉斯（Achilleus）、统帅阿伽门农（Agamemnon）、王子埃涅阿斯（Aeneas）等卓尔不凡的人物名字都以A字打头，包括泛指希腊的阿开亚（Achaia，也译亚该亚）。这难道是偶然的吗？英

---

① 法英对照版参看 Arthur Rimbaud, *Selected Poems and Letters*, Translated and with an Introduction and Notes by Jeremy Harding and John Sturrock, London: Penguin Books, 2004, pp. 94-95；中译文引自中译本［法］阿尔蒂尔·兰波：《兰波作品全集》，王以培译，作家出版社，2011年，第102页。

国学者马丁·贝纳尔（Martin Bernal）在其名著《黑色雅典娜——古典文明的亚非之根》（*Black Athena: The Afroasiatic Roots of Classical Civilization*）中试图证明，西方文明的开端，即古希腊文明和语言在源头上接续的是古老东方文明——埃及文明而发展起来的。① 该作标新立异地讨论雅典城的守护神雅典娜的肤色问题，成为古典学界呼应人类学"走出非洲"新理论的惊天之作。在第1卷前言中贝纳尔明确提出腓尼基语对希腊文化的深远影响。② 既然雅典娜之名的第一个字母A蕴含前文字时代神话信仰问题，那么，追溯其本来意义就显得十分必要。

字母A源自腓尼基字母，而这个字母带有明显的象形文字的特征，那么酷似牛角的字母创作本义自然与牛崇拜有关。正如新柏拉图主义者柏鲁提努斯所认为的，象形文字所勾勒出的"这些图画并不是它们所代表事物的普通形象，而是被赋予了某种象征性质，借此它们向最初的沉思者揭示了一种深刻的洞察事物本质及实体的洞察力，及对事物先验起源的直觉理解，而这一洞察力并不是理性或内心沉思的结果，而是通过神的启发和教化自发获得的"。③ 所谓"自发获得"是指所有这些构建象形文字的比喻和象征意义皆来源于它们的直接外观。比如说，一枚牛角代表着简化了的公牛或母牛形象，进而表示"力量""永生""庄严""繁荣""生殖力"和"权威"等等。换言之，当最初的象形文字被使用时，一并被使用的是人们在文字或图画上所倾注的比喻意义、主体观念或内心思想。

世界上有不少民族都尊崇牛，甚至将牛当作神灵进行崇拜，而腓尼基人对牛更是心怀感激，按照希腊史学家蒂迈欧（Timaeus）的说法，聪明的腓尼基女王狄多（Dido）曾经凭借一张牛皮（Byrsa）获得了一片赖以生存

---

① Martin Bernal, *Black Athena, The Afroasiatic Roots of Classical Civilization*, Volume I: *The Fabrication of Ancient Greece, 1785–1985*, London: Free Association Books, 1987; Martin Bernal, *Black Athena, The Afroasiatic Roots of Classical Civilization*, Volume II: *The Archaeological and Documentary Evidence*, New Brunswick, New Jersey: Rutgers University Press, 1991; Martin Bernal, *Black Athena, The Afroasiatic Roots of Classical Civilization*, Volume Ⅲ: *The Linguistic Evidence*, New Brunswick, New Jersey: Rutgers University Press, 2006.

② Martin Bernal, *Black Athena, The Afroasiatic Roots of Classical Civilization*, Volume I: *The Fabrication of Ancient Greece, 1785–1985*, London: Free Association Books, 1987, preface.

③ ［英］J. R. 哈里斯编：《埃及的遗产》，田明等译，上海人民出版社，2006年，第137页。

的土地，建立了自己的城市迦太基。①所以根据牛角图像创制而成的字母A（α，［alpha］）位列字母第一位，象征着万事万物的开端，指引着无穷变化的方向。神话故事中，字母的缔造者——原腓尼基王子卡德摩斯为了找寻被宙斯掠走的姐姐欧罗巴，跟随着一头母牛来到了忒拜，并在此地建造了一座新的城池。②于是字母表第二个字母B（β，［beta］）在腓尼基语中意思是"家或房屋"，③它也是由象形文字简化而来，单从字母的上下两个空间结构就能看出房子的形态。另外，这个字母与牛也有关联。βοῦς，在希腊语中的意思为牛；βύρσα，希腊语意为"牛皮"。据传说，腓尼基人曾向利比亚本地人购买土地，他们说只要一片用一张牛皮就能覆盖的土地。利比亚人答应了。聪明的腓尼基人先把牛皮裁成一条条细丝状，然后把这些细条牛皮一根根头尾相连，形成了一个大大的圆。根据约定，他们圈了一大片土地。得益于买地的牛皮"毕尔萨"（βύρσα），围绕这片土地的卫城也由此得名"毕尔萨"。④有了牛就有了家，字母B紧随字母A之后，所以3 000多年前的字母A为何以一双简化的牛角形象出现就不难理解了。

　　早自旧石器时代始，牛的意象就代表天地之间的媒介和圣物；到了新石器时代，带角的公牛往往代表的是一位男神形象。牛与人类相伴数千年，不少民族都存在牛图腾崇拜。而牛角在许多古老的文化当中，都属于神灵的一个特征。⑤比如，阿庇斯（Apis）是古代埃及的神牛，古希腊人称之为厄帕福斯（Epaphos）。⑥阿庇斯的崇拜中心在孟斐斯。有趣的是，充当神牛的公牛必须是黑色的，前额带有白色斑点。在古希腊化时代，希腊人认为阿庇斯是伊娥（Ἰώ，Io，同埃及女神伊西斯混为一体）的儿子，而阿庇斯对应的埃

---

① Oskar Seyffert, *A Dictionary of Classical Antiquities, Mythology Religion Literature Art, I*, Revised and edited by Henry Nettleship and J. E. Sandys, New York: The Meridian Library, Meridian Books, 1956, p.185.
② Ibid., p. 106.
③ Walter Burket, *Babylon Memphis Persepolis: Eastern Contexts of Greek Culture*, Cambridge: Harvard University Press, 2004, p. 16.
④ 罗马诗人维吉尔曾提及这一段故事。见［古罗马］维吉尔：《埃涅阿斯纪》，杨周翰译，人民文学出版社，1984年，第13页。
⑤ Ariel Golan, *Prehistoric Religion: Mythology·Symbolism*, Jerusalem: Jerusalem Press, 2003, pp. 124-125.
⑥ Oskar Seyffert, *A Dictionary of Classical Antiquities, Mythology Religion Literature Art, I*, Revised and edited by Henry Nettleship and J. E. Sandys, New York: The Meridian Library, Meridian Books, 1956, p.214.

及神灵即是荷鲁斯无疑。希腊神话中的母牛伊娥与埃及女神伊西斯混同的原因在于两者都与牛有关；牛角是她俩的象征物。①

伊娥本是古代阿尔戈斯地方的月亮女神，照后来的传统说法，她是阿尔戈斯国王伊那科斯的女儿，宙斯的情人。天后赫拉出于嫉妒，把她变成母牛，重要的是，在神话中被描绘成具有一双"牛眼的"（βοῶπις）赫拉也与牛崇拜有关。本书将在上篇第一章涉及相关问题。百眼巨人阿尔戈斯奉赫拉之命监视伊娥，被赫耳墨斯杀死。赫拉又打发一只奇异的牛虻（一说是赫拉本人变作牛虻）刺她，母牛到处奔逃，最后逃到埃及。在那里，宙斯使她恢复人形。伊娥生下厄帕福斯。后来，她嫁给忒勒戈诺斯。希腊化时代，伊娥同伊西斯合而为一，两位女性神均表现为母牛的形象。伊娥奔逃时泅渡的河流被称为"母牛的河流"。另外，希腊人认为伊奥尼亚因伊娥而得名，当她逃避赫拉的迫害时，曾泅渡这片海洋。②在古希腊悲剧家埃斯库罗斯的名剧《被缚的普罗米修斯》中，头带牛角（βούκερω）的伊娥出场。为人类盗火的普罗米修斯（Prometheus）讲述了伊娥的"命运"，劝她离开欧罗巴，前往亚细亚，并预言她的后人将解救被绑在悬崖上受苦的普罗米修斯（第695—760行）。"先行思考者"普罗米修斯给伊娥指明方向：

> 离开
> 那里，鼓起勇气，穿越海峡，迈俄提斯的
> 流水——从那以后，凡人将谈论
> 你的跨越，一代一代，叫它母牛的水津，以你的名字
> 称谓，由此你离开欧洲大陆，踏上
> 亚细亚地面。③

在埃斯库罗斯的《被缚的普罗米修斯》中，伊娥泅渡的是博斯普鲁斯

---

① Oskar Seyffert, *A Dictionary of Classical Antiquities, Mythology Religion Literature Art, I*, Revised and edited by Henry Nettleship and J. E. Sandys, New York: The Meridian Library, Meridian Books, 1956, p.322.
② ［苏联］M. H. 鲍特文尼克等编著：《神话辞典》，黄鸿森、温乃铮译，商务印书馆，2015年，第322—323页。
③ ［古希腊］埃斯库罗斯：《埃斯库罗斯悲剧集》，陈中梅译，华夏出版社，2008年，第215页。

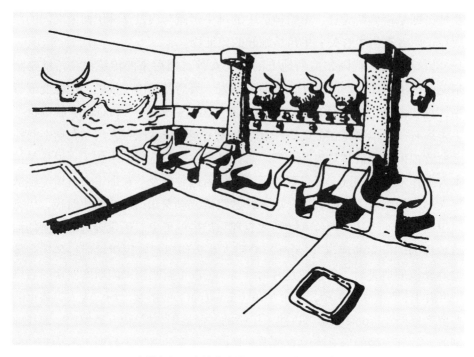

卡塔尔胡玉克神庙内景，约公元前7000年

（引自David Lewis-Williams and David Pearce, *Inside the Neolithic Mind, Consciousness, Cosmos and the Realm of the Gods*, London: Thames & Hudson, 2005, p.104）

（Βόσπορος），而"母牛的河流"（Βόσπορος δ' ἐπώνυμος）或者称作"牛津"（Ox-ford）①正是伊娥跨越的伊奥尼亚海峡，博斯普鲁斯（Bosporos）这个海峡名称很可能起源于早就遍布于滨海地区的希腊人伊奥尼亚部落。②如此看来，该部落的祖先与伊娥和母牛相关倒不足为奇。神话的人名、地名一般都是有所依据的。像"毕尔萨""博斯普鲁斯"这些与牛相关的地名，其背后动人的神话显示出它们的历史。

对牛的崇拜体现在字母A最初的创制之中，可以说A这个字的背后隐匿

---

① Oskar Seyffert, *A Dictionary of Classical Antiquities, Mythology Religion Literature Art, I*, Revised and edited by Henry Nettleship and J. E. Sandys, New York: The Meridian Library, Meridian Books, 1956, p.322.
② ［古希腊］埃斯库罗斯：《埃斯库罗斯悲剧集》，陈中梅译，华夏出版社，2008年，第215页，注释⑥。

着一个巨大的神话编码。考古发现,在许多重要的遗迹当中都存在古老的牛头图像,其中最著名的莫过于在土耳其发现的新石器时代遗址卡塔尔胡玉克(çatalhöyük)的神庙建筑风格,其年代可以追溯到约公元前7500—前5700年。①庙宇中的祭坛和正面墙壁上别无他物,只有一排排的牛头供奉在那里。为什么神庙里要摆放牛头?如果从神话宇宙观的角度审视,神牛作为沟通天地神人的神圣中介符号,意味深长。而作为神牛的象征符号A一直保留了下来,它背后的神秘语言和文化有待人们挖掘思考。

三、未曾湮灭的大传统

1876年11月16日,饱受嘲笑和质疑的德国商人、考古学领域的拓荒者海因里希·谢里曼(Heinrich Schliemann)在迈锡尼遗址挖掘出一副黄金面具,谢里曼认为这副黄金面具属于古希腊盟军首领阿伽门农战斗时所用之物。虽然面具的主人究竟是谁目前尚存争议,②但是这次探险挖掘还是震惊了整个考古学界。它从一定角度证明荷马史诗中描述的世界并非全然虚构,一直以来被公认为子虚乌有的神话故事在很多情节方面乃是基于真实的历

"阿伽门农的面具"(Mask of Agamemnon)。如今这副面具被证明大约在公元前1550—前1500年之间,早于特洛伊战争的神话300年,现存于雅典国家考古博物馆

---

① David Lewis-Williams and David Pearce, *Inside the Neolithic Mind, Consciousness, Cosmos and the Realm of the Gods*, London: Thames and Hudson, 2005, pp. 103-105.
② 1876年秋天,谢里曼带领他的团队在迈锡尼的卫城开始挖掘,在不到7周的时间里,他发现了一个墓葬,墓里塞满了金王冠、金酒杯和黄金面具。谢里曼认为黄金面具属于荷马史诗中希腊联军统帅阿伽门农,但实际上这副面具应该更为古老。详见[美]保罗·麦克金德里克:《会说话的希腊石头》,晏绍祥译,浙江文艺出版社,2000年,第55页。

史。经过谢里曼这位神话痴迷者的不懈努力，沉睡千年的特洛伊、迈锡尼、梯林斯等这些长期被视为凭空捏造的古城重见天日。于是，笃信科学的人们开始怀疑神话与历史之间是否存在一条非此即彼的截然界限。手持一本《荷马史诗》寻找特洛伊城的谢里曼为何最终使得幻想成为现实？

不可否认，理性时代的思维崇尚无神论，即使是宗教行为和观念也无可避免地受限于文字产生之后的文化环境——小传统，文学、历史、哲学、宗教等学科的细致划分在一定程度上割裂了探索的整体性，在诸多层面忽视甚至遮蔽了文字之前的文化环境——大传统。也就是说，文字产生之前的时代，无论在何种方面，都显得更为丰富和多元；文字产生以后，对文献的盲信反而束缚了人类的想象，凡事讲求实证的心态让本来丰富和多元的视角变得狭窄、逼仄，"请给我一个逻各斯"（λόγον δίδωναι，Logon-didōnai）①成为西方逻辑实证的肇始。的确，抽象思维蓬勃发展的同时，却与神话语境中的大传统观念渐行渐远。

比如古埃及的象形文字以及腓尼基创造的字母，都有大传统遗留下来的神话观念做支撑，只有将它们放置在动物图腾和神话语境中进行考察，才会发现这些文字和字母都是鲜活的，有生命力的。它们对希腊文字和文明影响深远。如当代古典学者瓦尔特·伯克特（Walter Burket）指出：

> 在希腊从东方输入的所有"产品"中，最为重要的当属字母（alphabet）了。假设说，即使到了现代社会，现代化进程与民主制度仍然与阅读书写能力息息相关的话，那么从这一点出发，可以肯定希腊人绝对是最先成就这样一个事实的国民。这里需要补充一句：希腊人应该感谢他们的东方邻居。鉴于以上原因，关于字母的发明和普及问题，有必要在此作简单陈述，虽然从学术的角度来讲，我们试图总结的应该是众所周知的常识问题。希腊人曾经承认，拼音字母来自腓尼基语，所以我们不必怀疑希腊字母的闪米特起源。24个字母起始的两个字母α（alpha）和β（beta）便属于闪米特词汇，在原闪米特词汇中分别指的是

---

① 荷马：《奥德赛》第22—23卷，相关文章参看陈中梅：《〈奥德赛〉的认识论启示——寻找西方认知史上 logon didonai 的前点链接》，《外国文学评论》2006年第2期。

"公牛"和"房屋";然而这两个字母在希腊文中并不传达任何意思。两个随意的但却具有暗示性的词条在希腊文表述中形成一个序列,这个序列作为一种特殊能力的基础被希腊人加以运用和记诵。从公元前3000年开始,书写便在古老而高等的文化当中发展起来;同时书写也为这些文化的发展起到积极的作用,它促成埃及的象形文字或美索不达米亚的楔形文字的形成。但是无论是象形文字还是楔形文字,都具有一套非常繁杂的书写系统,其中包含着数以百计的符号,而每一个符号又具有多重功能,所以如果没有经过多年的训练,是根本无法熟练地掌握它们的;不仅如此,掌握这些符号之后,还需要不断地操作和实践。因此,一般说来,写作者们都是知识分子,属于博学的社会阶层,他们虽然人数有限,但却拥有无比的威望;在美索不达米亚,掌握文字的写作者们称自己为"写字板的主人"(lords of the tablet)。①

瓦尔特在《希腊文化的东方语境:巴比伦·孟斐斯·波斯波利斯》一书中,详细地论述"欧洲古典文明的东方根源",并在第一章举出希腊的表音字母原脱胎于闪米特的象形字的迹象,起始的两个字母A和B,分别与原闪米特词汇中的"公牛"和"房屋"相对应。按时间顺序和文字分级编码理论看,假定模仿动物的图画如牛或牛头属于一级编码的话,那么简化的图形如牛角等则属于二级编码,而脱胎于二级编码文字的拼音字母属于三级编码文字。此处旨在说明脱胎于一级编码文字(埃及象形文字及美索不达米亚的楔形文字)的二级编码文字(腓尼基字母)演变为三级编码文字(希腊字母)的由来及过程。这一过程不仅展露出文字的发展变化,同时也体现了文字从无到有、贯穿始终的神话历史。

结合神话(myth)和历史(history)两个词汇合并而成的mythistory(神话历史)一词应运而生,为人文社科研究提供了一种更为宽阔的视域:就本真性而言,神话与历史之间没有一道不可逾越的鸿沟,没有我们一直以来倾向于确立的不兼容性。在古代先民的眼中,神话就是他们的历史,历史

---

① Walter Burket, *Babylon Memphis Persepolis: Eastern Contexts of Greek Culture*, Cambridge: Harvard University Press, 2004, p. 16.

就是他们的神话。谢里曼挖掘传说中的古城从而证明神话故事里存在真实的历史，就因为他始终坚信神话历史是一体的。久远不可考的"历史"是神话的历史，是先人流传给我们的珍贵遗产。不可否认，很长一段时间，神话都充当着历史学家赖以了解希腊历史的"孤证"。[①]把那些看似荒诞不经的因素全部剔除，唯独留下貌似真实合理的历史内容，这样的做法往往会走向僵化。"因为我们不可能超越根深蒂固的偏见来看待历史，同样我们也不可能毫无偏见地撰写历史……历史研究是最新的但不是最后的西方神话构建，通过它我们努力超越狭隘的文化视野。"[②]历史在某种程度上是对神话的建构，神话也有其历史发展轨迹可循。

真实与虚构往往混沌不清，相伴而生，神话文学不仅可以考古，而且本身就带有破解历史谜团的密钥。文字产生之前，所谓的历史事件一直在口传文学中流传，像荷马、伊翁这样的诗人充当了沟通的重要媒介，将一些真实发生的历史故事以神话叙述的方式保存下来。千百年来，人们把它们当作纯属虚构的故事看待，直到谢里曼带来的重大发现，他不仅挖出了地下尘封已久的神话城池，也打破了人们心中固若金汤的历史偏见。

比较而言，文字之前是大传统，文字之后是小传统。小传统树立起书写和文本的权威，反过来使得大传统中未曾得到记录的内容大量被遮蔽和失传。如何考察历史，理解神话，从而在神话历史当中认识我们自己，是今日学者需要注意和反思的重要内容。

[①] 王以欣：《神话与历史——古希腊英雄故事的历史和文化内涵》，商务印书馆，2006年，绪论，第3页。

[②] ［美］唐纳德·R.凯利：《多面的历史：从希罗多德到赫尔德的历史探询》，陈恒、宋立宏译，生活·读书·新知三联书店，2006年，第2页。

上篇

神

第一章
"牛眼的"赫拉

> 天后赫拉,
> 摇动自己的宝座,震撼着雄伟的奥林波斯山。
>
> ——荷马:《伊利亚特》

希腊神话中的神界天后、奥林波斯主神宙斯的妻子赫拉(Ἥρη, Hera)在传说中多以这样的方式出现:由于丈夫的拈花惹草,赫拉真可谓疲于奔命,使出浑身解数阻止和惩罚丈夫的偷腥行为。她的嫉妒之火燃烧在宙斯的爱人们以及他们所生的孩子们身上——她延误了阿尔克墨涅九天的产期,孩子出生后又派巨蟒去扼杀新生儿;她劝说怀孕的塞墨勒要求宙斯以真面目出现在面前,塞墨勒被烧死后,赫拉又派遣提坦们肢解了塞墨勒的遗腹子;她把怀孕的勒托逼得无处藏身,无法获得片刻安宁;她无情地将丈夫心爱的女人卡利斯托变成一头熊,继而派阿耳忒弥丝斩尽杀绝;她把美少女伊娥变成一头牛,命令白眼巨人阿尔戈斯日夜看守……神话故事浓墨重彩地描绘了赫拉的嫉妒及报复行为,树立了她无法撼动的恶妻形象。①不过,这些嫉妒的

---

① 赫拉以正妻的身份惩戒宙斯的爱侣们,宙斯多半睁一只眼闭一只眼。唯有一次,盛怒下的宙斯曾将赫拉高挂在奥林波斯山上用皮鞭抽打,参看阿波罗多洛斯《神话全书》的第1卷第3章第5节。周作人曾翻译劳斯的《希腊的神与英雄与人》,附记中有一节说及赫拉的嫉妒一事,解释为:"宙斯的多妻其一半原因是由于古代的习惯,后世的希腊喜剧家与文人,对于这件事常取宽假的态度,友谊地加以嘲笑,但尚有一半原因,则宙斯本人不负其责,说也奇怪,其责任反在编述神话的诗人们身上。希腊古时各地方都市林立,各自有其建立的历史与开创的英雄,而此英雄们的谱系照例必推本于神话,大抵以宙斯为父,及希腊文化渐以统一,地方传说悉容纳于神话之中,于是各地独立之御妻的名分发生不安,不得不列位于天后赫拉之次,(转下页)

女神形象都是在男性神占主导地位之后出现的,也就是说,原初的赫拉形象已经在男性主宰的政治神学中发生了严重的扭曲和变形。

女神赫拉在荷马史诗里有三个最主要的描述词(或称为修饰语、程式化套语):"白臂膀的"(λευκώλενος)①、"牛眼的"(βοῶπις)②和"享用金宝座的"(χρυσόθρονος ὀφθαλμοῖσι)③。这三个描述词分别用来表现女神的重要特征:无与伦比的美貌、令人震慑的威严和不可撼动的地位。尤其是"牛眼的夫人"(βοῶπις πότνια)这一描述词在《伊利亚特》中出现十多次。④"牛眼"成为赫拉身上最为显著的特征。作为农业时代的母神,赫拉最初的形象塑造无疑与祈愿母牛丰产的仪式密切相关。我们在前言中说过,古希腊字母在公元前1000年左右由腓尼基的文字改制而来,首字母A(alpha)派生自闪米特文字,表现为一只向一旁倾斜的牛角。这一模拟牛角的象形字产生于远古图腾崇拜时代,那时造型艺术中的动物(尤其是母牛)往往代表神圣的符号。希腊神话与历史的形成,以及希腊哲学的产生都离不开这些外来文字和文化的影响。随着文明史的推进,A的原型意象之含义逐渐模糊和隐藏,女神的地位也屈居于男神之下。史诗中的赫拉已经不再葆有A时代(animal/agriculture/alpha,动物崇拜,农业,字母)独立女神的风姿,而是在不断驱逐清扫情敌、打响一场场婚姻保卫战中努力维持自己的正妻之位,其背

(接上页)普通世系表所记共有十二人,实在只是其荦荦大者而已。宙斯与赫拉反目传说,赫淮斯托斯之伤足传说,均由此而兴,此在人间当为谣言与风说,而希腊的神与人不以为忤,终且认为神话上的一分子,亦是很有意思的事。"周作人赞成劳斯所释理由的前半句,对后半句进一步分析说:"赫拉本来是母性大神,差不多是女酋长,后来成为男神的配偶,已经是屈尊了,或者可能由于部落的征服,那么更是胜国的女王,其难以驯服,更是当然的了。赫拉的妒忌这里另有一种原因,经诗人加以人情的润色,当作简单的人事看,所以多显出喜剧的色彩来了。"参看[古希腊]阿波罗多洛斯:《苦雨斋译丛·希腊神话》,周作人译,中国对外翻译出版公司,1998年,第146页。根据人类学的知识,神话文学中反复出现的情节并非只是为了显示戏剧的色彩,它们往往与文化、宗教和历史上的真实事件密切相关,只是运用了文学描绘的表现形式而已。

① 《伊利亚特》,第1卷第55行。希腊文引自 D. B. Monro and T. W. Allen, ed., Ὁμήρου Ἰλιὰς, Oxford, 1920年版和 Homer, *The Iliad*, with an English translation by A. T. Murray, Cambridge: Harvard University Press, 1974年。下同。
② 《伊利亚特》,第1卷第551行。
③ 《伊利亚特》,第14卷第153行。
④ 《伊利亚特》,第1卷第551行,第4卷第50行,第8卷第471行,第14卷第159、222、263行,第15卷第34、49行,第16卷第439行,第18卷第239、357、360行。

后体现的是女神唯我独尊地位的沉降。不过从她执掌婚姻的神职功能来看,依然透露着远古女神信仰时代的信息。本章将从三个方面探讨赫拉神话的起源。

第一节 "牛眼"与闪米特文字A

在以游牧为主、农耕为辅的古代社会生活中,牧养牛群最为重要。关于这一点,可以从古老的梵语"国王"(gopā)一词得到很好的证明。这个词的字面意思是"得牛者",gopā的前半部分go来自梵语名词gau,意思是"牛",它的发音与英语中的cow("奶牛")几乎一致;而梵语动词gauisti一词的字义是"求牛",希望得到更多牛之意,引申为"战争"。① 索取牛、抢夺牛成为战争的起因或目的。印度神话中的王者因陀罗所立下的功劳之一就是夺回了被抢走的奶牛。因为远古时期的人们将牛奉为圣物,特别是那些具有繁殖能力的母牛更是不可侵犯,所以对牛的抢夺往往是引发战争的关键原因和导火索。这个时期,母牛被赋予了深刻的宗教意义:"保护母牛和崇拜母牛象征着人类对母性的保护和崇敬。"② 而"牛眼"赫拉则体现着远古时期的母牛和母性崇拜,属于图腾崇拜的残余,而"牛眼"这个词一直延续到公元前8世纪(或者更早)的荷马史诗里。

在古代希腊,赫拉的宗教崇拜主要集中于两个中心城市——阿耳戈斯和萨摩斯。在荷马史诗所描绘的情节中,我们看到赫拉十分钟爱这两座城市,为保护它们不遗余力。用荷马风格的词描述赫拉女神,还有"阿耳戈斯的赫拉"之专名(Ἥρη τ' Ἀργείη)。③ 阿尔戈斯和萨摩斯在古希腊处于重要的地理位置,赫拉在这两个地方确立和稳固了她的神圣地位,作为伟大的女神受到整个希腊广泛的崇拜。神话中的赫拉未必真的长着一双骇人的"牛眼"。如果将希腊文"牛眼"(βοῶπις)这个词细加分析,可以

---

① 杨惠南:《印度哲学史》,(台北)东大图书公司,1995年,第5页。
② [美]马文·哈里斯:《好吃:食物与文化之谜》,叶舒宪、户晓辉译,山东画报出版社,2001年,第46页。
③ 《伊利亚特》,第4卷第7—8行。

图 1-1 赫拉的大理石雕像。希腊5世纪"巴贝里尼的赫拉"(Barberini Hera)的罗马副本(贾拉蒙特博物馆藏)

拆成 βοῦς（牛）和 ὦψ（眼睛或脸面）两部分。牛在远古地中海文化区的动物崇拜中居首位，而眼睛是所有动物包括人身上最重要的五官之一，两只眼睛充当"心灵的窗户"。在古代壁画中表现猫头鹰的时候只需画出两只圆眼睛，表示它"无所不见"（all-seeing）。① 由此可知，"牛眼"（母牛与眼睛的结合）不光是表现女神的形象特征，更要突出的是赫拉在神明当中不可一世的重要地位。首先，牛眼是她神圣性和威严无比的符号。其次，赫拉的敏感、易怒、疾恶如仇等表现也令人心生畏惧，在她发怒的时候眼睛瞪得圆圆的，就像一对大大的牛眼，这样的可能性也不是不存在。再次，牛眼说到底，暗含着或者说是传递着远古时期的信仰。

古时，尊崇牛的地域非常广泛，希腊、腓尼基、埃及、印度、中国等都存在牛的信仰。钱锺书先生在《管锥编》中提到《说卦》里"乾为天，为父，为良马，为老马。坤为地，为母，为子母牛"的说法，解释说："按此等拟象，各国或同或异。坤之为母，则西方亦有地媪之目，德国谈艺名家早云，古今语言中以地为阴性名词，图像作女人身。"② 天为马，地为牛，一个属阳，一个属阴，一个是父亲，一个是母亲。母牛作为地母象征，在许多民族的神话中出现。在农业社会，奶牛产奶，耕牛犁地，牛提供珍贵的生活资源，是不可或缺的生产资料。由此可见，神界的天后、凡间的地母——赫拉由母牛的形象脱胎而来的说法有一定的历史合理性。

除此之外，希腊文明与牛信仰的关联也体现在文字上，确切地说体现在从闪米特文字改制而成的希腊字母上。基于语言学界对腓尼基文字的考证，瓦尔特·伯克特认为每一个希腊字母的源头即闪米特文字从图像原型看都有

---

① Marija Gimbutas, *The Language of the Goddess*, London: Thames and Hudson, 2001, p. 51.
② 钱锺书:《管锥编》(第1册)，中华书局，1979年，第56页。

其自身的对应物。比如说，A（alpha）被描绘成一只"牛角"或者"牛头"；B（beta）的样子像是一个"家"或一座"庭院"；Γ（gamma）表示"钩状物"；①Δ（delta）代表一扇"门"。②其中首字母A的意象尤为关键，因为它象征着牛。牛可以说是最早得到神圣化的动物之一，它的神圣性可与天空大地相比，是沟通天地的媒介。如果从象形图像的视角进行推测，那么另外一个希腊字母"Ψ"看似一个双臂上扬的人，③这个符号似乎也充当了天地之间的中间链环，可结合赫拉另外一个描述词"白臂膀的"作进一步思考。关于介于天地之间的牛的意象，象征符号研究专家瑟洛特（J. E. Cirlot）就此解释说："实际上一些学者（比如施耐德）支持这样的观点，在火与水这两个元素之间存在一个中间区域，而牛恰巧与这一区域相等同，也就是说牛象征着连接天地的媒介，其重要性不言而喻。正如乌尔（Ur）王陵中的牛雕塑，它的头顶用黄金铸造，代表着火；下巴由青金石（lapis-lazuli）制成，代表着水。总之，牛意味着神圣、自我否定和忠贞不渝。农业社会的宗教崇拜中常常发现牛的形象；换句话说，这种身上兼备水火不容对立面的形象代表着一种旺盛的生殖力。"④也就是说，早在畜牧和农业社会产生以前，牛角就已经具备生命象征的意义。20 000年前的旧石器时代女神雕像"持牛角的维纳斯"⑤可以为证。到了农耕时代以后，丰产的牛维系着农业社会的生产，而母神与牛的形象在生殖力方面发生象征关系，对牛的尊崇渐渐转移为对母神的崇拜和

---

① 排列在第三位的字母 Γ（gamma）意义不详，阿卡德语gamlu有"钩子、飞镖"或者"骆驼"之意。参看 Walter Burkert, *Babylon, Memphis, Persepolis: Eastern Contexts of Greek Culture*, Cambridge: Harvard University Press, 2004, p. 147, note 3.
② Ibid., pp. 16–17.
③ Ψ（psi）最初的意思无法确定。［法］费尔南·布罗代尔：《地中海考古：史前史和古代史》，蒋明炜等译，社会科学文献出版社，2005年，第148页。彩图第31张"扬臂女神"，呈希腊语第23个字母Ψ字形的迈锡尼女性偶像，属于迈锡尼宗教信仰，作为迈锡尼女神偶像现藏于塔兰托国立考古博物馆。
④ J. E. Cirlot, *A Dictionary of Symbols*, Translated from the Spanish by Jack Sage, New York: Philosophical Library, 2002, p. 34.
⑤ 该作品是欧洲旧石器时代著名的原始浮雕之一，年代大约在公元前19000年。它是一尊刻在多尔多涅（Dordogne）一个山洞内壁上的小雕像，用红赭石颜料涂抹。女神呈站立姿势，右手托住牛角形觥，左手抚摸腹部。该作品多采用线刻而成，女神面部刻画粗糙，而乳房、臀部等女性特征夸张醒目。一般认为，此作品中的女神可能在主持一项巫术仪式，祈祷多产与丰收。参看［英］诺曼·戴维斯：《欧洲史》（上卷），郭方、刘北成等译，世界知识出版社，2007年，第28页。

敬畏。

还有一点至关重要，那就是希腊字母借鉴的腓尼基文字透露出的历史信息。A为什么放置于腓尼基文字之首呢？它原本的读音已无法考证，也许与母牛发出的响声相同，抑或与唤牛的呼声相似。腓尼基人在神话叙事中得到赫拉的庇佑，他们崇拜牛，一方面因为"牛眼的"赫拉的缘故，另一方面源于他们曾经从牛皮（希腊文作 βύρσα）中获益。根据传说，腓尼基本来没有自己的土地，于是前往利比亚购买土地。腓尼基人向利比亚本地人承诺说，他们并不贪心，只需要一片用一张牛皮就能覆盖的土地面积。利比亚人心想，一张牛皮大不到哪里去，便爽快地答应了，结果中了对方的圈套。因为聪明的腓尼基人先把牛皮裁成一条条细丝状，然后将这些细条牛皮一根根首尾相连，形成了一个大大的圆。根据约定，他们圈了一大片土地。所以用来买地的牛皮被腓尼基人命名为"毕尔萨"（βύρσα）。① 关于腓尼基人用牛皮圈地的故事，古罗马诗人维吉尔在《埃涅阿斯纪》第1卷第305—417行有所呈现。英雄埃涅阿斯从一片火海的特洛伊城逃亡来到一个陌生的地方，他向维纳斯询问这是哪里时，美神回答他说："你眼前看到的是腓尼基的国土，在迦太基掌权的是一位女性领袖狄多（Dido），她从推罗城（Tyre）② 来，为的是逃避她的兄弟。她带领腓尼基人买了这片土地，根据买地的方法，命名为毕尔萨，即面积用一张牛皮能圈起的土地。"③ 这段话简要地描述了神话传说中关于腓尼基"家"（字母B的象形意）的来源以及与牛皮乃至牛（字母A的象形意）的关联。也是在同一卷的第657—694行，维纳斯认为狡猾的腓尼基人不可信赖，因为他们总是口是心非，即便如此，美丽的爱神也不敢开罪对方，她担心来自朱诺（即希腊神话中的赫拉）的敌意，因为朱诺一直偏爱腓尼基人。④ 天上的诸神都会对赫拉敬畏三分，谁得罪了腓尼基，就会招来赫拉的制裁。从这段描述中，可以为腓尼基文字中代表牛头的A为什么占据

---

① ［美］菲利普·费尔南德兹-阿迈斯托：《世界：一部历史》（上册），钱乘旦译，北京大学出版社，2010年，第144—148页。
② 推罗，又译泰尔、提洛、苏尔等，位于黎巴嫩的地中海沿岸，该城是古代腓尼基人的城市。"推罗"的意思是"岩石"。参看 Bikai, P., "The Land of Tyre", in M. Joukowsky, *The Heritage of Tyre*, Kendall Hunt Publishing Company, 1992, Chapter 2, p. 13.
③ ［古罗马］维吉尔：《埃涅阿斯纪》，杨周翰译，人民文学出版社，1984年，第13页。
④ 同上书，第22页。

最重要的位置这样的疑问找到答案，牛受到最高崇敬不仅仅是因为动物本身的繁殖力，而且也归因于依附在牛身上的神灵之力。

至于希腊文的第四个字母Δ（delta），依然与母性崇拜有关。瓦尔特·伯克特认为这个符号的原意为"门"（door），[①]但他没有就此深究。不过根据象征学的解读模式，正三角形、倒三角形一般都象征着女性，三角形石头作为女神或女神再生的象征可以追溯至旧石器时代晚期。[②]字母Δ形象地绘画出一个家的门户，当然也可以看作一位女性的"门户"，后者通过这一"门户"生儿育女，传宗接代。另外，三角形Δ也暗指女性用来哺乳的乳房。[③]一排红色和黑色的三角形图案曾在卡塔尔胡玉克秃鹫圣殿（第7层第21号神庙）的墙壁上被发现，每个三角形中心都有一个圆圈，可能象征着产道。绘有三角形的墙壁前方摆着一个巨大的公牛头。[④]由此可见，同首字母A一样，第四个字母Δ也具有神圣的符号意义。由此联想到，希腊神话将天上群星荟萃的一条路叫作牛奶路（希腊文原文为γαλαξίας κύκλος，英文按希腊神话故事意译为Milky Way——据说这是奥林波斯山上的神灵下降人间的唯一通道，中文取民间传说称作银河[⑤]）的故事，也可以为"牛眼"赫拉的原型找到证据。牛奶路，按照希腊文γαλαξίας κύκλος的字面意思是"圆环状的乳晕；乳环"（milky circle），[⑥]与女性哺乳有关。神话故事描述得尤其温馨动人：天后赫拉听到婴儿时期的大力神赫拉克勒斯大声啼哭，她赶着去喂奶，由于走得太急，乳汁溅洒出来，于是天际留下了赫拉无数乳滴，这条路故被形象地命

[①] Walter Burkert, *Babylon Memphis Persepolis: Eastern Contexts of Greek Culture*, Cambridge: Harvard Unversity Press, 2004, p. 16.

[②] Marija Gimbutas, *The Language of the Goddess*, *Unearthing the Hidden Symbols of Western Civilization*, Francisco: Harper & Row, 1989, pp. 199-212.

[③] Ibid., pp. 31-42.

[④] Ibid., pp. 296-310.参见中译本［美］马丽加·金芭塔丝：《女神的语言：西方文明早期象征符号解读》，苏永前、吴亚娟译，祖晓伟校，社会科学文献出版社，2016年，第220、288、289页。

[⑤] 1927年赵景深曾按照英文直译为"牛奶路"，遭到鲁迅撰文驳斥。从现在国际翻译学界的观点看来，牛奶路的译法更为生动地再现了希腊神话本义。不过，在20世纪30年代，这样的直译方式似乎并不适用于中国的文化语境，无法达成真正的词语对译和文化传达的效果。

[⑥] John Simpson, Edmund Weiner, eds., *The Oxford English Dictionary* (2nd), Cambridge: Oxford University Press, 1989, 参看条目"Milky Way"和"Galaxy"。另见 *Greek-English Lexicon*, Henry George Liddell and Robert Scott (comp.), Oxford: Clarendon Press, 1996, p. 336.

图1-2　油画《牛奶路的起源》，意大利画家丁托列托（Jacopo Tintoretto，1518—1594）1575年作品

名为"牛奶路"。① 在《伊利亚特》中，诗人提到赫拉曾被赫拉克勒斯射出的一枚带着三支倒钩的利箭射中，正好命中她的右乳，让她疼痛万分。② 结合牛奶路的起源故事看，刺痛赫拉的应该不仅仅是身体上的伤痛吧？因为中箭部位正好是曾经哺育赫拉克勒斯的乳房，看着哺育过的孩子长大后竟然开弓射向哺育人乳房的"壮举"，这位奥林波斯山上的众神之母一定是别有滋味在心头。

赫拉位列奥林波斯山女神之首，是天父宙斯的妻子，是战神阿瑞斯、火

---

① 还有一种说法是赫拉熟睡时，赫耳墨斯偷偷地把襁褓中的赫拉克勒斯放在她的身旁；当赫拉惊醒，猛地将正在吃奶的赫拉克勒斯拉开，由于用力过大，奶水四溅。David Adams Leeming, *Mythology: The Voyage of the Hero* (3rd), Oxford, England: Oxford University Press, p. 44.
② 《伊利亚特》，第5卷第392行。

神赫淮斯托斯、青春女神赫蓓等神灵的母亲，负责世间婚姻、女子生育、农业丰产等神圣事务。一对"牛眼"是她主要的特征，她的描述词之一是"牛眼的"（cow-eyed），证明对她的崇拜有牛图腾崇拜的文化基因。结合希腊字母A隐匿的神话意象，我们可以更清晰地考察赫拉作为母神的起源。

第二节　多元发生的赫拉形象

赫拉（Ἥρα, Hera）的名字究竟是什么意思，众说纷纭，莫衷一是。阐释"赫拉"之名需要了解女神的起源。早在迈锡尼时期，赫拉作为前希腊时期的大神已受到崇拜。她的名字出现在来自皮洛斯（Pylos）和忒拜（Thebes）线形文字B的泥板上。① 其实，这一名字容纳了独立的语源相互之间纷繁复杂的多样性，换句话说，赫拉本身就是一位多元发生的女神，迈锡尼的、埃及的、小亚细亚的、腓尼基的、希腊本土等等的文化因素都在她身上有所体现。她既是古老动物的图腾代表——母牛，又是新兴的法律——一夫一妻制的庇护者；既能冲锋陷阵，杀敌无数，又能尽显女人味，迷惑丈夫；既是一位贤良淑德的慈母，又是一个争风吃醋、睚眦必报的悍妇。赫拉的形象多重，性格百变，她的名字也让人捉摸不透，浮想联翩。

大致说来，赫拉这个名字包含三大意味。

首先，Ἥρα在希腊文中有"女人、女士（lady）"之意，可以代表一位最初的Herwā，即女保护者或女摄政者。②

其次，这个名字与希腊文ὥρα（hōra），也就是"季节"（season）一词的读音相近。也就是说女神与一年的节气相关联，并且在解释这个名词的时候，往往把它作为婚姻的成熟状态。③ 赫拉多变的性格也如同四季的冷暖变

---

① John Chadwick, *The Mycenaean World*, Cambridge: Cambridge University Press, 1976, p. 89. 另参看 Jennifer Larson, *Ancient Greek Cults: A Guide*, New York: Routledge, 2007, p. 29。
② Robert Graves, *The Greek Myths*: 1, Harmondsworth, Middlesex: Penguin Books, 1960, p. 51.
③ Walter Burkert, *Greek Religion: Archaic and Classical*, John Raffan (trans.), Oxford: Basil Blackwell, 1985, p. 131.

化，被称作"季节女神"。①

最后，"赫拉"这个名字也让人联想起伊奥尼亚人误用的梵文单词swar，其含义为"天空"；在拉丁语中，hera与日耳曼语中的herus和heer同词根，其含义为"女人"。②

"季节""天空""女人"……这些希腊古词的语义有着共同点，多指变化多端、神秘莫测之物，赫拉名字包含的这些语义和希腊神话史前的神话思维密切相关。

神话故事里的阿尔开俄斯（Alcaeus，珀耳修斯的儿子，安菲特律翁的父亲）称呼赫拉为"众生之源""万物之祖"（πάντον γενέθλα, panton genethla）。可见赫拉在前希腊时代是统治男性世界的伟大女神（Pre-Greek Great Goddess）。③到了哲学家柏拉图那里，又给予"赫拉"一个新的解释，打开了爱（love）与被爱（beloved）的哲学思考方式。柏拉图对话录《克拉底鲁篇》（Κρατύλος, Cratylus）里，赫拉的名字被苏格拉底解释为"爱人"（ἐρατή, eratē）。这位哲人认为："因为按照传说，宙斯爱她，与她结婚；这个名字也可能是立法家思考着天空时起的，因为它只是空气（ἀήρ）这个词的变形，将第一个音节放到最后。如果重复念几遍赫拉这个词，你就会明白的。"④柏拉图侧重探讨爱的内涵，苏格拉底对众多神灵的名字有着奇思妙想般的猜测，这篇对话猜测希腊语词的派生，在当时基本上算是一个新主题，他坚信赫拉的形象如同人们赖以生存的空气，是善的，是美的，也是永恒的。柏拉图从哲学的角度阐释了赫拉之名的缘起，认为女神神话的创造属于人类爱智慧的思想结晶。

近代的古典学者韦拉莫维兹－莫埃兰道夫（U. Wilamowitz-Moellendorff）

---

① 希腊神话中的季节女神通常指的是宙斯和忒弥丝的三个女儿荷赖伊（Ὧραι, hōrai），她们负责开启和关闭天空中的大门，司掌时间和季节，管理人间农时。她们的名字发音和赫拉之名非常相似。
② 参看［希腊］索菲娅·N. 斯菲罗亚：《希腊诸神传》，［美］黛安·舒加特英译，张云江汉译，国际文化出版公司，2007年，第32页。
③ Walter Burkert, *Homo Necans: The Anthropology of Ancient Greek Sacrificial Ritual and Myth* (German: *Homo Necans: Interpretationen Altgriechischer Opferriten und Mythen*, Berlin: De Gruyter, 1972) Peter Bing (trans.), Berkeley: University of California Press, 1983, p. 79.
④ 《克拉底鲁篇》404C。中译文引自《柏拉图全集》（第2卷），王晓朝译，人民出版社，2003年，第86页。

将赫拉的名字解释为英雄（hērōs）的阴性名词，而且有"圣母"（δέσποινα，despoina）之意。① 他的根据可以按照荣格在《变形的象征》一书中的说法进行分析。荣格认为，赫拉出场时往往表情严厉，拥有"女主人的灵魂"（mistress soul），她具有强烈的嫉妒心和报复心理，身边总有几位男性神灵或者英雄围绕，其中丈夫宙斯和继子赫拉克勒斯跟她距离亲近，关系微妙。赫拉把最困难的劳作和不可能完成的任务强加给英雄赫拉克勒斯，说明什么？说到底是两性之间牵制与反牵制的关系。除非男英雄们有胆识承受这些苦难，并且最终成长起来，真正地成为早已潜藏在其内部的自己，否则将永远受制于女神，湮没于女性的光芒之中。神话最终让男性英雄获取成功，赢得主动权，其锋芒盖过了"母亲"，或者彻底制服了女神狂暴的象征物（如恶龙、大蛇等等）。② 荣格的解释同时也给赫拉克勒斯（Ἡρακλῆς）的名字中为什么会有赫拉的名字存在，也就是说为什么男英雄的名字派生自女神之名提供了一种答案：正是由于赫拉的迫害，才锻造了这位希腊神话中最著名的英雄。"有些人认为他本名是阿尔喀得斯，德尔斐神谕（Oracle）③赐给他一个别名叫赫拉克勒斯，意思是'因受到赫拉迫害而建功立业者'"，④赫拉克勒斯的"十二件大功"都是被迫履行的责任，他必须通过完成一项项女神交付的任务和经受苦难才能获得解脱与超越。从这个层面上讲，女神既是男英雄最畏惧的仇敌和最大的阻碍，又是他们最好的导师和最强的推手，在成功塑造男性英雄方面功不可没。

赫拉造就了希腊神话第一大英雄赫拉克勒斯，也成功地树立了丈夫宙斯在神界的形象和权威。从这一点上看，赫拉的确是辅佐宙斯的左膀右臂。赫

---

① Wilamowitz-Moellendorff, *Glaube der Griechen*, I, p. 237. 转引自［美］米尔恰·伊利亚德：《宗教思想史》，晏可佳等译，上海社会科学院出版社，2004年，第235页。
② C. G. Jung, *Symbols of Transformation*, R. F. C. Hull (trans.), Princeton: Princeton University Press, 1956, p. 301.
③ 神谕，希腊文为χρησμός，即神的答复，神的指示。指的是，古希腊人在遇到苦难或心存疑惑的时候会前往神庙占卜询问，请求神灵给自己一些提示和指引，通常情况下神庙里的祭司会传达神灵的答复。
④ ［苏联］M. H. 鲍特文尼克等编：《神话辞典》，黄鸿森、温乃铮译，商务印书馆，1985年，第141页。

拉与宙斯原本是姐弟关系，前者是先于后者出生的神祇，①赫拉同其他的兄弟姐妹们一起曾经被父亲克洛诺斯（Kronos）吞进肚子里。据说睿智的宙斯想出一个办法，给克洛诺斯服下一种催吐的草药，赫拉和其他兄弟姐妹才被父亲吐出来。赫西俄德在《神谱》中叙述神的起源，强调了女神的优先出生权：宙斯是克洛诺斯最后一个孩子，赫拉先于宙斯出生，是他的亲姐姐。赫西俄德描述赫拉的短语十分考究，形容她是"脚上穿着金鞋的赫拉"("Ηρην χρυσοπέδιλον)。②我们知道，神话里许多女神都以赤脚出现，穿着鞋并且是金子制成的鞋子已足见赫拉在神界的高贵地位。英国古典学者马丁·韦斯特（M. L.West）在给《神谱》作注释的时候关注到了女神优先出生的状况：克洛诺斯的孩子一共有六名，他们的出生情况是三个一组——赫拉、得墨忒耳、赫斯提亚三人一组，波塞冬、哈德斯、宙斯三人一组，另外，值得关注的是女性神灵组成的一组先于男性神灵组成的一组出生。③三人一组的现象从一个角度体现出男女神具备的多元性：天空（赫拉）、大地（得墨忒耳）和灶火（赫斯提亚）是合为一体的。她们构成了自父亲克洛诺斯（名字 Κρόνος 发音与另一希腊词汇 Χρόνος "时间"的读音相似）之后的一个女性三维空间，接着她们的弟弟们——哈得斯（冥府）、波塞冬（海洋）和宙斯（天空）三位一体的男性空间出现。两个空间对父亲克洛诺斯——原本的一元神构成了潜在的威胁。克洛诺斯吞食了这些女儿和儿子之后，被宙斯制服并催吐。女神与男神再生的顺序发生了重要改变：克洛诺斯先吐出的是后来被吃的男神们，而先前被吃的女神随后才被吐出。初生顺序与再生顺序的颠倒，巧妙地再现了男神与女神地位高低排列的微妙变化。在《伊利亚特》中，赫拉声称自己是"克洛诺斯最年长的女儿"（καί με πρεσβυτάτην τέκετο Κρόνος ἀγκυλομήτης），④本来应该以长姐的身份自居，但在宙斯的雷霆之怒

---

① Anne Baring, Jules Cashford, *The Myth of the Goddess*, London: Penguin Books, 1991, p. 311.
② 赫西俄德：《神谱》，第454行。本书主要引用和参考的希腊文、英文版本为 Hesiod, *Theogony*, Edited with Prolegomena and Commentary by M. L. West, Oxford: Clarendon Press, 1978. 中译本有［古希腊］赫西俄德：《工作与时日·神谱》，张竹明、蒋平译，商务印书馆，1991年；吴雅凌撰：《神谱笺释》，华夏出版社，2010年。
③ Hesiod, *Theogony*, Edited with Prolegomena and Commentary by M. L. West, Oxford: Clarendon Press, 1978, p. 293.
④ 《伊利亚特》，第4卷第59行。

面前,"牛眼的"天后赫拉感到害怕,只能"默默无言地端坐一旁"。① 如果按照《神谱》中男女神出生顺序的改变和执掌天空、冥府、海洋职能置换的思路,那么可以观察到这样的一个神权转移方式:赫拉本该拥有的权力被动地移交到了宙斯手中。当然这只是对《神谱》的一种解读,并不代表赫拉最初的发生情形。线形文字A尚未破译,克里特之前的文献更是难以求证,时代接近的荷马和赫西俄德在阐释赫拉出生时尚且存在如此不同,那么我们只能说,赫拉名字本身就是一个多元的神话和文化现象,其中条目繁多,线索复杂,对她的确切考证仍需时日。不过,最为明显且直接的证据便是赫拉与牛的关联。古希腊神话中凡是出现牛的地方自然少不了对赫拉的崇拜和献祭。比如说忒拜城自建城伊始就暗示了一种悲剧命运,从兴盛到衰亡均与赫拉和牛崇拜相关。

1. 腓尼基王子卡德摩斯跟随一头牛寻找失踪的姐姐欧罗巴,来到忒拜。牛停下不走了,卡德摩斯也停留下来。
2. 卡德摩斯在忒拜建立城邦,杀牛向雅典娜献祭而不是赫拉,这是最致命的失误。
3. 卡德摩斯家族受到诅咒(波吕多洛斯、拉布达伊斯、彭透斯、拉伊俄斯、俄狄浦斯前后共五代人受诅咒的命运)。
4. 赫拉派女妖斯芬克司降灾给忒拜。
5. 拉伊俄斯被杀的地点正是前往赫拉神庙参拜的途中。

如前所述,赫拉性格多变,如同四季冷暖交替,她既能赐福又能嫁祸,如天空般阴晴不定。忒拜城卡德摩斯家族的悲剧在一定程度上来说,也是拜赫拉所赐。流传颇广的神话说,卡德摩斯是腓尼基的王子,他的姐姐欧罗巴被化身一头牡牛的宙斯拐走。卡德摩斯奉父亲之命寻找姐姐,他跟随一头牛向西而行,在牛停下不走的地方建立了忒拜城,随后将腓尼基文字传到了希腊。赫拉本来就对自己丈夫钟情于卡德摩斯姐姐的事情耿耿于怀,加上卡德摩斯在建城之初杀牛向雅典娜而不是自己献祭,更是懊恼不已。卡德摩斯家

---

① 《伊利亚特》,第1卷第569行。

族受到诅咒,前后五代人均以悲惨的命运收场不能不说与赫拉的愤怒有关。按照荷马和赫西俄德的介绍,赫拉与宙斯原本是姐弟关系,前者是先于后者出生的神祇①,而赫拉与宙斯的神圣婚姻(the Sacred Marriage)也源于一场彻头彻尾的骗局:为了追求赫拉,宙斯煞费苦心,他把自己装扮成一只杜鹃鸟从而骗取了赫拉的情感和信任,赢得美人归。②但是赫拉不是一位普通的神祇,她在荷马史诗中被尊称为"白臂膀的女神""牛眼睛天后"和"享用金色宝座的赫拉",代表着一位女神在天空与大地之间无可替代的最高地位。威风凛凛、拥有高贵身份的天后无法容忍丈夫宙斯朝三暮四、移情别恋。作为"女摄政者"(Herwā),婚姻的女保护神,主张"一夫一妻"制的赫拉势必捍卫家庭的完整,维系婚姻的圣洁,惩处那些不敬神灵、口是心非者,否则这位女神的身份和功能便不复存在。所以,从沟通天地的牛头女神到争风吃醋的恶妻形象转变的背后折射的是史前史上女性地位的沉落。

　　前面提到荣格在《变形的象征》一书中的分析,具有嫉妒和报复心理的赫拉作为"主妇的灵魂"(mistress soul)严厉地出现,这一形象把最困难的劳作和不可能完成的任务强加给她的男伴(丈夫宙斯或者继子赫拉克勒斯)身上,迫使男英雄们努力承受、增强力量,最终与早已潜藏在其内部的自己合而为一。英雄的成功盖过了"妻子"或"母亲",或者盖过了她狂暴且临时性的象征物(如龙等等)。③这同时也解释了赫拉克勒斯(Ἡρακλῆς)的名字中为什么会有赫拉的名字存在,还有赫拉派遣的怪物斯芬克司(Sphinx)④因何在为难俄狄浦斯的同时反而成就了英雄的威名,使其坐上了忒拜国王的宝座。女性是男性成长道路上的压力和动力,是男人们一度追逐和征服的目标,往往也是他们成功之后狠心丢弃的棋子和拐杖。赫拉不同于靠美色诱惑异性的美神阿芙洛狄忒,也迥异于手持利剑盾牌呼啸战场的勇士雅典娜,赫拉始终与母性、婚姻、权力相关。她的名字中含有象征权力和斗争的意味,为自己的权力而战的性格似乎与生俱来。宙斯纵容妻子的愤怒和嫉妒的最主

---

① Anne Baring, Jules Cashford, *The Myth of the Goddess*, London: Penguin Books, 1991, p. 311.
② Robert Graves, *The Greek Myths*: 1, Harmondsworth, Middlesex: Penguin Books, 1960, pp. 53–54.
③ C. G. Jung, *Symbols of Transformation*, R. F. C. Hull (trans.), Princeton: Princeton University Press, 1956, p. 301.
④ Σφιγξ,希腊语的意思是"女扼杀者",她是长着狮子躯干、女人脸面的有翼怪物。

要原因，与其说是爱慕，不如说是从切身利益出发的一种需要，他心知肚明：只有同妻子搞好关系，维持婚姻，才能巩固自己的神圣地位，在妻子的鼎力相助下谋取政治权力和精神统治。

  同样，比起其他的神灵，身份尊贵的赫拉与神庙有着独一无二的关联：希腊最古老和最重要的庙宇都是供奉给她的。可以肯定的是，在公元前8世纪的阿耳戈斯，曾经存在一座专门为了进贡女神赫拉而建造的房屋。在奥林匹亚，赫拉神庙成立的年代远远早于宙斯神庙。一面古老的浮雕墙上，刻画的宙斯穿戴成一名卫士的模样，毕恭毕敬地站立在赫拉的一侧，守护在这位拥有至尊王权和受到万众顶礼膜拜的女神旁边。[①]男神与女神之间的主次关系体现出年代的久远，正如字母A的牛头造型所隐藏的母牛崇拜信仰，赫拉作为希腊远古时代既有的女神祇，地位自然处在希腊共同文化的体现者宙斯之上。

  与赫拉所受到的高度尊崇相对立，荷马史诗对赫拉形象的描述看起来别有意趣，特别是她的一对"牛眼"，时刻透露出狡黠，几乎成为一个戏剧化的形象。作为宙斯明媒正娶的妻子，赫拉并未被塑造成一位贤妻良母，而是一个醋海翻波、能争善斗、处心积虑达到自己目的的典型。作为婚姻保护神的赫拉，绝非一味地期求婚姻美满，她在好似众议院的奥林波斯诸神聚会上追逐主动权，这一情况的体现是赫拉不愿意向任何一位神灵，哪怕是最为强大和至高无上的神灵屈服，而是作为始终保持着自己权利的独享者的形象出现。如前所述，按照荷马的说法，赫拉是宙斯的亲姐姐，先于宙斯出生，是"克洛诺斯最年长的女儿"，[②]宙斯理应敬她三分。在神话描述中，这段婚姻没有丝毫乱伦的禁忌，有的只是着重表明她在出生方面与男性统治者独一无二的平等性，是普大同庆的"神圣婚姻"（sacred marriage）。她可以在众神之王面前公然叫板："我也是神，我的宗谱和你的家族一样。我乃工于心计的克洛诺斯最高贵的女儿，卓显在两个方面：我最早出生，又是你的侣伴，而你，你是镇统所有长生者的大王。所以，在这件事上，让我俩互相容让，我对你，你对我，其他永生的神

[①] Walter Burkert, *Greek Religion: Archaic and Classical*, John Raffan (trans.), Oxford: Basil Blackwell, 1985, p. 131.
[②] 《伊利亚特》，第4卷第59行。

祇自会因袭效仿。"①赫拉的这段描述，是构成其权威的源泉和保证，但是相比于赫拉对宙斯的依附，宙斯对赫拉也同样存在着带有主次的称呼，宙斯的另外一个表明这位主神特征的名字，叫作"赫拉的响雷丈夫"（Ζεὺς ἴστω ἐρίγδουπος πόσις Ἥρης），②这体现出宙斯是从属于赫拉的。宙斯与许多女性有过床笫之实，却无夫妻之名，然而无论他拥有多少伴侣，作为正妻的赫拉自始至终都气定神闲地独自端坐在黄金宝座上，手中抓牢一人之下万人之上的权杖。就"献给最美丽的女神"（τῇ καλλίστῃ）金苹果的例子来说，当特洛伊王子帕里斯在三位女神面前做评委、选择谁最美之时，三位女神各显神通，开出诱人的条件：智慧女神雅典娜承诺给予他智慧和力量，爱神阿芙洛狄忒答应赠予他人间最美的女子，而赫拉则向他许诺一旦对方将金苹果判给自己，这位伟大的天母将会赐予他至高无上的权力，统治世上最富有的国土。③帕里斯最终将金苹果判给了许他爱情的美神阿芙洛狄忒，虽然他如愿得到了绝世美女海伦，却输掉了国家，失去了至亲。三位女神之间争执的背后体现的是智慧、情感和权利之间的较量，帕里斯不知轻重，最终家破人亡、一败涂地。一件小物品引发大灾祸，④其实金苹果之争不是简单的选择题，而是一道人生难题。赫拉参与其中，冷眼旁观欲壑难填的人类你争我夺所酿成的命运悲剧。

神话中，宙斯和赫拉的婚姻俨然是一场祈祷丰产的仪式，向世间恩泽雨露。作为这桩至高无上的婚姻的原型，"在婚姻这张温床上所展示的圣事——或宗教仪式、法令、习俗当中，赫拉任何时候都是圣洁的，她是婚礼的女神，与诱惑、肉欲无涉，因为这些快乐则由阿芙洛狄忒负责"。⑤在古希腊的婚礼月（Γαμηλιών, Gameliōn），⑥人们将许多祭品奉献给赫拉和她的宙

---

① 《伊利亚特》，第14卷第58—64行。中译文引自［古希腊］荷马：《伊利亚特》，陈中梅译注，译林出版社，2000年，第90页。
② 《伊利亚特》，第7卷第411行。
③ Appolodorus, *The Library*, Volume II, with an English translation by James George Frazer, Cambridge and London: Harvard University Press, 1996, pp. 170–173.
④ Timothy L. Gall, Susan B. Gall, *The Lincoln Library of Greek and Roman Mythology*, Lincoln: Lincoln Library Press, 2006, pp. 16–20.
⑤ Walter Burkert, *Greek Religion: Archaic and Classical*, John Raffan (trans.), Oxford: Basil Blackwell, 1985, p. 132.
⑥ 阿提卡历的第七月，相当于一月中旬至二月中旬，该月被认为是举行婚礼的最佳月份。

斯,也就是"属于赫拉的宙斯"(Διὸς Ἡραῖος, Zeus Heraios),①作为婚礼的必备程序(gamostolos),人们诚挚地向婚礼女神赫拉祷告和祈求。

随着男尊女卑观念的深入,神话中的女神地位也在降格。赫拉虽然是王权之神,但在强有力的夫权面前,她也不得不迫切地需要找到一种行之有效的方法,让丈夫迷恋自己,从而分散丈夫的注意力。《伊利亚特》对赫拉的心理活动描绘得着实精彩。

> 其时,享用金座的赫拉,站立奥林波斯的峰峦,极目远眺,……不由得高兴,喜上眉梢。不过,她又眼见宙斯坐在多泉伊达的巅峰,复又感到愤恨,此情此景使牛眼睛天后赫拉心绪纷扰,不知如何能使带埃吉斯的宙斯迷糊,头脑发昏。②

一喜一怒一愁,此处把赫拉的复杂心理描绘得十分传神。眼见她所钟爱的阿开亚军士节节溃败,赫拉十分忧心。前面提到金苹果的故事,特洛伊王子帕里斯选择阿芙洛狄忒为"最美的女神",得罪了赫拉和雅典娜。两位女神坚定地站到了特洛伊的对立面,支持与特洛伊作战的希腊联军。宙斯似乎倾向于特洛伊,不时地予以援手。赫拉觉察宙斯站到了不同的阵营,心急如焚。像女王般行动,和他谈权力?不,暴怒的宙斯会毫不客气地在众神面前揍她一顿,让她颜面扫地。要想赢得这场战役,必须另谋出路,采取高明的手段。描述词专门使用了"牛眼睛",从一个侧面展现赫拉的计上心来和谨小慎微。于是赫拉走进爱子赫淮斯托斯亲手为她建造的房间,关上房门,开始梳洗打扮。"她首先用神界的仙料清洗玉体,除去娇媚身体上的污垢,再厚厚地涂抹一层神界的仙膏,让身体散发出浓郁的芳香。这样,她只消在宙斯青铜的宫殿里摇晃身姿,袅袅的香气就会即刻洒向天地。她用此物涂抹完柔美的肌肤,又开始梳理她那如云的发鬓,编织成闪亮的发辫,从头上动人地垂下。"在凡人的世界里,妇女梳洗打扮似乎是每天必做的功课,赫拉此次专注的行为目的非常明确——引起宙斯的注意,唤起丈夫的欲望,为即将

---

① Robert Graves, *The Greek Myths*: 1, Harmondsworth, Middlesex: Penguin Books, 1960, p. 54.
② 《伊利亚特》,第14卷第159—160行。中译文引自[古希腊]荷马:《伊利亚特》,陈中梅译注,译林出版社,2000年,第379页。"埃吉斯",意思是羊皮盾,宙斯及其女儿雅典娜所持的盾牌。

决定胜负的战斗拖延时间。①嗅觉方面的打扮完成后，进一步做视觉方面的准备。"她穿上精美的长袍，那是雅典娜为她缝制的，上面装饰着许多艳丽的花纹。赫拉用黄金胸针在胸前将长袍扣好，再于腰间系上一条垂有白条穗子的腰带，另外取出一对暗红色的三坠耳环，悬挂在柔软的耳垂上，闪耀着烁烁的光芒（ἐν δ᾽ ἄρα ἕρματα ἧκεν ἐυτρήτοισι λοβοῖσι, τρίγληνα μορόεντα· χάρις δ᾽ ἀπελάμπετο πολλή）。然后，这位女神中的女神，披上闪亮精致的头纱，白如太阳，最后把精美的鞋绳系到光亮的脚上。"②赫拉从头到脚的细致装扮展现出她的女神风姿，强调了她在奥林波斯山一人之下万人之上的地位。这一切皆因她和宙斯缔结的神圣婚姻。但赫拉这么做带有欺骗的动机，不是出于对丈夫的爱，而是为达到自己的目的。

　　如前所述，在奥林匹亚，赫拉神庙的年代远远早于宙斯的神庙，最古老和最重要的庙宇都是供奉给她的。宙斯穿戴普通，俨然一名护卫，伺候在赫拉的左右，守护在这位拥有王权和伟大宗教的女神旁边。③赫拉早先安居迈锡尼（Mycenaean），属于梯林斯（Tiryns）地方的主要神明，她是一位独立神，更像是一位大母神。按照米诺斯（Minos）文明的图像提示，赫拉容貌端庄，神态安详，手臂高举，立地通天。而宙斯则被刻画为一副长着胡子、戴着头盔的护卫模样，伫立在赫拉的身后，为自己崇拜的女王看家护院。④随着时代的变迁，万神之母的地位逐渐隐退，昔日顶天立地的女保护者只能充当男神的辅佐臣子和妻子角色。史前女神文明的昔日辉煌渐渐散去，唯一剩下的，是神话中对赫拉的描绘词——"牛眼睛天后"。那对闪烁光芒，洞悉一切的大"牛眼"，显示出她对婚姻的苦守和坚持。

第三节　从独立母神到婚姻守护神

　　在许多神话版本中，赫拉是一位吵闹不休、嫉妒心爆棚的妻子，令她

---

① 《伊利亚特》，第14卷第170—177行。中译文引自［古希腊］荷马：《伊利亚特》，陈中梅译注，译林出版社，2000年，第380页。译文有所改动。
② 《伊利亚特》，第14卷第178—186行。
③ Walter Burkert, *Greek Religion: Archaic and Classical*, John Raffan (trans.), Oxford: Basil Blackwell, 1985, p.131.
④ Anne Baring, Jules Cashford, *The Myth of the Goddess*, London: Penguin Books, 1991, p. 310.

的丈夫不堪其扰。赫拉能识破丈夫的许多小秘密，以至于宙斯只能借助于诉诸武力和家暴来维护自己的权威。① 史诗世界里的赫拉足智多谋，作战勇敢，作为奥林波斯的十二主神之一，其身份仅仅屈尊于天父宙斯之下。从上一节对本源的分析看，赫拉的权威原来要高于宙斯。青铜时代或更早时期的绘画艺术中，赫拉往往站在宙斯之上，傲然地向天空伸出双臂，对面的宙斯明显低她一等，毕恭毕敬地以恳求的姿势站立一边。② 这些画面的背景是女神崇拜的辉煌期，其中透露出的信息是女神与男神之间的主从关系。在后世的文献叙事中，有一种版本说宙斯追求了赫拉好几百年都没有如愿以偿，于是，化为杜鹃鸟欺骗赫拉得逞，由此缔结了婚姻。③ 关于赫拉和宙斯婚姻起源的故事讲法大同小异：在靠近赫弥奥奈（Hermione）的陶那克斯山（Mount Thornax），宙斯化身成为一只冻僵的杜鹃鸟，躺在路边。出于同情，赫拉将鸟儿放入怀中温暖，宙斯立刻恢复原形，乘机强奸了赫拉。赫拉感到羞怯，只好嫁给了宙斯。④ 在阿耳戈斯的赫拉神庙，波吕克来托斯（Polykleitos）有一尊用黄金和象牙雕刻的赫拉神像，女神扛着一根节杖，节杖上面栖息着一只杜鹃鸟，代表宙斯的化身。⑤ 宙斯骗奸赫拉的情节，可以视为女

图1-3　坐在宝座上的赫拉，公元前5世纪，来自埃特鲁里亚Vulci的圆形杯画

---

① Walter Burkert, *Greek Religion: Archaic and Classical*, John Raffan (trans.), Oxford: Basil Blackwell, 1985, p. 134.
② 详见［美］玛丽加·金芭塔丝：《活着的女神》，叶舒宪等译，广西师范大学出版社，2008年，第169页。
③ Walter Burkert, *Greek Religion: Archaic and Classical*, John Raffan (trans.), Oxford: Basil Blackwell, 1985, p. 133.
④ 原出处为希腊旅行家鲍桑尼亚斯第2卷第36章第2节内容，转引自Robert Graves, *The Greek Myths*: 1, Harmondsworth, Middlesex: Penguin Books, 1960, p. 50.
⑤ Anne Baring, Jules Cashford, *The Myth of the Goddess, Evolution of an Image*, London: Penguin Books, 1991, p. 314.

神权力被男神篡夺过程的曲折表现,失去处女之身的赫拉成为神圣婚姻的象征和一夫一妻制的保护神。

由于赫拉在神界角色的转变,原本具有欺骗性质的婚姻也随之转变成为一场神圣的婚姻。赫拉是圣婚仪式的履行者,仪式举行的顺畅与否直接关系到奥林波斯山以及天界的和谐。首先需要举行一系列的献祭仪式(τέλεια, teleia),因为婚姻是人生大事,具有特殊的意义,事关子孙后代的繁衍昌盛,所以祭祀礼仪必不可少。比如说,在赫拉位于莱斯波斯(Lesbos)神庙的前面,曾经举办过选美比赛。亭亭玉立的少女们走出家门,在一众佳丽中展现风采,希望得到婚姻女神赫拉的垂青和赐福。被柏拉图誉为"奥林波斯山上的第十位缪斯"的女诗人萨福(Sappho)曾向赫拉祈祷,希望这位女神能始终站在自己的身边。①从视贞洁为荣的独立女神到维持二人世界的婚姻守护神,赫拉形象发生了变化,而她"牛眼睛"的特征却始终相伴,算是远古时期母牛崇拜在荷马史诗中的残留。

由此看来,曾经在地中海一带受到广泛崇拜的赫拉女神在希腊发生了巨大改变。不过,仍然保留着她原本的一些特征。赫拉在阿尔戈斯是作为"轭②之女神"和"拥有许多公牛"的女神而受到崇拜的,所以她的描述词使用频率最高的就是"牛眼睛夫人"。像大多数爱琴海以及亚洲女神一样,赫拉不仅是一位婚姻女神,同时也是一位丰产女神。③"牛眼睛"的描述词可以视为远古牛图腾在神话中的延续。"牛眼睛夫人"赫拉对自己高贵的出身引以为荣,对自己的计划胸有成竹,她虽然畏惧宙斯,但仍然对宙斯大胆直言,提醒对方,自己是克洛诺斯最高贵的长女,最先出生,比宙斯年长;现在两人既然是夫妻,就应该有商有量,互相容让。荷马没有提及赫拉遭到宙斯诱奸的神话前传,他强调的是神界婚姻(自然包括凡间的夫妻)之间必须维持的和睦。④婚姻本身就是一场带有神圣性的仪式,《伊利亚特》第14卷

---

① Walter Burkert, *Greek Religion: Archaic and Classical*, John Raffan (trans.), Oxford: Basil Blackwell, 1985, p. 133.
② 牛轭,牛拉东西时架在脖子上的短促曲木。
③ [美] 米尔恰·伊利亚德:《宗教思想史》,晏可佳等译,上海社会科学院出版社,2004年,第236页。
④ 《伊利亚特》,第4卷第58—62行。中译文引自 [古希腊] 荷马:《伊利亚特》,陈中梅译注,译林出版社,2000年,第90页。

详述了宙斯与赫拉再度重温的圣婚仪式的过程。如前所述，这场仪式的编剧、导演和演员都是赫拉，她手中的利器便是挑起宙斯的情欲。此时的赫拉不再是一个具有完美神格的天后，而是极有人格化和强烈欲望的女神，她桀骜不驯反叛男神的内心一览无余，可以说她巧妙地利用了男神英雄难过美人关的弱点。这位来自阿尔戈斯的"牛眼的"女神在整个希腊拥有无人能及的权力和地位，成为一夫一妻婚姻制度的支持者和保护神。然而，贵为主神之妻，却无奈地从属于男性主神。神圣婚姻的背后，并不平等，依然存在暴力和强权。"没有任何一个亚该亚族长敢像宙斯对待赫拉那样对待他的妻子。宙斯殴打她，有一次甚至在她脚上捆上重物把她吊了起来，这是以后对待奴隶的一种酷刑。"①这一神话故事中的"家暴"，出现在《伊利亚特》第1卷第567—587行以及第15卷第18行以下。"拥有许多公牛"的女神地位下降，必须靠美貌和肉体诱惑男神才能达到目的，铤而走险后无法逃脱严惩，最终只能乖乖地顺从。从独立主宰世界，到执着地殚精竭虑地维持婚姻，女神的权力丧失过程依稀可考。这种性别文化的变迁情况，如同独立的西王母女神在后世被许配给东王公、女娲被配给伏羲一样，从最初被动地缔结婚姻，到后来主动地维系婚姻，其中的神话故事变更对应着一段历史的演变。

"结婚"一词希腊文是γάμεω，阴性名词"妻子"（γάμετη）由动词"结婚"一词演变而来。我们知道，希腊文"大地"叫作γᾱ，由赫拉的乳汁洒就的牛奶路叫γαλαξίας，也就是说，赫拉与"大地""母乳""婚姻""妻子"相关联。从这些相关的名词也许可以推导出赫拉作为母神的功能。"尽管赫拉作为一个母神的假设为一些学者所否认，但却很难解释这样一个事实，即许多地方（普拉提、埃乌波亚、雅典、萨摩斯等地）都提及她与宙斯的神婚（hieros gamos），无论是神话或是在仪式中的重现。"②毫无疑问，对这些词源的分析可以有效地将语言文学研究运用到神话历史考证上来。

令人疑惑的是，作为婚姻的守护神，在荷马史诗中一个重要的特征从赫拉的形象中奇怪地丢失了，这个特征就是母性。母性的缺失令一些学者对赫

---

① ［美］米尔恰·伊利亚德：《宗教思想史》，晏可佳等译，上海社会科学院出版社，2004年，第236页。
② 同上书，第236页。

拉作为一个母神的假设进行了否定。因为赫拉似乎从来没有作为母亲而采取什么行动，也从来没有任何一幕场景表现出她作为母亲与一个孩子之间的亲密关系。大多数情况下，她对宙斯的许多非婚生的孩子表现出无限的恨意。这一点可以理解，因为她要捍卫自己的婚姻。但是，难以解释的是，她连自己亲生的孩子也不待见。她疏远女儿赫蓓（Hebe），对另一个女儿艾蕾西亚（Eileithyia）几乎也是不闻不问。在特洛伊战争中她与亲子阿瑞斯两相对峙，互不退让；对另外一个儿子赫淮斯托斯也是不冷不热，偶有互动好像也只是利用他的铸造技术。①据说这位跛足的残疾儿子是赫拉在没有宙斯在场的情况下自然受孕而生。由于宙斯四处留情，诞下女神雅典娜，赫拉心生怨恨，为了报复丈夫的花心，"她没有与夫君同床交合（οὐ φιλότητι μιγεῖσα γείνατο），便独自产下鼎鼎大名的赫淮斯托斯，他在天神的子孙中技艺超群"。②没有经过正常的双性繁殖方式独自产子，说明她具有古老神话中自我受孕的能力，"单性生殖、自我受孕的能力说明了一个事实，即使是奥林波斯的天后也仍然明显地保有其地中海以及亚洲的特征"。③这一点至少可以表明赫拉最初作为一位独立女神，完全可以不借助男性的帮助而自我受孕、分娩，具有强大的自我繁殖能力。换句话说，赫拉身上存在着的两大矛盾的状态——已婚状态和独身状态，此时发生了分离，而独立性好似包裹在婚姻形式下的内核，她依傍婚姻而存在，如果剥去婚姻这层外衣，她所表现的或者说她最真实的一面便显露出来——她是一位憎恨丈夫、疏远子女的独立神。

从这个角度看，赫拉的婚姻始终被赋予了一个特殊的意义，婚姻本身是矛盾的，似乎是一个女性毕生奋斗的终极目标，又像是人生路上束手束脚的阻碍，喜忧参半。正如四年一度为女神举办的节日，虽然赫拉的节庆日精彩纷呈，异常热闹，但是这一天绝不会是简单的充满欢愉的庆祝日，因为深埋在婚姻中的危机无时不在，喧嚣的节日举办的目的更多地是为了解除这些危机，打破女神自己设定却又无法逃离的种种威胁和重重障碍。婚姻对赫拉而言，既赋予了她与统治者分享权力的至高地位，也成为禁锢她独立和自由的

---

① 《伊利亚特》，第18卷第395—400行。
② 赫西俄德：《神谱》，第927—929行。
③ ［美］米尔恰·伊利亚德：《宗教思想史》，晏可佳等译，上海社会科学院出版社，2004年，第236页。

沉重枷锁。赫拉之所以拼命地惩罚那些与丈夫有染的女神和女人，疯狂地捍卫婚姻，皆因为婚姻未能从根本上为女性提供保护，男性的多向求偶本能，让一夫一妻制拘泥于形式，而非实际内容。女性希冀的理想婚姻等同于一个避风港，然而讽刺的是，现实婚姻极不牢靠，要么彻底破碎，要么貌合神离。婚姻让荷马史诗中的众多女神丧失了先前的自在和安逸，要么像狄娥奈（Διώνης, Dione）①那样忍辱负重，要么像赫拉那样穷追猛打，要么像阿芙洛狄忒那般红杏出墙……神灵的婚姻千姿百态，一如凡界，越是看重双方的平等、互爱，那么结局可能愈加变得徒劳和荒诞。

值得注意的是，身为天神之妻、执掌婚姻的女神赫拉，另一个角色居然是处女保护神。古希腊每四年要举行一次处女竞技会，又称赫拉节，通常在帕耳忒尼俄斯月（παρθένιος, Parthenios）②举行。在这一天，人们把精心织就的裙子和母牛肉敬献给赫拉。这个处女竞技会比男子的竞技会的出现时间更早。对于帕耳忒尼俄斯月这个名称的来源，英国古典学者简·艾伦·赫丽生（Jane Ellen Harrison，又译哈里森）的理解是这个名称"非常可能来自处女竞技会（Parthenia），而这种竞技会是为了纪念赫拉·帕耳忒诺斯而举行的——在和宙斯完成了神圣的结合后，赫拉一直保持着自己的贞操"。③这句话令人费解，如何能在完成神圣的结合后一直保持着贞操？希腊文帕耳忒诺斯（παρθένιος）是一个形容词，原指处女的贞操，后来引申为纯洁的、未受玷污的。赫拉·帕耳忒诺斯（意即贞洁的赫拉）这一自相矛盾的名称显示出神婚是何等的荒诞，婚姻的内壳里没有爱情，缺乏信任，它是一处需要持续经营、不断修缮的危房。虽然我们对于赫拉的节庆日有关细节了解甚少，但是我们可以发现这个节庆日绝非笼罩在一片安定祥和的节日气氛之下，婚姻的终极目标并非指向幸福，而是终生捆绑在一起的男女双方努力靠近又拼命挣脱的痛苦纠葛。节日的目的更多地是解除深埋在婚姻当中的沉重危机，

---

① 提坦女神，海洋神俄刻阿诺斯和忒提丝（一说是天空神乌拉诺斯和大地女神该亚）的女儿，在多多纳圣地被认为是宙斯的妻子和阿芙洛狄忒的母亲。在荷马史诗中，作为宙斯的原配夫人和赫拉同时出现，见《伊利亚特》第5卷第370—431行。
② 帕耳忒诺斯，原意为少女的、处女的，古希腊人把举办少女竞赛的月份称为"帕耳忒诺斯月"。
③ [英]简·艾伦·赫丽生：《古希腊宗教的社会起源》，谢世坚译，广西师范大学出版社，2004年，第224页。

打破女神自己设定的种种威胁和重重障碍。在阿耳戈斯的赫拉圣地（Argive Heraion），除去模糊不清的暗指之外，还有一点引人深思，只有在神话当中，在阿耳戈斯被赫耳墨斯消灭的死亡当中，在变成母牛的伊娥所进行的战斗当中，我们渐渐理解了婚姻中的这种危机。①"牛眼睛"天后赫拉对变成母牛的伊娥施加各种折磨，表面看来是对情敌的报复和发泄怒火，实则透露出女性在婚姻当中时常体验的不安全感。婚姻中的稳定与不安是一对矛盾，也是一个统一体。婚姻必须消除危机和不安，维持稳固。这就必然导致男女双方在婚姻的天堂和地狱之中互相依赖，相互纠缠，相互取暖，相互折磨，既无限地贴近，又永远地分离。在常人的想象中，人格化的神灵与凡人几无二致，神圣婚姻是世俗婚姻的写照。荷马史诗中似乎丢失了母性的赫拉所作出的种种令人费解的举动正揭示着婚姻状态下的不可言说性——是蜜糖亦是毒药，是温床亦是桎梏。这也令我们思考为什么在和宙斯完成了神圣的结合后，赫拉始终保持着自己的贞操？婚姻的形式并未与婚姻的实质合一，身体与灵魂发生分离，赫拉既是人妻，也是处女，她成为理想爱恋与现实婚姻的矛盾统一体。

在关于赫拉伊阿（Heraia）②的新年节庆上，充当赫拉女祭司的少女们坐在一辆由公牛拖拉的四轮马车上，缓缓地驶入圣地。男孩子们则组成队列，肩上扛着盾牌。女孩子们像女王一般受到拥戴，男孩子们为保护她们随时准备浴血奋战。于是，女尊男卑的秩序重新建立起来。这也是赫拉在嫁给宙斯之前作为独立女神的原初状态。

据说，赫拉节被视为一种净化仪式。这与赫拉的神话相关：她是婚姻女神，也是处女的保护神；由于宙斯的欺骗，她的圣洁遭到玷污；在赫拉节上，人们通过清洗她的雕像，还她清白之身。清洗雕像的过程是一场仪式。在萨摩斯，宗教崇拜的联想告诉我们保护赫拉雕像的圣洁是何等的重要。海盗们把盗来的赫拉雕像放置于海滩上，在雕像前面供奉食物；萨摩斯最初的居民卡利安人（Κᾶρες, Carians）③四处寻找他们的雕像，当他们发现这尊雕像时，卡利安人用柳树枝把雕像覆盖住，牢牢捆住，系在一株柳树上，以

---

① Timothy Gantz, *Early Greek Myth: A guide to Literary and Artistic Sources*, Volume I, Baltimore and London: The Johns Hopkins University Press, 1993, p. 57.
② 指赫拉节。
③ 卡利安（Caria）的古代居民，曾在安纳托利亚（Anatolia）西南部生活。

防雕像再次跑掉；最后女祭司们把雕像清洗干净，重新把它带回庙宇。其实节日典礼本身并不能够从这些细节上完全地推断出来。据说，因为捆绑雕像而冒犯了神灵，为了赎罪，卡利安人至今都穿戴着用柳条编织的衣服，而女神真正的敬奉者，包括那些女祭司们，也穿戴着用月桂树的枝条做成的衣服，向女神表示敬意。另外，在圣地举办节日宴会，床上用品都是柳树枝编成的。毫无疑问，宗教仪式用的小雕像并不普通，代表着至高无上的女神；在神庙和祭坛中间的位置时常能够发现一些人们精心打造的承托小雕像的基座，这些基座不仅承托着雕像，也承托着人们的美好愿望。在巨大的祭坛旁，种植着一棵棵柳树。经证实，这些柳树属于"吕高斯"（λύγος，lugos）①的特殊种类，通常被认为具有一种可以抑制性欲的功能——它的拉丁名字叫作 Agnus Castus，意思是"贞洁的羔羊"。②在此意义上，祭拜赫拉雕像的意义等同于保护处女的圣洁。有一种解释认为，赫拉节日是一种净化形式，新娘需要郑重地沐浴，而沐浴使用的水汲取自帕耳忒尼俄斯，即"处女河"。③赫拉雕像遭到抢夺以及被重新寻回暗示着婚姻的曲折，神圣的婚礼来之不易。在这里雕像的失而复得富有启发性：夜间丢失的东西会在阳光普照的白天发现，贞洁与污秽相争，光明与黑暗对抗，心存纯良，这些都是古代萨摩斯人的宗教崇拜想象和对现实生活不满的心理安慰与情绪补偿。祭祀仪式上，男人们穿戴整齐，向赫拉及其象征神圣的婚姻致敬。④结婚之后依然能保持处女之身的故事恐怕只能出现在神话当中了，而神话所要传达的历史信息则是远古的女神崇拜，女神是独立的、自足的，然而随着时代的变迁，母神地位在男权统治时一落千丈。

赫拉的婚姻中充斥着占有、欺骗、嫉妒、怨恨、反抗等等灰暗因素，拯救的办法就是不断地扫除这些阴霾。从这个意义上讲，赫拉节日自然属于一种净化仪式。⑤赫拉钟爱的萨摩斯岛以前曾被称为帕尔忒尼埃（Parthenie），

---

① 希腊文，意思是柔韧易弯的枝条。
② Robert Graves, *The Greek Myths*: 1, Harmondsworth, Middlesex: Penguin Books, 1960, p. 51.
③ ［英］简·艾伦·赫丽生：《古希腊宗教的社会起源》，谢世坚译，广西师范大学出版社，2004年，第225页。
④ Timothy Gantz, *Early Greek Myth: A guide to Literary and Artistic Sources*, Volume I, Baltimore and London: The Johns Hopkins University Press, 1993, pp. 57-58.
⑤ 鲍桑尼亚斯：《希腊道里志》，第2卷 第36章第2行。

意思是少女岛或是处女岛。赫拉庆祝婚礼的地方位于伊姆波拉索斯河（the river Imbrasos）毗邻的处女圣地帕尔忒尼俄斯（Parthenios）。据说，为了恢复赫拉遭受玷污的少女之身，赫拉的雕像每年都会用靠近纳乌帕里翁（Nauplion）的卡纳托斯（Kanathos）之水进行清洗。之后，她又重新被护送回宙斯那里，①继续履行她的婚姻义务。赫拉的婚姻虽然冠以神圣之名，然而却是不幸的。突出表现的就是她与丈夫宙斯之间貌合神离的关系：身体的结合与精神的分离。或许赫拉对子女态度的冷漠源自她对被骗的仇恨无法释怀，抑或是对失去独立女神地位的心有不甘。或许，神话里的婚姻故事是现实婚姻的投影，在所有的父权制社会里，婚姻本身就是一个以夫权为核心的充满性别矛盾的混合体，正如宙斯和赫拉的感情，爱恨纠缠，难分难解。让一位女神来掌管男性中心社会确立以后的婚姻，这本身就是一个悖论。受到约束的她能持有多少支配性权力？面对用情不专的天神丈夫，她却必须表现一个妻子的忠贞（这是父权制社会的必然要求）。昔日威风无限的"牛眼"女神演化成嫉妒的天后的神话剧情反映了人类的一段社会演变史。

小结　A时代的母神

赫拉作为A时代（animal/agriculture）即畜牧与农耕时代的独立女神，恐怕只有在对古代文字和神话图像的不断考证和释读中，才能显露出她的原初面貌。女神发生和变容的过程，彰显出神话伴随文明社会发展而建构与再建构的历史信息。

"牛眼睛夫人"是荷马史诗对女神赫拉最主要的描述词之一，作为农业时代的母神，赫拉最初的形象塑造与祈愿母牛丰产的仪式密切相关。古希腊文的第一个字母α（alpha），来自闪米特派生自象形文字的字母A——表现为一只向左倾斜的牛角。这一模拟牛角的象形字产生于远古图腾崇拜时代，那时造型艺术中的动物（尤其是母牛）往往是代表神圣的符号。随着文明史的推进，α的原型意象蕴含逐渐失传，女神的地位也屈居于男神之下。史诗

---

① Robert Graves, *The Greek Myths*: 1, Harmondsworth, Middlesex: Penguin Books, 1960, p. 51.

世界里的赫拉虽然缺少Ａ时代女神的风姿，不过从她执掌婚姻的神格功能上看，依然透露着远古女神信仰时代的遗存。

解释赫拉神话发生的多元因素，亦在阐明从独立的女神到从属于男神的配偶和婚姻守护神的转化历程。

第二章

"太阳神"阿波罗

明晃晃的太阳在天空升起:
福伊波斯的显现,这并不寻常!

——拜伦:《唐璜》

太阳每天东升西落,他的光辉使万物获得生机。当这位光明之神再次露面的时候,人们往往忽视了他夜间行走的过程,即由西向东的回归旅程。"在希腊最古老的作品中,赫利俄斯或者阿波罗驾驶的马车在白天穿越苍穹,到了夜晚,这位太阳神静静地渡过地下之河,返回东方。"[①] 从走进黑暗到再现光明,神话语境下,太阳经历了谜一般的旅途,兼具光明与阴暗的两面。

太阳往往代表着生机和希望。古希腊人从不吝啬用最美好的词语歌颂光芒万丈的太阳,将日神塑造成为古希腊神话中极为重要的形象。尼采曾说:"我们用日神的名字统称美的外观的无数幻觉。它们在每一瞬间使人生一般来说值得一过,推动人去经历这每一瞬间。"[②] 在尼采之前,德国启蒙运动的代表人物歌德、席勒、温克尔曼等人均以人与自然、感性与理性的和谐来说明古希腊艺术繁荣的原因。他们依据人们长时期对希腊文化的认知,认为日神象征理性,尤其是太阳神阿波罗手中所持的竖琴,能够奏出优美动听的旋律,代表着和谐和统一。尼采反对前人的观点,他强调希腊艺术的诞生不是源自和谐,反倒是源于不和谐之音——日神冲动和酒神冲动,这两种冲动展

---

① Jacquetta Hawkes, *Man and the Sun*, New York: Random House, 1962, p. 169.
② [德] 尼采:《悲剧的诞生》,周国平译,生活・读书・新知三联书店,1986年,第108页。

现出古希腊人内心强烈的痛苦和冲突,悲剧即产生于二者的结合。①的确,如尼采所言,不仅日神和酒神是一对矛盾,就连日神本身也是矛盾的。在希腊神话中太阳神并非一个高度和谐与统一的代表,日神不仅拥有光明的一面,还有黑暗的一面。黑夜来临的时候,他始终躲在暗处,或被迫藏身于黑暗之中。正如希腊艺术,并不是永远指向光明与和谐,而是赞美有威力的黑夜女神纽克斯(Nὺξ),感叹万物之始——混沌卡俄斯(Χάος),张扬痛苦与冲突,描绘光明与黑暗的交替,人类自身的努力与既定命运之间的角力。光明之神播撒光,也布下影。古希腊的历史始于神话,身兼光明与黑暗两面的日神,浓缩了希腊的神话历史——一部高度理性与极端感性交织的历史。

第一节 降灾与拯救——荷马史诗中的弓箭之神

《伊利亚特》的开篇引人入胜:阿基琉斯"冲冠一怒为红颜"②,他拒绝出战而引发的后果造成这场旷日持久的特洛伊战争发生重要转折。是哪位神祇挑起英雄与王统的争斗?答案是阿波罗。因为希腊联军的统帅阿伽门农侮辱了敌对方阿波罗神庙的祭司克鲁塞斯,抢走了他的女儿,并且粗暴地拒绝了"手握黄金节杖,杖上系着阿波罗条带"③的克鲁塞斯要求赎回女儿的请求。不给阿波罗祭司留面子,就等于无视阿波罗神的存在。于是阿波罗严惩胆大妄为的阿开亚④人,在希腊联军中降下可怕的瘟疫(νοῦσον)⑤——史诗形象地表现为射下金箭⑥,夺取了无数战士的生命。由此,战争局势被迅速扭转,

---

① [德]尼采:《悲剧的诞生》,周国平译,生活·读书·新知三联书店,1986年,译序,第1—18页。
② 史诗开头吟唱阿基琉斯的愤怒,原因就是他挚爱的女人布里塞伊丝被阿伽门农抢走,暴怒的阿基琉斯因此罢战。
③ 用黄金和阿波罗条带进行赎回,一方面显示出克鲁塞斯的祭司身份,另一方面可能代表了当时当地最为正式的请求方式,阿伽门农拒绝了克鲁塞斯,也就等于对阿波罗权威的无视。中译文参看[古希腊]荷马:《伊利亚特》,陈中梅译注,译林出版社,2000年,第1页。
④ 阿开亚(Achaia),为一古国名,位于希腊南部,后来泛指希腊。
⑤ 《伊利亚特》,第1卷第10行。νοῦσος为阴性名词,有"疾病;瘟疫;灾祸"之意。阿波罗是医神,除了治病救人,还会招致疾病,对不敬他的凡人以示惩戒。
⑥ 《伊利亚特》,第1卷第43—52行。

遭到重创的希腊一方苦不堪言。从史诗的第 1 卷上半部分可以看出，福伊波斯·阿波罗（Φοῖβος Ἀπόλλων）①在特洛伊战争中起到关键的作用，作为保护特洛伊城的重要神祇，他在整部史诗中最先正面出场②：

> 福伊波斯·阿波罗听闻他（克鲁塞斯）的祈诵。
> 身背强弓和带盖的箭壶，天神从奥林波斯
> 山巅下扑，大步流星，怒气盛宏，
> 箭枝敲响在背上，呼呼隆隆；
> 他来了，宛如黑夜降落。他在对面止步，
> 遥对着海船下蹲，放出一枝箭镞，
> 银弓发出的啸响揪人心魂。
> 他先射骡子和迅跑的犬狗，然后放出一枚
> 撕心裂肺的利箭，对着人群，将其击中；
> 焚尸的柴火经久不灭，到处是烈火熊熊。③

"他来了，宛如黑夜降落"，这一句用黑夜来形容光亮的阿波罗表面看起来是自相矛盾的，却揭示出光明之神不光明的另一面，以及希腊军队对这位神灵的畏惧。用阿波罗射下的箭雨比喻蔓延的瘟疫，这是因为古希腊人认为疾病的发生和传播源于某位神灵的愠怒。人们相信神灵也有七情六欲，开罪他们的后果往往不堪设想。史诗描述的阿波罗，特征总是背着银弓，挎着竖琴，主司医药、艺术、预言、射击等职能。④作为医神的阿波罗不仅可以治

---

① 荷马史诗中多次出现福伊波斯（Phoibos）这一阿波罗的名号，来自阿波罗外祖母福伊贝（Phoibe），意思是"光亮的，灿烂的"。由这个词汇的本义，我们可以理解为，福伊波斯这一名称的反复出现，强调的是阿波罗作为"光明之神"的一面，这个词与"太阳"还是有区别的，因为在荷马史诗中，太阳神是赫利俄斯，荷马称呼阿波罗为"光明之神"，这与"日神"赫利俄斯有别。参看 Timothy Gantz, *Early Greek Myth: A guide to Literary and Artistic Sources*, Volume I, Baltimore and London: The Johns Hopkins University Press, 1993, pp. 76-82.
② 女神缪斯的名字虽然在史诗的文首出现，但是只作为歌颂对象，宙斯的名字紧随其后（第 5 行），都没有正面出场，阿波罗由此成为第一位出场的神祇。
③ [古希腊]荷马：《伊利亚特》，陈中梅译注，译林出版社，2000 年，第 3 页。
④ 在医药方面，(《伊利亚特》，第 16 卷第 527—529 行）阿波罗为格劳科斯止痛，封住流血的伤口，助他继续战斗；在艺术方面，(《奥德赛》，第 8 卷第 488 行）奥德修斯对德摩道科斯说：（转下页）

病救人，也可以致病伤人。阿波罗刚出场时，诗人称呼其名号福伊波斯，这个名号甚至比阿波罗这个名字本身更为重要，因为史诗中的阿波罗之名可以加在福伊波斯之后，也可以不加。① 由此可知"福伊波斯"即"光"的重要性。然而这位"光明之神"的初次出场"宛如黑夜降落"，显得阴森恐怖，令众多希腊士兵命丧黄泉。显然，在《伊利亚特》中，阿波罗一方面执行的是宙斯的命令，实现的是宙斯的意图——支持特洛伊一方；另一方面，遵从自己内心的情感，帮助和支援他钟爱的特洛伊人，惩罚那些不尊重他的希腊兵士。此刻的阿波罗不是高悬在天空普照众生的暖阳，而是金刚怒目、令希腊将士闻风丧胆的死神。

荷马描述了阿波罗的不同寻常，强调他与奥林波斯众神灵的差异。阿波罗的神圣源自他不平凡的出生经历。"我将铭记并永不忘却，箭术精湛的阿波罗啊"，这是《荷马颂歌·致阿波罗》（Homeric Hymn to Apollo）的首行，接着诗人详细地描述了阿波罗位于雅典东南海面的出生地得洛斯岛（Delos）。在神话传说中，这座岛屿本不存在，它之所以出现是因为宙斯的爱侣勒托怀孕了，因为赫拉禁止大地任何一个角落为她提供栖息之地，于是宙斯只得下令在海中隆起一座小岛，供她分娩，随后阿波罗和阿耳忒弥丝兄妹诞生了。② 荷马颂歌赞颂了阿波罗这位强大神明在岛上的出生与成长；歌颂了他的英雄事迹，首次来到奥林波斯的众仙大会，气宇轩昂；随后打败大

（接上页）"一定是宙斯的女儿缪斯，要不就是阿波罗教会了吟唱"；在预言方面，(《奥德赛》第8卷第79—82行) 阿波罗在普索（德尔斐的旧称）预言，当两位最优秀的阿开亚人发生争吵时，希腊联军渴望攻破特洛伊城；在射击方面，《伊利亚特》《奥德赛》中大多数场合，阿波罗都会射出箭矢，或"温柔之箭"或"恐怖之箭"，令人瞬间毙命。关于《奥德赛》，本书参照的希腊文英译本为Homer, The Odyssey, with an English translation by A.T. Murray, Cambridge, Massachusetts, London: Harvard University Press, 1974 (First printed 1919)。中译本主要有：[古希腊] 荷马：《奥德赛》，王焕生译，人民文学出版社，1997年；[古希腊] 荷马：《奥德赛》，陈中梅译注，译林出版社，2003年。

① Timothy Gantz, Early Greek Myth: A Guide to Literary and Artistic Sources, Volume I, Baltimore and London: The Johns Hopkins University Press, 1993, pp. 76-82. "阿波罗，希腊语作Appolōn，很可能是一个'引进'或混合外来成分的神名，在古老的线形B泥板文书（即Linear B）上找不到明晰的见例。"参看陈中梅：《宙斯的天空：〈荷马史诗〉里的宙斯、雅典娜和阿波罗研究》，北京大学出版社，2011年，第199页。

② Andrew Lang, The Homeric Hymns, a New Prose Translation, and Essays, Literary and Mythological, London: Ballantyne Press, 1899, PA USA: Breinigsville, 2010, pp. 103-133.

图2-1　阿波罗用盾牌保护特洛伊将士,用手中的利箭驱散希腊人。英国画家约翰·菲拉克曼(John Flaxman,1755—1826)创作

蛇皮同(Python),在德尔斐建立自己辉煌的神殿,引得四海朝拜敬仰。[①]其实,从荷马史诗以及献给阿波罗的荷马颂诗中可以了解到,福伊波斯的名号甚至比耳熟能详的阿波罗更为重要,"阿波罗"这个名称意义并不明确,"福伊波斯",即光的作用被突出出来。[②]当然,"并不是每一个人都同意阿波罗是原初的光明之神和奥林波斯早期的太阳神。当他出生在小岛得洛斯的时候,小岛的地基变成了黄金,橄榄树和伊努普斯河(Inopus)也变成了黄金,岛上圆形的池塘闪耀着金光。在宙斯这位强壮而健美的儿子出生时,一只打鸣的公鸡被献了出来"。[③]按照现今流行的说法,阿波罗虽然也是天王宙斯的儿子,但他的身份并非"嫡出",作为"庶出"的孩子自然无法与天后所生的嫡子阿瑞斯、赫淮斯托斯相抗衡。然而,所有神话故事都给予了阿波罗特殊的优待,使他身兼多种才能——医药、音乐、照明、射击等等于一身,可

[①] Penglase, Charles, *Greek Myths and Mesopotamia*, London and New York: Routledge, 1994, pp. 76–125.

[②] Timothy Gantz, *Early Greek Myth: A Guide to Literary and Artistic Sources*, Volume I, Baltimore and London: The Johns Hopkins University Press, 1993, p. 87.

[③] Jacquetta Hawkes, *Man and the Sun*, New York: Random House, 1962, p. 186.

以说最为完美地体现着古希腊的艺术与精神。他年轻、健美、阳光、勇猛、机智，精通医术、擅长乐理，几乎无所不能，按照瓦尔特·伯克特的说法，阿波罗是所有神祇中"最希腊的一位"（the most Greek of the gods）。①

俗话说"天无二日"。实际上，阿波罗在荷马史诗中从未以太阳神的称呼出现，太阳神另有其神。希腊语中的太阳（Ἥλιος）一词与赫利俄斯（Ἥλιος）的名字一致。《伊利亚特》中的太阳神就是赫利俄斯。在早期希腊艺术里，阿波罗与赫利俄斯是两个形象，后者才是真正意义上的太阳神。《奥德赛》中，阿波罗的名字只在一些重要的场合中才出现，累计有28次。比如，他多次出手帮助奥德修斯，在射杀求婚者一事上更是功劳显著。提到阿波罗时运用最多的描述词是"远射手"（ἑκάεργος），而非"日神"或"太阳神"。《伊利亚特》里，这位"远射手阿波罗对他们（特洛伊军）十分钟爱"（μάλα τούς γε φιλεῖ ἑκάεργος Ἀπόλλων）。②荷马史诗更多是将阿波罗与射箭这一职能紧密地联系在一起，也就是说，阿波罗主要的功能仍然体现在战斗上。《奥德赛》也有28处提到赫利俄斯。赫利俄斯的描述词是"高照者"（Ὑπερίονος）、"给人类光明者"（φαεσιμβρότου）、"太阳神"（Ἥλιος）、"无所不闻、无所不见"（ὃς πάντ᾽ ἐφορᾷ καὶ πάντ᾽ ἐπακούει）等等，与自然界的太阳特征更为贴近。也就是说，在荷马以及荷马之前的时代，神话中的阿波罗与太阳无关；阿波罗这一形象与"太阳神"之间画上等号，大概是公元前6世纪之后的事情了。

赫西俄德的《神谱》在讲述神的来历时，也未曾用太阳神的字眼称呼阿波罗。在诸神谱系中，真正的太阳神是赫利俄斯——"伟大的赫利俄斯"（第19行）、"忒亚与许佩里翁相爱，生下魁伟的赫利俄斯（太阳），明亮的塞勒涅（月亮）和厄俄斯。厄俄斯照耀大地上的万物和广阔天宇中的不死神灵"（第371行）、"金光闪闪的太阳神无论在升上天空时，还是在从天空下行时，从不用光亮照向他们（下界者）"（第760行）、"把光明带给人类的赫利俄斯"（第958行）。对阿波罗的描述则为"远射的阿波罗"（ἑκηβόλου

---

① 原出处见 W. Burket, *Greek Religion*, Translated from the German by J. Raffan, Cambridge, Harvard University Press, 1985, p. 143. 转引自陈中梅：《宙斯的天空：〈荷马史诗〉里的宙斯、雅典娜和阿波罗研究》，北京大学出版社，2011年，第200页。
② 《伊利亚特》，第16卷第93行。

Ἀπόλλωνος，第94行）、"王者阿波罗"（Ἀπόλλωνι ἄνακτι，第347行）、"喜欢射箭的阿波罗"（Ἀπόλλωνα ἰοχέαιραν，第918行）、"所有子女中，最受手持大盾的宙斯喜爱的"（Διὸς φιλότητι μιγεῖσα，第920行）。① 根据《神谱》的时间产生于约公元前8世纪、可能稍晚于荷马史诗的情况，可推测在那时阿波罗尚未被希腊人视为太阳神，但是阿波罗的光明形象却深入人心。从某种程度上说，这位古老而又年轻的男神与保有传统又追求新兴的希腊精神相契合。

《伊利亚特》第1卷祭司克鲁塞斯在吁请阿波罗的时候，称呼"王者阿波罗"（Ἀπόλλωνι ἄνακτι）② 为"司明修斯（Σμίνθεῦ）"，"司明修斯"这个词汇包含两个意思：一是"鼠"；二是指称特洛伊境内一座名叫司明忒（Σμίνθη）的城市。③ 阿波罗与这两者都有渊源：之所以与鼠有关，是因为他曾为某地去除鼠疫④，故而得名；还有一种理解则把阿波罗称为"鼠神"，也许古时某地有将鼠奉为神明加以敬奉的习俗，而阿波罗肯定与古老的动物崇拜联系在一起。⑤ 另外一种说法是由于阿波罗自始至终保护特洛伊人，尤其是司明忒这座城市。正如名称相同、关系密切的雅典娜与雅典城一样，"司明修斯"可理解为"司明忒城的守护者"。如此一来，"司明修斯"这个称呼至少暗示出阿波罗的两项职能：降灾和祛病。他把特洛伊人从鼠疫中拯救出来，却给希腊人以瘟疫的重创。从这一点上考虑，他兼具治病与致病、光明与黑暗的两面性就不难理解了。阿波罗神不是一个简单的神灵，因其本身就存在着二元对立。这层理解可以对应尼采在《悲剧的诞生》一书中对希腊艺术的理解——希腊精神来自日神冲动与酒神冲动两大元素的对立与统一。阿波罗这个形象是复杂多变的，正是这种易变带来强烈的戏剧冲突效果。尤其是他身

---

① 中译文参照［古希腊］赫西俄德：《工作与时日·神谱》，张竹明、蒋平译，商务印书馆，1991年，第26、29、37、38、48、52、54页。

② 《伊利亚特》，第1卷第36行。希腊文 ἄνακτι 有"主人；王室的；神的；王的"之意。默雷（A. T. Murray）的英注本将其翻译为 prince（"王子"），陈中梅的中译本译作"王者"，二者译法稍有不同，各有侧重。

③ Henry George Liddell, Robert Scott, comp., *A Greek-English Lexicon*, Oxford: Clarendon Press, 1996, p. 278.

④ Gilbert Murray, *The Literature of Ancient Greece*, Chicago: Chicago University Press, 1957, pp. 4–5.

⑤ 这种解释尚无足够的证据，故在此不作进一步分析。参看［古希腊］荷马：《伊利亚特》，陈中梅译注，译林出版社，2000年，第2页，注释①。

上背负着的重要道具——弓与箭,表明他既是和谐的缔造者,也是麻烦的肇始人。神话中的弓箭被赋予了两种功用:战场上杀伤力十足的兵器和引发凡人身体发生异变的病原。所以,阿波罗无论从身份上还是从性格上来说,都是复杂的。他带来光明的欢愉,也带来黑暗的痛苦。

　　光明与幽暗、拯救与毁灭,阿波罗身上体现出的两种特征在史诗伊始便构成了强烈的反差。我们可以假定这两组矛盾的意义:阿波罗代表人类的本能冲动,是和平的毁坏者。对于他喜欢的一方来说,好似春天般温暖和祥和,而对于他憎恶的一方,则如同残冬般阴沉和寒冷。他正象征着人类所处的现实世界,既有生存的快乐与满足,又有死亡的绝望与痛苦。阿波罗在艺术上、精神上"最希腊",最能体现古希腊历史的感性与理性、光明与黑暗、升腾与毁灭。那些想当然地给阿波罗神贴上理性标签的人,往往对这个神灵有一定的误解。阿波罗深层的性格就像他的出生地——从大海中骤然浮现的小岛得洛斯一样孤独而自傲,似乎高高在上,却又无根无基,得益于天时地利,受制于天地人心。极端的神秘和夸张的非理性在阿波罗这位神灵身上肆意飞扬,通过它们,我们隐约能够听到希腊精神热情饱满、血脉偾张的心跳。阿波罗射出的金色之光如箭镞,在战场上所向披靡,其精妙的战术甚至超出了宙斯的嫡子之一战神阿瑞斯,而被史诗时代的英雄拥戴为心目中的"战神"加以崇拜。

第二节　预言与医药——悲剧时代的净化之神

　　悲剧又名"山羊之歌"(tragoidia),其得名与山羊有关。我们知道,在荷马史诗中,阿波罗是一位非常喜欢山羊尤其是头胎羊羔(ἀρνῶν πρωτογόνων ῥέξειν κλειτὴν ἑκατόμβην)的神灵[①],他对那些向他敬奉羔羊的凡人赐予神圣的庇佑。无论是披着羊皮进行表演,还是得胜者的奖品是一头羔羊,"山羊之歌"悲剧创作的伊始都与山羊有关,在一定程度上也是向喜爱羔羊的神灵阿波罗致敬。

---

① 《伊利亚特》,第4卷第102行、第23卷第864行;《奥德赛》,第21卷第265—268行。

公元前5世纪前，显示阿波罗与太阳有关的资料尚不常见。直到悲剧作家笔下，如欧里庇得斯的作品，阿波罗才明确得以太阳神的形象出场。欧里庇得斯的《法厄同》（Phaethon）的残篇，给了阿波罗一个文学身份——太阳神。主人公法厄同是太阳神阿波罗的儿子，他驾驭着父亲的马车跌进厄里达诺斯河。事实上，"法厄同"（Φαέθων）这个名字在希腊语中的意思是"发光的"，引申义为"太阳"①，这个词原本在荷马史诗中属于赫利俄斯的别号。在欧里庇得斯的笔下，法厄同是太阳神的儿子这一点没有改变，但与神话时代不同的是，法厄同的父亲也就是太阳神不是赫利俄斯，而是阿波罗。②在欧里庇得斯的另一部作品《瑞索斯》（Rhesus）第224—230行，歌队（χορός，choros）③唱道："第姆布亚的，得洛斯岛的和吕西亚神殿的主人，阿波罗啊，请用你光明的前额，用你的弓箭，驱散黑夜吧。"④阿波罗几乎与光明之神相等同，他可以用手中的金箭驱散黑夜，但悲剧家点到为止，并没有明确地说明太阳神就是阿波罗。除此之外，在欧里庇得斯其他的作品里，阿波罗作为弓箭之神的主要功能是发出神谕，具有预言的功用。⑤我们无从知晓"太阳神阿波罗"这一名称出现的具体时间，它如何被发明或者由何处改编而来。仅从这一点上，我们看出欧里庇得斯对日神定义上的模棱两可。尼采看到了这一徘徊不定的矛盾性，他在《悲剧的诞生》中批评欧里庇得斯的"理解然后美"的原则，指责他以冷静的思考取代日神的直观，从而否认日神象征理性。因为尼采始终视理性为扼杀本能的力量，谴责苏格拉底、柏拉图的理性哲学，认为这些哲学家扼杀了希腊人的艺术本能——包括

---

① Henry George Liddell, Robert Scott, comp., *A Greek-English Lexicon*, Oxford: Clarendon Press, 1996, p. 1911.
② Timothy Gantz, *Early Greek Myth: A Guide to Literary and Artistic Sources*, Volume I, Baltimore and London: The Johns Hopkins University Press, 1993, pp. 76–82.
③ 歌队主要以歌唱形式交代故事、转换场面、引领剧情，在演出过程中充当不可或缺的参与者、评论者和辅助者的角色，在古希腊戏剧中具有特殊的功用。
④ [古希腊]《古希腊悲喜剧全集·欧里庇得斯悲剧（下）》，张竹明译，译林出版社，2007年，第21页。
⑤ 参看《伊菲革涅亚在奥利斯》第1063行，《伊菲革涅亚在陶洛斯人里》第711行，《埃勒克特拉》第1303行，《伊昂》第66行，《请愿的妇女》第139行，《腓尼基妇女》第1598行，《疯狂的赫拉克勒斯》第583行，《特洛伊妇女》第42行。

酒神冲动和日神冲动。①他说:"史诗和日神因素的势力如此强盛,以致最可怕的事物也借助对外观的喜悦及通过外观而获得的解脱,在我们的眼前化为幻境。……那么,欧里庇得斯的悲剧之于日神戏剧的这种理想的关系如何?……它一方面尽其所能地摆脱酒神因素,另一方面又无能达到史诗的日神效果。"②按照尼采的说法,悲剧家们创作了悲剧,也正因为误解了日神精神,从而在悲剧的撰写之上又酿成了新一轮的悲剧,《悲剧的诞生》在此层面上具有双重指涉。

日神究竟是不是阿波罗?在哪种层面上,阿波罗是具象的,日神是抽象的,可否在两者之间画上等号?如果说在欧里庇得斯之前的悲剧作品中存在一些线索的话,那么埃斯库罗斯的三联剧值得一提。在埃斯库罗斯的《乞援人》(*Hiketides*)中提到护佑万物的太阳光芒与同情守护凡人的阿波罗,二者非常相近:

> 歌队(由达奈俄斯的女儿们组成):我们向太阳,向那护佑的光芒祈求。
> 达奈俄斯:还有圣洁的阿波罗,虽是神明,也曾被逐出蓝天。
> 歌队:知晓这是命运,他会同情凡胎。
> 达奈俄斯:愿他确能同情,以他的宽厚护卫。③

埃斯库罗斯在太阳神和阿波罗的称呼上还是有区别的,太阳神依然是赫利俄斯,但是他释放的光芒与阿波罗对凡人的庇护形成有效的类比,在一定程度上达成一致性。赫利俄斯距离逃难的达奈俄斯和他的女儿们十分遥远,但是阿波罗的救援却近在咫尺,只要诚心祈求,便唾手可得。达奈俄斯一家来到的地方叫作阿庇亚,一处为纪念古时医者阿庇斯(Apis,全名阿斯克勒庇俄斯Asclepius)而命名的村野。悲剧描写道:"阿庇斯,先知、医者、阿波罗的儿子,来自那乌帕克托斯,从海岸的那端,净涤了这块妖孽横行、凡人

---

① [德]尼采:《悲剧的诞生》,周国平译,生活·读书·新知三联书店,1986年,译序,第2页。
② 同上书,第51页。
③ [古希腊]埃斯库罗斯:《埃斯库罗斯悲剧集》,陈中梅译,华夏出版社,2008年,第15页。

不能生聚的旷野……阿庇斯用药草和法术去除了毒孽，洁净了阿耳戈斯的和善，他的回报是后人的怀念，祈词中诉说着他的功绩。"① 医神阿斯克勒庇俄斯是阿波罗的儿子，继承了父亲占卜和医药的技术，后来被霹雳打死，阿波罗为爱子报仇心切，杀死了独目巨人，被宙斯惩罚而逐出了神界。作品《乞援人》的第214行交代了阿波罗"虽是神明，也曾被逐出蓝天"的这段经历，正因为阿波罗曾有过与达奈俄斯一家相同的境遇，达奈俄斯才向阿波罗祈祷，希望得到他的同情和帮助。

在《奠酒人》（*Choephoroi*）第984—986行中，奥瑞斯特斯虽强调赫利俄斯与阿波罗的不同，太阳神赫利俄斯"无所不见"，但仍呼唤阿波罗，期许他的正义之光。"在大地中央，阿波罗的神庙，高高在上，里面有一束神奇的明火，透亮，和日月一样久长。"② 从中我们可以看出阿波罗功能的强大，他的光芒甚至盖过了原本的太阳神赫利俄斯，成为诗人心目中拯救凡俗世界的真正的"太阳"。

另外一位悲剧诗人索福克勒斯唤起的则是人们对阿波罗的敬畏，因为该神灵知晓未来的命运，拥有发布神谕的权力。其实三大悲剧家对阿波罗都心生敬畏，尤其对于他那通晓凡人命运的技能。在欧里庇得斯的《伊菲革涅亚在陶洛人里》（*Iphigenia in Tauris*）中，当阿波罗还在母亲怀抱里的时候，发现了大蛇皮同，随即斩杀了它，由此获得了神谕的控制力量。大地母亲该亚（Gaea）原本打算把德尔斐这片土地交由自己的女儿忒弥丝管理，并对阿波罗向人们散播预言性梦境的行为大为光火。后来宙斯终止了那些具有预言性的梦境（第1249—1283行）。欧里庇得斯专门介绍阿波罗获得此项特殊才能的始末："啊，福波斯，当你还是一个婴儿，还在慈母的怀里乱蹬的时候，你就杀死了那怪蟒，走进了那神的宣谕所，坐上了黄金的三脚鼎，在这言无不验的座位上，在紧靠卡斯塔利亚流泉的你的大地中心家里，从神龛下面，给凡间的人类宣布天神的旨意。"③ 德尔斐被确立为大地的中心，阿波

---

① ［古希腊］埃斯库罗斯：《埃斯库罗斯悲剧集》，陈中梅译，华夏出版社，2008年，第18页。
② 《奠酒人》，第1036—1037行。中译文参照［古希腊］埃斯库罗斯：《埃斯库罗斯悲剧集》，陈中梅译，华夏出版社，2008年，第451页。
③ ［古希腊］《古希腊悲喜剧全集·欧里庇得斯悲剧（下）》，张竹明译，译林出版社，2007年，第526页。

图2-2　希腊南部巴塞（Bassae）的阿波罗神庙

罗执掌这一圣地。而最为著名的则是索福克勒斯《俄狄浦斯王》中阿波罗骇人的神谕：俄狄浦斯必将杀父娶母。这一预言酿成了主人公无法逃离的悲剧（第377、480、482、711—720、791—793行）。胡金努斯（Gaius Julius Hyginus）[1]的传说故事则说，阿波罗在出生后的第三天便前往德尔斐，杀死了怪龙（一说是大蛇）皮同，因为对方疯狂地追求阿波罗的母亲勒托。阿波罗之所以成为净化之神，是因为在德尔斐斩杀皮同后，身上溅到了血污，后来他接受洗涤和净化，身体重新获得洁净，于是他成为替凡人涤罪和消灾的神灵[2]，诗人品达（Πίνδαρος）认为自此以后阿波罗开始"向人间传授医术"（《普希亚颂》5. 63—64）。向"净化之神"阿波罗致敬的悲剧也借用神灵和英雄的故事无形地实践着净化（κάθαρσις，Katharsis）人们内心的功能。

---

[1] 公元前64—公元17年，拉丁语作家，著有《传说故事》（Fabulae）一书，收录了300多个详细的神话故事。

[2] Apollodorus's Library and Hyginus's Fabulae: Two Handbooks of Greek Mythology, New York: Hackett Publishing Company, 2007, p. 196.

可以假设，悲剧诗人在哲学出现之前已然顺从时代的需要，把在史诗世界中控制神谕和巫术从而拥有"至关重要的意识形态领域内领导权"①的阿波罗的地位进一步抬高，在一定程度上建构了当下的意识形态，将预言和净化两大神技促成阿波罗神的主要功能。悲剧时代介于神话时代与哲学时代之间，体现出的是笃信神与怀疑神的纠结，在痛苦与冲突之间呈现巨大的张力，常常出现无解的状态。阿波罗的预言往往给凡人带来不幸和苦难，主人公无力破解，却又不甘心顺从预言所指的方向。阿波罗这个神灵本身就是矛盾的，性格中包含非理性的冲动因子，他斩妖除魔，为了爱子不惜触犯奥林波斯的天条，他勇于犯"错"，然后通过洗涤和净化除去"罪责"。然而神人有别，犯了"错"的凡人却无法轻易逃脱。悲剧世界里一般都会出现阿波罗，要么发出让主人公无法逃避的预言，要么为主人公净化和涤罪。阿波罗代表着一张命运之网，既可以用网将有罪之人罩住，也可以解除网中之人的罪恶。悲剧时代的阿波罗除了继承史诗中降灾和拯救的功能外，还突出强调的是他兼具预言和净化之神的身份。

德尔斐，这座颁布阿波罗神谕的圣地反复呈现在悲剧当中。在阿波罗到来之前，德尔斐一直由大蛇皮同保护。阿波罗斩杀了皮同，便顺理成章地在昔日地头蛇皮同的地盘建立了一个类似胜利纪念碑的建筑——著名的德尔斐神庙。在希腊哲学崛起之前，处于大地中心（the center of Gaia）的德尔斐②的名字就代表着宇宙间的最高智慧。无论阿波罗用何种方式消灭了德尔斐的前任统治者，可以肯定的是，阿波罗凭借的不是智慧而是武力、暴力。他用非常手段夺得了德尔斐这一大地中心的统治权。宗教史学家米尔恰·伊利亚德（Mircea Eliade）发现，皮同的前任是德尔斐尼（Delphys），她是一条由大地所生的雌蛇，德尔斐的名称由此而来。德尔斐这个地方位于福喀斯（Phocis）的帕耳那索斯山麓（Mount Parnassus），是全希腊的宗教中心，无论词源学如何解说，希腊人都将德尔斐这一名字与"子宫"（womb）相联

---

① 陈中梅：《宙斯的天空——〈荷马史诗〉里的宙斯、雅典娜和阿波罗研究》，北京大学出版社，2011年，第247页。
② 神话故事中说，宙斯想知道大地的中心在哪里，于是他从大地最边缘的两头放出一对老鹰，让它们以同等的速度相向飞行，相遇的地方即是大地的中心。两只鹰在德尔斐降落，这里遂被看作大地的中心。参看 Robert Graves, *The Greek Myths: Complete Edition*, Harmondsworth: Penguin Books, 1993。

系。^①当然，因为大地女神是该亚，那么德尔斐作为她的中心，便会让人联想到女性的关键器官，这种说法还是源自远古女神崇拜的观点。也有学者从这段阿波罗斩杀大蛇的神话故事中推论："皮同是当地的神，受到全希腊的太阳神阿波罗的排挤。在德尔斐，对阿波罗的崇拜中，仍有敬奉皮同的余迹：德尔斐神堂有时叫作皮托；阿波罗的别名之一皮提俄斯；女祭司叫作皮提亚。"[2]作为"最希腊的"新兴的年轻神灵，不仅取代了希腊原有的老牌太阳神赫利俄斯的位置，而且掌握了大地中心的实权，从天上到地下，福伊波斯·阿波罗这位带光的全能男性神祇可以说是希腊精神的表率。而他所具有的净化功能，正是在神话故事里汲取养分的悲剧所需要的，悲剧人物时常吁请阿波罗给有罪、有耻的凡人洗涤身上和内心的污垢，求得在苦海泛舟的片刻安宁。阿波罗虽是神明，却也曾犯下渎神之罪，双手沾满血污，因为懂得所以怜悯，他给凡人坎坷漫长的人生之路带来一丝光亮。在悲剧中，真正的太阳神赫利俄斯隐身不见，而阿波罗则掌管着人类的生死簿，光辉如日。

看来，经过悲剧作家们的文学再造以及悲剧净化功能的现实需要，越发让天神宙斯庶出的儿子——神箭射手阿波罗名正言顺地向太阳神的宝座靠拢，其兼具医药、预言、音乐、净化等多重职司，使得该神在泛希腊化时代被广为接受。一位可能来源于希腊本土之外的小亚细亚神祇，就这样在希腊神话再造过程中后来居上，渐渐取代了原太阳神赫利俄斯的位置，成为代表希腊文明的最重要的神圣形象之一。

第三节　认知与辩证——哲学时代的理性之神

从前苏格拉底时代到柏拉图时代，阿波罗经由哲学家之手得到进一步再造，发挥起理性之神的作用，俨然成为认知辩证智慧的化身。

阿波罗在德尔斐神庙给出两句带有理性思辨的箴言："认识你自己"（Γνῶθι σε αὐτον）和"凡事勿过度"（μηδὲν ἄγαν）。"认识你自己"，对于苏

---

① M. Eliade, *A History of Religious Ideas*, Volume I, Chicago: University of Chicago Press, 1978, p. 271.
② ［苏联］М. Н. 鲍特文尼克、М. А. 科甘等编著：《神话辞典》，黄鸿森、温乃铮译，商务印书馆，2015年，第238页。

格拉底哲学的发生尤为重要。苏格拉底把哲学从天上带到人间,他对此的解释是阿波罗神在德尔斐通过女祭司之口告诉苏格拉底,他是世上最有智慧的,原因是当每一个人都自以为是的时候,反而淹没了智慧;只有苏格拉底知道自己的无知,认识到自己的真实属性(柏拉图:《苏格拉底的申辩》,21A—23C)。他在法庭上慷慨陈词:"其实,公民们,只有神才是真正智慧的,那个神谕的用意是说,人的智慧没有多少价值,或者根本没有价值。看来他说的并不真是苏格拉底,他只是用我的名字当作例子,意思大约是说:'人们哪!像苏格拉底那样的人,发现自己的智慧真正来说毫无价值,那就是你们中间最智慧的了。'"[①]在这一点上,阿波罗"认识你自己"的神谕似乎引导着从外向内的哲学发生思路。在柏拉图的《斐莱布篇》(Φίληβος,Philebus)中,苏格拉底谈到对德尔斐神庙这句铭文的认识:与"认识你自己"相反的意思是"无知"(τό ἀγνόημα),因为不认识自己所以无知被视为一种愚蠢的状态,属于一种很坏的情况,"无知就等同于邪恶"(τὴν ἄγνοιαν εἴπομεν ὅτι κακόν)。[②]

假托阿波罗之口发出的箴言"认识你自己"首先让苏格拉底划分出"有知"与"无知"的界限,划分的依据在于是否能够清楚地认识自己,包括认清自己的无知也成为"有知"的一个先决条件。这意味着,阿波罗在悲剧时代被看重的预言功用在哲学时代受到忽略,代之以对阿波罗神谕理性化的重视。哲人们在参与建构当下的意识形态时,给太阳神阿波罗赋予更多的智慧之光。原因就在于那句"认识你自己"所启发的对个人不断的认识和探索。身处雅典的苏格拉底和他的追随者们一直在关注人自身的问题,他们始终用思想和学识进行思考。他们从未彻底地否定和脱离神,而是出于对神谕的珍视,对智慧的热爱,思考世间万物的由来,如何完善短暂的人生。阿波罗之所以受到推崇,不仅因为他是优秀的年轻神灵代表,而且在哲学家的眼中他是开放的、开明的。"当然,如果不谈理性的话,'开明'则是神圣的。因为阿波罗既是爱奥尼亚哲学家们的保护神也是苏格拉底的庇护者,这使得我们

[①] 北京大学哲学系外国哲学史教研室编译:《西方哲学原著选读》(上卷),商务印书馆,1982年,第186页。
[②] Plato, *The Statesman, Philebus*, with an English translation by Harold N. Fowler, Cambridge: Harvard University Press, 2006, p. 338.

可以更加适当地辨析带有阿波罗崇拜的理性思想最初始的形式,重新去认识太阳神。这位神灵以生命之光的样貌呈现,是公正、合理的代表,也是智力的太阳,手持理性之光。"①哲学时代延续悲剧时代对阿波罗作为光明之神的肯定,"无所不见"的老牌太阳神赫利俄斯已经退居幕后,让位于"一切皆有可能"的新兴神灵阿波罗。也就是说,从拥有非凡武艺的射手神,到精通医术、司掌神谕的净化神,再到充满智慧之光的理性神,阿波罗在几百年里数度变容,演绎着古希腊文明开展的神话历史剧。

光明之神之所以成为理性神还有关键的一点,就是阿波罗与哲学时代标榜的"和谐"一词关联颇深。"他(阿波罗)在音乐方面表现出来的天赋和他对竖琴的喜爱通常被给予一种"太阳的"解释。在描述阿波罗弹奏的时候,人们总是运用这样的语句:'美丽而高大……因发光而燃烧。他的双足和衣饰闪耀着明亮的光芒。'一位希腊诗人高呼:'他把所有的自然都带进了和谐之中'……他那演奏竖琴的琴拨就是太阳明晃晃的光线。"②拥有音乐才情的男神处于躁动与安宁、理性与非理性交织的"和谐"之中。缪斯们给同时握着弓箭和竖琴的阿波罗的音乐带来了灵感;从荷马直到赫拉克利特,竖琴之琴弦就是在战争与和平、暴力与温情的张力之间奏出了和谐之音。中国人常说的"文武之道,一张一弛"之原理,非常巧合地体现在希腊早期哲学家对阿波罗形象的再造逻辑中。如当代哲学家伯特兰·罗素(Betrand Arhur William Russell)针对古希腊哲学指出:"阿那克西曼德的'对立'与毕达哥拉斯的'调和弦'导致了赫拉克利特的观点——和谐来自对立的紧张,如弓。……我们还必须记住,毕达哥拉斯信徒们的主神是阿波罗。尽管他们的信仰中也有俄耳甫斯因素,但正是这种阿波罗倾向才将欧洲的理性主义与东方的神秘主义区分开来。"③阿波罗在哲学时代开启之后被推崇为理性之神,很大程度取决于他身上典型的二元论。狂热的军事主义分子在他身上看到了暴力和好斗;冷静的和平主义者听到了他所奏音乐的动听和曼妙;虔诚的善男信女感受到他救死扶伤的怜悯和宽容;青春叛逆的懵懂少年体会到他的激

---

① Jacquetta Hawkes, *Man and the Sun*, New York: Random House, 1962, p. 212.
② Ibid., p. 186.
③ [英]伯特兰·罗素:《西方的智慧》(上),崔权醴译,文化艺术出版社,1992年,第32—33页。

图2-3 《冉冉升起的太阳——阿波罗》(The Rising of the Sun),油画作品,法国画家弗朗索瓦·布歇(François Boucher,1703—1770)作于1753年

情四射和桀骜不驯……弓弦和竖琴都是阿波罗随身携带的心爱之物,显然,弓箭代表的是战争与暴力,竖琴显示的则是和平与温情。虽然两样东西截然不同,但是在构成原理上却是相通的,都必须靠两端的对立和分离的紧张才能达到目的。从这个角度分析,阿波罗既理智又感性,它们是对立的,也是统一的。

在古希腊文明中，太阳神从具有人格化的神到一个具体的物质——太阳的演变，其从神话到哲学和科学的路径依稀可辨。哲学的产生开始于人们思想的转变——将抽象从具象中剥离出来。"当爱奥尼亚的希腊移民带着非宗教的眼光注视自然界时，他们第一次不再把太阳当作神灵看待（这样做并不妨碍他们依然敬奉阿波罗），而是作为物理上的事物，这个事物的运动轨迹、大小尺寸以及形状都是可以进行测量和计算的。"① 太阳神揭开了神秘的面纱，两种身份发生了分离，一个是受人敬仰的神灵，另一个是可以分析、可以测量的物质。早期哲学家们进行了大胆的尝试，将神灵物质化，不再将谈论、热议、分析、怀疑神灵等举动视为对神灵不敬，不过他们仍然信仰神灵，相信神灵会赐予他们力量和智慧，更好地提出问题并加以解决。从不假思索地信仰和崇拜神，到有所保留地探究和剖析神，这个过程也是神话消解和物理学诞生的过程。

史诗时代、悲剧时代、哲学时代在对阿波罗的认识上发生了分歧。比方说，《伊利亚特》描写阿波罗在阿伽门农与阿基琉斯之间燃起了一把火（pur），造成两大战斗英雄之间的不和的故事。如果说荷马强调凡人藐视阿波罗的严重后果，凸显天神伟大的话，那么在苏格拉底看来，城邦的和谐问题就是一个需要用理性提问和回答的问题。也就是他询问缪斯女神的话：谁点燃了城邦的不和之火？既然是阿波罗，那么就需要一个情感型神灵的理性回归，最好的方式是侧重他和谐的一面。背着弓箭、手持竖琴的阿波罗，既是矛盾的制造者，亦是问题的解决者。和谐不是开端，但却是终极目标，在紧张与对立当中奏出和谐之音，最终才能抵达真、完善美。

这一层意思在柏拉图的《克拉底鲁篇》404E—406B行有所表述。苏格拉底与赫谟根尼在讨论诸神名称的时候特别强调了阿波罗的意义：两人都注意到了阿波罗名字中所含有的某种可怕的成分。苏格拉底不太相信这位神灵所具有的四个方面的职能——音乐、预言、医药和射箭技术，仅用一个名称就可以加以涵盖。不过，尽管觉得奇怪，在苏格拉底的心目中依然认为阿波罗是一个和谐的名字，因为他是和谐之神，所以 Apollō（Ἀπόλλω）的称呼很适宜。苏格拉底对此解释说：

---

① Jacquetta Hawkes, *Man and the Sun*, New York: Random House, 1962, p. 188.

首先，医生和巫师使人净化和洁身，用他们的药物熏烟和熏香，还让人清洗去垢和喷淋除邪，这些做法全都有着同样的目的，这就是使人的身体和灵魂清洁和纯洁。……作为一名医生，阿波罗命令人们沐浴和涤罪，与此相关，称他为 "Apoluōn"（Ἀπολούων 即清洗者）是对的；而在作预言方面，他的真实和真诚，这两个词是一回事，也使他可以最适当地被称作 Ἁπλῶς，这个词源于 ἁπλοῦς（真诚），就像在帖撒利方言中一样，因为所有帖撒利人都称他为 "阿波洛"（Ἁπλός）。还有，他一直在射箭（ἀεὶ βάλλων），因为他是射箭能手，从来不会射不中靶子。还有，这个名称也可以指他的音乐禀赋，就像在 ἀκόλουθος，ἄκοιτις，以及其他许多词中一样，字母 a 的意思是 "和……在一起"；因此阿波罗的名字的意思是 "推动……到一起来"，无论是所谓天穹的两极，还是歌曲的和谐，这些都被视为协和，因为他用一种协和的力量把一切推向和谐，就像天文学家和音乐家巧妙地宣布的那样。他是主掌和谐之神，使万物聚在一起，诸神也好，凡人也罢。（中略）阿波罗这个名称的价值，如我刚才所说，与这位神的所有权能都有关，他是唯一者、永远发射者、清洗者、聚合者（ἁπλοῦς，ἀεὶ βάλλων，ἀπολούων，ὁμοπολῶν）。①

苏格拉底解释了阿波罗这个名词的词源，认为他所具备的功能源自他的"真诚"，无论是音乐禀赋、预言能力、精湛的医术，还是高超的箭术，皆与"真诚"相关，也正因为这个缘故，阿波罗才是一位和谐之神。其实，这也从根源上解释了为什么唯有阿波罗"最希腊"，并且在哲学时代备受推崇。因为他体现的是希腊精神的本质——在光明与黑暗、紧张与对立、理智与情感之中寻求一种和谐。柏拉图称灵魂为"自我"（self），称理性灵魂为"自我本身"（self itself），人的灵魂需要净化和提升，首先需要对自己有个正确的认识和定位。而阿波罗代表的正是自我认知（《卡尔米德篇》，164d—

---

① 中译文引自［古希腊］柏拉图：《柏拉图全集》（第2卷），王晓朝译，人民出版社，2003年，第87—88页。希腊文参照 Plato, *Cratylus, Parmenides, Greater Hippias, Lesser Hippias*, with an English translation by H. N. Fowler, Cambridge: Harvard University Press, 1939 (First published 1926), pp. 76–79。中译文稍有改动。

165a）。人无完人，只有不断地发现错误并进行修正才有进步的可能，这一过程相当于神话中阿波罗触犯天规之后所施行的净化仪式。对于苏格拉底等哲人而言，净化成为一种实实在在的德行，而对神圣事物（比如说太阳神）的沉思也构成一种净化仪式，因为它起到了思想启蒙的作用。①

同样，弓弦与竖琴既是阿波罗的心爱之物，也是阿波罗成为和谐之神的必要标识。尤其在柏拉图那里，阿波罗被推崇至极高的位置，给予阿波罗的头衔有"弦琴之主"（《国家篇》）、"德尔斐之神"（《高尔吉亚篇》）、"技艺之神"（《克拉底鲁篇》）、"激励先知的神"（《斐德罗篇》）、"拉栖代蒙的立法者"（《法篇》）、"某些雅典人的家族神"（《欧绪德谟篇》）等等。《政治家篇》对于阿波罗在荷马史诗中的中心作用亦有所暗示，强调这位神灵与凡人之间的和谐关系。哲学家从史诗中汲取养分，洞察神话故事背后的道理。《奥德赛》第15卷第403—411行其中一段文字颇富神秘色彩。牧猪人欧迈奥斯向装扮成乞丐的奥德修斯回忆自己的身世，描绘出如世外桃源一般美好的乌托邦："有一座半岛，名叫叙利埃（Συρίη），位于奥吕吉埃斯的上方，太阳在那里改变方向（ὅθι τροπαὶ ἠελίοιο）。这里人口数量稀少，人民安居乐业，牛儿肥，羊儿壮，盛产小麦，结满葡萄。岛上的人们从不挨饥受饿，降临凡尘的可恶疾病，从不前来造访。当有人年老力衰时，银弓之神阿波罗便会同阿耳忒弥丝来到，射出温柔的箭镞，将他们轻轻放倒。"②欧迈奥斯口中的叙利埃到底在什么地方？为什么太阳会在那里改变方向？人们为何过得如此从容安详？古典学家伯纳德特（Seth Benardete）解释为："欧迈奥斯处于《奥德赛》的中心，但欧迈奥斯的意义是模糊的。荷马几乎有十五次直呼其名，这表明欧迈奥斯有某些特殊之处。……柏拉图在《政治家篇》（266, b10-d3）中暗示了欧迈奥斯的重要性，……这位牧猪奴欧迈奥斯结果却是那种可与国王相提并论的人。那位爱利亚客人似乎是在暗指欧迈奥斯的常用绰号：'民众的首领'（ὄρχαμος ἀνδρῶν）。"③从这段文字至少可以推出三条重要信息：其一，

---

① 奥林匹奥多罗（Olympiodorus）：《苏格拉底的命相：〈斐多〉讲疏》，宋志润译，华东师范大学出版社，2010年，第140—141页。
② ［古希腊］荷马：《奥德赛》，王焕生译，人民文学出版社，1997年，第322页。
③ ［美］伯纳德特：《弓弦与竖琴——从柏拉图解读〈奥德赛〉》，程志敏译，华夏出版社，2003年，第150页。

欧迈奥斯的故乡叙利埃应该是比希腊更早崇拜阿波罗和阿耳忒弥丝的地方；其二，阿波罗在该半岛的身份已经是百发百中的射手"银弓之神"，这片世外桃源由阿波罗和阿耳忒弥丝兄妹俩负责；其三，射手神与太阳神的类比联系（发光与射箭）以及"太阳在那里改变方向"的描述，充分揭示出二者混同的理由。正是基于阿波罗身上的这些功能，阿波罗作为和谐之神在哲学时代受到空前的重视。

除此之外，阿波罗也被赋予了一个新的雅号——辩证之神。较之其他的神灵，阿波罗更加勤于思考，据说他最早向出生地得洛斯的居民提出立方、乘方的问题。古希腊传记作家普鲁塔克（Plutarchus）在两篇对话《论德尔斐神庙上的字母E》和《论德尔斐的神谕》里，长篇探讨了刻在德尔斐神庙门廊上的字母E所代表的种种可能的解释。这个字母位于"认识你自己"和"凡事勿过度"这两句神谕的中间。普鲁塔克认为：第一，E可能由古希腊时代的五位贤士献给太阳神的，为的是证明他们的团结；第二，E可能代表太阳，也就是阿波罗，因为E是古希腊语里的第二个元音，正如太阳是同一运行轨道里的第二天体；第三，E可以作为小品词εi的缩写，这个词有两个意思——"如果"和"但愿"，前者表示条件假设，象征着古希腊人向德尔斐神庙的女祭司所提出的问题，时常含有辩证之意，后者属于祈愿词，用来向阿波罗神祈祷；第四，E是希腊字母表上的第五个字母，在数学、音乐和哲学方面起到极大的作用；第五，E也是系动词第二人称单数εις（"你是"）的缩写，表明前往德尔斐神庙的祈祷者对阿波罗神的敬意，同时这个词也显示出阿波罗是一个可以对话的真实存在。按照普鲁塔克的说法，从字母E到数字5，在很大程度上都与德尔斐神庙意识的宗教象征意义密切相关。[①]我们知道，5作为哲学中的空间意识的数字象征（四方和中央），曾经在神话宇宙观中扮演原型编码的重要作用。所以，普鲁塔克运用理性思辨方式来解说阿波罗神话的做法本身，就足以说明从神话思维到哲学思维的转换形式。

通过以上分析能够看出，公元前5世纪的古希腊哲学家们利用神话传说为自己的理论寻求"合理"依据。阿波罗成为充满理性的日神，与其说阿波

---

① ［法］马特：《柏拉图与神话之镜——从黄金时代到大西岛》，吴雅凌译，华东师范大学出版社，2008年，第120页。

罗神本身具备理性精神,不如说这是以苏格拉底为首的哲人将阿波罗的德尔斐神谕及净化功能专门提炼出来加以强化提倡而形成的结果。

小结　再造希腊精神的外来神

综上所述,阿波罗多重身份的构成和嬗变,对应的是希腊文明发生、发展的精神历程。阿波罗的多项技能以及他所代表的"日神精神"对古希腊乃至整个西方艺术产生了巨大的影响,不少研究者包括伊利亚德和瓦尔特·伯克特皆指出该神"最希腊"。

然而,与奥林波斯山上其他的神灵不同,阿波罗的名字并没有出现在克诺索斯、普洛斯和迈锡尼等地出土的泥板文书上,这似乎将阿波罗排斥于正统的希腊神灵榜单之外。阿波罗既在核心之中,又在主流之外,这一现象令人费解。伊利亚德虽然承认阿波罗是"最能完美地体现希腊精神的神灵",但是他也对这一自相矛盾的情况感到困惑,就是阿波罗的名字本身居然没有一个可追溯的"希腊词源"。[1] 基于这种情形,我们似乎只能用阿波罗的外来身份进行揣测。他原本不是希腊本土宗教崇拜的对象,而是从外部引进的神灵。从荷马史诗中他支持特洛伊一方,给希腊联军重创的描述来看,在此之前甚至在远古时期,阿波罗很可能是小亚细亚的神。在经年累月残酷的战斗中,两个来自不同文化的神灵——赫利俄斯和阿波罗出现碰撞、对抗、融合的状况。抑或说,这种状况的产生也许来自古希腊人认为敬奉对方的神灵更能帮助自己快速取得胜利的心理。从接收、接受到引入,异文化的神灵逐渐进入希腊人的宗教崇拜体系,并逐步取代原先的太阳神而最终成为照射整个希腊的智慧之光。综合来看,这个神话形象进入希腊历史的方式体现出三个阶段性特征:第一,在史诗世界里带有侵犯性(斩杀大蛇、霸占德尔斐神庙);第二,在悲剧时代里具有神圣净化功能(发出神谕、涤除污秽、净化心灵);第三,在哲学时代推崇理性(制定法律、维持秩序、缔造和谐)。

另外,这一看似外来的神灵如何成为"最希腊的"呢?神话学研究表

---

[1] M. Eliade, *A History of Religious Ideas*, Volume I, Chicago: University of Chicago Press, 1978, p. 267.

明，阿波罗崇拜极有可能起源于小亚细亚，下述情况似乎可以证明这一点：（1）在特洛伊战争中，他坚定地站在特洛伊人一边。（2）有关阿波罗的许多主要神庙都位于小亚细亚。（3）一些学者推定阿波罗的名字来自小亚细亚的词根，意思是"门户"，并认为他最初应该是保佑家宅或城市平安的门神；因为他的别名之一是阿波罗·透赖俄斯（意即"门户的"）。（4）对阿波罗的崇拜是在迈锡尼时期（公元前第二千纪）传入希腊的，在此之前并无任何明确记载。①

通过阿波罗神话形象的嬗变，我们似乎嗅到希腊史前史许多未解之谜的味道。瑞典学者马丁·尼尔森（Martin Nilsson）在《希腊神话的迈锡尼源头》一书中提到风信子许阿铿托斯（Hyacinthus）的神话故事。众所周知，在教授美少年掷铁饼技艺之时，由于风神的嫉妒刻意改变风的方向，阿波罗误伤了许阿铿托斯，并因此悲痛欲绝，他在恋人流血死去的地面上培植出一株鲜艳夺目的风信子。②阿波罗和许阿铿托斯的爱情虽然令人唏嘘，尼尔森却从这则凄美的爱情故事里解读到了另外一层意思。他认为许阿铿托斯肯定是一个前希腊的名字，因为在其阿米科莱的神庙遗址旁边出土了大量迈锡尼的器物。③据此，尼尔森视许阿铿托斯为希腊时代迈锡尼崇拜延续的最好的例证，这位健美的少年原来也是一位神灵，后来被外来的神灵阿波罗取代。神话中的表现形式为许阿铿托斯最终死于阿波罗无意中的失手，被铁饼击中头部而亡，他的鲜血洒在大地上，长出风信子花。尼尔森相信这样的死亡无疑是源于米诺人关于神明死亡的信仰，即植物神（God of Plants）的死亡。④实际上，我们还不能断定许阿铿托斯神话到底有多古老；其中的一些特征看上去相当晚近。当然，它比阿波罗神话的出现还要晚一些，借用许阿铿托斯神话仍然无法确切地说明阿波罗的起源。当代西方学界对阿波罗神起源的研

---

① ［苏联］M. H. 鲍特文尼克、M. A. 科甘等编著：《神话辞典》，黄鸿森、温乃铮译，商务印书馆，1985年，第2页。
② Apollodorus, *The Library*, Volume 1, with an English translation by James George Frazer, Cambridge: Harvard University Press, 1996 (First published 1921), pp. 18–19.
③ Martin Nilsson, *Minoan-Mycenae Religion and Its Survival in Greek Religion*, Lund: Gleup, 1950, p. 403, p. 485.
④ Martin Nilsson, *The Mycenaean Origin of Greek Mythology*, Berkeley: University of California Press, 1972, p. 76.

究，除了东来说（认为阿波罗崇拜来自小亚细亚）和北来说（认为是南下的希腊人移民从北方带来的）之外，还有以马丁·贝纳尔为代表的南来说，即认为阿波罗和阿耳忒弥丝作为双生子的形象，始源于古埃及的太阳宗教。这也是阿波罗最终取代赫利俄斯成为希腊太阳神的重要根据。古埃及人以多种方式崇拜太阳，并且在不同时期信仰不同的太阳神。除了区分出作为正午太阳的拉神和作为黄昏太阳的阿通神的形象，还区分出早晨年轻的太阳Ḥprr和晚上年老的太阳Tm。Ḥprr和Tm这一对太阳神正是"双胞胎"形影不离又各不相同的想象源头。马丁·贝纳尔还推测埃及太阳神话传播希腊时经过腓尼基人的中介。① 虽然阿波罗的名字出现较晚，但埃及和闪米特影响的互动可说明这一太阳神话系列是在希克索斯（Hyksos）② 阶段被引入的。③ 可见，阿波罗起源的南来说与北来说针锋相对，却是可以和东来说相整合的。④ 根据荷马《伊利亚特》表现的情况，阿波罗与特洛伊人的文化认同关系更加明确，阿波罗始终坚定地站在特洛伊一边，为特洛伊人建筑围墙，保卫城池，与希腊人对抗。这似乎暗示着荷马时代的希腊人就认为阿波罗不是自家的神灵，他来自东方。阿波罗对希腊士兵而言不是赐予光明的太阳，这才有"他来了，宛如黑夜降落"的描述。

从语源学方面看，除了阿波罗·透赖俄斯这一别名显示的小亚细亚词根"门户"的意思之外，还有不少学者对研究阿波罗名字的意味和出处乐此不疲。当代古典学家瓦尔特·伯克特指出Apollo一名源于阿卡德语中的abullu，以及阿拉姆语中的abul（均作"城门"解）；另外一位学者列维（H. Lewy）认为Apollo源自aplu，意为"儿子"。⑤ 这些论证倘若孤立起来看，都略显琐

---

① Martin Bernal, *Black Athena, The Afroasiatic Roots of Classical Civilization, Volume II: The Archaeological and Documentary Evidence*, New Brunswick, New Jersey: Rutgers University Press, 1991, p. 109, p. 587 n. 93.
② 希克索斯一词，来源于埃及赫卡哈斯威特（Heka Khaswt）的希腊语翻译，意为"外国的统治者"，在埃及第12、13王朝指称埃及以外那些亚洲统治者。
③ [美]马丁·贝纳尔：《黑色雅典娜——古典文明的亚非之根》，郝田虎、程英译，吉林出版集团，2011年，第54页。
④ 陈中梅：《宙斯的天空——〈荷马史诗〉里的宙斯、雅典娜和阿波罗研究》，北京大学出版社，2011年，第199—204页。
⑤ [德]瓦尔特·伯克特：《东方化革命——古风时代前期近东对古希腊文化的影响》，刘智译，上海三联书店，2010年，第218页。

碎,说服力不强。但是倘若与其他方面的线索和证据结合起来看的话,那么阿波罗来源自位于希腊东南方向更加古老的"地中海文明",显然是目前较为稳妥的结论。

如此看来,长久以来被奉为西方文艺之神和太阳神的阿波罗,其传入希腊文明的过程及其在希腊文明发展中的再造过程,本身就显示出鲜明的神话历史性质。历史赋予阿波罗一系列丰富多彩的神话故事,而阿波罗神话形象的演变也体现着文明的传播和历史的变迁。换言之,一方面,神话的创造与再造过程是一个变化中的历史过程;另一方面,历史的展开过程也必然是伴随着神话意识形态的建构与再建构过程。从"社会建构现实"的意义上重新审视神话遗产,阿波罗形象将会带来十分丰富的智慧启迪。

第三章

"金色的"阿芙洛狄忒

> 要向帕福斯女王,
> 求她赐予新鲜的花冠。
>
> ——A. C. 普希金:《致克里夫佐夫》

阿芙洛狄忒,谜一样的女神,以美貌著称。荷马称她为"金色的阿芙洛狄忒"(χρυσέης Ἀφροδίτης)(《奥德赛》4.14)[①]、"爱笑的阿芙洛狄忒"(φιλομειδὴς Ἀφροδίτη)(《伊利亚特》4.10;14.211)[②],她光彩夺目,是美神,也是爱神。不过她的美丽和爱情具有一定的诱惑性和危险性,她轻易地让神灵爱上凡人,并在人神殊途的命运纠葛中受尽煎熬;她点燃特洛伊王子帕里斯和海伦的爱欲之火,从而引发长达十余年的特洛伊战争;她令自己的死对头帕西法厄对一头公牛产生强烈的性欲,导致人畜交媾产下怪物……女神是美好的,也是可怕的,她能够激发天上、地下、陆地、海洋所有生物的爱欲,感召热情(《荷马颂歌·致阿芙洛狄忒》1—6,69—74)。[③] 诗人总说阿

[①] 阿芙洛狄忒的修饰语之一,χρυσέης 意思有"金色的""黄金的""闪闪发光的",在奥林波斯众多神灵当中,只有阿芙洛狄忒一人专享这样的修饰语。有学者分析,使用该称呼的原因或许意在显示女神头发上的黄金装饰,也可能指的是女神的外貌,可作"亮丽的""瑰丽的"解释。见[古希腊] 荷马:《伊利亚特》,陈中梅译注,译林出版社,2002年,第89页,注释4。

[②] 这个修饰语 φιλο-μειδής"爱笑的",与"喜好炸雷的"宙斯、"牛眼的"赫拉、"灰眼睛的"雅典娜等神灵的修饰语迥然有别,一改神灵给人的严肃、敬畏感,十分人性化。女神迷人的笑容与赫西俄德的描述相同,据他的解释,这是女神夹在神和人中间所分得的一份财富。

[③] Andrew Lang, *The Homeric Hymns, a New Prose Translation, and Essays, Literary and Mythological*, London: Ballantyne Press, 1899, PA USA: Breinigsville, 2010, pp. 166–182.

芙洛狄忒"爱笑"(《神谱》第989行),她的笑容令人迷惑不解,赫西俄德认为这属于女神庄严神圣的荣誉,是从神和人当中分得的一笔财富、应得的份额①,她嘲笑深陷爱情不能自拔的凡人和神灵,嘲笑诱人的爱情令英雄气短、国土沦丧,这笑容背后始终隐藏着看穿人性弱点的冷静和狡黠。

阿芙洛狄忒是一个特殊的神灵,司掌情爱,她的美貌足以令所有的神祇和凡人意乱情迷、丧失理智。她难以把握,是人生而为人最原初的欲望和对美好事物的无穷想象。她所代表的爱与美在瞬间绽放,继而在刹那间消失。正是在这弹指一挥间,她制造的幻象被定格成永恒。阿芙洛狄忒与理性、体制、规章、秩序似乎都是对抗的,人们永远无法用科学的方法去解析爱到底是什么,无法精确测量爱情的宽度和厚度。而神话描绘了这位爱神的历史,她从哪里来,经历了什么,她的音容笑貌、欢喜忧愁丰富了希腊的神话历史,人们借助这一人格化神灵传达人类对爱与美的无限遐想和无尽追求。

阿芙洛狄忒的形象复杂多变,古代文献中有关阿芙洛狄忒出生的版本多有不同,尽管古老的迈锡尼线形文字 B(Linear Script B)的文本中尚未发现提到阿芙洛狄忒的只言片语,但现代的研究趋向于认为,这位女神与史前文明时期的地中海有联系。

第一节 阿芙洛狄忒的起源

"阿芙洛狄忒"的希腊文 Ἀφροδίτη,其中包括一个重要的名词 ἀφρὸς(泡沫,浪花间的白沫),指明这位女神出生时的特征。其实每一位希腊神灵都有着不同寻常的出生,比如雅典娜是从宙斯的头颅中蹦出来的,狄奥尼索斯从宙斯的大腿里得以分娩,赫淮斯托斯是由赫拉在大自然中受孕而生等等,唯有阿芙洛狄忒是从男性的生殖器中诞生,一出生便成为美丽、性感、诱惑的代表。赫西俄德对她的形容颇费笔墨,可见对她的重视和喜爱之情。《神

---

① "她也在神和人中间分得了一份财富,即少女的窃窃私语和满面笑容,以及伴有甜蜜、爱情和优雅的欺骗。"见[古希腊]赫西俄德:《工作与时日·神谱》,张竹明、蒋平译,商务印书馆,1991年,第32页。

谱》第188—206行这样描述：

> 克洛诺斯用燧石镰刀割下其父的生殖器，把它扔进翻腾的大海后，这东西在海上漂流了很长一段时间，忽然一簇白色的浪花从这不朽的肉块周围扩展开去，浪花中诞生了一位少女。起初，她向神圣的库忒拉靠近；尔后，她从那儿来到四面环海的塞浦路斯。在塞浦路斯，她成了一位庄重可爱的女神，在她娇美的脚下绿草成茵。由于她是在浪花（"阿芙洛斯"）中诞生的，故诸神和人类都称她阿芙洛狄忒（即"浪花所生的女神"或"库忒拉的华冠女神"）；由于到过库忒拉，因此也称"库忒瑞亚"；又因为出生在波涛滚滚的塞浦路斯，故又称塞浦洛格尼亚；又因为是从男性生殖器产生的，故又名"爱阴茎的"。无论在最初出生时还是在进入诸神行列后，她都有爱神厄罗斯和美貌的愿望女神与之为伴。她一降生便获得了这一荣誉。她也在神和人中间分得了一份财富，即少女的窃窃私语和满面笑容，以及伴有甜蜜、爱情和优雅的欺骗。①

关于阿芙洛狄忒的出生有四个关键词：浪花（ἀφρὸς）、生殖器（μήδεα）、神圣的库忒拉（Κυθήροισιν ζαθέοισιν）和塞浦路斯（Κύπρον）。她的出生与起源充满神秘。她从海上的浪花中诞生，所以她的名字里带有"浪花"（ἀφρὸς，本意为"泡沫"）一词；她从男性的生殖器中诞生，又被人称作"爱阴茎的"（φιλομμηδέα）②；这位女神诞生后去了两个地方——库忒拉和塞浦路斯，所以她还有一个名字"库忒拉的阿芙洛狄忒"或"塞浦路斯的阿芙洛狄忒"。库忒拉位于斯巴达附近，属于希腊最古老的阿芙洛狄忒圣

---

① ［古希腊］赫西俄德：《工作与时日·神谱》，张竹明、蒋平译，商务印书馆，1991年，第33—44页。此处译名有所改动。
② "爱阴茎的"（φιλομμηδέα）与"爱笑的"（φιλομειδὴς）这两个形容女神的描述语几乎一致，在荷马史诗中，阿芙洛狄忒是宙斯的女儿；在赫西俄德的笔下，阿芙洛狄忒则是宙斯的祖父乌拉诺斯的女儿。有学者认为，赫西俄德之所以用大量篇幅解释阿芙洛狄忒的名字和来源，一方面是因为他试图与荷马的说法区别开来；另一方面，也可能在以神话的婉转方式解释人类的繁衍现象："精液"也就是人体流出的"泡沫"，如何凝固而成为一个生命。见吴雅凌：《神谱笺释》，华夏出版社，2010年，第218页。

图3-1 卢多维西王座（The Ludovisi Throne，约公元前460年），诞生自浪花的阿芙洛狄忒在两名女仆的侍奉下开始穿衣，曾被认为是古希腊的大理石浅浮雕（bas-relief），然而其真实性仍存在争议

地之一，荷马曾称"神圣的库忒拉"①；随后爱笑的阿芙洛狄忒又前往塞浦路斯。②

许多人尤其以希罗多德和后来的希腊地理学家鲍桑尼亚斯（Παυσανίας，Pausanias）为代表，通过旅行考察认为阿芙洛狄忒来源于近东。③比如，希罗多德在《历史》中曾提到，在叙利亚的城市阿斯卡隆（Ἀσκάλων）有一座以阿芙洛狄忒命名的神殿，这座神殿建成时间较库忒拉和塞浦路斯的神殿都早。神殿曾经遭到一帮斯奇提亚人洗劫，后来那些人全部受到了女神的惩罚，得了一种奇怪的女性病。希罗多德叙述道："在他们返回的途中经过叙利亚的一个城市阿斯卡隆的时候，他们的大部分没有进行任何毁坏的活动便开过去了。但是被落在后面的少数人却把乌剌尼亚·阿芙洛狄忒的神殿给洗

---

① 《伊利亚特》，第15卷第432行。
② 《奥德赛》，第8卷第362—363行。
③ 参看G.S. Kirk, *The Nature of Greek Myths*, Harmondsworth: Penguin Books, 1974, p. 258; Walter Burkert, *Greek Religion*, Cambridge (Mass.) and London: Harvard University Press, 1985, pp. 152ff; 以及 *The Orientalizing Revolution: Near Eastern Influence on Greek Culture in the Early Archaic Age*, Cambridge (Mass.) and London: Harvard University Press, 1992, pp. 97-99等。

劫了。我打听之后知道,阿斯卡隆的神殿是这位女神的神殿中最古老的一座;因为塞浦路斯的那座神殿,正如塞浦路斯人自己所说,就是模仿着它建造起来的;而库忒拉的那座神殿则是出身于这同一叙利亚地方的腓尼基人建造的。洗劫了这座神殿的斯奇提亚人受到了女神惩罚,他们和他们的后裔都得了女性病。他们自己承认他们是为了这个原因才得了这种病的,而来到斯奇提亚的人则能够看到这是怎样的一种病。得了这种病的人被称为埃那列埃斯。"① 有趣的是,因冒犯阿芙洛狄忒而受到女神惩罚患上"埃那列埃斯"(Ἐνάρεας)即半男半女病的人,却意外地从女神那里获取了一种预言占卜的能力。

不过,鲍桑尼亚斯虽然提到阿芙洛狄忒起源于近东,但是并没有用等同的眼光来看待阿芙洛狄忒与其他外来女神,而是谈到了女神神话起源的具体方面。他指出:"最先崇拜乌剌尼亚(Οὐρανία,Ourania)的是亚述人,随后是塞浦路斯的亚述帕福斯城人和阿斯卡隆的腓尼基人。"② 古希腊地理学家斯特拉博(Στράβων,Strabo)在其代表作《地理学》(Geographica)中介绍说埃及的普罗索皮特州有一座阿芙洛狄忒城,而莫孟斐斯城(Momemphis)③的男女老少皆崇拜阿芙洛狄忒,他们长年供养母牛,对待母牛如同对待神灵一般尊敬,以示对女神阿芙洛狄忒的恭敬。④ 同样,更早时期希罗多德提到阿斯卡隆的腓尼基人修建了最古老的阿芙洛狄忒·乌剌尼亚庙宇,奉献给神圣的阿芙洛狄忒·乌剌尼亚(τῆς οὐρανίης Ἀφροδίτης τὸ ἱρόν),而塞浦路斯的庙宇则是由来自叙利亚(阿斯卡隆)的腓尼基人建立。⑤ 他还指出波斯人崇拜乌剌尼亚,是从亚述人和阿拉伯人中流传过去的。这位阿芙洛狄忒女神有一个亚述的名字——玛丽塔(Μύλιττα);阿拉伯人称之为阿莉拉特(Ἀλιλάτ);而波斯人则称之为密特拉(Μίτραν)。⑥ 不过,这似乎是希罗多德

---

① [古希腊] 希罗多德:《历史》(上册),王以铸译,商务印书馆,2016年,第64页。
② Pausanias, 1.14.7. 转引自 Charles Penglase, *Greek Myth and Mesopotamia: Parallels and Influence in the Homeric Hymns and Hesiod*, London and New York: Routledge, 1994, pp. 161-162.
③ 意为"女人城"。
④ Strabo, *The Geography*, XVII, i, 20, 47。见 [古希腊] 斯特拉博:《地理学》(下册),李铁匠译,上海三联书店,2014年,第1156、1157页。
⑤ 《历史》,第1卷第105章。
⑥ 《历史》,第1卷第131章。

的一贯作风。从这位"历史之父"的整部著作中可看出,他试图将希腊的神灵与外国的神灵平等相待,甚至使用同一称呼,不分孰优孰劣。[①]根据希罗多德在《历史》第2卷第53章的说法,比他早400年的荷马和赫西俄德构建了诸神的谱系,给出了神的名字,分配了众神的荣誉和职能,并描述了他们的外形。在此之前,希腊人并不知道每位神的来源,也不了解他们是否永生或者各个神的相貌如何。希罗多德称这一说法纯属他的个人观点,不过有学者认为这一观点令人信服。[②]

实际上,没人能够确切地提供阿芙洛狄忒的出生证明,她扑朔迷离的身世带给世人无穷的想象,世界各地关于这位女神的故事版本各不相同,不过都反映出女神文明的历史遗留。在假托荷马之名的颂歌Ⅵ《荷马颂歌·致阿芙洛狄忒》(Homeric Hymn to Aphrodite,第1—21行)里,展现了她从塞浦路斯到奥林波斯的历程:时序女神荷赖(Ὧραι)在塞浦路斯迎接浪花中诞生的阿芙洛狄忒,为其穿上金光闪耀的裙裾,信使赫耳墨斯和愿望女神希迈洛斯(Ἵμερος)陪同她登上奥林波斯山。女神头戴由金子铸造的精美绝伦的王冠,双耳由珍贵的黄金镶嵌,颈项和胸前的项链闪耀金光,衣服上挂满了由铜线穿成的装饰物。"金色的"阿芙洛狄忒装束完毕后成为永生之神,一并获得力量、地位和荣誉。众神惊诧于其无与伦比的美貌之时,纷纷祈求阿芙洛狄忒能成为他们的妻子。[③]澳大利亚学者查尔斯·彭伽拉斯(Charles Penglase)根据这一段描写论述说,阿芙洛狄忒自诞生之后的一系列举动显示出旅行神话的一个中心特征,即这个自海洋前往天空的所谓旅行神话是典型的获得权力的神话,她从海上经过库忒拉,尤其是塞浦路斯,到达了奥林波斯,神灵夹道相迎。旅行神话注重女神的力量,而其诞生神话则侧重于她的天性,同样都是为了表示对女神的颂扬。这段描述最明显的特点就是在阿芙洛狄忒诞生及旅行神话中再一次表现了借助旅程不断增长的神力。在神话的最后,女神的神力表现为吸引诸神、令众人神魂颠倒的魅力(第6—18行)。作为爱神,这是阿芙洛狄忒天生具备的能力,显现她的力量不断增

---

① 《历史》,第2卷第43、46、50、62、63章。
② [英]西蒙·普莱斯:《古希腊人的宗教生活》,邢颖译,北京大学出版社,2015年,第7页。
③ Andrew Lang, *The Homeric Hymns, a New Prose Translation, and Essays, Literary and Mythological*, London: Ballantyne Press, 1899, PA USA: Breinigsville, 2010, pp. 166–182.

长的母题为"穿戴顺序",她的衣物珠宝都是权力的象征,用来增加了她的吸引力,当她到达奥林波斯山的众神集会时,彰显了她作为美神兼爱神的荣耀。① 彭伽拉斯进一步分析说,此旅行思想与神的力量紧紧相连——此观点在美索不达米亚神话中首次发现——也在此处阿芙洛狄忒的神话中显示出来,这似乎是希腊神话与美索不达米亚神话另一种相似的延续。此处的相似实际上是一种结构性的观点。② 如果说,"属天的阿芙洛狄忒"是天空之神乌拉诺斯的生殖器所生,被割下的生殖器掉落海洋中,那么阿芙洛狄忒从海洋前往天空的过程就等同于一种回归。这一回归带有复仇的意味,是对众神祇的嘲弄和揶揄,她那骨子里的美丽与玩世不恭的性格正如同鲍桑尼亚斯所形容的那样,阿芙洛狄忒就是麦莱尼斯(Melaenis),意即黑夜;她是令众多男人为之疯狂甚至丧命的谋杀者;她是普鲁塔克形容的埃比图姆布瑞亚(Ἐπιτύμβρια)——"坟墓"。③ 另外一个神话版本说,阿芙洛狄忒是从一个海螺壳中浮现出来的,那只海螺壳被带到了塞西拉。荷马形容女神是"爱笑的"(φιλομειδής),而在赫西俄德那里,似乎为了与荷马的说法相区别,刻意用大量笔墨解释阿芙洛狄忒的名字和来源:以异乎寻常的方式戏称女神是"爱阴茎的"(φιλομμηδέα)④,φιλομειδής 和 φιλομμηδέα 两个希腊词读音相近,意思却相差万里。荷马描绘的是女神的样貌和神态,而赫西俄德则把女神与性爱的关联重点强调了出来。本来,神话中的阿芙洛狄忒就与阴茎、镰刀、鲜血、海水、泡沫有关,有学者对此解释说:"这也可能是在以神话的婉转方式解释繁衍现象:'精液',也就是从人体流出的'泡沫',如何凝固而成为一个生命。"⑤ 对于神灵性爱的描写,荷马和赫西俄德两位诗人不约而同地使用了"绿草生长"这一主题。在《神谱》第194行,女神阿芙洛狄忒上岸时脚下生长出绿莹莹的水草(ποίη),结合《伊利亚特》第14卷第347行宙斯与赫拉在伊达山之巅云雨时,"神圣的泥土在身下催发一片鲜嫩的绿茵

---

① Charles Penglase, *Greek Myths and Mesopotamia: Parallels and Influence in the Homeric Hymns and Hesiod*, London and New York: Routledge, 1994, pp. 166–168.
② Ibid., pp. 166–168.
③ Robert Graves, *The Greek Myth:1*, Hamondsworth: Penguin Books, 1964, p. 72.
④ 赫西俄德:《神谱》,第200行。
⑤ 吴雅凌:《神谱笺释》,华夏出版社,2010年,第218页。

(ποίην)繁茂"①,这一母题也许暗示了性爱是神圣的以及由爱与性所带来的超强的繁殖能力。荷马和赫西俄德在相同词汇上的不同用法,似乎也印证了柏拉图对阿芙洛狄忒双面形象的阐释:纯情与肉欲,神圣与世俗,一对永远无法调和的矛盾的结合体。

以瓦尔特·伯克特、查尔斯·彭伽拉斯为代表的一些古典神话学者认为,阿芙洛狄忒起源于近东,特别是阿芙洛狄忒·乌剌尼亚的称谓,可以直接与近东一些相关的历史资料联系起来。"乌剌尼亚"的名字含有"天空"之意,而苏美尔的女神伊南娜(Inanna)是掌管天空的女神,两者恰好对应。②她身上所具有的一些近东特征似乎是女神早期希腊来源的论证中心,因为《伊利亚特》中一般称呼她为库普里丝(Κύπρινς)③,另外,她与塞浦路斯的关系在荷马颂歌《致阿芙洛狄忒》第五、六节有特别的描述——"告诉我吧,缪斯,告诉我那位来自塞浦路斯的女神,金色的阿芙洛狄忒,有关她的一切"。④彭伽拉斯的专著《希腊神话与美索不达米亚:在荷马颂歌和赫西俄德诗作里的相似及影响》(*Greek Myths and Mesopotamia: Parallels and Influence in the Homeric Hymns and Hesiod*)对此有细致的分析和阐述。

然而,并不是所有观点都同意阿芙洛狄忒起源于近东。神话学者黛博拉·贝德克尔(Deborah Boedeker)持有女神阿芙洛狄忒起源于印欧语系国家的观点。她在《阿芙洛狄忒进入古希腊史诗的途径》(*Aphrodite's Entry into Greek Epic*)一书中大力反对传统说法,并致力于寻找阿芙洛狄忒起源于印欧语系国家的证据。尽管她勉强承认在早期书籍上的一些观点,即"在祭祀仪式和图像的某些方面,阿芙洛狄忒与众多伟大的女神(the Great Goddesses),尤其是与阿施塔特(Astarte)⑤之间的相似性,是毋庸置疑

---

① [古希腊]荷马:《伊利亚特》,陈中梅译注,译林出版社,2000年,第388页。
② Charles Penglase, *Greek Myths and Mesopotamia: Parallels and Influence in the Homeric Hymns and Hesiod*, London and New York: Routledge, 1994, p. 162.
③ 《伊利亚特》,第5卷第330行。
④ Andrew Lang, *The Homeric Hymns, a New Prose Translation, and Essays, Literary and Mythological*, London: Ballantyne Press, 1899, PA USA: Breinigsville, 2010, p. 166.
⑤ 腓尼基人等所崇拜的女神,是土地丰饶和人口生育的象征,其地位相当于代表美与生育的女神阿芙洛狄忒。

的"。① 然而，在她看来，阿芙洛狄忒来自近东的说法在某些方面存在着一些过高的估计和误解。由于希腊的考古资料暂时无法提供明确的证明，目前只能从相应的语言资料中获取关于阿芙洛狄忒起源于印欧语系国家的证据。因此，贝德克尔从语言学的角度通过女神的名字、诞生的地点、女神样貌特征等对其印欧起源方面进行了大胆的推测。她指出阿芙洛狄忒的原型很可能是乌莎斯（Ushas）②，因为阿芙洛狄忒以及希腊的黎明女神厄俄斯（Eos）③与这位印欧女神之间存在很大的相似性。④

贝德克尔与传统观点针锋相对，提供了一个探讨女神起源的新的切入口。当然她的假设有一定的合理性，其观点中包括一些要点，如果这些要点都得到有效印证的话，那么它们至少能说明阿芙洛狄忒神话的确有一部分来源于印欧语系国家。不过遗憾的是，这些争论很不严谨，有些猜测经不起推敲，似乎仅仅建立在一些并无实际意义的牵强关联上，从而导致产生许多自相矛盾的表述。⑤譬如，贝德克尔的著述首先假设了印欧语系的黎明女神为阿芙洛狄忒的原型，这显然属于一个力图自圆其说的圆圈论证。事实上，论述两个远古神话是否存在联系，很大程度上取决于其属性和语言学上的特征，在这方面她却没有给出有力的论据。仅仅凭借印度的乌莎斯和希腊的厄俄斯都以-s结尾，便认为是同源词，未免草率。另外就算同源，又如何证明阿芙洛狄忒与她们有关联呢？现存的资料表明，乌莎斯是梵语中的女神，虽然常常被用来与厄俄斯和阿芙洛狄忒进行对比，然而三者确实存在很大的不同，至少厄俄斯和阿芙洛狄忒特征迥异，两者之间存在不小的区别。主张女神印欧起源的主要难点在于历史时间的协调上，因为谁也无法说清神话影响和接受的大致时间，一切都建立在假设的浮沙

---

① Deborah Boedeker, *Aphrodite's Entry into Greek Epic*, Leiden：E. J. Brill, 1976, p. 6.
② 乌莎斯，印度神话中的女神，由光（Vas）引申而来，代表曙光与希望。在《梨俱吠陀》中，乌莎斯是天空之父狄阿乌斯（Dyaus Pita）的女儿。传说她是婆罗门教中最美丽的女神，每天早上乘坐金色的马车打开天空之门，驱除黑暗，播撒希望的曙光。
③ 关于厄俄斯的神话主要有两个版本：一说她是太阳神赫利俄斯的姐妹；一说她是赫利俄斯和黑夜女神所生的女儿。每天早上，在太阳升起之前，她便乘着马车在天空出现。因为朝霞是玫瑰色，所以神话对她的描述通常是穿着玫瑰色衣裳的美丽女神。
④ Deborah Boedeker, *Aphrodite's Entry into Greek Epic*, Leiden：E. J. Brill, 1976, pp. 15-16.
⑤ Charles Penglase, *Greek Myths and Mesopotamia: Parallels and Influence in the Homeric Hymns and Hesiod*, London and New York: Routledge, 1994, p. 162.

之上。

自始至终，依赖于假设的起源研究仍然疑点众多、困难重重。现在的学者也试图通过"重塑"（reconstruction）来确定某些词语或者别名可能存在的原始意义，以期找到联系。①可惜，纵使这样的假设能够成立，它们也决不能完全证明女神起源于印欧语系国家，因为到目前为止阿芙洛狄忒的某些方面确实只有放在闪米特的背景来历中才能进行恰当的解释。比如说，她的名字——库普里丝、乌剌尼亚，神话所记叙她去过的地方——库忒拉、塞浦路斯，她所具备的诸多技艺——美貌、爱情等等。

继贝德克尔之后，保罗·弗里德里希（Paul Friedrich）的综合性著作《阿芙洛狄忒的含义》（*The Meaning of Aphrodite*）专辟章节探讨了女神的起源问题。②该书论述阿芙洛狄忒的复合性形象得益于她起源的不同地区和不同信仰文化。作者指出阿芙洛狄忒复合形象起源的多个不同地区，例如，史前古欧洲、苏美尔和闪米特、原始印欧语系国家和古希腊、米诺斯以及迈锡尼，还有埃及。然而，与贝德克尔所遭遇的尴尬相同，该书缺乏确凿可信的证据，大部分论点都是推测，直至结论还是保持着一种假想。③显然，这种联系在阿芙洛狄忒和她所谓的来源之间显得资料阙如，只能作为臆测纳入阿芙洛狄忒的研究当中。

相比之下，近东关于女神阿芙洛狄忒的起源确实存在大量有利、丰富的证据，文学作品、图像绘画、宗教信仰都可以提供支撑，其中许多相似之处明晰且关键。比如说她与牧人安喀塞斯、美少年阿多尼斯的爱情故事，不仅表现了阿芙洛狄忒的双重性格，而且明显带有东方神话的痕迹，这些都可以期待作为女神近东起源的例证。当然，关注女神的起源是为了弄清她的来龙去脉，从而探讨文化交流与传播的途径和种种可能。的确，这些相似性仅仅支持了阿芙洛狄忒的起源，却不能涵盖阿芙洛狄忒这个神话人物本身。因此

---

① Charles Penglase, *Greek Myths and Mesopotamia: Parallels and Influence in the Homeric Hymns and Hesiod*, London and New York: Routledge, 1994, p. 163.
② Paul Friedrich, *The Meaning of Aphrodite*, Chicago: Chicago University Press, 1978, pp. 9–54.
③ Charles Penglase, *Greek Myths and Mesopotamia: Parallels and Influence in the Homeric Hymns and Hesiod*, London and New York: Routledge, 1994, p. 164.

由这种相似性所看出的影响具有宗教性和神话思想，而不具有新的神性。①由阿芙洛狄忒的起源和神话故事也看出希腊神话中与苏美尔的伊南娜女神、东闪米特的伊什妲尔（Ishtar）女神有关的许多相似性，但是尽管其他材料能证明她们是早期的美索不达米亚神，而此处的宗教素材仅仅显示出她具有美索不达米亚神话故事中伊南娜、伊什妲尔相同的角色职能——属于各自文化区独一无二的女神。很明显，并非所有的希腊神灵都可以在美索不达米亚的神话来源中找到一一对应或者与其相似的人物或神灵。他们中仅有一位由相似性得出来源于美索不达米亚的神灵，即阿芙洛狄忒，因为她具有独立的证据说明她来源于东方，她不是纯粹的希腊本土神。

关于女神的起源，目前主要有两种说法：一是近东起源说，这已有许多材料可以证实；二是印欧起源说，这种说法更多地建立在想象和臆测上，证据不足，但也提供了女神起源的一种假设。追溯神话的起源，也是在追溯历史的源头，探寻我们尚且无法了解的史前史。正如彭伽拉斯的建议，印欧语系国家和其他一些地区是其起源的探讨更多地需要依赖于重塑假设的史前形象、女神形象的发展及原型在理论上的建设，而不应依赖历史上已经证实的女神的特性。②人们热衷于讨论阿芙洛狄忒的起源问题，一方面是因为她与近东神话和印欧神话具有相似性；另一方面，在与其他神话的对比当中，也突显了希腊神话历史的特殊性——她兼容并蓄又勇于创新。古希腊人对这位女神异常痴迷，并赋予这位爱神和美神更多的神韵，她的某些特质可以说是古希腊艺术伟大的发明。

第二节　天上的女神，地下的美人

阿芙洛狄忒既是纯爱的守护神，也是痴恋的反对者和揶揄者。矛盾和对立在这位女神身上表现明显，双重性格张力十足。关于她的神话流传

---

① Charles Penglase, *Greek Myths and Mesopotamia: Parallels and Influence in the Homeric Hymns and Hesiod*, London and New York: Routledge, 1994, p. 242.
② Ibid., p. 178.

极广，爱情女神、美神、丰饶女神、肉欲女神……直至公元前5—前4世纪的哲学家才开始区分：阿芙洛狄忒·乌剌尼亚和阿芙洛狄忒·潘得摩斯（πανδήμος Άφροδίτης），一位"属天"，一位"属地"，前者主管崇高的理想爱情，后者主司低俗的粗野肉欲。在此之前，这两个完全相反的性格被混合在同一位女神阿芙洛狄忒身上，而哲人们正试图将两种性格分别安插在两位女神身上，或者一位女神的两个分身上，从而拨开个人的灵魂和肉体。

在柏拉图笔下，阿芙洛狄忒·潘得摩斯这位主掌粗野肉欲、放浪形骸的女神，是宙斯和狄娥奈（Dione）的女儿，是"属地的"，与"阿芙洛狄忒·乌剌尼亚"这位出生自浪花之中、由天空之神乌拉诺斯精血而生的"属天的"女神是道德上的对立者。

在著名的《会饮篇》[①]中，聚会的众人就爱神的主题进行讨论。宾客鲍萨尼亚认为爱并非只有一种，在赞美爱之前必须指出所赞美的爱属于哪一种。他说有两位这样的爱神，即天上的阿芙洛狄忒和地下的阿芙洛狄忒，前者来自苍天本身，后者由宙斯所生，因此爱也有两种，分为天上的爱和地下的爱。地下的阿芙洛狄忒之爱属于世俗之爱，这种爱统治着普通人的七情六欲，追求肉体享受；而天上的阿芙洛狄忒之爱较为古老，没有沾染任何荒淫和不洁，它约束着有爱情的人和被爱之人，注重道德的进步。鲍萨尼亚的观点引发了在场的众宾客的兴致和进一步思考，最后苏格拉底总结陈词：我们起先爱的是可见的肉身之美，然后爱的是不可见之美，即美的灵魂。由此我们继续爱美的思想和观念，在这种真爱的影响下，我们不断地升华。这样，我们在美的海洋中越来越接近美本身，最后察觉到那不存在于任何具体事物，但却又是绝对、简洁、永恒的美本身。通过这种观照，我们也就成为神的朋友。在爱的引导下，我们抵达这个顶峰。他转述女神狄奥提玛的话说："当人们通过使美本身成为可见的而看到美本身的时候，人们才会加速拥有真正的美德，而不是那些虚假的美德，使之加速的是美德本身，而不是与美德相似的东西。当他在心中哺育了这种完善的美

[①] Plato, *Lysis · Symposium · Gorgias*, with an English translation by W. R. M. Lamb, Cambridge and London: Harvard University Press, 1925, pp. 80–244.

德,他将被称作神的朋友,如果说凡人能够得到不朽,那么只有他这样的人可以获得。"① 苏格拉底对于爱神的基本陈述,似乎已将哲学等同于爱欲(eros)。我们知道,柏拉图所指的爱欲有着自身的深层结构,她在其中运作,无视人们对她的评论和各种言辞。②《会饮篇》的背景是宴会主人阿伽松在悲剧比赛中首次获奖,为了庆祝胜利而于翌日举办的酒会。按时间推断,那是公元前416年,恰好也是西西里远征发生的前一年。据修昔底德《历史》记载,在远征西西里的问题上,爱欲扑向所有雅典人,而"以迷信和宗教狂热为纽带,隐隐约约地将爱欲和僭政③相提并论,使得《会饮》具有某种政治倾向"。④ 换句话说,《会饮篇》肯定了爱神的力量,探讨了爱与美的终极形式。宴会上的宾客通过对爱各抒己见,将爱的意义不断升华。第一位发言人斐德罗礼赞爱神,认为"爱是最古老的神,是诸神中最光荣的神,是人类一切善行和幸福的赐予者,无论对活人还是对亡灵都一样"。⑤ 不过,斐德罗所赞美的爱神是厄洛斯,并不是指阿芙洛狄忒。他认为爱是前提,没有古老的爱神厄洛斯,就不会有阿芙洛狄忒。第二位发言的鲍萨尼亚对爱神作了区分,将"属天的"阿芙洛狄忒和"属地的"阿芙洛狄忒区别开来,一个古老,一个年轻;一个神圣,一个世俗;一个是精神之爱,一个是肉体之爱。两位阿芙洛狄忒在区分中重新被定义,或者说同一位女神的两种性质或两面性被划分出来。第三位发言人厄律克西马库是一位医生,他从肉体和精神两个层面对爱进行探讨,承认"身体的各种性质就蕴涵着这种爱的两分法"⑥,认为医学只受爱神的指导,体育、农艺、音乐亦复如是。第四位发言的是平时爱开玩笑的阿里斯托芬,他确信人类从来没有认识到爱的力量,而爱神在一切神祇中最有资格得到献祭,因为她比起其他神祇与人类的关系更为亲近,因此她是人类的朋友,为人们开

---

① [古希腊]柏拉图:《柏拉图全集》(第2卷),王晓朝译,人民出版社,2003年,第255页。
② [美]伯纳德特:《情节中的论辩——希腊诗与哲学》,严蓓雯、蒋文惠等译,华东师范大学出版社,2016年,第260页。
③ 古希腊僭主政权的略称。僭主即通过政变或其他暴力手段夺取政权的独裁者。
④ [美]伯纳德特:《情节中的论辩——希腊诗与哲学》,严蓓雯、蒋文惠等译,华东师范大学出版社,2016年,第249—250页。
⑤ [古希腊]柏拉图:《柏拉图全集》(第2卷),王晓朝译,人民出版社,2003年,第216页。
⑥ 同上书,第223页。

图3-2 公元前5世纪早期的阿芙洛狄忒雕像，显示她身穿圆柱形王冠，手中捧着一只鸽子，现存于柏林新博物馆

辟通往最高幸福的道路。第五位发言者阿伽松申明爱神永远年轻，不仅娇嫩，而且柔韧。他的论据是战神阿瑞斯被阿芙洛狄忒征服就完全说明了暴力屈服于爱的威力之下；爱可以创造各种美德。而苏格拉底则反驳阿伽松，认为爱是有条件的，爱并不一定是美丽的，狭隘的爱显然缺乏善，爱处于无知和智慧的中间状态。① 柏拉图借宴会宾客之口对阿芙洛狄忒——爱神——爱进行了从具象到抽象的讨论。阿芙洛狄忒是抽象的爱的具体形式，而具象的女神阿芙洛狄忒也不单一，她有着复杂的、矛盾的因素，"属天的"和"属地的"双重身份引发了哲学上的探讨。

实际上，阿芙洛狄忒的"潘得摩斯"（πανδήμος）②与"潘得摩斯·阿芙洛狄忒"还是有区别的，后者的称呼仅被当作一种肉欲之爱、世俗之情的象征符号而被哲学家柏拉图提及，而"潘得摩斯"则更多地是表示她作为公民社会保护女神的角色罢了；而且这也是女神作为各个阶层的民众都能接受的一种象征，正如赫西俄德在她出生时刻的描述，阿芙洛狄忒是"神和人"都可以呼唤的相当亲切的名字。

在神话中、在悲剧里、在哲学著述中，阿芙洛狄忒的形象是双面的、矛盾的，她既是纯洁与美好的象征，也是令人迷茫和堕落的无情推手。《伊利亚特》描述阿芙洛狄忒因为护儿心切，在保护埃涅阿斯时，被希腊联军将领

---

① ［古希腊］柏拉图：《柏拉图全集》（第2卷），王晓朝译，人民出版社，2003年，第245页。
② 潘得摩斯πανδήμος，由παν和δήμος两部分构成，意思是"属于大家的，公共的"。这里含有两种意思：一是阿芙洛狄忒作为女神，可以保佑所有公民，她对所有人一视同仁；二是暗含女神的世俗意味，人人皆可拥有世俗之欲、肉体之爱。不过这种说法目前仅见于《会饮篇》。

狄俄墨得斯的利剑所伤，阿芙洛狄忒的鲜血汩汩流淌，只能带伤逃回奥林波斯。父亲宙斯温柔地呼唤金色的阿芙洛狄忒走近他的身边，对她说道："我的孩子，征战沙场于你无关！你还是操持自个的事务，婚娶姻合的蜜甜，把这一切战事留给雅典娜和迅捷的阿瑞斯操办。"① 同样在《伊利亚特》里，阿芙洛狄忒时常展现出双面佳人的样貌。这样一位在父母面前撒娇、勇敢保护儿子的女神，却有冷酷残忍的另外一面。她对违背自己意愿的海伦说：

不要惹我，坏毒的姑娘，免得我发怒，把你弃置一旁，
开始咬牙切齿地恨你，就像眼下深深地爱你一样，
免得我鼓动起双方的酷恨，把你夹在中央，
在达奈尔人和特洛伊人之间，凄惨地死亡。②

某种意义上，海伦是阿芙洛狄忒所执掌的美貌和爱情的光环之下最为著名的牺牲品，旷日持久的特洛伊战争爆发最初便与"美貌"有关。当赫拉、雅典娜和阿芙洛狄忒同时显现在特洛伊王子帕里斯的面前，让他裁决谁是最美丽的女神时，帕里斯犹豫不决。三位女神纷纷以赐予他权力、智慧和美人进行许诺，帕里斯选择了阿芙洛狄忒，接受了对方的奖励和馈赠，从而进入万劫不复的命运之途。还有一位深受其害的人物是雅典国王忒修斯之子希波吕托斯（Hippolytos）。因为希波吕托斯坚持单身，拒绝结婚，只敬奉处女神阿耳忒弥丝，从而激起阿芙洛狄忒的愤怒，决心对希波吕托斯进行残酷的惩罚。她令希波吕托斯的后母德菲拉爱上自己的继子，因爱生恨，挑拨忒修斯和希波吕托斯的父子关系，最终希波吕托斯殒命，忒修斯追悔莫及。欧里庇得斯在名剧《戴花冠的希波吕托斯》(Ἱππόλυτος στεφανοφόρος) 中将阿芙洛狄忒这位美丽的爱神恐怖的一面深刻地描述出来："阿芙洛狄忒说自己是位于凡人和神灵之间、具备着压倒一切力量的女神；她不承认自己是其他动物性渴望的引发者。阿芙洛狄忒呈现出的力量与她名字中所包含的学问相一致：

---

① 《伊利亚特》第5卷第428—429行。中译文见［古希腊］荷马：《伊利亚特》，陈中梅译注，译林出版社，2000年，第130页。
② 《伊利亚特》第3卷第413—417行。中译文同上书，第85页。

她似乎将自己局限于地中海，因为只有那些居住在黑海和大西洋之间的人们才能体味到这位女神的和善或者敌意。"①

　　阿芙洛狄忒双重性格上的天壤之别，正是源于神话对她出生的不同阐述。赫西俄德笔下的阿芙洛狄忒来自海洋，从天空之神乌拉诺斯被阉割的阴茎所漂浮的浪花中诞生，按辈分来讲，是克洛诺斯的姊妹，宙斯的长辈；荷马笔下的阿芙洛狄忒是宙斯和大洋女神狄娥奈之女，虽与宙斯的其他女儿雅典娜、阿耳忒弥丝立场不同、关系不和，却平起平坐，甚至更能得到宙斯宠爱；在悲剧作家欧里庇得斯的笔下，阿芙洛狄忒与阿耳忒弥丝并非敌对关系，"处女首先会献身于阿耳忒弥丝，而她在结婚以后就会向阿芙洛狄忒唱诵赞歌了"②；按照公元4世纪雅典学派的新柏拉图主义传人普罗克洛斯（Proclus）在柏拉图的《克拉底鲁篇》（406c—d）的注疏所示，俄耳甫斯早已分辨了两个不同的阿芙洛狄忒。在具体年代已不可考的俄耳甫斯祷歌中，阿芙洛狄忒被信徒们这样唱诵：

> 属天又迷人、万般得祈祷的阿芙洛狄忒，
> 你从海中生，繁衍之神，爱夜的漫长游祭，
> 在晚间系连情人，巧编计谋，命运之母哦！
> 因为万物都从你而来，你把宇宙掌于轭下。
> 号令三个王国，赋予一切生命，
> 无论是天空、丰盛的大地，
> 还是深沉的大海，巴克科斯的圣洁同伴哦！
> 你爱着盛宴，协调姻缘，爱若斯的母亲！
> 说服女神哦，你眷念爱床，如此神秘，赐予恩惠！
> 你若隐若现，卷发多迷人，显赫的后代，
> 你是诸神饮席上的伴侣，执权杖的母狼，
> 你是凡人的朋友，你最魅人，并赐予生命。

---

① ［美］伯纳德特：《情节中的论辩——希腊诗与哲学》，严蓓雯、蒋文惠等译，华东师范大学出版社，2016年，第133页。
② 同上书，第148页。

你以爱欲疯狂的迷药,掌控人类和
无数兽类,使之深陷不可征服的欲望!
来吧,生在库忒拉的女神,无论你是在奥林波斯,
王后啊,美丽脸庞充盈着喜悦,
还是穿越西瑞富有美妙沉香的大地,
还是御着你的金马车驰骋于平原
统治神圣埃及的丰饶之水,
还是坐在你天鹅牵引的车里漂浮海上
因海豚们的婉转之舞心生欢悦,
还是在神圣大地上迷住黑脸的水泽仙女们,
她们轻盈跳跃着在沙的河岸嬉戏。
来吧,王后啊,哪怕你是在生养你的库忒拉,
每年,美丽的处子和迷人的水泽女仙在那里
为你歌唱,极乐神哦,为你和永生纯洁的阿多尼斯,
来吧,女神,你的美丽无与伦比,
我以虔诚之心和圣洁之语呼唤你。①

俄耳甫斯教常常被描述为迷醉、疯狂、解放人性的神秘宗教,在这篇致阿芙洛狄忒的祷歌里,却显得深沉、克制、内敛,显示出当时的信徒对于美、性、欲、肉体、生命的看法,以及自己对神秘世界的主观感受。一静一动,亦正亦邪,阿芙洛狄忒的显现也会因情境、场所而变化,"当然,古希腊人知道,这是唯一的一个神灵在以不同的形式向他们显现。……同时,他们以不同语词称唤此神,表明他们随即意识到这一存在的多样征象。由此,神永远超越自身的显现,超越人所给予的名称,超越所有象征形象,超越各类性格特征。在这超越之中,神永不丧失自己的身份。……我们知道,希罗多德……在阿莉拉特(Alilat)或玛丽塔(Mylitta)身上认出过阿芙洛狄忒"。②所以,公元前5世纪的哲学家所作的区分也许正是神话传说在最

---

① 吴雅凌编译:《俄耳甫斯祷歌》,华夏出版社,2006年,第101—102页。
② 同上书,第161页。

初力图整合的,世界多样,神灵也不单一,希腊神话似乎总在强调神性多样存在的特性。阿芙洛狄忒也不例外,多面女神拥有多个名称:库普里丝、库塞西拉(Cytheria)、帕菲亚(Papheia)、蓬特伊亚(Ponteia)①、莱蒙尼亚(Limenas)②、阿芙洛狄忒·乌剌尼亚、阿芙洛狄忒·潘得摩斯……大概皆是人们在不同的情境下,出于不同的心理诉求而对同一位女神形象的不同称谓。人们希望借助女神的力量满足自己的种种欲望:容貌、爱情、婚姻、性欲、平安……正因如此,人们心中的女神是万能的,也是矛盾的,欲望不断膨胀,世界焉有宁日?诅咒、惩罚、因果报应接踵而至,人们简单地将一切归因于阿芙洛狄忒的愤怒,焚香祈愿,却往往疏于反省自身。神灵形象往往是世人在求而不得的情形之下对所有愿望的叠加或投射。

斯特拉博曾形容科林斯的阿芙洛狄忒神庙相当富裕,神庙拥有1 000多名奴隶和神妓,这些人都是善男信女敬奉给女神的。由于那些年轻貌美的神妓,城市游人如织,更带动了科林斯这座城市的经济收入。③在提到亚美尼亚重要的商业中心科马纳(Comana)时,斯特拉博专门谈到该城举行女神"出巡"的盛况:人们从四面八方汇集于此,来自城市乡村的男女老少一起欢度节日。"一些妇女在这里出卖自己的肉体,她们大多是侍奉女神的人。因为这座城市在某种意义上就是一个小科林斯,这里有着太多的交际花,她们都是侍奉阿芙洛狄忒的。外地人常常成群结队地到那里去欢度节日。商人们和士兵们也去那里大把地花钱。"④为了满足凡俗世人的欲望,"属天的"阿芙洛狄忒形象渐渐被"属地的"阿芙洛狄忒形象覆盖。

天上的女神、地下的美人,都是人们美好的愿景,寄托着世间凡人的爱欲纠葛。属天的阿芙洛狄忒召唤人们纯净的心智,属地的阿芙洛狄忒迷惑众生脆弱的意志。设想一下,同样站在裸体的阿芙洛狄忒面前,洁净的人看到的是属天的阿芙洛狄忒,而污浊的心则想象着属地的阿芙洛狄忒。真正矛盾的不是女神,而是我们自身。

---

① 源自海洋蓬托斯,也就是"大海"的意思。因为水手信奉这一神灵,他们相信阿芙洛狄忒可以给予帮助,给航行带来一帆风顺。
② Limena,意思是"港口"。
③ [古希腊]斯特拉博:《地理学》(上册),李铁匠译,上海三联书店,2014年,第560页。
④ 同上书(下册),第827页。

第三节 女诗人萨福的《致阿芙洛狄忒》

阿芙洛狄忒的形象多变,不过在女诗人萨福(Σαπφώ, Sappho,约公元前630年—前570年)的笔下,她是美与爱的代名词,为恋爱中的女性指导方向和提供保障。萨福,降落凡间的"女神",柏拉图曾称颂她——人们都说天上有九位文艺女神,你再数一数,还有一位,莱斯波斯岛(Lesbos)的萨福。① 曾扬言要把诗人们全部赶出理想国的柏拉图,却通过诗意的表达,将年长自己近200岁的女诗人神话化,与缪斯女神相提并论,可见萨福在古希腊大哲学家心目中的神圣地位。不过,这一评述是否真的出自柏拉图之口,有待进一步考证,因为没有确切的文献证明柏拉图说过类似的话语;据推测很可能是后代诗人冒名顶替,假借柏拉图之名而作;抑或是人们更愿意看到女诗人的英名与男哲人的叹服永远地缠绕在一起,从而善意地让他们在诗与哲学之间擦出"爱"的火花。

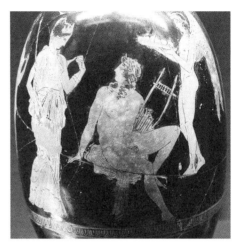

图3-3 公元前410年左右的阿提卡红彩圆瓶(red-figure aryballos)瓶画。美少年阿多尼斯正坐在地上演奏里拉琴,倾慕他的阿芙洛狄忒站立一旁侧耳倾听,两人四目相对,浓情蜜意;长着一对翅膀的爱神厄洛斯则端着一个圆盘,默默地守护着他们

在古希腊人的思想观念当中,诗歌这门技艺是缪斯赋予的,包括创作灵感、竖琴演奏、博闻强记等皆来自女神的恩赐。毋庸置疑,无论是男性创作者还是女性诗人都与缪斯女神密切相关。希罗多德在《历史》中沿用对萨福

---

① 参看 John M. Cooper, ed. & trans., *Plato Complete Works*, New York: Hackett Publishing Company, 1997, Epigrams 16, p. 1745。

的传统称谓——闺秀诗人（Σαπφοῦς τῆς μουσοποιοῦ）①，直译就是"女诗人"。希腊文写作 μουσοποιός，由名词"缪斯"（μοῦσα）和动词"制作"（ποιέω）两个词语合并而成。从这一点上看，萨福与文艺女神的关联被放在了更为宽泛的语境当中。事实上，萨福在诗篇中经常表现出为爱而烦恼、忧虑、纠结、狂乱的情绪，这与只知道快乐歌唱、"无病无痛无忧无虑"（λησμοσύνην τε κακῶν ἄμπαυμά τε μερμηράων）②的缪斯女神的特征大相径庭。曾创作出大量的抒情诗（lyric poetry）的萨福，与其说是降落人间的第十位文艺女神，不如说，她本人更认同天上的爱神阿芙洛狄忒。相异于荷马在《伊利亚特》卷首"歌唱吧，女神"所流露出的对缪斯的敬畏以及赫西俄德在《工作与时日》开头"缪斯女神，请你们降临这里"所洋溢出的对缪斯的尊崇，萨福个人的生活与创作自始至终都在与阿芙洛狄忒对话，她的情感天平更倾向于爱神。仅就萨福对女神的称呼来说就存在四个不同的叫法：库泰丽雅（Κυθέρηα）、库普里丝（Κύπρις）、库普劳盖奈阿（Κυπρογένηα）和阿芙洛狄忒（Ἀφρόδιτα）③，四种称谓存在细微的差别，在不同的诗篇中分别具有祭祀、交谈、祈祷、教诲等功能。爱与美两大元素几乎贯穿于女诗人所有的诗篇之中，阿芙洛狄忒占据了最重要的地位。

与擅长明喻的荷马不同，萨福喜欢运用大量的暗喻，指代模糊，扑朔迷离，一首短短的诗行往往需要研究者花费数月甚至数年的时间进行解读，斟酌其意。萨福描绘的爱情究竟是什么颜色，每个人的感受不尽相同。没有一定的人生阅历似乎读不懂她的诗，读不懂这位著名的女性。牛津大学学者马丁·韦斯特（Martin West）声称，在古代，人们以拥有萨福的九卷本诗集为荣，而如今她是"学者绕不过去的一道门槛"（a scholars' maypole）。④诸多学者之所以将萨福作为学术研究的必由之路，与旷日持久的诗与哲学之争不无关系。柏拉图并不满足于赏读萨福的诗歌，他在诗人编织的爱的主题上，挖掘其背后的哲学意义，试图打破感性的爱情之网，让爱本身回归到原本的轨道上来。从这个意义上说，解读萨福就是在解读女诗人眼中的阿芙洛狄

---

① 希罗多德：《历史》，第2卷第135章。
② 赫西俄德：《神谱》，第55行。
③ Denys Page, *Sappho and Alcaeus*, Oxford: Clarendon Press, 1987, pp. 126-128.
④ Martin West, "A New Sappho Poem", *Times Literary Supplement*, Vol. 21, No.5334, 2005, p.8.

式,从而解读女诗人笔下爱与美的主题。

的确,诗与哲学之间的关系原本就千丝万缕。生活于公元前6世纪的萨福多才多艺、容貌出众,其形象自然会引起柏拉图的关注,并饶有兴致地放入哲学著作当中。《斐德罗篇》(*Φαῖδρος*)第235c处,柏拉图就曾通过恩师苏格拉底向这位著名的美女诗人(που Σαπφοῦς τῆς καλῆς)致敬,认为她创作了许多充满魅力的诗歌,展现出爱的动人力量,并将她归于先贤圣人的行列(παλαιοὶ γὰρ καὶ σοφοὶ ἄνδρες τε καὶ γυναῖκες περὶ αὐτῶν εἰρηκότες καὶ γεγραφότες ἐξελέγξουσί με)。① 针对爱的主题,苏格拉底仿照先贤进行了一番理性的分析。然而,随着叙述的深入,诗人与哲人的爱情观开始分道扬镳。也就是说,柏拉图在推崇萨福作为先贤的同时,也对她所宣扬的爱的思想进行了否定。

其中,对话录《会饮篇》阐述了对爱神阿芙洛狄忒,也就是爱的见解。在柏拉图看来,阿芙洛狄忒应该有两个,即天上的和地上的,分别代表精神之爱和世俗之爱。哲人推崇的是前者——天上的阿芙洛狄忒,代表着精神之爱,其追求的终极目标是美德和真实。《会饮篇》明示,如果每一个人都需要通过寻找另外一半以完善自我、从而达成和谐的话,那么男子和男子是最好的结合,换言之,对美以及对爱共同的追求仅仅限于男性之间。而萨福恰恰相反,她歌颂阿芙洛狄忒,吁请美神给她追逐爱情的勇气和力量,希望爱神满足她的愿望,获得同样拥有美丽相貌、柔和声音的女性的垂爱。女神播撒的爱的种子在女性与女性之间滋生、成长、开花、结果,寻求自由、奔放的女子在这里拥有自己的伊甸园。于是,萨福的名字和她所生活的岛屿莱斯波斯成为女同性恋(Sapphic和Lesbian)永久的代名词。有学者认为,萨福是由后世拼凑出来的,确切地说是古希腊罗马时代的男性作家重构出了一个萨福,究其原因,是"在对古代莱斯波斯社会文化缺乏全面了解的情况下,对男性社会关系的一种想象模拟"。② 莱斯波斯岛的女性群像与雅典城邦的男性社会关系遥相呼应,对于同一个主题亦如是,男哲人充满哲思与女诗人尽

---

① Plato, *Phaidon, Phaedrus*, with an English translation by Harold N. Fowler, Cambridge and London: Harvard University Press, 1953, pp. 436—438.
② 田晓菲编译:《"萨福":一个欧美文学传统的生成》,生活·读书·新知三联书店,2003年,第16—19页。

显感性的表达，正如弓弦与竖琴，构成了对立与紧张的关系。

在《会饮篇》中，阿伽松、鲍萨尼亚、厄律克西马库、斐德罗、阿里斯托芬、苏格拉底、阿尔基比亚德等一群男子饮酒吃喝，高谈阔论，抒发各自对爱与美的理解，最终在醉意朦胧之中进入对真理的宁静沉思。女性只作为陪酒助兴的角色被冷落在一旁。男人们推杯换盏、你来我往，直抒胸臆，使得同性之间的理解和默契持续升华，从某种意义上讲，这部作品如同其篇名 Συμποσίον（会饮），本身就是一场男性哲思的盛宴和胜利。相形之下，萨福的《致阿芙洛狄忒》一诗，出场的只有萨福本人和美神，两人之间的对话，简短而含蓄，诗文在第28行戛然而止，似乎什么也没有展现，实则展现了全部。在阿芙洛狄忒的光芒照耀下，萨福似乎与女神融为一体，难解难分。正义之剑和爱的主动权都集中在女性的手中，从天到地，概无例外。女诗人对爱情的掌控欲和孜孜以求的不懈努力跃然纸上。

历史上是否确有萨福其人？勘定于公元前264/263年的帕罗斯碑铭文A的第36行提到了"萨福"这个名字。①关于她生卒的具体年代说法不一，有说公元前610年，有说公元前630年，也有说公元前617年，保守说法就是公元前7—前6世纪之间。关于她的死因，说法更加离奇。包括商务印书馆2002年出版的《欧洲文学史》（第1卷）也把萨福书写为一位弃妇形象，因为得不到一位名叫法翁（φάον）的男子的爱，最终跳海自杀。②法翁的希腊文写作 φάον（Phaon），意思是"白色的光芒"，常用来形容日光、月光，寓意光明、欢乐和自由。萨福究竟是为了一个男子殉情还是为了她毕生追求的爱和自由而终结生命，也许永远是一个无解之谜。换句话说，萨福为爱而生，为爱而亡的传奇经历似乎是对她全部诗篇最好的诠释。她对爱情的执着和热切构成了别具一格的"萨福体"。生活在莱斯波斯岛上的萨福作为女同性恋的身份似乎已为后世广为接受，在中世纪她的诗被打上了"有伤风化"的罪名，遭到焚毁。所以这位女诗人的一生连同她的诗歌一起成了一个谜。由于损毁得厉害，萨福留下的诗行极少，接近完整、能够作为文学作品的诗作仅有4首，唯一一首保存完好的，就是《致阿芙洛狄忒》。历来的译本排

---

① 郝际陶：《关于〈帕罗斯碑铭文〉的史料价值》，《世界历史》1998年第6期。
② 刘意青、罗经国编：《欧洲文学史》（第1卷），商务印书馆，2002年，第20页。

序都将这首诗列于第一的位置，标题是后来的译本根据诗歌内容加上的。

《致阿芙洛狄忒》全诗分为七段，每段四行，共131个词语，排列有序，韵律十足，可谓字字珠玑。音节有一定的规律，适合用竖琴伴奏吟唱。

为了详尽地理解诗歌原意，贴近诗人表达的思想，现将希腊原文与对应的汉语释义标注如下：

Ⅰ

1
ποικιλόθρον'　　　　　　　　ἀθανάτ'　　　　　Ἀφρόδιτα,
[修]（丰富的宝座；多彩的王位）（不死的；不朽的）　[呼]（阿芙洛狄忒）

2
παῖ　　　Δίος　　　δολόπλοκε,　　λίσσομαί　　σε,
[呼]（孩子）[属]（宙斯）（精明的编织者）　[1单]（祈求）　[宾]（你）

3
μή　　μ'　　　　ἄσαισι　　μηδ'　　　　ὀνίαισι　　δάμνα,
（不）（一方面）（伤害）（另一方面）（悲哀；苦恼）[过未]（摧毁）

4
πότνια,　　　　　θῦμον·
[呼]（夫人，女神）　[宾]（精神、勇气、力量；心灵、灵魂；生命、生气）

Ⅱ

1
ἀλλὰ　　τυῖδ'　　ἔλθ',　　αἴ　　ποτα　　κἀτέρωτα
[语气转折]（向这里）[2单]（来）（如果）（从前）[埃方言]（在别处）

2
τὰς　　　ἔμας　　αὔδας　　ἀΐουσι　　　πήλοι
（那些）　[宾]（我）　[宾]（话语）[异态,诗]（捕捉）（从远处）

3
ἔκλυες,　　πάτρος　　δὲ　　δόμον　　λίποισα
[不过]（倾听）[属]（父亲）（连）[宾]（房屋、家；庙宇）[不过2]分词（离开）

4

χρύσιον　　　　　ἦλθες
［宾］（黄金）　　［不过2］第二种形式（来）

III

1

ἄρμ'　ὐπασδεύξαισα·　κάλοι　　　　δέ　σ'　ἆγον
（马车）分词（驾驭）（美好的；吉祥的）［连］［宾］（你）［史诗］（引领）

2

ὤκεες　στροῦθος　περὶ　　　γᾶς　　μελάινας
（飞快地）（小鸟；鹰）（在……之上）（大地）=====（发黑）

3

πύκνα　　　　δίννεντες　　πτέρ'　ἀπ'　ὠράνωἴθερος
（紧密地；频繁地）现分（旋转；飞舞）（羽毛；翅膀）［表方位］［莱形式］（天空）

4

διὰ　　μέσσω
［前］　（在中间）

IV

1

αἶψα　δ'　εξίκοντο·　σὺ　δ',　ὦ　μάκαιρα,
（迅速地）［连］（到达）［主］（你）［连］［感叹］（幸福的）

2

μειδιάισαις'　　　ἀθανάτω　　　προσώπω
［不过，2单］（微笑）　［与］（不朽的）　［与］（面容）

3

ἤρε'　ὄττι　δηὖτε　πεπονθα　κὤττι
［将］（问）［连接词］［疑问代词］［完2］（遭受）［不定代词］

4

δηὖτε　　κάλημμι,

［疑问代词］　　　［1单，宾］（呼唤）

V

1
κὤττι　　μοι　　μάλιστα　　θέλω　　　γένεσθαι
［不定代词］［与］（我）［比］（最）［现，1单］（渴望）［不过2，不定式］（成为；是）

2
μαινόλαι　θύμωι·　τίνα　　δηὖτε　　πείθω
（疯狂的）［与］（内心）［不定代词］［疑问代词］［现，1单］（劝说；祈求）

3
ἄψ　　σ᾽　ἄγην　ἐς　σὰν　φιλότατα ; 　　τίς　σ᾽, ὦ
［副］（再次）（你）（如今）［前置］［多］（友情；爱情）（某个）（你）（感叹）

4
ψάπφ᾽,　　ἀδικήει;
［呼］（萨福）　［3单］（伤害）

VI

1
καὶ　γὰρ　αἰ　　φεύγει,　　ταχέως　　διώξει·
［连］［加强］（假如）［3单］（逃避）［副］（随即）［将，3单］（追求）

2
αἰ　δὲ　δῶρα　μὴ　δέκετ᾽,　ἀλλὰ　δώσει·
（假如）［连］［宾、复］（礼物）（不）［异态，3单］（接受）［语气转折］［将，3单］（赠予）

3
αἰ　δὲ　μὴ　φίλει,　　ταχέως　　φιλήσει
（假如）［连］（不）［现，3单］（爱）［副］（随即）［将，3单］（爱）

4
κωὐκ　ἐθέλοισα.
（不）　［不过，分］（愿意）

VII

1
ἔλθε   μοι   καὶ   νῦν,   χαλέπαν   δὲ   λῦσον
[不过, 2单]   （来）   [连]   （现在）   （难以忍受）   [连]   [将]（解放）

2
ἐκ   μερίμναν,   ὄσσα   δέ   μοι   τέλεσσαι
[前置][宾、复]（焦虑）[连接词] [连]   [与, 1单]（我）[将]（使完善, 使实现）

3
θῦμος   ἰμέρρει,   τέλεσον·   σὺ   δ'   αὖτα
[阳单主]（内心） [埃]（渴望） （实现）   [单2主]（你） [连]   [反身代词]

4
σύμμαχος   ἔσσο.
（同盟）   [将, 希求式]（是）

——Σαπφώ①
（萨福）

　　全诗总共7小段，每段4行。每一段的最后一行用两个希腊单词收尾，在处理方式上具有很强的节奏感。词与词之间存在一定的跳跃性，不时蹦出埃奥利斯（Aeolic）方言。另外，由于古希腊语的词义多重，词语的阴阳性、主属关系、格式多变，给诗词的解读带来困难。笔者在翻译过程中，将诗歌拆成了最小的语义单位，一个个拼接、黏合，很多意思还是模棱两可，这一方面归咎于希腊文功力浅薄，另一方面也说明古希腊语本身的模糊性。虚词不虚，实词不实，指涉多义，表达含混。也许这才是诗歌，不是哲学，也不是科学。

---

① 希腊原文参照的版本有 The Loeb Classical Library, "Greek Lyric Ⅰ", in *Sappho and Alcaeus*, G. P. Goold, ed., Cambridge: Harvard University Press, 1990; Jim Powell, *The Poetry of Sappho*, New York: Oxford University Press, 2007; Denys Page, *Sappho and Alcaeus*, Oxford: Clarendon Press, 1987; Anne Giacomelli, "The Justice of Aphrodite in Sappho Fr. 1", in Ellen Greene, ed., *Reading Sappho*, Bekeley and Los Angeles: University of California Press, 1996; E. E. Pender, "Sappho and Anacreon in Plato's Phaedrus", *Leeds International Classical Studies*, Vol. 6, No. 4, 2007; W. M. A. Grimaldi, "The Lesbia Love Lyrics", *Classical Philology*, Vol. 60, No. 2, 1965；等等。

第一段是诗人的祈祷词。语词上连续使用了三个重要的呼格——第一行的"Ἀφρόδιτα"（阿芙洛狄忒啊）、第二行"παῖ Δίος"（宙斯的孩子啊）和第4行"πότνια"（女神啊）。坐在金宝座（ποικιλόθρονς）上的阿芙洛狄忒形象令人费解，一般说来，只有宙斯和赫拉才匹配这样的描述词。[①]显然，萨福把阿芙洛狄忒抬到了至关重要的地位上，甚至可与天父、天后平起平坐。比较赫西俄德《神谱》描述的阿芙洛狄忒的出生谱系混沌无序，萨福强调宙斯是女神的父亲，显然沿用了荷马传统，承认了由奥林波斯王宙斯平定的秩序，确认了阿芙洛狄忒的职能和身份。诗人的意图，除了"可能想要暗中强调爱神的道德与正义品行，从而在爱神主掌的爱欲与城邦公义之间建立某种关联"[②]之外，还有一点需要指出，即萨福的贵族出身。她诞生于小亚细亚西北岸莱斯波斯岛的一个贵族家庭，17岁后由于声名远播，许多贵族将女儿送来向她学习，在类似于贵族女子沙龙的环境中，萨福摒弃农民出身的赫西俄德的叙述，寻求较高等级秩序也在情理之中。

另外，据说年轻时代的萨福曾参与一场政治运动，遭到驱逐，前往意大利的西西里岛，在重新获准返回莱斯波斯之后，经历过低潮期的萨福逐渐成熟，懂得了保全自己，至少对当时推行的城邦政治表现出了一些认同。结合萨福的经历，第三行中的两个词语"伤害"与"苦恼"，即精神上的不安感厚重了许多。第四行的"女神啊"，具有双重含义，既是名词"女神"，也是形容词"可敬的，畏惧的"，女神重权在握，评判众生的形象骤然而生，划分出人神最重要的界限——人是θανάτα（有死的），神的特征是第一行出现的第二个词ἀθανάτα（不死的），命运注定了高低贵贱，生老病死。萨福在选择词语上，表现出了哲学式的"认识你自己"的自知。

第二段，诗人继续描述天地不同、人神相异的状态。首先，在第一行出现了表示时间的词汇ποτα（从前），和表示地点的副词"在别处""在远处"，女神使用的是听觉而不是视觉，彰显了诗歌韵律的重要性。天上的家是用黄金铸就而成，代表一种至高无上的地位。贵金属黄金（χρύσιος）已被神化，

[①] 描述赫拉的金宝座见《伊利亚特》，第14卷第153行。《伊利亚特》第18卷第389行以下锻造之神赫淮斯托斯的家中出现过这样的金宝座，不过女主人不是阿芙洛狄忒，而是卡里丝（Χάρις）。阿芙洛狄忒是否拥有金座一直存有争议。
[②] 张芳宁：《勒斯波斯的第十"缪斯"》，《浙江学刊》2010年第2期。

无论是赫西俄德的黄金、白银、青铜、黑铁时代的划分，还是荷马史诗中普里阿摩斯用来赎回儿子尸体的十二塔兰同黄金，黄金的可贵不仅仅体现于金属本身，而是其后所代表的地位、权力等更为宽泛的价值。《伊利亚特》第5卷第722行描写了赫拉所乘坐的金马车，象征着天后无可比拟的权威。这一段提到黄金，亦是强调阿芙洛狄忒身份的尊贵。

　　第三段天空与大地在色彩上形成强烈的反差，第二行 γᾶς μελάινας（发黑的大地）令人感到压抑、苦闷，天空的金灿灿与地面的黑沉沉除了表现不死与有死的寿命长短不同之外，还点明了作为有死之人不得不在有生之年承受无穷无尽的忧愁、烦恼、爱别离、求不得等诸多苦痛的现实状况。作为天地之间的媒介而出现的 στροῦθος，无忧无虑，它们飞快地行动，振翅高飞。究竟是小鸟还是老鹰，这个词的两种含义带来争议。考虑到女神的柔美，选择云雀或者小鸟在前面带路似乎更能体现抒情诗的含蓄。

　　第四段女神降临大地，属于与女诗人即将展开对话的前奏。有一处细节很关键，与柏拉图的《会饮篇》里所谈及的天上的阿芙洛狄忒与地上的阿芙洛狄忒相关。《会饮篇》里，提出天上之爱和地下之爱区别的人是医生鲍萨尼亚，他认为天上的阿芙洛狄忒并非自然生产，也就是赫西俄德叙述的诞生于海洋泡沫的爱神，她的爱是神圣的；地下的阿芙洛狄忒才是宙斯的女儿，她由母亲的子宫孕育而生，她的爱是非常世俗的，关注肉体而非灵魂。萨福的叙述有所不同。前三段阿芙洛狄忒一直在天上和降临地面的过程当中，直到这一段，两位女性开始面对面地进行交流。在萨福的眼里，来到地上的阿芙洛狄忒最为瞩目的是她的笑容。面容不死，笑容自然不朽。不过，这样的描述表面上看来平易近人，但实际上又让观者不寒而栗。神人有别，女神在凡人面前展露的微笑，有一种看透世态炎凉的冷峻。尤其是阿芙洛狄忒，她在荷马史诗中常用的描述词是"爱笑的"，而这笑容的背后隐藏着对神灵、凡人为爱痴狂的嘲笑和蔑视。另外，这一段最后一个词 κάλημμι 在拆解的时候，意思有点绕。本来双μ属于莱斯波斯的一种语言形式，在纸草文本上的表现有两种：名词和动词。如果作为第一人称、单数、宾格的话，那就是"我呼唤，我祈求"，主语只能是萨福。依此推断，前面的半句就应该是间接宾语，而非直接宾语。为什么这个地方没有直接引用女神的原话呢？个人理解有两种情况：一种强调的是女诗人自己的感受；另外一种是为了突出第六段女神的话。无论是哪种情况，诗歌转述的女神的问话体现出萨福本人微妙的心理变化。与其说是对方在询问，不如说是女诗人采取自问自答的方式，与心灵展开对话。只不过，在探寻答案即自我确立的过程中借用了阿芙洛狄忒这个重要的媒介而已。

第五段连续出现三个疑问。其一是诗人在回答女神的提问之前扪心自问，自己想要的究竟是什么。接下来的两个疑问来自女神："我又要劝导什么人？"和"是谁伤害了你？"这两个疑问可以合二为一，疑问代词指向不在场的第三者，这个人成为维系对话进行的关键。第五段有两处细节：一是表示最高级的词汇 μάλιστα "最"；二是表示时间副词的 ἆπό "又；再一次"。透露出萨福恋爱经历的丰富，女神已经对她多次施以援手，帮助她缓解难关，达成所愿。有趣的是，这个第三者究竟指的是什么人不得而知，疑问代词没有表示阴、阳性，体现不出这位第三者的性别。动词"伤害"是第三人称单数，既可指来自女性的伤害，也可指男性施加的伤害。这是希腊文的高明之处，没有 he/she，没有男女之别，完全是一个模糊的存在，令人浮想联翩。既可以是一个个人，也可以是一个群体。显然，第三者是谁已经不再重要，女诗人需求的是爱神的庇佑。那么，阿芙洛狄忒怎么就成了萨福的庇佑者了呢？细读这些不定代词和疑问代词，可以假设原因在于，萨福构建了一个阿芙洛狄忒。她既不属天，也不属地，她是一个自在的存在，一直隐蔽于萨福的内心深处。她可以随时随地地离开天上的居所，甚至不需要向天父宙斯打半声招呼，也可以乘坐象征赫拉天后地位的金马车，穿行于天地之间，这不能不说是诗人的一种理想模式的构想。萨福自知自己的内心如同脱了缰的野马，像酒神的女信徒一般，疯狂地失去了理智，既然缺乏冷静的哲思，那么就要依靠神灵的力量来支撑自己，把自己视为一位通灵者。萨福的诗行之所以不断地跳跃，可能这正是内心驰骋的映照。

全诗真正高潮的到来体现在第六段。阿芙洛狄忒像正义女神狄刻（Δίκη）一样发话了。她连用了三个排比句，"假如……那么"，与其说是知会萨福，不如说，萨福此时已成为女神的代言人，人假神威，在宇宙中发声。"逃避——追求""拒绝——赠予""不爱——将爱"，三组反义词构成了阿芙洛狄忒对不在场的第三者的宣判。在英国古典学者伯纳德特看来，"爱在这首诗中已然成为一种正义，二者在萨福的吁请中融为一体——奇妙的是，爱和正义，与伯纳德特在柏拉图哲学中洞察到的两个基本原则：爱欲（eros）和道德义愤（moral indignation）恰好暗合"。① 强制性的铁腕令人生畏。如果说法律可以强制，国家可以强制，连爱情也要强制执行吗？萨福吁请女神从头到尾都像是一场密谋。即使不爱，也不得不爱，这似乎违背了爱的本意。被动者一跃成为主动者，不过，这是一个悖论。得到女神宠爱的萨福，理应感到喜悦，但是诗文中的表述却独剩下一抹苍凉。得不到爱情的人，希望借助爱神的力量，逼迫对方对自己产生爱情，可这样的强制之爱已远离了美好的爱情本意。惩罚对方，更是在惩罚自己，得到了又有什么意义？从第一段到第六段，似乎都是萨福发出的梦呓，自我编织出的幻想、美梦。

大梦初醒的萨福在第七段再次吁请女神。最后一行"你是我的同盟"，σύμμαχος 在古希腊的爱情语境中是司空见惯的隐喻，谓语 ἔσσο 是动词 εἰμί 的将来时，希求式，第二人称单数。在黑沉沉的大地上求索的萨福，依然没有找到爱的出路，像到达终点的选手遗憾地发现自己又回到起点，一切散尽，唯有徒劳。"解救我""帮助我"，成为萨福撕心裂肺、轮回般的呐喊。

虽然对后世的许多诗人来说，萨福已成为他们心中的一个救赎形象，一个抽象名称以及人类强烈情感的化名②，但是萨福的诗不在于阐释或表征，而仅仅在于召唤。正如艾琳·格雷戈里所言：萨福充当了对激情状态进行某种限制性和决定性沉思的符号。③ 萨福的诗歌里布满了迷狂的火药，激情燃烧后，萨福一直致力于最完美的收鞘。萨福是矛盾的，正如她对阿芙洛狄忒的理解，既是施爱者，也是夺爱者；既温柔又冷酷；一心向往幸福自由，又不断地给自己套牢爱的枷锁。人神之爱都有自身的局限。

下面是对这首诗的翻译尝试：

---

① 转引自张芳宁：《勒斯波斯的第十"缪斯"》，《浙江学刊》2010年第2期。
② B. L. Keeling, "The Contest: Archaeology of a Sapphic Gaze", *Twentieth Century Literature*, Vol. 44, No. 2, 1998, p. 176.
③ 转引自朱荣华：《寻找母亲的花园》，《中华女子学院学报》2010年第1期。原出处见 E. H. D. Gegory, *Hellenism*, New York: Cambridge University Press, 1997, p. 157。

致阿芙洛狄忒

灿烂宝座上永恒的阿芙洛狄忒,
宙斯的女儿,心思巧妙者呵,我祈求你,
不要降下悲苦,摧毁
精神,可敬的女神!

请光临这里,正如曾经
你听到我自远处的呼唤,
于是离开父亲的黄金家园,
驾驭马车,动身前来。

美好的云雀引领向前,
在黝黑的大地之上,
迅疾地飞舞翅膀,
始自云巅,穿越半空。

瞬间抵达,而你,啊,幸福之神,
微笑荡漾于不朽的容颜,
问我遭受了怎样的困境?
为何将你惊扰?

我疯狂的内心,究竟
最渴望什么?
如今,我又要去劝导什么人,回应你的爱情?
是谁,萨福呦,伤害了你?

假如现在逃避,随即他(她)将追求;
假如现在拒绝,很快他(她)将赠予;
假如现在不爱,不久他(她)将施爱,

即使并非心甘情愿。

此刻降临我，解救我于
难熬的焦灼，帮我实现
心灵的渴望，愿你
成为我的同盟。①

萨福诗歌中所描述的美，渗透到了希腊文明的核心。②美神阿芙洛狄忒身上的双层特性，自我与他者之间的自由切换，都揭示出希腊文化的深层，展露了追求肉体完美和精神至上的希腊精神。这种精神凝聚了许多自相矛盾的因素：美丽与丑陋；安逸与危险；高尚与堕落；分离与融合……所有的复杂、所有的困惑到最后都汇集到了一位女神的身上，简化的同时也愈发深刻。

小结　女神的多重性

无论她诞生自浪花还是降生于海螺，是乌拉诺斯的血液抑或是宙斯与大洋神女的结晶，在流传甚广的神话中，阿芙洛狄忒最初都是与海洋/水/性/丰满/富饶等相关的女神，在对她的崇拜中始终保存着远古图腾崇拜的痕迹。这个时期的阿芙洛狄忒名称不一，定义混乱，可能处于东方神话移植至希腊的东西文化碰撞磨合期，茫茫的地中海孕育希腊的文化，给了希腊人无边的想象——想象这位美丽女性来自海上，充满诱惑，一副迷倒众生的模样。

随着奥林波斯神话的深入人心，阿芙洛狄忒名称日趋统一，形象愈加立

---

① 中译文参照的中文版本有周遐寿：《希腊女诗人萨波》（影印本），文艺复兴丛书第一辑，上海出版公司，1958年；水建馥：《古希腊抒情诗选》，人民文学出版社，1988年；《萨福抒情诗集》，罗洛译，百花文艺出版社，1989年；田晓菲编译：《"萨福"：一个欧美文学传统的生成》，生活·读书·新知三联书店，2003年；张芳宁：《勒斯波斯的第十"缪斯"》，《浙江学刊》2010年第2期。

② ［法］皮埃尔·维达尔-纳杰：《荷马之谜》，王莹译，中国人民大学出版社，2015年，第69页。

体饱满，一度成为肉欲和情爱女神，其标志就是那条令人意乱情迷、丧失理智的腰带。陷入爱情不能自拔的男女总是不计后果地祈求她的保佑，将爱神与美神的头衔同时戴在她的头上。渴求美貌与爱情这两样让人精神愉悦却脆弱短暂、飘忽不定的东西是人类的本能，正因如此，她始终笑看众生为这两样奢侈品付出的惨痛代价。特洛伊战争的导火索未必是由帕里斯与海伦之间的爱情引发，不过金苹果神话的确赋予了这段历史更多色彩、情感和血肉，阿芙洛狄忒的许诺也成为困扰人类的一道魔咒。

直到公元前5—前4世纪，希腊哲学家们才开始从她身上分出两种不同的属性：精神和肉体、神圣和世俗，对她的评价也不再单一和盲目。与其说这是希腊理性的萌芽期，是理智与情感分离的标志，毋宁说这两种属性几乎代表了古希腊人对美、对爱所产生的全部认知。

中 篇

英 雄

第四章
赫拉克勒斯：介于神人之间

> 不幸的希腊啊，失去了这个战士，你该多么悲伤！
> ——索福克勒斯：《特拉基斯少女》

赫拉克勒斯（Ἡρακλῆς，Heracles），这位古希腊神话中最为著名的英雄，属于西方文明中一个象征英雄精神的典型形象。有一种观点认为，赫拉克勒斯确有其人，他最初的原型是历史上的真实人物，并且很可能是梯林斯（Tiryns）①的一位领主。这位领主具有杰出的军事才能，他在战斗中一向慷慨赴死的精神并总能大获全胜的事迹诱发了荷马的想象，由此产生了诗人对"十二件大功"（ἆθλοι，athloi）的构思，荷马史诗中其他相关情节也由发生在多个城邦的真实故事改编而来。②事实上，赫拉克勒斯并非希腊专有，他在许多非希腊人居住之地也享有盛名，从吕底亚到腓尼基和艾特鲁里亚，这一形象广受人们的尊崇。③有关他的神话叙事，体现出一部分青铜时代甚至是更久远的石器时代的特点。④我们知道，在远古文明起源时期，并没有真实与虚构的严格分别，我们现在所界定的虚构故事在当时被视作真实发生的事件。所谓历史，对于一些先民而言就是他们世代相传的神话，神话传说也

---

① 古希腊迈锡尼文明的一个重要遗址。
② John Warrington, *Everyman's Classical Dictionary, 800 B.C.–337 A.D.*, London: J. M. Dent and Sons Ltd, 1961, p. 266.
③ Jennifer Larson, *Ancient Greek Cults: A guide*, New York and London: Routledge, 2007, p. 183.
④ 参看 Walter Burkert, *Structure and History in Greek Mythology and Ritual*, Berkeley: California University Press, 1979, pp. 78–98。

就相当于他们的历史。如今要从学术上探究英雄形象的起源过程，有必要从被现代人当作文学体裁的神话入手。

第一节　半神，半人

赫拉克勒斯的形象具有与生俱来的双重身份——一半是神，一半是人，即继承于父亲的神的血统和遗传自母亲的人的根脉。因而，神性与人性、文明与野蛮、理智与疯狂这三组紧张对立的矛盾关系在他身上尤为深刻地体现出来，其身上所带有的矛盾特质或可称为"分裂的自然性"（divided nature）。[①]具有神灵血统的英雄在希腊神话中并不少见，像珀耳修斯、阿基琉斯、埃涅阿斯等等，父亲或母亲一方是神灵，另一方是凡人，他们身上也时常体现出人神共处的性格特点，但是赫拉克勒斯的神话年代颇为久远，并且融合了苏美尔、埃及、腓尼基、迈锡尼等古老文明的神话元素，在饱含张力的东西文化冲突中更加彰显出了悲剧色彩。[②]可以说，研究赫拉克勒斯神话的东方原型与希腊变体，对于追溯希腊所接受的东方影响以及考察希腊文明的创造性方面，具有重要的意义。

细加分析，不难发现，赫拉克勒斯这个人物形象在希腊神话中的塑造和定型，展示出古希腊人思考世界的独特方式：一方面表现人与神之间联系紧密，传达希望返回第一时代即"黄金种族"时期（Χρύσεον μὲν πρώτιστα γένος μερόπων ἀνθρώπων）的美好愿望；另一方面又刻意地拉开神灵与凡人之间的距离，在一种箭与弦似的对立统一关系中探索人与自然的奇妙关系，既发挥出"人是可以创造历史的"这一主观能动性，又揭示了人依然处于

[①] 论点参看 Stephen L. Harris, Gloria Platzner, *Classical Mythology: Images and Insights*, Mountain View, California: Mayfield Publishing Company, 1995, p. 213。

[②] 按照英国学者简·艾伦·赫丽生（Jane Ellen Harrison）的观点，为了成为奥林波斯不死的神灵，赫拉克勒斯历经艰辛，他通过遭受奴役和接受痛苦的死亡而被迎至天上，并娶了天神天后之女赫蓓（Hebe），但是他始终是个半神，从来没有成为一名真正的神祇。参看 Harrison, Jane Ellen, *Themis: A Study of the Social Origins of Greek Religion*, Cambridge: Cambridge University Press, 1927, 第九章; Harrison, Jane Ellen, *Prolegomena to the Study of Greek Religion*, Cambridge: Cambridge University Press, 1922, 第八章。

神话信仰之中、脱离不了神话语境的时代局限性。可以说,在某一段较长的时期内,古希腊人沉迷于英雄(ὁ ἥρως)崇拜的氛围之中。他们试图将英雄打造成与神明对抗的奇迹——比如,让赫拉克勒斯立下"十二件大功"①,与天后赫拉的蓄意迫害形成激烈对抗等等;然而,古希腊人又为他们塑造的英雄在此"奇迹"中的最终毁灭所困扰。英雄精神虽能永存,但是肉体必然消亡,神人之间的终极对决依然难解难分,所以坠落人间的英雄最终的归宿也成为神话、史诗、悲剧等题材关注的内容。另外,从神话思维向哲学思维过渡的过程中,人们对英雄既崇拜又怀疑的错综复杂情感催生了英雄悲剧的主题——例如欧里庇得斯笔下"疯狂的赫拉克勒斯",悲剧作家突出了神话英雄的宿命和人性的弱点。综上所述,由于文化习俗的不同、时代背景的切换、思维方式的相异,使得赫拉克勒斯故事发生了一系列的变体。

这一系列变体的发生根源于这个半神英雄所展示出来的文化混血现象。换句话说,这是一个东西方文化结合的英雄。从这一西方大英雄的形象来源上看,古希腊人最初借用古埃及神话中的神灵原型,将赫拉克勒斯从天上接到人间。人间英雄在完成一番痛苦的磨砺之后,死而复生地被送还至天庭,只是这一次不再是东方的神仙,而是作为希腊奥林波斯山上神灵的一员,被荣幸地列入"仙班",在西方英雄传说的星空中熠熠生辉。

赫拉克勒斯活剥猛狮、斩杀水蛇、驱赶恶鸟、清除粪便、夺取阿玛宗女王的腰带……这十二件艰苦工作广为人知,为古希腊神话中的英雄人物树立了典范。从语源学角度看,赫拉克勒斯这个希腊文名字直接出自天后赫拉(Ἥρα, Hera)的名字。根据神话叙事,他的本名原为阿耳刻得斯(Ἀλκείδης, Alkeides)。②赫拉克勒斯这个名字是德尔斐神谕赐给他的,意思是"因受赫拉迫害而建立功绩者""被赫拉所嫉恨的人"③或者是"因赫拉的

---

① 赫拉克勒斯的"十二件大功"非常著名,"大功"的希腊文为 ἆθλος,阳性名词,复数形式为 ἆθλοι(athloi),原来指"为了奖赏而参加的运动竞技"。这是属于男性的运动竞技,为的是有机会展示他们力量,也包括战争中的勇猛,绝非强迫性的劳役。
② 赫拉克勒斯原名阿耳刻得斯(Ἀλκείδης, Alkeides),起此名字原本是为了纪念他有名的祖父阿耳凯俄斯(Ἀλκαῖος, Alkaios)。值得注意的是,赫拉克勒斯有一个儿子沿用其曾祖父之名也叫阿耳凯俄斯(Ἀλκαῖος)。
③ Stephen L. Harris, Gloria Platzner, *Classical Mythology: Images and Insights*, Mountain View, California: Mayfield Publishing Company, 1995, p. 213.

图4-1 赫拉克勒斯制服赫拉派来的巨蟒（阿提卡红彩贮酒罐上的图画，约公元前480—前470年）

荣光而著名的人"。①虽然三个意思有些出入，但是共同点都与赫拉有关。从字面上看，借用女神之名的男英雄多少具有因女性的威名而存在的意义，这似乎在彰显一种两性之间对立又和谐的关系。为什么赫拉要反复地迫害赫拉克勒斯？为什么赫拉的破坏反而造就了大英雄的威名并且最终使其升天成为奥林波斯神的一员？关于这两点，神话故事已经揭晓了答案，然而需要进一步发问的是：神话故事的建构与叙说当中有没有历史或自行或借力而运行的轨迹？如果有，那究竟是怎样的？

---

① 德尔斐神殿的女祭司皮提亚（Πυθία）为英雄重新取名，因为他自出生前就被赫拉嫉恨，施以种种迫害，他的一生命运升降都与女神赫拉的意志密切相关。如此，他才失去其本名，改称赫拉克勒斯，直译就是"赫拉的荣光"（glory of Hera）。周作人在翻译《神话全书》时，认为这个名字很奇特，并推测其命名原因是"殆以表示和解之意欤"（[古希腊]阿波罗多洛斯：《苦雨斋译丛·希腊神话》，周作人译，中国对外翻译出版公司，1999年，第128页，注一二四）。不过，赫拉克勒斯之名含有赫拉的名字，除了"和解"之意，也揭示英雄与天后女神之间的因果关系以及人神之间永无休止的对抗。关于英雄的神谕还有许多，比如在亚该亚的布拉（Achaean Bura），有一则赫拉克勒斯的神谕是通过投掷四枚骰子给出答案的，可见这些描写更多地体现了古希腊的神话思维——神与人之间永远存在无法逾越的鸿沟和解决不了的矛盾。

我们知道，站立在西方文学源头上的荷马以口诵的形式"叙述"了一则神话，"编造"了一段历史。希腊诗人、哲学家色诺芬尼（Xenophanes）曾说："所有希腊人的思想，从一开始就形成于荷马（ἐξ ἀρχῆς Ὅμηρον ἐπεὶ μεμαθήκασι πάντες）。"① 此话并非夸大其词，荷马史诗中的赫拉克勒斯形象在很大程度上奠定了这位英雄贯穿整个西方文学始终的基调。研究赫拉克勒斯神话，离不开对荷马史诗的分析和探讨，绕不过对这位英雄荷马史诗式描述的再描述。《伊利亚特》至少有十处提到赫拉克勒斯②，《奥德赛》有两处③。对比之下，两部史诗在唱诵赫拉克勒斯形象上有很大的不同。其中最大的区别就是英雄在前一部史诗中"隐身"，而在后一部史诗中"现身"。一前一后，一隐一现，创作者仅在赫拉克勒斯一个人物上就布下了一座迷宫，暗藏了诸多密码。

一、在《伊利亚特》中"隐身"

《伊利亚特》总共24卷，赫拉克勒斯本人从头至尾都没有出场，他的形象和生平事迹主要通过一些神灵和凡人相继转述和评论，拼凑式地表现出来。在这些转述者和评论人当中有英雄的生父宙斯、英雄的儿子特勒波勒摩斯、奥林波斯女神狄娥奈、智慧女神雅典娜、睡神许普诺斯、英雄阿基琉斯、王统阿伽门农、将帅奈斯托耳等，他们用"长了翅膀的话语"一点点地把赫拉克勒斯的全貌勾勒了出来，给读者和听众留下了无限遐想的空间。

最先提到赫拉克勒斯名字的是宙斯的妻子、阿芙洛狄忒的母亲狄娥奈，她在安慰因为受伤而痛哭的阿芙洛狄忒时举了一个例子："安菲特鲁昂强有力的儿子（赫拉克勒斯）曾射中赫拉，扎在右胸，用一枝带着三枚倒钩的利箭，伤痛钻心，难以弥散。"④ 狄娥奈将赫拉与赫拉克勒斯之前难以消解的敌对关系精彩地一带而过，这句话包含三个提示点：第一，交

---

① 转引自Richard D. Mckirahan, *Philosophy Before Socrates*, Indianapolis: Hackett Publishing Company, 1994, p. 66.
② 《伊利亚特》（*Ἰλιάς*）第5卷第392—402行；第8卷362——369行；第11卷第689—690行；第14卷第250—260行、第323行；第15卷第25—30行、第640行；第18卷第117—119行；第19卷第131—133行；第20卷第145—148行。
③ 《奥德赛》，第11卷第268、601行；第21卷第26—27行。
④ ［古希腊］荷马：《伊利亚特》，陈中梅译注，译林出版社，2000年，第129页。

代了赫拉克勒斯的养父安菲特鲁昂,强调他们的父子关系,古希腊神话中英雄往往以父亲或祖父的名字报出家门,显示自己的"炉膛",这一点在展示英雄家世和谱系上尤为重要,从来不会充当闲来之笔。值得注意的是,身为宙斯的妻子,狄娥奈并没有提到赫拉克勒斯与宙斯的关系,没有提示英雄的神灵血统,也许创作者有意强调英雄作为凡人的一面,突出凡人与神灵的对抗,从而侧重描述天后赫拉的挫败和恼怒。第二,赫拉克勒斯用三枚倒钩的利箭射中了赫拉的右胸,这样的细节不禁让人浮想联翩:宙斯是赫拉克勒斯的生父,从人物关系上看,赫拉就是赫拉克勒斯的继母,继子射中继母的胸脯,这与另一则神话中所描述的牛奶路的故事形成反差——赫拉听到婴儿(赫拉克勒斯)的啼哭,急忙赶去哺乳,乳汁喷溅出来,洒在天空中化为一条银河。有趣的是,同样作为宙斯的妻子、也充当母亲角色的狄娥奈虽然是旁观者,但是对赫拉的疼痛牢记于心,似乎深有体会,由她来描述赫拉的经历似乎更加可信,也更为委婉生动。第三,话题的重点是赫拉,狄娥奈的潜台词无非是在告诉女儿,赫拉作为众女神的标杆,如果连她都会感到疼痛,那么其他神灵的疼痛也在情理之中了。赫拉克勒斯的初次"出场"设置得非常巧妙,女神、男英雄、争斗、疼痛、胜败过往……紧张的氛围都在这短短的一句话中烘托出来。

接下来,史诗进一步交代了男英雄的丰功伟绩。荷马借助赫拉克勒斯的儿子特勒波勒摩斯之口,简要地概括了英雄的生平事迹:"人们夸耀赫拉克勒斯,何等强劲有力,骁勇刚健,我的父亲,有着狮子般的雄心。他曾来过此地,为了讨得劳墨冬的马匹,只带六条海船,少量的精英;然而,他们荡劫了伊利昂城堡,把街道打成废墟。"[1]特勒波勒摩斯在说此话时的炫耀语气可想而知,父亲曾经"荡劫了伊利昂",仅凭这句话就足以令对方闻风丧胆。英雄后辈历数先辈的战绩在神话故事里随处可见,新的一场战斗打响了,而昔日战斗的金戈铁马之声犹在耳畔。不过,赫拉克勒斯荡劫伊利昂是哪一年的事情,距离此次伊利昂战役有多长时间,史诗创作者没有说明,然而越是模糊,越能体现出英雄当年横扫城池、扬名立万的威风。说到赫拉克勒斯的

---

[1] [古希腊]荷马:《伊利亚特》,陈中梅译注,译林出版社,2000年,第139页。

蛮力,普洛斯国王奈斯托耳仍心有余悸:"强有力的赫拉克勒斯来过,对我们迫击,多年前,打死我们中最勇的精英。"①接着他又在阿开亚士兵溃不成军的时候回忆赫拉克勒斯当年的英勇:"科普柔斯曾多次送传,替欧鲁修斯,向强有力的赫拉克勒斯传话。"②此三处描述前后呼应,如同一张无形之网,网罗出赫拉克勒斯昔日的赫赫战绩,于是一个能征善战、呼啸沙场的英雄形象跃然纸上。

另外,赫拉克勒斯受惠于雅典娜的故事也由智慧女神亲口讲述出来,女神回忆:"是我多次营救他(宙斯)的儿男。赫拉克勒斯,欧鲁修斯的苦役整得他全身疲软。那时,他一次次地对着苍天高声呼喊,而宙斯总是差我下去,急急忙忙,赶去帮赞。如果心灵的智慧能使我料知这些,那么,当赫拉克勒斯受命前往哀地斯看守的大门,从黑暗的王国拖出它来,可怕的死神的獒犬,他就休想冲出斯图克斯河急水泼泻的水潭。"③雅典娜之所以说出这番话,是因为埋怨宙斯对自己不够重视,顺便提到了陈年往事。赫拉克勒斯曾经穷途末路,宙斯拜托雅典娜帮助,雅典娜施以援手,"多次营救"赫拉克勒斯,包括帮忙修建"神样的赫拉克勒斯"(Ἡρακλῆος θείοιο)的城堡。"两边用泥土堆起,墙垣高耸,特洛伊人和帕拉丝·雅典娜替他建立,作为躲离海怪追捕的避身之地,当横冲的魔怪把他逼往平原,从海边赶离。"④从女神的角度看,没有天界的帮衬,凡人不可能成功。这里不仅点明雅典娜的功勋,也在说明赫拉克勒斯的无助,英雄也有末路之时,这是凡人无法克服的局限,也为赫拉克勒斯难逃死亡劫数的结局作了铺垫。

宙斯对待赫拉克勒斯的态度如何呢?前面讲述宙斯命令雅典娜解救赫拉克勒斯,显示了父神对自己凡界儿子的关爱,而他对睡神的惩罚同样表达出一位父亲对于迫害自己儿子的行为的愤怒。睡神许普诺斯战战兢兢地回忆起当时的情景:"那一天,宙斯之子、心志高昂的赫拉克勒斯坐船离开,在彻底荡平特洛伊之后回撤。其时,我把带埃吉斯的宙斯的心智迷糊,撒出松软的睡眠香熟,让你用心谋划凶险,在洋面上卷起呼啸的狂风,把他裹走,刮到

---

① [古希腊]荷马:《伊利亚特》,陈中梅译注,译林出版社,2000年,第310页。
② 同上书,第422页。
③ 同上书,第213—214页。
④ 同上书,第548页。

人丁兴旺的科斯,远离所有的亲友。其后,宙斯醒来,大怒,在宫里拎起众神,四下里甩出,首先要找的自然是我,定会把我从气空扔到海底,落个无影无踪,若非镇束神和凡人的黑夜救助。"① 睡神曾协助赫拉迫害赫拉克勒斯,结果令宙斯勃然大怒,在宫殿里惩罚众神,将他们扔出天界。对宙斯的惧怕,成为睡神拒绝再次充当赫拉帮凶的理由。宙斯夸耀自己的儿子说:"(我)和忒拜的阿尔克墨奈睡觉,生子赫拉克勒斯,心志豪强。"② 然而妒火中烧的赫拉总是绞尽脑汁迫害赫拉克勒斯,爱子心切的宙斯对妻子怒目相向:"然而即便如此,也难去我心头不止的愤恨,为了赫拉克勒斯,神祇一样。你用心凶险,借助北风帮忙,唆使风暴刮起,把他揉过荒瘠的大洋,其后弄到人丁兴旺的科斯地方。我把他从那里救出,带回马草丰肥的阿耳戈斯,其时他已历经愁殃。"③ 为了心爱的儿子,宙斯不惜与结发妻子、身份高贵的天后撕破脸,把赫拉的双手用金链子捆绑起来,脚上吊绑着两块大铁砧,悬挂在半空中。奥林波斯众神慑于宙斯的威严,没有一个敢上前替赫拉松绑。史诗唱诵者渐渐地转换描述视角,经高音过渡到低音,赫拉克勒斯由一位战无不胜、攻无不克的人间的强者,成为对天哀号、时时需要神界帮衬的弱者。强与弱、胜与负、喜与悲之间瞬间转换,似乎没有片刻喘息的机会。一位强者本身也是危机四伏的弱者,介于神灵与凡人之间的英雄,比普通人强大勇猛,但比起神灵来却顿失颜色,成为一位需要庇护的弱者。凡人对高高在上的英雄的景仰、敬畏自然与神灵自上而下俯视英雄、饱含同情和怜悯不同,神和人对于赫拉克勒斯的描述具有很强的层次感。

笔者认为《伊利亚特》对赫拉克勒斯刻画最精彩的部分,同时也是影射英雄宿命的一节在于阿基琉斯对于生命的感悟。阿基琉斯对母亲说道,死亡是凡人跨不过去的门槛,无论是否心甘情愿,任何人都必须接受自己的死亡:"须知就连强健的赫拉克勒斯也不曾躲过死亡,虽然他是克洛诺斯之子、王者宙斯最钟爱的凡男,命运将他击倒,连同赫拉不倦的狂暴。"④ 虽然阿基琉斯在阿开亚人当中是最英勇、威猛的斗士,但是比起赫拉克勒斯的赫赫战

---

① [古希腊]荷马:《伊利亚特》,陈中梅译注,译林出版社,2000年,第383—384页。
② 同上书,第387页。
③ 同上书,第396—397页。
④ 同上书,第502页。

功,作为晚辈的阿基琉斯还是表现出对英雄前辈的崇敬和缅怀。赫拉克勒斯有强健的体魄,有显耀的功勋,还有神灵庇佑,但是这一切仍然无法护他周全,他仍然无法逃脱必死的命运,英雄只能在有限的时间里奏出生命的最强音符。这一段描写同时为《奥德赛》中赫拉克勒斯在冥府生活的情节作了预设。

整部史诗对赫拉克勒斯最为详细的描述出现在第19卷,阿伽门农对众将领讲述赫拉克勒斯的出生过程,可以说是讲述赫拉克勒斯生平故事的高潮部分,阿伽门农对英雄的故事了如指掌,娓娓道来:

知道吗,有一次就连宙斯也受过欺骗,虽然人说他在神祇和凡人中高不可攀。然而,赫拉,虽属女流,她的手段曾把宙斯迷骗,在高墙环护的忒拜,那天,阿尔克墨奈即将临产,生养赫拉克勒斯,强健。

其时,宙斯发话,对所有的神祇阔谈:"你等神和女神,你们全都听言,我要说话,它受胸腔里的心魂催赶。今天,主管生养和阵痛的埃蕾苏娅将为凡间增添一个男孩,在以我的血脉繁衍的种族里,此人将王统全民,栖居在他的身边。"

其时,怀藏狡谲的用心,天后赫拉对他进言:"你将沦为骗子,倘若说话不予兑现。来吧,奥林波斯的主宰,庄严起誓,在我面前,此人将王统全民,栖居在他的身边,将在今天问世,从一名女子的胯间,出生在那个种族,以你的血统繁衍。"

赫拉言罢,宙斯丝毫没有察觉假意,庄严起誓,整个儿中了她的诡计。其时,赫拉直冲而下,疾离奥林波斯的峰顶,即刻来到阿开亚的阿耳戈斯,知晓那地方有一位妇女,裴耳修斯之子塞奈洛斯硕壮的妻子正怀着一个男孩,在第七个月里。赫拉让男孩出世,虽说早于产期,同时推迟阿尔克墨奈的生育,阻止阵痛的降临,然后亲自跑去,对克洛诺斯之子宙斯说起:"父亲宙斯,你把玩闪光的霹雳,我有一事要你听明。一个了不起的凡人已经出世,他将王统阿耳吉维兵民,欧鲁修斯,塞奈洛斯之子,裴耳修斯的后人,你的血裔。让他王导阿耳吉维人,此事应该得体。"她言罢,剧烈的苦痛刺扎宙斯的心灵,一把揪住她的发辫,揪住狂迷,庄重起誓,心怀怒气,说是不许误惘神人的狂迷再返奥林波斯和多星的天际。言毕,他把女神提溜起来旋转,扔出天穹,布满群星,转瞬间坠到凡界,农人耕作的田地。

但宙斯永难忘却由她导致的痛凄,每当目睹爱子忍辱负重,干着欧鲁修斯指派的苦役。①

这一段主要讲述赫拉克勒斯降生前后,赫拉是如何欺骗宙斯,让宙斯的爱子坠入痛苦的深渊的。在英雄的母亲阿尔克墨涅分娩时辰即将到来的时候,宙斯在众神面前郑重宣布:这一天降生的婴儿日后将成为世间各族人民的统治者。但善妒的赫拉却从中作梗,推迟了阿尔克墨涅的产期,让另一个只有七个月大的胎儿欧律斯透斯(欧鲁修斯)提前出世。无奈,宙斯不得不兑现诺言,让先出生的欧律斯透斯当上国王,后出生的赫拉克勒斯始终受到欧律斯透斯的欺压。看着亲生儿子在人间受苦,宙斯心如刀绞,却无计可施。虽然他严惩了赫拉,却无法扭转爱子赫拉克勒斯在人间遭受苦厄的命运。在特洛伊战争期间,阿伽门农强行夺走阿基琉斯的战利品——美丽的布鲁塞伊丝,致使阿基琉斯停止参战。为了扭转战争不利局势,阿伽门农在众人的劝说下与阿基琉斯言和,但此时的阿伽门农仍然保持着一副统帅的高姿态,他拒绝为自己的行为承担责任,而是强调由于宙斯夺走了他的心智,才致使自己犯下过错。在他的心目中,一名英雄应该在力量上受到赞赏,而不是在德行上获得褒扬。所以,阿伽门农借英雄赫拉克勒斯的出生和磨难的故事鼓舞士气,同时也肯定自己。② 显然,这一处谈及赫拉克勒斯并非闲来之笔,而是在整部史诗中占据较重要位置,阿伽门农举这个例子旨在为自己当初的错误决定作解释,证明既然宙斯都难免上当受骗,何况自己一介凡人,一时糊涂犯错也在情理之中。

同时,这段故事也叙说了赫拉与赫拉克勒斯水火不容、互为天敌的由来,后者的出生对前者是威胁,所以女神才会千方百计地迫害英雄。然而,迫害最终反倒成就了英雄的盛名。

从上面的分析看,《伊利亚特》关于赫拉克勒斯的形象都是拼接的,英

---

① [古希腊]荷马:《伊利亚特》,陈中梅译注,译林出版社,2000年,第528—530页。
② Cathy Gere, *The Tomb of Agamemnon: Mycenae and the Search for a Hero*, London: Profile Books, 2006, p. 30.

雄没有正面亮相,自始至终"隐身"于传说之中,这样的描述方式使得赫拉克勒斯更富传奇色彩,与整部史诗故事的进展紧密相连。

二、在《奥德赛》中"现身"

如果说《伊利亚特》描绘的是传说中的英雄所具有的神力的话,那么《奥德赛》用力诠释的则是英雄作为人的一面。对比分析,前一部史诗中的英雄是"隐身"的,后一部史诗中的赫拉克勒斯现身说"法",直接出现在主人公奥德修斯的面前。

当然,在《奥德赛》中赫拉克勒斯的威力依然无人能及。虎死留皮,人死留名,赫拉克勒斯死后多年,其英雄的地位仍无法撼动。奥德修斯就曾对费埃克斯人说:"我当然不敢冒昧地同过去的英雄们竞争,与赫拉克勒斯和奥卡利亚人欧律托斯相比,他们的箭术堪与不死的神明比高低。"(οὔθ' Ἡρακλῆι οὔτ' Εὐρύτῳ Οἰχαλιῆι, οἵ ῥα καὶ ἀθανάτοισιν ἐρίζεσκον περὶ τόξων)① 这样的描述与《伊利亚特》的叙述方式是相同的。不同的是,赫拉克勒斯死后在冥府中出现的场景,绝非一句孔武有力的简单描述就可以概括的,而是有较为复杂的感情成分蕴含其中。

史诗第11卷第267行,奥德修斯描述他在冥府中所见,一开始闪现眼前的都是一些女性,她们大多是英雄的母亲,如俄狄浦斯的母亲伊奥卡丝忒、赫拉克勒斯的母亲阿尔克墨涅等,这些不平凡的女性一生坎坷,既是英雄的母亲,又充当领路人的角色:"我见到了安菲特律昂之妻阿尔克墨涅,她生了勇猛如狮又坚毅的赫拉克勒斯,由于和伟大的宙斯拥抱结合享欢爱。"② 关于阿尔克墨涅的描述与《伊利亚特》并无二致,强调三个重要人物与她的关系:国王安菲特律翁、天父宙斯、英雄赫拉克勒斯。很显然,阿尔克墨涅起到了媒介的作用,与凡人形成婚姻,与神灵结成夫妻,从而缔造了一个时代的英雄。到了第601行,赫拉克勒斯本人亲自出现,奥德修斯回忆道:

我又认出力大无穷的赫拉克勒斯,一团魂影(εἴδωλον),他本人正

---

① [古希腊]荷马:《荷马史诗·奥德赛》,王焕生译,人民文学出版社,1997年,第154页。
② 同上书,第228页。

在不死的神明们中间尽情饮宴，身边有美足的赫柏陪伴，伟大的宙斯和脚蹬金鞋的赫拉的爱女。亡故者的阴魂在他周围放声嚎叫，有如惊飞的鸟群；他形象阴森如黑夜，手握出套的弯弓，箭矢搭在弓弦，可畏地四处张望，似待随时放矢。他胸前环系令人生畏的黄金绶带，带上镌刻着各种神奇怪异的图案，有搏斗、战争、杀戮、暴死的种种情景。制作者大概不可能再造出类似的作品，他创作此绶带运用了如此高超的技艺。

　　赫拉克勒斯一见我立即把我认出，两眼噙泪，说出有翼飞翔的话语："拉埃尔特斯之子，机敏的神裔奥德修斯，不幸的人啊，你遭到什么可悲的命运，就像我在太阳的光辉下遭受的那样？我虽是克洛诺斯之子宙斯的儿子，却遭到无数不幸，不得不受命于一个孱弱之人，他让我完成各种苦差事。他曾派我来这里捉拿那条恶狗，因为他想不出其他更为艰难的差遣。我终于捉住那条狗，把它赶出哈得斯，有赫耳墨斯和目光炯炯的雅典娜助佑。"

　　他这样说，转身进入哈得斯的宫邸，我仍继续在那里留待，希望有哪位早先故去的著名英雄的魂灵来相见。①

赫拉克勒斯在阴间出现，面目可怖，"形象阴森如黑夜"（ὁ δ' ἐρεμνῇ νυκτὶ ἐοικώς）。有一个词被强调出来，那就是εἴδωλον（eidōlon），意思是"鬼影、幻影；幻觉……"用它来形容长眠地下的英雄形象。赫拉克勒斯不再是一个实体，而是一团抓不住的影子，一个随时消失不见的幻象。

　　赫拉克勒斯一眼便认出了奥德修斯，并且对对方的遭遇感同身受，甚至"两眼噙泪"（ὀλοφυρόμενος）以示同情。这里的赫拉克勒斯似乎极具人情味，同凡人一样，悲叹命运，全然没有了《伊利亚特》中叱咤风云的风采。他的话只说了一半，便匆匆地返回哈得斯的冥府，让奥德修斯意犹未尽地原地等待，"希望有哪位早先故去的著名英雄的魂灵来相见"（εἴ τις ἔτ' ἔλθοι ἀνδρῶν ἡρώων, οἳ δὴ τὸ πρόσθεν ὄλοντο）。与先人在同一时空展开对话，这是神话的魅力所在。赫拉克勒斯忍受长年的辛苦磨难而换来英雄的盛名，但是他一直深陷赫拉的嫉妒和报复之中，苦不堪言，最终英年早逝。《奥德赛》

---

① ［古希腊］荷马：《荷马史诗·奥德赛》，王焕生译，人民文学出版社，1997年，第244—245页。

里的赫拉克勒斯少了几分英雄的豪迈,多了几分凡人的多愁善感,似乎有死不瞑目的遗憾。奥德修斯在冥府所见到的都是孔武的灵魂,并且都是英年早逝的,如阿基琉斯等,经诗人荷马的描述加深了赫拉克勒斯的悲剧意义。

究竟赫拉克勒斯死后是升天做了奥林波斯的神灵,还是入地忍受更多的苦难(指精神的痛苦而非肉体的折磨),史诗给出了不同的答案。

《伊利亚特》和《奥德赛》对赫拉克勒斯的描述有着很大的不同,为什么会出现这样的情况?简·艾伦·赫丽生提出她在宗教方面的理解:"'英雄'一词本身就是一个形容词。我们从赫西基俄斯的一则注解中得知,'英雄'的意思是'非凡的''强大的''高贵的''可敬的'。在荷马史诗中,英雄是活着的强人,打仗时威力无比;在宗教崇拜里,英雄是已经去世的强人,被人赋予更大的、鬼魂般的力量——正如上文所说,死去的人都是'更好、更有力的'。"①赫丽生强调英雄既是活着的,也是死去的,因为唯有死去,才能克服对死亡的恐惧,从而拥有更大的力量,更加令人敬畏。但较之《伊利亚特》,《奥德赛》对赫拉克勒斯的刻画有了更深的含义。为什么英雄生活在地府,面对前来的另一位战斗英雄"两眼噙泪","用长了翅膀的话语"(ἔγνω δ' αὖτ' ἔμ' ἐκεῖνος, ἐπεὶ ἴδεν ὀφθαλμοῖσιν, καί μ' ὀλοφυρόμενος ἔπεα πτερόεντα προσηύδα)连连叹息呢?至少不仅仅停留在表现具有"更好、更有力"的英雄这一层面,而是传达更深的内涵。已死的英雄对人生有了更深的感悟,因为懂得愁苦,所以怜悯众生。他脱去英雄这层外衣,展现作为普通人对世事的感怀,对命运的哀叹。神话叙事还有一种解释,认为人们通常把黑色的杨树(poplar)祭献给死亡女神;把白色的杨树要么祭献给珀耳塞福涅,因为她能使人再生,要么敬奉给赫拉克勒斯,因为他搅得阴间不得安宁(harrowed Hell)。②英雄的身份在神灵与凡人之间游移,具有太多的不确定性,也具有巨大的破坏力。赫西俄德《神谱》第289行描述道:"大力的赫拉克勒斯穿过大洋的渡口,在光荣的俄刻阿诺斯彼岸的昏暗牧场杀死了俄耳托斯(双头怪犬)和牧人欧律提翁后,驱赶着宽额的牛群要去神圣梯林斯的

---

① [英]简·艾伦·赫丽生:《希腊宗教研究导论》,谢世坚译,广西师范大学出版社,2006年,第306页。
② Robert Graves, *The Greek Myths: 1*, Harmondsworth: Penguin Books, 1960, p. 124.

那天，在四面环海的厄律提亚把革律翁（长着三个脑袋的巨人）杀死在他懒洋洋的牛群旁。"①赫拉克勒斯的残暴与受到的惩罚不无关系："伊菲托斯前来寻马，他一共丢失母马十二匹和许多能耐劳干活的健骡。它们竟然成了他惨遭死亡的原因，当他去到宙斯的勇敢的儿子那里，就是那完成了无数伟业的赫拉克勒斯，此人把寄居的客人杀死在自己的宅邸，狂妄地不怕神明惩罚，也不怕亵渎面前摆放的餐桌。他杀戮了伊菲托斯，把蹄子强健的马匹留在了自己的家里。"②就连犯错误的神灵，像赫拉、阿波罗、阿芙洛狄忒都要遭受严厉的惩罚，何况一位仅有一半神灵血统的凡人英雄。赫拉克勒斯一生悲苦，天神赐予他无穷的力量，也让他失去了自由和快乐，在夹缝中寻找自己的位置。人们崇拜神灵和崇拜英雄的情感是不同的，无形间，人们拉开了与神灵的距离，突出他们作为神的一面；拉近了与英雄的距离，关心他们作为人的一面。

传说赫拉克勒斯开创了奥林匹克运动盛会，成为古希腊运动历史之鼻祖。较早提到赫拉克勒斯崇拜的是品达，他在《奥林匹克颂》(*Olympians*. 2.1-4, 3.11-38)中反复称赞赫拉克勒斯在奥林匹亚建立了圣所和为奥林匹克运动会制定了竞赛规则。在《奈弥亚颂》(*Nemean*)颂三第22行，称赫拉克勒斯为"英雄神"(ἥρως-θεός, hero-god)，《伊斯弥亚颂》(*Isthmians*)赞颂运动健儿精神："通过男子汉气概的事迹，他们从家中出发，前往赫拉克勒波利斯。"（颂六第31—35行）这些健儿也被称作"赫拉克勒斯者"(Ἡράκλειος, Herakleios)（颂四第11—12行）。③学界也在长期讨论这位英雄身上的双重性(dual nature)。英雄的形象蒙上了双重色彩，他一半是神，一半是人，性格上是矛盾和纠结的，时而狂乱，时而冷静，时而有力，时而软弱。对于人类而言，大英雄具有两面性，既是救星亦是灾星，人们对孔武有力的他既崇拜又畏惧。

三、在悲剧中"变身"

赫拉克勒斯在荷马两部史诗中表现迥异，"隐身"的英雄被赋予了不老

---

① ［古希腊］赫西俄德：《工作与时日·神谱》，张竹明、蒋平译，商务印书馆，1991年，第35页。
② ［古希腊］荷马：《荷马史诗·奥德赛》，王焕生译，人民文学出版社，1997年，第436页。
③ Pindar, *Victory Odes. Olympians* 2.7, 11; *Nemean* 4, *Isthmians* 3, 4, 7, edited by M. M. Willcook, New York: Cambridge University Press, 1995, pp. 36–37.

的传说,光芒四射,而"现身"的英雄则感情纤细,在冥府中感慨良多。到了公元前5世纪,悲剧家们似乎对史诗这两种描述方式感到意犹未尽,他们通过悲剧的情节,为赫拉克勒斯的形象添加几笔,力图揭示和强调这位英雄的另外一面。索福克勒斯和欧里庇得斯都曾把这位命运多舛的英雄设置为悲剧的主人公,索福克勒斯关于赫拉克勒斯的作品目前留存下来的有两部,但是都没有以赫拉克勒斯来命名,一部是《特拉基斯少女》(Τραχινίαι),另一部是《菲罗克忒忒斯》(Φιλοκτήτης)。前一部悲剧详尽地描述赫拉克勒斯是怎么死的;后一部仅在悲剧的结束处闪过英雄的影子,此时的英雄已经是奥林波斯山上的一位神祇,他劝说生前的朋友菲罗克忒忒斯攻打忒拜,留下美名。欧里庇得斯关于赫拉克勒斯的悲剧目前也有两部流传了下来,均以英雄的名字命名——《疯狂的赫拉克勒斯》(Ἡρακλῆς μαινόμενος)和《赫拉克勒斯的儿女》(Ἡρακλεῖδαι)。其中,《疯狂的赫拉克勒斯》让半神英雄"变身"为狂人,在失去理智的情况下残酷地杀害了自己的孩子;《赫拉克勒斯的儿女》把赫拉克勒斯树立为光荣的标尺,重点突出他的儿女们经历的苦难,他们被逐出希腊,在雅典避难,但是这些儿女皆继承了父亲高贵的血统,在死亡降临时挺身而出。悲剧家们刻意遮蔽英雄身上的神性光辉,着力刻画其作为人的一面,从人的悲剧里挖掘英雄的局限和无奈。

《特拉基斯少女》是一出命运悲剧,属于索福克勒斯擅长的写法,每一位出场人物的命运都已经事先被神灵安排好了,或者确切地说,是被一种连神灵也无可奈何的命运安排好了:赫拉克勒斯终有一死,"很早以前父神宙斯曾向我预言,我会死在一个居住冥国的死人之手,不会死在任何活人的手里"(第1159—1161行)[①],他在世的时候总是不断地完成艰难困苦的工作,不停地给不同的人做苦役,而结束劳苦的那一天,就是他死亡到来的时刻。他的妻子得阿涅拉总是在战战兢兢中度过每一天,担心丈夫的安危,焦虑自己在丈夫心中的地位。悲剧的导火索皆因为英雄虏获了美貌的公主伊奥勒,得阿涅拉为了让英雄丈夫持久地宠爱自己,便把收藏多年的药物涂抹在敬献给丈夫的长袍上。药物是半人半马的怪物涅苏斯临死前给她的,涅苏斯

---

① 中译文引自《古希腊悲剧喜剧全集·索福克勒斯悲剧2》,张竹明、王焕生译,译林出版社,2007年,第603—604页。

告诉盲信的得阿涅拉："它能作用于赫拉克勒斯的心，使他永远爱你，不至于看上一个女人爱上她胜于爱你。"① 赫拉克勒斯穿上这件被毒汁涂抹的衣服，浑身溃烂，疼痛难忍，弥留之际让儿子许罗斯完成他最后的心愿：将自己抬至奥塔山焚烧。妻子得阿涅拉在懊悔中自杀身亡。故事发生在英雄时代，它的哲学含义深邃。此出悲剧的中文译者之一张竹明认为："大英雄赫拉克勒斯是作为人类的救星生到世上来的，他的人生使命就是为人类除害。现在祸害除尽，他自己成了祸害。为了一个女人，他谋杀了伊菲托斯，毁灭了一个城邦，把无数的人变为奴隶。人类的救星走向了自己的反面。剧本最后，他在向自己的肉体告别时终于明白了早先的神谕，认识了自己的迷误，并为此惩罚了自己。他的自焚可以理解为他自己为了恢复正义而作的英勇献身，他的死既挽救了人类，也挽回了自己一生的荣誉。"② 赫拉克勒斯生前的命运正如得阿涅拉所言，"在天平上升降不定"（第83—84行），英雄烧杀抢掠，所有祸端都出于对一位少女的迷恋。悲剧到了第983—984行，奄奄一息的赫拉克勒斯被众人抬上舞台，出场后说的第一句话就是感叹自己的命运："唉，唉，我的命运呀。"（第1026行）疼痛使这位杰出的英雄不得不向命运低头："冥王哈得斯啊，请收下我！宙斯的雷电啊，请击毙我！"（第1085—1086行）舞台上的歌队由十五位特拉基斯少女组成，面对此情此景，歌队长感叹："不幸的希腊啊，失去了这个战士，我知道你会多么悲伤。"（第1112行）"苦呀，苦呀！哎呀，哎呀！我完了，完了，再见不到阳光了。哎呀，现在我才明白我的处境有多么不幸了。"（第1144—1145行）这位靠暴力打下江山的"战士"被众人抬下舞台，以凄凉的方式结束了一生，匆忙谢幕。赫拉克勒斯的悲剧一方面是命运强加的；另一方面是由于人性的弱点——自大、多疑、盲信等等酿成的。

这出悲剧的确有很深的哲学内涵。赫拉克勒斯本人便具有悲剧性的缺陷，也就是亚里士多德在《诗学》中曾给悲剧中的主人公所下的定义。法国人类学家勒内·基拉尔如是说："这个悖论甚至以悲剧性缺陷（hamartia）这

---

① 中译文引自《古希腊悲剧喜剧全集·索福克勒斯悲剧2》，张竹明、王焕生译，译林出版社，2007年，第569页。
② 同上书，译序，第6页。

个著名的标识再现于亚里士多德的《诗学》中，这个悲剧性缺陷为民众及亚里士多德本人眼中的主人公之灭亡提供了正当性，因而为我们提供了列维-斯特劳斯分离出来的'结构'的精确的文学对应，这个集体行为是恰当的（positively qualified），因为它彻底清除了一个犯下'不当'（negatively qualified）行为的个体。"①"当"与"不当"自有其一套评判标准，神界处理"不当"行为是为了维护一种秩序。赫拉克勒斯为了一个女人，动用暴力，毁灭了一个国家，将无数无辜的人变成奴隶。他由于心智被迷惑，用暴力破坏了一种秩序，自然被另一种暴力所制约和惩罚。

索福克勒斯的另一出悲剧《菲罗克忒忒斯》在第263行提到了赫拉克勒斯，主人公菲罗克忒忒斯被描述成赫拉克勒斯武器的得主（ὃν κλύεις ἴσως, τῶν Ἡρακλείων ὄντα δεσπότην ὅπλων）②，第724行"墨利斯人的自然神女游逛的地方，斯佩尔克奥斯的陡峭岩岸——那位铜盾英雄成神的地方：他在奥塔的山巅凭借父神的耀眼电火得以飞升天堂"（Μαλιάδων νυμφᾶν Σπερχειοῦ τε παρ' ὄχθας, ἵν' ὁ χάλκασπις ἀνὴρ θεοῖς πλάθει πατρὸς θείῳ πυρὶ παμφαής, Οἴτας ὑπὲρ ὄχθων）③，铜盾英雄指的是赫拉克勒斯，英雄临死时在奥塔山火化，因为只有这样死亡他才能最终成为不死的神灵。当柴堆被烈火点燃，赫拉克勒斯被带到奥林波斯山上成神。他留下的弓箭成了英雄无畏的象征，菲罗克忒忒斯视这把弓箭为生命（ἀπεστέρηκας τὸν βίον τὰ τόξ' ἑλών），因为"那是宙斯之子赫拉克勒斯用过的神圣武器"（ἱερὰ λαβὼν τοῦ Ζηνὸς Ἡρακλέους ἔχει）④，失去了弓箭等于失去了荣耀、尊严和生存必需的工具。弓箭被狡猾的奥德修斯设计骗走以后，菲罗克忒忒斯不禁悲叹："如果你（弓箭）也有

---

① ［法］勒内·基拉尔：《双重束缚——文学、摹仿及人类学文集》，刘舒、陈明珠译，华夏出版社，2006年，第240页。
② 根据大多数神话，菲罗克忒忒斯因为在奥塔山点燃赫拉克勒斯的火葬堆，达成英雄最终死后升天的愿望而得到了赫拉克勒斯的弓箭作为酬谢。也有一些神话版本例如阿波罗多洛斯的《神话全书》记录，点燃火葬堆而得到弓箭的是菲罗克忒忒斯的父亲波阿斯，他又把它交给了儿子菲罗克忒忒斯。见《古希腊悲剧喜剧全集·索福克勒斯悲剧2》，张竹明、王焕生译，译林出版社，2007年，第634页。
③ Σοφοκλῆς, Φιλοκτήτης, 724-728. 希腊文引自 Sophocles, *Philoctetes*, edited by T. B. Webster, Cambridge: Cambridge University Press, 1999, p. 38. 中文译文引自《古希腊悲剧喜剧全集·索福克勒斯悲剧2》，张竹明、王焕生译，译林出版社，2007年，第660页。
④ Σοφοκλῆς, Φιλοκτήτης, 934. 希腊文 Ibid., p. 46. 中文译文同上书，第678页。

感情，看见赫拉克勒斯的朋友往后不能使用你了，一定会觉得非常怜悯。"（τὸν Ἡράκλειον ἄρθμιον ὧδέ σοι οὐκέτι χρησόμενον τὸ μεθύστερον）[1]至 1 400 行以下也就是悲剧最后，赫拉克勒斯在上空显现，他劝说菲罗克忒忒斯参加攻打特洛伊城的战斗，死后升仙的英雄亲切地安慰失意的人间英雄："且听我说，别怀疑：你看见的是赫拉克勒斯，你听到的是赫拉克勒斯的声音。"[2]他用自己的经历激励菲罗克忒忒斯："首先我要你回想一下我的经历，我吃了多少大苦，熬过来了，最后赢得不朽的荣誉，如你看到的。我的朋友，该相信我，在你前面的是同样的道路：吃过了这些苦头你将光荣一生。"[3]并斩钉截铁地预言："特洛伊必须第二次毁于我的弓箭"（τὸ δεύτερον γὰρ τοῖς ἐμοῖς αὐτὴν χρεὼν τόξοις ἁλῶναι），最后赫拉克勒斯叮嘱菲罗克忒忒斯："当你毁灭这个地方时对它的神祇必须虔敬；其他一切父神宙斯都没这么重视。须知，虔敬是不与凡人一起死去的，凡人或生或死，虔敬是不灭的。"[4]在这出悲剧里，赫拉克勒斯作为压轴人物在剧末出现，他的话改变了菲罗克忒忒斯即使自杀也不愿意出战的初衷，扭转了人物的命运，甚至可以说决定了整个特洛伊战争的成败。赫拉克勒斯以传达宙斯旨意的天神出现，他的战斗意念依然强烈，劝说菲罗克忒忒斯用自己曾经馈赠于斯的弓箭"再一次"（τὸ δεύτερον）征服和毁灭特洛伊，尽显英雄神正义与邪恶并存的形象。这样看来，特洛伊前后两次遭到毁灭性打击都跟赫拉克勒斯有关，也就是说，无论赫拉克勒斯是生是死，是升天还是入地，他的蛮力和好战的性格始终存在，并且这种精神一直影响着希腊人的作战。在《菲罗克忒忒斯》中，赫拉克勒斯已然是奥林波斯山上一位地位重要的神祇了，他虽然好战，但是不同于战神阿瑞斯，因为在他的内心深处还怀有对神祇的虔诚（εὐσεβής）。这说明他仍未彻底脱离作为人的特质，他始终是介于神与人之间的半神或超人（superman）。

与索福克勒斯的着眼点不同，欧里庇得斯在其著名悲剧《疯狂的赫拉克

---

[1] Σοφοκλῆς, Φιλοκτήτης, 1131–1133. 希腊文引自 Sophocles, *Philoctetes*, edited by T. B. Webster, Cambridge: Cambridge University Press, 1999, p. 53. 中文译文引自《古希腊悲剧喜剧全集·索福克勒斯悲剧2》，张竹明、王焕生译，译林出版社，2007年，第690页。
[2] 中文译文同上书，第713页。
[3] 同上书，第714页。
[4] 同上书，第715页。

勒斯》中将赫拉克勒斯描绘为一个在疯狂面前无法自控的平常人。这出悲剧与后来阿波罗多洛斯（Ἀππολόδωρος）《神话全书》（Βιβλιοθήκη）中描绘的内容有出入：悲剧中赫拉克勒斯发疯是在他完成"十二大功"以后，而《神话全书》中强调英雄因为发了疯，犯下了人伦大过，经由德尔斐神谕的指点前去做欧律斯透斯的奴隶，从而完成十二件艰苦卓绝的工作的。欧里庇得斯这出悲剧第815行以下，英雄在旁人眼中仅是一个平凡之人。在忒拜城的篡位国王吕科斯的眼中更是如此，他同赫拉克勒斯的父亲安菲特律翁有一段关于"功业"和"荣耀"的辩驳。吕科斯非难赫拉克勒斯的功业和他英雄的声名，讽刺道：

> 他原是无聊人，只在打野兽有点勇气和声名（eupsuchias aichmēi），可是别方面全不勇敢（alkimos）（157—158），既不曾在左手上抓过盾牌，也没有走近长枪过，却只拿着它的弓箭，那个怯懦的兵器，预备着要逃走。①

这段话成了一句谶语，赫拉克勒斯从一位盖世英雄"变身"为一名懦夫，成为亲手杀死自己儿子们的凶手。歌队由忒拜城15名老人组成，他们见证了赫拉克勒斯的疯狂，目睹了家人对英雄的期待和绝望。在这出悲剧里，一个特殊而关键的角色被安插了进来，那就是名叫吕萨（Lyssa）的疯狂女神。疯狂女神是黑夜女神的女儿，她的能力超乎寻常，可以瞬间让一个正常的人失去理智，干出可怕的事情来。而"疯狂"（μαινόμενος）这个抽象名词，正是来自这位女神。悲剧通过人格化的描绘方式，强化英雄与这位女神，确切地说是英雄与英雄自身无法控制的非理性因素之间的对抗。这出悲剧由期盼希望、看到希望、扼杀希望这三个过程完成欧里庇得斯悲剧的主题。从表面上看，赫拉克勒斯的疯狂是因为赫拉的缘故，赫拉眼见赫拉克勒斯完成了"十二大功"，心有不甘，命令伊里丝女神和疯狂女神让赫拉克勒斯沾染新的血污。疯狂女神在下手之前曾经犹豫，觉得将巨大的灾祸给予赫拉克勒斯头上太过残忍，但是伊里丝女神却无视疯狂女神的恻隐之心，她的话掷地有声："宙斯的妻子打发你到这里，并不是叫你来讲什么中

---

① ［古希腊］欧里庇得斯：《欧里庇得斯悲剧集》（下卷），周作人译，中国对外翻译出版公司，2003年，第1292—1293页。

庸之道的。"①伊里丝女神的理由似乎很充分——"否则如果不给他惩罚,神们就算不得数,人们要自大起来了。"②这里所说的"自大"是针对凡人的,几乎是所有英雄所具有的特质。赫拉克勒斯发狂是神的安排,也是对英雄自大的警示。

> 他(赫拉克勒斯)已经不是原来的样子。他简直失了神,轮转着眼睛,眼里都充了血,鼓了出来,在他多胡须的颊下流下白沫。③

英雄犯了癫狂症,这是神话和悲剧给英雄的特殊"礼遇"。因为"英雄身上有一种不同于常人的东西,可以准确地用一个拉丁文'menos'来表达,其意思是'过剩的能量与能力',而这种'menos'造成了'mania'和'menis'"。④疯狂平息后的赫拉克勒斯看到妻儿的尸体,追悔莫及,不敢面对现实:"我愿意现在化成石头,忘记了我的灾难。"(第1398行)"向灾难屈服的人"赫拉克勒斯既有"正义"(dikē)的一面,又有依靠武力的"残暴"(megalē)的一面。打死恩师,强奸妇女,将自己的儿子和兄弟伊菲克勒斯的孩子投入火中,杀死好友伊菲托斯,抢劫德尔斐神殿中的青铜三足鼎——近乎癫狂的残暴毁了别人,也毁了英雄自己。

赫拉克勒斯的疯狂,表面看来,神话和悲剧都把原因归为赫拉,将男性的受难归因于一位女性的荒唐妒忌。而其背后,提出的是英雄的癫狂与理性、野蛮与文明之间对抗的问题。福科在《疯癫与文明》一书中便开宗明义:人类的文明史就是一部疯癫的历史。癫狂与文明的对话不仅存在于整个人类历史长河之中,而且是一个不断进行平衡、治疗和救赎的逻各斯。疯狂的病理与社会理性之间永远处在对峙和斗争之中。⑤而疯癫与暴力是一对儿,

---

① [古希腊]欧里庇得斯著《欧里庇得斯悲剧集》(下卷),周作人译,中国对外翻译出版公司,2003年,第1314页。
② 同上书,第1313页。
③ 同上书,第1317页。
④ Padraig O'cleirigh, Rex Barrell, *An Introduction to Greek Mythology*, New York: The Edwin Mellen Press, 2000, p. 65.
⑤ [法]米歇尔·福科:《疯癫与文明》,刘北成等译,生活·读书·新知三联书店,2002年,前言。

无论是神话中赫拉克勒斯的英勇事迹还是悲剧中由于失去理智而产生的暴力行为,都不失为希腊民族一种文学叙事,一种在破坏秩序、再建秩序的循环往复中,针对人性问题的探索方式。斯塔纳吉(S. Stanage)在《侵犯:暴力的形式和主题》一书中就此认为,暴力行为不失为理解社会文化秩序的一个基本因素,我们可以将它看作一种概念,即对超越世俗的、既定的和日常规范的必然过程。这个过程就是,从既定秩序出发,到非秩序,消解秩序,从而再建新秩序。① 赫拉克勒斯的疯狂举动正对应着人类文明推进过程中的现实问题——面临制定秩序、消解秩序、再建秩序的棘手任务和不断解决的矛盾。

欧里庇得斯的另一出悲剧《赫拉克勒斯的儿女》将悲剧的场景设在马拉松,宙斯庙宇的前院。赫拉克勒斯的故友伊俄拉俄斯带领着赫拉克勒斯的子女在这里请愿。马拉松与奥林匹克运动赛事有关,自古便是赫拉克勒斯的崇拜地,所以这个请愿地点也是悲剧家特定的场景。整幕悲剧反复提到一个词语就是"高贵的父亲",高贵的父亲生下了一群高贵的子女——小赫拉克勒斯们 Ἡρακλεῖδαι(意思是"赫拉克勒斯的孩子们"),儿子许罗斯不畏强敌,英勇出战,"接受父亲的荣誉和家堂"(第810行);女儿玛卡利亚为了解救兄弟们甘愿赴死的精神被歌队赞许为"配得上她的父亲"(第628行)。悲剧从始至终都在体现赫拉克勒斯儿孙的英雄气概,他们不论遭遇多少坎坷,都不会被怯懦者所奴役。赫拉克勒斯的母亲阿尔克墨涅在得知子孙出战胜利时感叹:"我以前不是这么想,现在却是明白的相信,我的儿子是归到神们那里去了。"(第872行)② 歌队也唱道:"啊,老王后,你的儿子走到天上,是在那里了。这打破那些传说,说走下到冥府去,先让猛烈的火焰烧了他的身体。"(第910行—915行)③ 对比史诗《奥德赛》中赫拉克勒斯在冥府中悲戚的情节,这出悲剧表面上是要打破这样的传说,肯定赫拉克勒斯是在天上庇佑子女,而不是在地下煎熬受苦,自身难保。赫拉克勒斯入冥府是他的第十二件工作,也是最后一件苦差。赫拉克勒斯成功地将冥府守门的三头犬带了上

---

① S. Stanage, *Violatives: Modes and Themes of Violence*, In Stanage, S., ed., *Reason and Violence*, Totowa, NJ: Littlefield/ Adams, 1974, p. 229.
② 《欧里庇得斯悲剧集》(下卷),周作人译,中国对外翻译出版公司,2003年,第1138页。
③ 同上书,第1139—1140页。

来，所以冥府对于英雄来说不可能是禁闭之地。但是悲剧中的一个细节又暗示了赫拉克勒斯及其子女与冥府难解难分的缘分。赫拉克勒斯的女儿玛卡利亚的最终命运却是遭到宰杀，被当作献祭送给冥府的王后珀耳塞福涅。雅典国王得摩丰把必须献祭的消息带给赫拉克勒斯的儿女，为了保全国土："要杀一个高贵的父亲所生的闺女，献给得墨忒耳的女儿。"① 正如大多数英雄最终只能接受命运的安排，最终成为冥府的永久居民一样②，作为英雄的女儿，也应该是一位女英雄，玛卡利亚成为理所应当的祭品。诚然，这一人物形象离不开古希腊宗教的英雄崇拜。"从公元前10世纪开始出现了英雄形象及其祭仪，可能出于对迈锡尼王权时代的美好追忆，与城邦的兴起也有密切的关系；并且和诸神的起源一样借助于古风诗人的吟唱而获得完整的谱系和功业。"③ 这出悲剧哀而不伤，它弘扬人的价值和英雄的牺牲精神，肯定人在发展前进中必须付出的沉重代价，这是人之为人的使命和责任。

以上列举的四部悲剧作品，揭示了英雄的悲剧，也在试图寻找英雄受难的原因和如何终止的方法。表面看来，赫拉克勒斯跟伊娥一样，都是由于与宙斯的亲密关系，受到赫拉的迫害。赫拉的嫉妒和参与毫不留情地支配着个人的整部悲剧。赫拉克勒斯前脚离开，忒拜城的统治权便落入一位篡权者的手中，而英雄全家性命堪忧，陷入被天神斩草除根的险境之中。英雄的家庭命悬一线，这就为刻画嫉恨的赫拉提供了绝好的机会。在一番悲剧性的情节渲染之后，赫拉克勒斯在最后一刻归来，杀死了暴君，拯救了自己全家。心有不甘的赫拉又生一计，她命令疯狂女神给赫拉克勒斯送了一件恐怖的礼物——疯狂，疯狂像恶魔一样侵蚀英雄的身心，赫拉克勒斯顿时丧失了理智，沾血的双手亲自杀害了自己一家老小的性命。当赫拉克勒斯清醒过来，意识到自己的过错之后，他本能的反应就是结果自己，让希腊第一大英雄在奇耻大辱中了结生命。然而悲剧的发现与突转，让赫拉克勒斯的决定发生改变。他的朋友忒修斯劝他活下去，忒修斯的观点与《伊利亚特》中阿伽门农为自己开脱的理由几乎一致：错误于人，于神灵都难以幸免，即使这样，神

---

① 《欧里庇得斯悲剧集》（下卷），周作人译，中国对外翻译出版公司，2003年，第1123页。
② 赫西俄德：《神谱》，第173行。
③ 吕健：《"竞赛"（agōn）中的英雄：古风诗歌与〈疯狂的赫拉克勒斯〉》，《文艺评论》2010年第3期。

灵还不是活得好好的。他，一个凡人，难道想比神本身更求全责备吗？欧里庇得斯给赫拉克勒斯一个新的结局，新的"变身"，听从忒修斯的劝解，在雅典朋友的田间终老。沃格林（Eric Voegelin）因这样的悲剧结局感到忧愤，他认为神秘主义哲学家的作品被欧里庇得斯破坏了，"灵魂向智慧的高涨已经回落；神变成了一种无耻的下流痞，人不求做得比他们好。……一笔退休金，就令英雄全身而退"。①

悲剧中的赫拉克勒斯总是作为压轴人物在最后部分出现，掀起高潮。与神话、史诗叙述不同的是，悲剧详尽描绘了人物故事的来龙去脉，强调人物关系的内部矛盾，英雄的命运与性格，并有力地将内部的伤口撕裂开来，让观众看清里面的骨头与血肉，从而产生恐惧与怜悯的情绪。

在埃斯库罗斯的三连剧《普罗米修斯》（Promētheia，又译《普罗米西亚》）的第二部，即《获释的普罗米修斯》（片段14）里，普罗米修斯被宙斯之子、人间英雄赫拉克勒斯射杀猛鹰后救起。②为什么是赫拉克勒斯解救了普罗米修斯，而解救了宙斯的宿敌之后，赫拉克勒斯为什么没有受到丝毫惩罚和指责呢？或许可以存在这样的假设，其实一切都是宙斯的精心安排，他没有亲自出面，却默许了儿子的举动。解救被人类视为英雄的普罗米修斯，与后者达成和解，这是宙斯的意图。另外，让爱子出面也是宙斯的主意，给赫拉克勒斯又一个立功表彰的机会，射杀猛鹰，解救"人间英雄"。但是，毕竟埃斯库罗斯关于普罗米修斯与宙斯和解的这一部分没有留存下来，后人根据埃氏悲剧三部曲的风格进行了推测。赫西俄德的《神谱》就此有一处交代："美踝的阿尔克墨涅的勇敢之子赫拉克勒斯杀死了这只大鹰，让这位伊阿珀托斯之子摆脱了它的折磨，解除了痛苦——这里不无奥林波斯之王宙斯的愿望（οὐκ ἀέκητι Ζηνὸς Ὀλυμπίου ὑψιμέδοντος）。为此，忒拜出生的赫拉克勒斯在丰产大地上的声誉更胜以往。宙斯考虑到这给他卓越儿子带来的荣誉，尽管对普罗米修斯仍然很气愤，但还是摒弃了前嫌——那是由于普罗

---

① ［美］埃里克·沃格林：《秩序与历史（卷二）：城邦的世界》，陈周旺译，译林出版社，2009年，第348—349页。
② Aeschylus, *Prometheus Bound*, James Scully and C. J. Hertington (trans.), Oxford: Oxford University Press, 1975, p. 100.

米修斯竟与他这位克洛诺斯的万能之子比赛智慧而产生的愤怒。"①马丁·韦斯特在注释《神谱》时指出第526行与第616行这两处有明显的矛盾，因为后面一处强调普罗米修斯因为招致宙斯的怒火，他将永远"挣脱不了坚固的枷锁"（Οὐδὲ γὰρ Ἰαπετιονίδης ἀκάκητα Προμηθεὺς τοῖό γ᾽ ὑπεξήλυξε βαρὺν χόλον, ἀλλ᾽ ὑπ᾽ ἀνάγκης καὶ πολυΐδριν ἐόντα μέγας κατὰ δεσμὸς ἐρύκει）②，韦斯特认为赫西俄德并没有说赫拉克勒斯最终解放了普罗米修斯，英雄射杀了猛鹰，免除了普罗米修斯遭受啄食的痛楚，却并没有从根本上帮助他脱离枷锁的捆缚，因为杀死一头令人厌恶的怪兽属于英雄式行为（a heroic deed），赫拉克勒斯的人间威望由此获得加分。③从韦斯特对赫西俄德的理解来看，宙斯看中的是自己儿子的荣誉，而并非人间的苦难以及盗火者最终的处境。父子俩的利益依然是一体的，赫拉克勒斯没有丝毫违抗宙斯的意图，是不是可以认为，天界与人间在盗火一事上的表面"和解"是以天意要创造一个更伟大的英雄（至少要盖过人间英雄普罗米修斯的光芒）为前提条件呢？

解放了普罗米修斯的赫拉克勒斯的设想是这样的：提坦神普罗米修斯同宙斯作对，为人类偷盗火种，惹怒了天父，被缚于高加索山上，遭受猛鹰的啄食。高加索这个地点值得注意，位于黑海与里海之间，跨越俄罗斯、格鲁吉亚、阿塞拜疆和亚美尼亚等国境，形成欧亚之间串通分界线的一部分。赫拉克勒斯解救普罗米修斯是在做第十一件工作即摘取赫斯珀里得斯的金苹果的途中。金苹果在阿特拉斯山上，赫拉克勒斯先抵达利比亚，途经埃及，走过阿西亚，借助太阳神赫利俄斯的金杯渡过外海，来到高加索山。当时，猛鹰正在撕扯普罗米修斯的肝脏，赫拉克勒斯射死了那只鹰，解放了普罗米修斯。④在阿波罗多洛斯的《神话全书》中描写了赫拉克勒斯释放普罗米修斯之后向宙斯请罪的方式：摘取了一些橄榄枝做绳索，把自己捆绑起来，让卡戎呈给宙斯，他虽是不死的，可是自愿代普罗米修斯去死（δεσμὸν ἑλόμενος

---

① 希腊文参看 Hesiod, *Theogony*, edited with Prolegomena and Commentary by M. L. West, Oxford: Clarendon Press, 1978, p. 131. 中译文引自［古希腊］赫西俄德：《工作与时日·神谱》，张竹明、蒋平译，商务印书馆，1991年，第42页。
② Hesiod, *Theogony*, edited with Prolegomena and Commentary by M. L. West, Oxford: Clarendon Press, 1978, pp. 337-338.
③ Ibid., p. 313.
④ Jennifer Larson, *Ancient Greek Cults: A guide*, New York and London: Routledge, 2007, p. 120.

τὸν τῆς ἐλαίας, καὶ παρέσχε τῷ Διὶ Χείρωνα θνήσκειν ἀθάνατον ἀντ᾽ αὐτοῦ θέλοντα).① 这个细节不容忽略，因为赫拉克勒斯并没有得到宙斯的任何授意，他解救普罗米修斯的行为似乎完全出于射杀怪物的本能和英雄惜英雄的情怀，所以赫拉克勒斯自认为这样做有违宙斯的旨意，但是他愿意承担一切后果，用橄榄枝捆绑自己，交由卡戎，勇敢地向宙斯"负荆请罪"。ἑλόμενος 在这里词义双关，动词原形是 αἱρέω，既指动作上的"捕获"，又含法律上的"判罪"之意。ἐθέλω 表示愿望，"愿意，乐于"。橄榄枝一般用作向神灵祈愿的工具，赫拉克勒斯粗中又细，既请罪，又明志，也在暗示神灵与人间的和平。ἄντα 作副词，有"面对面"之意，前缀 ἀντ- 含"以……交换"的寓意。阿波罗多洛斯没有刻画宙斯的反应，赫拉克勒斯私自放走"囚犯"这件事没有引起任何波澜。② 而普罗米修斯为了报答对方的救命之恩和肝胆相照，给赫拉克勒斯出主意，帮助他顺利地拿到了金苹果，圆满地完成了第十一件任务。

由此看来，三大悲剧家笔下的赫拉克勒斯虽然是一位功勋卓著的人间英雄，但是这位英雄本身分裂为两部分：天上的和人间的。天上的英雄是宙斯意志的人间代言人，受到天神的庇护；人间的英雄则苦难重重，时不时陷入疯狂，不断地以接受新的惩罚来抵消旧有过错。英雄自身便构成了一出悲剧。赫拉克勒斯，这位希腊第一大英雄，究竟是神话人物还是历史人物？生活在公元前5世纪的希腊历史学家希罗多德对此进行了一番细致的考证。

第二节 英雄神话的"历史性"解读

一、希罗多德的"历史"考证

在《历史》第2卷中，希罗多德寻访多地，对英雄赫拉克勒斯的希腊身份，从关键的几处提出质疑：

---

① Ἀπολλόδωρος, Βιβλιοθήκη, B, 5. 11. 阿波罗多洛斯：《神话全书》，第2卷第5章第11节。
② Apollodorus, The Library, Volume 1, with an English translation by James George Frazer, Cambridge and London: Harvard University Press, 1996 (First published 1921) , pp. 218–223.

关于赫拉克勒斯，我听说他是埃及的十二主神之一（εἴη τῶν δυώδεκα θεῶν）。关于希腊人所知道的另一个赫拉克勒斯，我在埃及的任何地方都未曾听闻。实际上，赫拉克勒斯这个名字不是埃及人从希腊人那里得来的，而是希腊人从埃及人那里取得的；这件事我其实可以提出许多论据来，而在这些论据当中，特别可以提出这样的一个事实，即赫拉克勒斯的双亲安菲特律翁和阿尔克墨涅都出生于埃及。而且埃及人又说他们根本不知道波塞冬和狄俄斯库里兄弟的名字，并且不把这两位神灵列入埃及的诸神中间。但是，如果埃及人从希腊人那里采用了任何神的名字，那么这些名字应该是最有可能引起他们的注意而念念不忘的；因为根据我的推测和判断，埃及人在当时从事航海工作，而一些希腊人也进行航海，因而这些神的名字比起赫拉克勒斯的名字更可能为埃及人所知。但是埃及人的赫拉克勒斯是埃及一位古老的神（τῶν θεῶν τὰ οὐνόματα ἐξεπιστέατο Αἰγύπτιοι ἢ τοῦ Ἡρακλέος）。他们说，在阿玛西斯当政时期之前一万七千年，便由八个神变成了十二个神，而这十二个神当中的一位就是赫拉克勒斯。①

归纳起来，希罗多德发现了两条重要线索：第一，希腊的赫拉克勒斯是一位英雄，而埃及的赫拉克勒斯是一位神灵；第二，赫拉克勒斯的名字由希腊人从埃及借鉴而来。他的理由是埃及的赫拉克勒斯要古老得多。众所周知，希腊神话中奥林波斯主神有十二位，没有赫拉克勒斯。虽然一些神话版本描述赫拉克勒斯死后升了天，并且娶了一位女神做妻子，但是始终未能进入奥林波斯主神之列。按照时间推测，"在阿玛西斯当政时期（前570年—前526年）之前一万七千年"的埃及不可能借用希腊的英雄来做本土的神灵。那么推断的结论只能有一个，那就是希腊人把埃及的神灵改装成了本土的英雄，这是出于英雄时代宗教崇拜的考虑。这位外来的神灵进入希腊本土要做的第一件事情就是更改姓名，确切地说是抹掉过去，与旧的根源

---

① Ἡροδότος, Ἱστορία, Ⅱ, 43, 44, 50. 英译本采用 Herodotus, The Histories, London: Penguin Books, 2003, p. 113, p. 116. 中译本采用［古希腊］希罗多德：《历史——希腊波斯战争史》（上册），王以铸译，商务印书馆，1985年，第129—130页。此处根据希腊文原文，译文有所改动。

脱离关系，所以希腊神话中出现了一个不容忽视的细节：原名为阿耳刻得斯（Ἀλκείδης，Alkeides）的赫拉克勒斯在女祭司的点拨下更名为赫拉克勒斯。如果说希腊人刻意要撇清赫拉克勒斯的异邦出生的事实，更名换姓的神话编排自然在情理之中。英雄需要名正言顺，阿耳刻得斯没有更名为"杀狮者""捕猎人"等等可以具体表彰他功勋的称呼，而是依附于女神赫拉的名字上，这一问题值得深究。本书第一章"'牛眼的'赫拉"提示赫拉与腓尼基有渊源，实际上赫拉克勒斯与腓尼基的关系也不浅。

　　为了进一步求证，希罗多德亲自前往腓尼基的推罗（Τύρον τῆς Φοινίκης），又名泰尔（Tyre），仪式性地完成了一次海上旅行。因为他听说，在那里有一座很受尊崇的赫拉克勒斯神殿。神殿里陈设着许多贵重的祭祀品，其中有两根柱子，一根是由纯金铸造（ἡ μὲν χρυσοῦ ἀπέφθου），另一根镶嵌绿宝石（ἡ δὲ σμαράγδου λίθου），在黑夜中发光（λάμποντος τὰς νύκτας μέγαθος）。① 希罗多德向当地祭司打听神殿修建的年代，得知神殿修建与建城同步，大概有2 300年的历史。希罗多德在推罗还看到另外一座神殿，供奉着一尊以塔索斯为姓的赫拉克勒斯（Thasian Heracles）雕像。于是他又到塔索斯（Thasos）去，在那里看到了赫拉克勒斯的一座神殿。腓尼基人出海寻找欧罗巴时，经过一座岛屿，他们成为该岛的殖民者，随后修建了这座神殿。修建神殿的年代比起荷马史诗中交代的安菲特律翁之子出生在希腊的时间还要早五代。据此，希罗多德肯定了希腊人在修建和祭祀两座神殿时所采取的不同做法：在一座神殿里赫拉克勒斯是奥林波斯的神，人们把他当作永生的神灵而向他奉献牺牲；在另一座神殿里，人们则把他当作一位死去的人间英雄加以奉祀。

　　归纳来说，希罗多德探索赫拉克勒斯"历史真相"的方法是根据神殿的地理位置和年代按图索骥。首先，腓尼基有一座赫拉克勒斯神殿，建成时间相当久远，神殿的构造与内存的祭祀品足见当地人对赫拉克勒斯神的崇拜程度之高。神殿内树立着两根柱子，希罗多德作了重点介绍：一根由纯金打

---

① Ἡρόδοτος, Ἱστορια, Ⅱ, 44. 英译本采用Herodotus, The Histories, London: Penguin Books, 2003, p. 113. 中译本采用［古希腊］希罗多德：《历史——希腊波斯战争史》（上册），王以铸译，商务印书馆，1985年，第130页。此处根据希腊文原文，译文有所改动，下同。

造,另外一根则由绿色的石头砌成。什么样的绿色石头? 从柱子深夜发光这一特色上来看,这是一根带有神话色彩的象征物,至少体现了崇拜赫拉克勒斯时代的人们对物质——石头的崇拜。黄金配宝石,是对英雄的最高礼遇。此外,还有一座神殿,同样敬奉赫拉克勒斯。据希罗多德的观测,这座神殿的不同之处在于,除了英雄的名字,前面还重点添加了一个限定词——"塔索斯",表明了英雄的所属地。至于这座神殿的构造和特征,希罗多德未作任何描述,只是根据这一重要的信息顺藤摸瓜,前往塔索斯进一步探寻赫拉克勒斯的起源。希罗多德不虚此行,塔索斯果然也坐落着一处神殿,神殿由腓尼基人所建,从时间上看,比希腊神话中赫拉克勒斯要早五代。也就是说,希罗多德为了寻找赫拉克勒斯的故里,总共寻访了三座神殿,它们给出了同样的信息:赫拉克勒斯神话起源于东方;赫拉克勒斯原本是一位不死的神灵,而不是一位有寿命的英雄。可以想象希罗多德考察三座神殿之后的兴奋心情,古老的神话中潜藏着历史的密码,显示出东西方对同一形象的不同信仰:一个被尊崇为神,一个受敬拜为英雄;一个永生不死,一个虽死犹生。希罗多德据此进一步猜想:"可以说,几乎所有神的名字都是从埃及传入希腊的。我的研究表明,它们完全起源于异邦人那里。而我个人的意见则是,较大的一部分则起源于埃及。……埃及人在宗教上不崇奉英雄。……希腊人的做法最明智不过,他们创立了两种崇拜赫拉克勒斯的方式:一是把他当作永生的奥林波斯神,为他焚烧祭品;一是把他当作英雄,并按祭祀英雄的方式祭祀他。"①希罗多德区别了同一个神话人物的两大不同特征:在埃及,他是神灵;在希腊,他是英雄。按时间先后,希腊神话显然受到了埃及的影响,不过希腊的赫拉克勒斯不是对埃及赫拉克勒斯的简单复制,而是在英雄时代的希腊神话语境下对该形象进行了重塑和再造。

直至今日,依然有学者质疑:当希罗多德在《历史》中反复强调一切调查皆为自己亲眼所见时,他只是在阐明事实吗? 他所说的事实可信度几何? 希罗多德的这部著作在后世的希腊史学家修昔底德看来,并不是严格意义上

---

① Ἡρόδοτος, Ἱστορια, II, 43,44, 50. Herodotus, *The Histories*, London: Penguin Books, 2003, p. 116. 中译本采用[古希腊]希罗多德:《历史——希腊波斯战争史》(上册),王以铸译,商务印书馆,1985年,第133页。

的"历史",其中不乏荒诞可笑的传说叙事,许多事件仍然归因于神话的假设上,称之为"神话历史"才更贴切。① 希罗多德力图对发生在他所处时代仅 100 年前的过往刨根问底、一探究竟尚且不易,而我们要想对生活在 2 500 年前的希罗多德进行"历史"性解读,难度可想而知。然而,希罗多德的历史性探索的确为追溯赫拉克勒斯的真正出生信息提供了宝贵的资料,这位"历史之父"笃信赫拉克勒斯神话的源头在埃及。那么,埃及的赫拉克勒斯原型是怎样的呢?

二、赫瑞沙夫:赫拉克勒斯的埃及原型

赫拉克勒斯的名字派生于女神,看似"土生土长"的希腊人,然而这位希腊本土英雄的事迹与苏美尔神话中的国王吉尔伽美什的故事却有异曲同工之处,两位东西方英雄上天入地,与怪兽进行艰苦卓绝的格斗,完成的功勋都是十二件,并且在叙述的模式上也有很多相近之处。赫拉克勒斯神话是不是古希腊人对东方神话传说的移植?抑或说,赫拉克勒斯是否为一个合成的形象——东方神灵与希腊女神派生出的英雄相结合?他的原型在哪里,是怎样的?

要解决赫拉克勒斯的原型和起源问题,首先必须了解神话描写赫拉克勒斯生活的特殊时代——英雄时代。在赫西俄德描述的五个时代(黄金、白银、青铜、英雄、黑铁时代)中,英雄时代是突出人中骄子力量的时期。赫拉克勒斯从人到英雄再到神灵的变化过程中,始终以其英勇盖世的男子汉气概闻名于人间和天界。赫拉克勒斯无论在神话叙事还是雕塑艺术中,都是表现得男性十足。因为"男子汉气概"与力量、战争紧密相连,是竞技必不可少的因素。荷马时代的人们出生于战争笼罩的乱世,他们无法改变现状。个人要想获取自由几乎是痴人说梦,英雄为了荣耀而战,宁可舍弃生命,也不能活在被人嘲笑为懦夫的耻辱中。在希腊这片高山多、耕地少、不算富饶的土地上,自古就存在竞争意识,所以竞赛(ἈΓΩΝ,agōn)是一个经久不衰

---

① 修昔底德始终强调其所记载的历史事件的真实性,声称他的这部史著没有虚构的奇闻轶事,读起来恐难引人入胜。《伯罗奔尼撒战争史》使用大量的演说词,似乎要挣脱希罗多德的束缚。见[英]弗朗西斯·麦克唐纳·康福德:《修昔底德:神话与历史之间》,孙艳萍译,上海三联书店,2006 年,第 86—122 页。

的热门词汇。对于英雄时代的希腊人来说,战场是最终的也是最高级别的"竞赛",这里是他们立身处世的重要场所。从一定程度上讲,agōn这个词汇涵盖了英雄时代的古希腊社会长期持续的整体状态——它意味着一场战斗或一场竞技有意地或者注定地产生一个胜利者和一个失败者。人生即是一场竞赛,人们在竞赛中体验胜利者的欢愉和失意者的辛酸。另外,还有命运的兴衰。在英雄时代,agōn可能是针对古希腊人感受性的最具代表性的描述,是"男子汉气概"的极致展现。可以说,交战是通过竞技场而执行的最为狂飙突进的方式,在个人能力和英勇方面,融入了神灵的喜好或者不悦,以至于决定了命运女神如何掌管命运车轮的最后旋转。① 正如赫拉克利特曾指出的:"战争是众人之父和万物之王;有时他表现成神的样子,令一些人成为阶下囚,让一些人获得自由。"② 战争血肉横飞,残酷无比,但同时也是帮助一些无名小卒迅速建功立业的捷径,甚至让一些英雄忘我地痴迷和流连于这样的"竞赛游戏"之中不能自拔。

黄金、白银这两个神人共处的和平年代已经时过境迁,女神的光辉慢慢消隐,男性神灵的统治地位日渐稳固,展示男性阳刚之气的英雄受到前所未有的崇拜。由女神赫拉之名派生的男英雄赫拉克勒斯成为英雄时代的主角,以适应时代的需求。赫拉克勒斯神话显然符合竞技和战争的需要,东方神灵在希腊语境中演变成了一代枭雄。

正因为赫拉克勒斯这个英雄形象过于深入人心,所以一些资料将他作为真实的历史人物记录下来。"长期以来,人们把自己不幸的同胞当作神来加以崇拜,不仅如此,甚至还崇拜树根、石头以及各种各样有生命的和无生命的东西,并以宇宙论的形式给自己制造出混乱的幻象。凡此种种,犹如一个虚构的传说,然而它又是确凿无疑的事实。"③ 比如,公元前3世纪的希腊地理学家埃拉托斯特奈斯(Ἐρατοσθένης)在亚历山大图书馆任职期间所编写

---

① T. E. Barker, *Entering the Agōn: Dissent and Authority in Homer, Historiography and Tragedy*, New York: Oxford University Press, 2009, pp. 267-365.
② Cathy Gere, *The Tomb of Agamemnon: Mycenae and the Search for a Hero*, London: Profile Books, 2006, p. 32.
③ [英]托马斯·卡莱尔:《论英雄和英雄崇拜》,张志民、段忠桥译,中国国际广播出版社,1988年,第3页。

的历史传记。他按照一个单一的年代系统把地方史学家们的成果与像希罗多德和修昔底德这样大型史书中的内容加以协调。他从赫拉克勒斯的后代返回伯罗奔尼撒写起,这个时间通常认为是公元前1100年。由于斯巴达王自称是赫拉克勒斯子孙的后代,这个时间就成为斯巴达王表的开端。埃拉托斯特奈斯把斯巴达的国王作为他的这一部分年代学写作的框架。从公元前776年开始,他按奥林匹克赛会年来进行记录。① 埃拉托斯特奈斯把特洛伊的陷落定在公元前1184/1183年。值得注意的是,这位编撰年代史的权威堂而皇之地把神话故事的内容"真实地"记录进历史书当中。我们知道,根据修昔底德的记述,赫拉克勒斯后人的返乡在此时间的80年后,即公元前1104/1103年。这被认为是历史事件,用来反映多利安人(Δωριεῖς, Dorians)入侵的情况,而多利安人借用的就是一个神话,一个关于赫拉克勒斯子孙终将回归的预言神话。

  本书前言提到古希腊人大概于公元前9世纪中期从腓尼基引进了字母书写法,开始运用文字记录自己的"历史"。当年的动机应该是很单纯的:一是出于好奇,迫切地希望了解自己民族的历史,比如特洛伊战争发生于哪一年?赫拉克勒斯在特洛伊战争之前生活了多长时间?二是希望成为(或给别人留下印象自己是)一个有教养的人。"这前两个动机合起来可以解释帕罗斯(Paros)的居民刻在石头上的关于那个时代以前的历史中主要年代的记载,即帕罗斯碑(Marmor Parium)。"②《帕罗斯碑铭文》于公元前264/263年勘订,白色大理石石碑原立于帕罗斯岛,上面刻有古希腊文,记载了自雅典第一位巴西琉斯(basileus,意思为"国王")凯克洛普斯(Κέκροψ)开始的历史。在碑铭A第18条上出现了赫拉克勒斯的名字,"距今……,爱盖斯在雅典为巴西琉斯。赫拉克勒斯……"③可惜的是,碑铭只出现了赫拉克勒斯的名字,其后的文字无法辨认。按时间推断,赫拉克勒斯这个人应该出现于公元前1307/1306年。

---

① [英]马克·麦克德莫特:《早期希腊年代学——文献传统》,载东北师范大学世界古典文明史研究所编著:《世界诸古代文明年代学研究的历史与现状》,世界图书出版公司,1999年,第124页。
② 同上书,第136页。
③ 转引自郝际陶:《帕罗斯碑铭文与希腊年代学》,载上书,第117页。

就这样，赫拉克勒斯既是一个虚构的神话人物，又被认为是真实存在的历史人物。德国学者瓦尔特·伯克特试图从神话中获取真实的历史信息，他为赫拉克勒斯形象的出现以及特洛伊陷落的传统年代找到了一个全新的依据。伯克特认为，在希罗多德著作的第1卷中，我们得知赫拉克勒斯的后代统治小亚细亚的吕底亚王国长达550年，很可能从吕底亚王表推导出赫拉克勒斯的年代，从而取得特洛伊陷落的年代。伯克特似乎在提醒人们，希腊人对他们的史前时代的了解是多么贫乏。究竟哪些是历史事件，哪些是非历史事件？据史料记载，雅典的第一任国王凯克洛普斯是半人半蛇形象，现在的学界倾向于把他当作神话创作中的想象的产物而完全抛弃这个人物。这样的做法是否合适？半人半蛇形象的出现自然有其时代背景和历史原因，第一代雅典国王被妖魔化，我们可以从后来的文学作品中找到原因，一些作家说他是来自埃及或克里特的殖民者。① 赫拉克勒斯的形象通常表现为将蛇扼死的人的形象。对此，伯克特倾向于认为："在两河流域的传统中，这是一个很古老、显然也很重要的形象：他是百兽之主，一个手握两条大蛇的萨满巫师一样的人物。这种形象可能有避邪的作用。希腊人把这作为赫拉克勒斯的第一次冒险——一个婴儿在摇篮里完成的英雄壮举。在日常生活中，赫拉克勒斯当然是驱邪者（alexikakos），他的护符被用来消灾避邪。但是在神话中，更确切地说，在人们普遍接受的和具有代表性的希腊诗歌中，却完全去除了对恶魔的恐惧。这位希腊英雄被刻画成坚信自身的力量，即便在死亡阴影笼罩下也像神一般的人。那些有魔法的小雕像转变成为现实中异常强壮有力的人，不再令人恐惧，而是让人惊叹。"② 赫拉克勒斯是一个古老的形象，他的原型很可能来自东方，像巫师一般具有斩妖除魔、通灵保佑的本领。例如，埃及的贝斯（Bes）护身符曾被重新解读为代表属于"Daktylos"的赫拉克勒斯。③

---

① 郝际陶：《帕罗斯碑铭文与希腊年代学》，载东北师范大学世界古典文明史研究所编著：《世界诸古代文明年代学研究的历史与现状》，世界图书出版公司，1999年，第115页，注④。
② ［德］瓦尔特·伯克特：《东方化革命——古风时代前期近东对古希腊文化的影响》，刘智译，上海三联书店，2010年，第82—83页。
③ 参看 Walter Burkert, *The Orientalizing Revolution: Near Eastern Influence on Greek Culture in the Early Archaic Age*, Cambridge: Harvard University Press, 1992, pp. 199–200, Chapter 2, note 26, 27.

瓦尔特·伯克特进一步思考:"一个更费解的问题是,这类的驱魔术与一部关于波奥提亚(Boeotia)地区忒拜城的史诗会有什么关系。对此,我想到了几种答案:波奥提亚本身也经历了东方化时期;它距离东西方贸易中心尤比亚很近;约公元前700年的波奥提亚扣衣针上就有我们所知的希腊最早的神话图案,其中包括特洛伊木马和赫拉克勒斯大战七头蛇怪。这一意象与斗狮一样,显然与闪族所在的东方有关。"① 由此推断"神话母题可能产生于与狮子或七头蛇怪搏斗的图像:这些形象演变成了赫拉克勒斯的冒险故事,他扼死狮子和杀死蛇怪的故事分别发生在涅墨亚(Nemea)和勒尔那(Lerna)"。② 无独有偶,彭伽拉斯论证了赫拉克勒斯的十二件苦役与苏美尔神话中最伟大的防御之神宁努尔塔(Ninurta)工作的相似性③,因为他们二人身上带有明显的英雄神的特征。

图4-2 赫拉克勒斯与埃及国王布西里斯(Busiris)的仆人作战,公元前470年瓶画

沿着希罗多德的思路,我们可以尝试将目光转向埃及。如果说赫拉克勒斯在古埃及存在相对应的神的话,那么这个埃及神很可能是名叫作赫瑞沙夫(Hrjśt, Heryshaf)的神灵,他是天文神话中的白羊座之神(Ram-god)。神灵赫瑞沙夫的地位在中埃及的伊赫纳斯亚·埃尔-麦地那(Ihnasya el-Medina)非常显赫,崇拜该神的地点靠近贝尼苏福(Beni Suef)的尼罗

---

① [德]瓦尔特·伯克特:《东方化革命——古风时代前期近东对古希腊文化的影响》,刘智译,上海三联书店,2010年,第110页。
② 同上书,第122页。
③ Charles Penglase, *Greek myths and Mesopotamia: Parallels and Influence in the Homeric Hymns and Hesiod*, London: Routledge, 1994, pp. 69–70.

河西岸，上埃及底比斯城南。现存最早的关于赫瑞沙夫的宗教崇拜信息铭刻在巴勒莫石碑（Palermo Stone）上，它和载入古王国史册的埃及第一王朝（First Dynasty，始于公元前3100年左右）的年代同样古远。他的宗教崇拜中心位于古老的上埃及城市赫拉克勒波利斯·玛格纳（Heraclepolis Magna）。

赫瑞沙夫在埃及神话中通常呈现出一个神人同形的形象，头上长着一个长长的公羊角，身穿王室的褶叠长袍，姿态类似法老。他与奥西里斯（Osiris）曾一度联合，所以他佩戴着一顶"阿特夫"（Atef）①王冠。另外，由于他与太阳神拉（Ra）之间的联系，他的羊角上总悬挂有一轮太阳圆盘。而赫瑞沙夫的名字用埃及象形文字表现时，使用了两行共七个简单图案。第一行有四个：首先是一个留着胡须的男人头像，接下来是一个细长的长方形，一把看似石斧的形状紧随其后，然后是一根竖线。第二行有三个：一个类似湖泊的椭圆形，一个两底端带斜尖角的桌子图案，一种头上长着两个犄角的像蛇一样的爬行动物。如图4-3②：

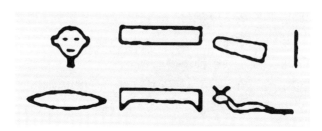

图4-3　赫瑞沙夫的名字

赫瑞沙夫这个名字的意思直译就是"他就在他的湖上"（he who is upon his lake），这个名字指出了在赫瑞沙夫宗教崇拜中心的一个地形特征，很可能在他的神殿里曾有一片神圣的湖泊。③因为在古埃及的宗教观念里，在神殿里建造圣湖是一项从建筑学上恢复太古时期水流原貌的尝试，所以，赫瑞

---

① 由白色羽毛编织的特殊帽子，在上埃及，此帽一般被视为埃及神奥里西斯的专属王冠。
② 图片来源：George Hart, *The Routledge Dictionary of Egyptian Gods and Goddesses*, London: Routledge, 2005, p. 68.
③ Ibid.

沙夫常常被视为产生自天地初创时期的原始物质之中。遗憾的是，关于赫瑞沙夫的铭文考据微乎其微，他的名字——"他就在他的湖上"中有太多含混不清的意思，其中隐藏的确切信息仍然不明。不过，赫瑞沙夫这个古埃及名字 Ḥrjšf 还有另外一层意思"He who is over strength"（他，力大无穷）。① 这就非常好理解了，再加上赫瑞沙夫的宗教崇拜中心在赫拉克勒波利斯城，就越发让人对此神与赫拉克勒斯的相似产生诸多联想。

关于这个埃及神灵的名字还隐藏着许多信息。古希腊作家普鲁塔克将赫瑞沙夫的埃及名字翻译成极具希腊人文色彩的"阿瑞萨菲斯"（Αρσάφες），进而赋予这个名字一个新的含义——"有男子汉气概的"（manliness）。这个译法的根据来自公羊旺盛的生殖力，因为赫瑞沙夫属于白羊座之神，他头上长着羊角，所以他与生殖崇拜有关。不过也存在另外一种可能，即赫瑞沙夫的名字派生于一出典型的埃及戏剧中的一句歌词："沙夫"（jšf）变成了同音异义的两个词汇，不仅有"他的湖"（his lake）之意，还有一个具有相似发音的谐音词，可以翻译为"尊敬"或"男子汉气概的高贵"。② "具有男子汉气概的"以及生殖力旺盛的本意恰与赫拉克勒斯在古希腊神话中的大英雄形象暗合。按照古埃及的神话传说，根据赫瑞沙夫这个名字而建造的城市，是以最虔诚的方式献给一位神灵的，在古埃及这座城市叫作赫奈斯（Hnes）——现代的伊赫纳斯亚·埃尔-麦地那。在金字塔时代，赫奈斯是北埃及的首府城市。正是这个时期，赫瑞沙夫这位相对具有地方特色的神灵崇拜发生了一些变化，他的身份与男神奥西里斯的"巴"（Ba，灵魂）和太阳神拉的"巴"在多个方面增强了联系。赫奈斯由此成为一座具有象征性的中心都市，成为四方朝圣之地。③ 在古希腊神话人名中，赫瑞沙夫变成了"赫拉克勒斯"，因而希腊文本中赫奈斯被称作"赫拉克勒波利斯"（Herakleopolis）或者"赫拉克勒斯之城"（town of Herakles）。赫拉克勒斯在完成第十件大功之后，为了纪念自己的英雄壮举，在厄律提亚岛的西部建立的两根石柱，命名为"赫拉克勒斯石柱"，而围绕两根石柱建立而成的城池，

---

① Jo. Forty, *Mythology: A Visual Encyclopedia*, New York: Sterling Publishing Company, 2001, p. 84.
② Donald A. Mackenzie, *Egyptian Myth and Legend*, New York: Bell Publishing Company, 1978, p. 188.
③ Ibid., pp. 189-192.

被称为"赫拉克勒斯城",即"赫拉克勒波利斯"。赫拉克勒波利斯,这座原本来自埃及文化的圣城在希腊文化里被注入了竞技精神。正如品达在《伊斯弥亚颂》对运动健儿的赞颂:"通过男子汉气概的事迹,他们从家中出发,前往赫拉克勒波利斯。"① 由此,希腊的赫拉克勒斯与埃及的赫瑞沙夫,希腊的赫拉克勒波利斯与埃及的赫奈斯一一对应了起来。孰先孰后,已经一目了然。

中王国时期有一篇埃及文学作品叫作《雄辩的农民》(Eloquent Peasant),其中记录了有关赫瑞沙夫神殿的重要信息:男主人公昆-阿努普(Khun-Anup)从赫瑞沙夫神殿中走出来。② 这是一则简单的文学叙事,却提供了历史上中王国时期的一个重要的崇拜现象。因为考古学家发现,位于赫奈斯的赫瑞沙夫神殿中最早的建筑物属于中王国时期(第十二王朝)。在新王朝时期,赫奈斯的神殿得到扩建——尤其在拉美西斯二世统治时期(第十九王朝),拉美西斯二世用气势雄伟的花岗石圆柱装点神殿的大厅。正是在这个区域里,赫瑞沙夫那尊戴着"阿特夫"王冠的黄金微型小雕像被挖掘出来,目前藏于波士顿美术馆。小雕像上刻着的名字是派浮图阿巴斯特(Peftuaubast),他是居住在赫奈斯的统治者。在埃及受到苏丹国王皮耶(Piye)入侵的时候(第二十四王朝),派浮图阿巴斯特站在皮耶的一边,承认皮耶是大领主,并向他赠送贡品,毫无疑问,其中一些贡品都是来自赫瑞沙夫神庙中的珠宝。③ 这一意图很明显,战败者希望力大无穷的英雄神赫瑞沙夫能给自己提供庇佑。

此外,关于赫瑞沙夫这位神灵最为详尽的描述刻在一块石碑上。这块石碑最初树立于赫奈斯,后来在位于庞培(Pompeii)的伊西斯神庙中发现,现在藏于那不勒斯博物馆。石碑上题写了在最后一位本土的埃及法老统治下的大祭司索姆图特弗纳赫特(Somtutefnakht)的生涯。公元前343年,埃及经历了第二次波斯人的统治,当时的波斯国王是阿塔塞克西斯三世(Artaxerxes Ⅲ),紧接着埃及又遭到了亚历山大大帝的征服。埃及人认为在

---

① Pindar, *Victory Odes. Olympians* 2.7, 11; *Nemean* 4, *Isthmians* 3, 4, 7, edited by M. M. Willcook, New York: Cambridge University Press, 1995, pp. 36-37.
② R. B. Parkinson, *The Tale of the Eloquent Peasant*, Oxford: Griffith Institute, 1991, p. 16.
③ George Hart, *The Routledge Dictionary of Egyptian Gods and Goddesses*, London: Routledge, 2005, p. 69.

古希腊人入境侵略从而引起骚乱期间，是赫瑞沙夫这位神灵确保了当地安然无恙。根据上面的铭文，当时发生了一场惨烈的大屠杀。随后赫瑞沙夫出现在索姆图特弗纳赫特的睡梦中，指点他尽快返回自己的故乡赫奈斯，然后栖居在赫瑞沙夫庙宇中。于是索姆图特弗纳赫特启程，独自返回赫奈斯，经过陆地和海洋的长途跋涉，冲破艰难险阻，居然毫发未伤。神灵赫瑞沙夫由此被描述成为"两地之王"（king of the two lands）、"河岸的统治者"（ruler of the riverbanks）。① 这些描述都把埃及君主最终的胜利归因于赫瑞沙夫神的保佑。② 通过这座石碑，人们把太阳的象征"日轮"运用在赫瑞沙夫身上，祈求赫瑞沙夫能像太阳神拉那样显灵，保护当地的居民。从这一点上看，在希波战争中，藏身于赫拉克勒斯神庙的希腊军队得到英雄神的庇护，情节上与埃及人受到赫瑞沙夫保护的一幕绝无二致。希罗多德还记述赫拉克勒斯神庙庇护奴隶的故事，只要一个奴隶从他主人那里跑到赫拉克勒斯神殿里避难，把自己奉献给神明并在自己身上打上神圣的烙印，那么任凭谁也不能再动这个奴隶了。这条法律延续了许多年，直到希罗多德时期依然存在。③ 也就是说，希罗多德在以记录真实为主旨的《历史》，仍然不可避免地受到了神话观念的支配，确切地说影响来自埃及传播到希腊的、有关赫瑞沙夫的古老神话。

希腊的神话历史书写受到埃及的影响。在古埃及人看来，法老不仅拥有神的样貌，而且法老本身就是神之子，是现世的神。彼德·沃尔科特（P.Walcot）根据线形文字B泥版、考古、荷马史诗和希腊神话曾断言：迈锡尼人的国王在当时被认为是现世的神。但他的主要论据仍然是神话，尤其是赫拉克勒斯的诞生故事，并同埃及的例证进行比较。他的结论有二：一是迈锡尼人国王终生享有神明般至尊的地位；二是迈锡尼人的神王观念

---

① George Hart, *The Routledge Dictionary of Egyptian Gods and Goddesses*, London: Routledge, 2005, p. 69.
② 埃及护佑神与希腊英雄的对应关系可以从著名的埃及贝斯（Bes）护身符一探端倪，目前，贝斯护身符上的图像已经被重新解读为代表达克图罗斯（Daktylos）的赫拉克勒斯，即赫拉克勒斯的画像源自贝斯画像。见 Walter Burkert, *The Orientalizing Revolution: Near Eastern Influence on Greek Culture in the Early Archaic Age*, Cambridge: Harvard University Press, 1992, pp. 199–200, Chapter 2, note 26, 27.
③ 希罗多德：《历史》，第2卷第113章。

源自埃及，埃及法老是神王的典型。据说阿蒙神常假扮法老模样与王后同寝，使她怀孕生下王位继承人。第十八王朝的哈特舍普苏特女王和阿蒙霍特普三世就有这类神奇的出生故事，并被绘于神庙墙壁上。第十八王朝处于爱琴地区与埃及交往密切的时期，法老系阿蒙神之子的神奇故事对迈锡尼人的神王观念必定有直接影响。宙斯常变成动物与凡间公主交媾，还假扮阿尔克墨涅公主的丈夫模样与公主幽会，生下英雄赫拉克勒斯，这显然是埃及法老出生故事的翻版。[①] 赫拉克勒斯是神灵与凡人结合的典型，人们愿意在这位希腊英雄身上看到人性的优点和缺陷，探寻有死的人获得永生的可能性。

尊奉赫拉克勒斯的腓尼基人应该比希腊人更早地占领了塔索斯这座城市。在特殊的历史时期，腓尼基人的神灵迈尔夸特（Melqart，意思是"城市之王"）被广泛地认同为赫拉克勒斯。拥有腓尼基崇拜背景的赫拉克勒斯在塔索斯也同样拥有不寻常的城市声望。[②] 另外，在一篇赫梯语的宫廷祭祀文中，记载了国王的总管与一位老妇人的对话。总管道：开门！妇人问：从何处来？总管道：从圣地。妇人问：从何处圣地？总管道：从Zaḥanettenna。妇人问：从何Zaḥanettenna？总管道：从太阳神之屋。妇人问：太阳神如何？总管答：他的形态是新的，胸部是新的，男子汉气概是新的。他头是铁的，齿是狮子的，眼是鹰的，他望之便如一只鹰。所有他的一切都是新的。[③] 在这则满含隐喻的祭祀文中，描绘了太阳神的特征。"头是铁的，齿是狮子的，眼是鹰的"都在彰显太阳神身上的男子汉气概，神灵降落人间便是人间英雄，其身上的男子汉气概是他最主要的特征。

较之带有更多人性而不是神性特点的英雄赫拉克勒斯，埃及的赫瑞沙夫力量更为强大。赫拉克勒斯的力量模仿自赫瑞沙夫。赫瑞沙夫是一位能够自我创造之神，是伟大的父亲，他的头伸在天空中，他的双足立于

---

① 转引自王以欣：《迈锡尼时代的王权：起源和发展》，《世界历史》2005年第1期。原文参见沃尔科特：《迈锡尼人国王的神性》（P. Walcot, "The Divinity of the Mycenaean King"），《爱琴、安纳托利亚和迈锡尼研究》1967年第2期。

② Jennifer Larson, *Ancient Greek Cults: A guide*, New York and London: Routledge, 2007, p. 185.

③ 转引自白钢：《Ex oriente lux（光从东方来）——论希腊精神中的东方因素》，载《思想史研究》第六辑"希腊与东方"，世纪出版集团，2009年，第78—79页。

大地，右眼是太阳，左眼是月亮。他的灵魂是光，照耀着整个世界。他从鼻孔呼出北风，给每一个生物以生命。埃及先民们认为"风""呼吸"和"精神"是同一的。因此，赫瑞沙夫就是宇宙生命的来源。① 这位赫奈斯的阿吞神（Aten），双眼分别代表着太阳圆盘和月亮。他与神圣的"纳尔特"（naret）树或者说欧洲的西克摩槭树联系起来。作为一股太初的力量，赫瑞沙夫一直被视为所有生命的创造者，他从鼻孔中呼出北风，所有的生命都由他呼出的北风中产生出来。② 这就是埃及神赫瑞沙夫神话的核心内容。对于大赫拉克勒波利斯的宗教信仰，毫无疑问，带有强烈的太阳崇拜者的神学色彩。另外，它看起来还受到了古埃及孟斐斯信仰的影响。这其中主要的神灵是赫瑞沙夫，希腊神话中赫拉克勒斯乘坐太阳神的金杯漂洋过海③的情景，归根结底还是没有脱离埃及神话有关太阳神崇拜的语境。

普鲁塔克在《论希罗多德的怨恨》（On the Malice of Herodotus）一文中说到三个赫拉克勒斯："在古代的文人中，荷马、赫西俄德、阿尔基洛科斯、珀珊德洛斯、斯泰西科拉斯、阿尔克曼或品达都没有注意到埃及或腓尼基还有一个赫拉克勒斯；他们只知道这个赫拉克勒斯，也就是波俄提亚和阿耳戈斯的这一个赫拉克勒斯。"④ 希腊的英雄赫拉克勒斯、埃及的神灵赫拉克勒斯、腓尼基的城主赫拉克勒斯，三个赫拉克勒斯的身份综合起来似乎可以解释为什么人们如此敬仰一个介于神灵、凡人之间的英雄。希罗多德虽然没有明确地指出赫拉克勒斯在埃及神谱中相应的名字，但是至少他肯定了该神位居埃及十二主神之列的显赫地位，为追溯赫拉克勒斯的起源提供了重要的

---

① Donald A. Mackenzie, *Egyptian Myth and Legend*, New York: Bell Publishing Company, 1978, p. 188.
② George Hart, *The Routledge Dictionary of Egyptian Gods and Goddesses*, London: Routledge, 2005, pp. 68–69.
③ 赫拉克勒斯在竖立完两根赫拉克勒斯石柱后，感到酷热难耐。他仰望天空，举起弓箭，想把太阳射下来。太阳神惊叹他的大无畏精神，把自己随身携带的金杯借给他，让赫拉克勒斯乘坐这只金杯渡海到伊比利亚。阿忒那奥斯（Athenaeus）在《智者的盛宴》（Deipnosophistae, Scholars at Dinner）一文中谈到赫拉克勒斯航海的故事："珀珊德洛斯在《赫拉克勒亚》第二章讲到，赫拉克勒斯坐着横渡海洋（俄刻阿诺斯）的那只大杯是属于太阳神的，但赫拉克勒斯却从海洋之神俄刻阿诺斯那里得到了它。"见［古希腊］荷马等：《英雄诗系笺释》，崔嵬、程志敏译，华夏出版社，2011年，第297页。
④ 同上书，第299页。

线索。

第三节 神王观念：神话与历史的融合

假如我们设定希腊英雄赫拉克勒斯的原型是埃及神灵赫瑞沙夫，那么，从神到英雄这个转变过程说明了什么？难道仅仅出于希腊人的英雄崇拜观念以及对哲学思考的倾向吗？在赫拉克勒斯这个问题上，需要思考的是神话与历史的先后问题。换句话说，到底是一段真实历史被神话化了，还是由于一则神话的存在从而引发了一段历史呢？

希罗多德注意到了赫拉克勒斯的后人统治了吕底亚22代，共计505年，而赫拉克勒斯家族（Ἡρακλεῖδαι）取得主权并能够长期稳固的原因正是由于赫拉克勒斯家族秉承了神意（ἐκ θεοπροπίου）。① 这里所说的神意，也就是神的预言，通常由祭司传达。关于三代人秉承神意的故事在阿波罗多洛斯《神话全书》（II, 8.2）中用传说的形式描述过，赫拉克勒斯的后人高举神谕的旗帜重归故里。②

神话故事与历史记载如此相似，因为攻打古希腊的多利安人也是外来移民，为淡化其外来者身份，多利安人煞费苦心地编造了"赫拉克勒斯子孙回归"的神话，于公元前12世纪左右侵入希腊南部的伯罗奔尼撒半岛，占领阿哥利斯、拉哥尼亚和美塞尼亚地区。有学者认为，这是历史上一个具有典型的"特许证"特征的神话，即一个民族发起战争伊始往往强调自我的正当性，作为赫拉克勒斯的子孙回归故里，纯粹是多利安人为向南入侵寻找借口，证明他们占领伯罗奔尼撒半岛的合情、合理、合法性，证明斯巴达人统治拉哥尼亚的义不容辞。此时，赫拉克勒斯神话在历史的蓄意发生中被充分利用，入侵者旨在说明，多利安人不是外来者，也未占领别人的领土，而是重返故土，夺回本属于他们的"故有王权"。"在古典时代雅典和斯巴达争

---

① 希罗多德：《历史》，第1卷第7章；第9卷第26章。
② Apollodorus, Ἀπολλόδωρος, Βιβλιοθήκη, (The Library), Volume I, James George Frazer (trans.), Cambridge: Harvard University Press, 1921, pp. 280–285.

夺整个希腊领导权的斗争中,'赫拉克勒斯子孙回归'的神话显然有其重要的政治宣传功能。在雅典人心目中,作为外来者的斯巴达人没有资格问鼎全希腊领袖地位。然而,多利安人的神话宣传取得了预期效果,回归故事被希腊人当作'古史'接受下来,纳入泛希腊神话体系中。"①晚期希腊旅行家鲍桑尼亚斯对之深信不疑,认为是"绝对正确的",这表明"希腊人只能适应于把神话当作历史看待"。②同样的故事发生在意大利崇拜赫拉克勒斯(赫耳枯勒斯)时期,意大利人尽其所能地给英雄的功劳添枝加叶,认为他废除了萨宾族杀人祭祀的陋习,是火崇拜的创始人,带领受难者杀死大强盗卡库斯等等。有些罗马贵族为了巩固自己的统治地位甚至宣称自己是英雄的后代,自己的氏族就是赫拉克勒斯。③"假作真时真亦假",在借用神话的过程中,连这些统治者本人也越发相信神话就是真实的历史。久而久之,在当时的古希腊、罗马人的思想意识里,神话几乎就等同于他们的历史,而历史本身就是令人信服的神话。在文明早期,神话故事的文化功能,不在于文学和美学意义上的欣赏娱乐,而在于为文化认同提供信仰的证明。身份认证、文化认同,这正是各个国族的神话历史被开启的不二法门。

  历史最初记述的目的是将在彼时彼地所听的、所看的、所想的过去发生的事情有选择地保留下来,解释原因,探寻真相,查找规律。正如西方历史的公认开创者希罗多德在《历史》开篇就坦承的目的:"哈利卡尔那索斯(Ἁλικαρνησσέος)的希罗多德,在这里展示他的探索成果,之所以要这么做,是为了保存人类的功业,使之不致由于年深日久而被人们遗忘,为了使希腊人和异邦人(优秀者和野蛮人,τὰ μὲν Ἕλλησι τὰ δὲ βαρβάροισι)的那些值得赞叹的丰功伟绩不致失去它们的光彩,特别是为了把他们发生纷争的原因(ἣν αἰτίην)给记载下来。"④希罗多德自始至终都在探寻历史发生的因果关系,挑起争端的究竟是腓尼基人,还是波斯人?是吕底亚人,还是雅典人?

---

① 王以欣:《古希腊神话与土地占有权》,《世界历史》2002年第4期。
② Ken Dowden, *The Uses of Greek Mythology*, London and New York: Routledge, 1992, p. 72.
③ [苏联] M. H. 鲍特文尼克等编:《神话辞典》,黄鸿森、温乃铮译,商务印书馆,1985年,第144页。
④ Ἡρόδοτος, Ἱστορια, I. 英译本采用 Herodotus, *The Histories*, New York: Penguin Books, 2003, p. 1。中译本采用[古希腊]希罗多德:《历史——希腊波斯战争史》(上册),王以铸译,商务印书馆,1985年,第1页。此处根据希腊文原文,译文有所改动。

原因何在？在希罗多德缓缓道来的历史事件背后，总有神话的影子和神话故事的因果叙述。按照波斯人的说法，因果关系这样形成：因为腓尼基人将阿耳戈斯的公主伊娥抢到了埃及，所以作为报复手段，希腊人劫持了腓尼基的公主欧罗巴；又因为希腊人劫走了科尔启斯的美狄亚，所以伊利昂的帕里斯从希腊拐跑了海伦。于是希腊人率领军队入侵亚细亚，从而惹怒了波斯人，因为在波斯人看来，亚细亚及其周边所有居住的异邦民族都是隶属于自己的。每一个个人，每一个民族往往都倾向于以自我为中心，将其他人、其他民族视为与自己相异的"他者"而将其排除在外。神话故事里的情节成为历史上重大战争发生的导火索，不过谁又能质疑神话故事所描绘的不是一段真实的历史呢？众所周知的一个原则就是，历史总是"要把过去的时间整顿成为有先后次序的因果关系"。① 作为西方第一位历史学家，希罗多德习惯用现象去解释现象，用神话思维去解释神话，从而凝结成为希罗多德式历史。这是他的后继者修昔底德试图批判并极力避免的，然而，声称自己的史书更为真实、可信的修昔底德仍然徘徊在神话与历史之间，没能完全跳出神话思维对个人无形的渗透和长年累月的影响。希罗多德满篇强调神谕的力量，尤其是德尔斐神殿经由女祭司皮提亚传达的神谕。实际上，赫拉克勒斯神话在希腊的变体与创作者所处的历史背景分不开。无论如何，"从理念上讲，人们研究每一种神话之变体，不仅要研究它与其他变体的关系，而且要注意使之得以产生、得以接受的那个社会历史状况，以便能够知道，在整个社会范围内，叙述者与听众之间是如何发生作用而产生故事上的损益、分类上的变更以及权利上的分配的。换言之，在我们考察了文本、文本上下、文本之间、前文本、亚文本及其相互之间的前因后果以前，我们的任务不算完成"。② 在希罗多德描述历史的年代，人的行为往往掺杂着神话预言的成分，受到神话力量的左右。如果一个历史事件真实地发生了，对比于古老的神话，人们会说神的预言灵验了；而有心的王者，比如斯巴达国王和佩西斯特拉图斯等，他们的称王和复位的历史事件，都借助和有效利用了神话故事：前者假托英雄赫拉克勒斯

---

① ［英］爱德华·霍列特·卡尔：《历史是什么？》，吴柱存译，商务印书馆，1981年，第94页。
② ［美］布鲁斯·林肯：《死亡、战争与献祭》，晏可佳译，上海人民出版社，2002年，中译本导言，第6—7页。

的后代，为自己的王权建立找到依靠；后者让一名妇女假扮雅典娜乘坐战车，然后四处宣告自己的复位是由于女神的引领，从而受到城邦人民的膜拜。

赫拉克勒斯在希腊群英当中是独一无二的。因为他拥有泛希腊主义的重要地位如此之早，以至于追踪他的起源几乎无迹可寻，但是破解英雄神话的密码极有可能隐藏在阿耳戈里斯（Ἀργολὶς）这个词之中，他与阿尔戈斯、与赫拉之间存在千丝万缕的关系。不光在希腊本土，这位英雄在许多非希腊人居住之地也享有盛名，从吕底亚到腓尼基和艾特鲁里亚，广受人们的尊崇，由此可见他受欢迎的程度。① 后人对赫拉克勒斯故事的熟悉，很大程度上归功于荷马，一些学者据此认为他是迈锡尼的英雄。无论如何，赫拉克勒斯的"起源"问题可能是争论的焦点，因为赫拉克勒斯神话的主体，以及赫拉克勒斯本人的性格，都是长时期合成的结果，其中包含了来自希腊世界的几乎所有部分的贡献。研究神话的变体，与社会历史状况息息相关。当神话中的一部分体现出青铜时代甚至是石器时代的特点时，那么崇拜的证据就显得过于晚近了，只能推测到公元前7世纪、前6世纪或者更晚一些。当年轻的小伙子们忙于准备投身于战争时，赫拉克勒斯是他们的支持者和庇护人。② 赫拉克勒斯是迈锡尼的英雄也好，是雅典的国王也好，是埃及的神灵也罢，神话故事在变，历史信息也在相应地作出调整。

由此不难看出，英雄崇拜的基础就在于大众对自然界的恐惧和敬畏心理。很多来自大自然的灾难无法解释，所以人们渴望借助于英雄的超凡脱俗威力，帮助大家从灾异恐怖中解脱出来。在古希腊时代，虽是神的后裔但仍具有人性弱点的英雄形象更具亲和力，是排解现世苦难的希望。伊利亚德认为，神灵、英雄以及传说中的祖先，他们的"超越"世界对于现代人来说容易理解，因为古代人无法接受时间的不可逆转。"正如我们反复所见的，意识废除了亵渎，废止了按年月次序排列的时间，它恢复了神话中的神圣时间。一个人成为与诸神所完成的业绩（in illo tempore）同时代的人。一方面，对抗不可逆转的时间可以帮助人类去'建构真实（construct reality）'；

---

① Jennifer Larson, *Ancient Greek Cults: A guide*, New York and London: Routledge, 2007, p. 183.
② Ibid. 另参看 Walter Burkert, *Structure and History in Greek Mythology and Ritual*, Berkeley: University of California Press, 1979, pp. 78–98。

另一方面，它将人们从死亡的时间和重量中重新解放了出来，使人相信自己能够删除过去，重新开始崭新的生活，再创一个新世界。"① 这一见解对于洞悉神话历史发生的主体机制大有裨益。它还能够提示今人，只将神话视为文学作品，将会损失多么重要的先民智慧。

荷马、赫西俄德、阿波罗多洛斯、埃斯库罗斯、索福克勒斯以及欧里庇得斯、品达、希罗多德等都曾将这位英雄的事迹写进自己的作品中。雅典人于公元前490年战胜了波斯的入侵者，更加助长了赫拉克勒斯的人气，因为这位英雄最为古老的阿提卡（Αττική）圣殿就位于战争的重要地点之一——马拉松。许多记述都将英雄的援助与战争胜利联系起来。神话英雄顺应战争形势，成为时代英雄。当时，雅典人在赫拉克勒斯的避难所建立他们的军事营地，除了军事用途，这一处地点还配有不少运动的装备，并极有可能曾经按照当地的标准主办过运动会。战役结束后，人们相信这位英雄神援助了雅典人，于是运动竞技获得快速发展，并且在阿提卡境外拥有了一批追随者。这一情况我们可以从品达的诗中获取相关信息。比如说《奥林匹克颂》（*Ol.* 9.89-90）、《皮托竞技胜利者颂》（*Pyth.* 8.79）等。希罗多德在《历史》第6卷第116章介绍了马拉松战役的场景：波斯人绕过了索尼昂（Σούνιον），雅典人听闻便迅速赶回来保卫自己的城市，并且抢在那些野蛮人（τοὺς βαρβάρους）即波斯军队到来之前。这些雅典人是从马拉松的一座赫拉克勒斯圣殿那里来的，当时还有另外一个赫拉克勒斯神殿，位于库诺萨尔盖斯（Κυνοσάργεϊς），希腊人就驻扎在那里。② 在马拉松战役里，赫拉克勒斯神殿起了很关键的作用，而雅典人自然将功劳记在赫拉克勒斯作为神灵对他们的庇护上也就不足为奇了。另外，赫拉克勒斯还有一个名号——阿莱克西卡考斯（Ἀλεξίκακος），意思是对抗邪恶的斗士（averter of evil），雅典人指望着他抵抗外侮并防御瘟疫。③ 不论雅典神话对于赫拉克勒斯的叙述是多么的不

---

① Mircea Eliade, *Myth and Reality*, translated from the French by Willard R. Trask, New York: Harper Torchbooks, 1968, p. 140.
② Ἡρόδοτος, Ἱστορια, VI, 116. 英译本采用 Herodotus, *The Histories*, New York: Penguin Books, 2003, p. 402；中译本采用［古希腊］希罗多德：《历史——希腊波斯战争史》（上册），王以铸译，商务印书馆，1985年，第451页。此处根据希腊文原文，译文有所改动。
③ Jennifer Larson, *Ancient Greek Cults: A guide*, New York and London: Routledge, 2007, p. 184.

足，然而关于这位英雄的崇拜却深深地在阿提卡这片土地上扎了根，拥有无数崇拜者。此外，这种宗教崇拜之所以能够盛行，无疑受益于僭主佩西斯特拉图斯（Peisistratus）的庇护。

赫拉克勒斯系宙斯和阿尔克墨涅所生之子，一个"'半神'（ἡμί-θεος）的人类英雄（ἀνδρῶν ἥρων）"。① 不过，有死的（θάνατος）英雄与不死的（ἀ-θάνατος）神灵之间永远横亘着一条无法跨越的鸿沟，不论英雄具有怎样高贵的品质和不朽的功业，他始终都是凡人。② 正如《奥德赛》中盲人歌手德摩道科斯的吟唱"凡人的荣耀"（κλέα ἀνδρῶν）③ 那般，肉体凡胎容易毁灭，丰功伟绩可以永存。有一种献祭，大致从表面上看，更接近"奥林匹克"类型，这种献祭关注分享的餐食和肉类消费，它是赫拉克勒斯宗教崇拜的标志。这种信仰与死亡、英雄、神灵的献祭相关，而放弃这些祭品的方法则相对来说十分罕见。④

也就是说，在宗教仪式上赫拉克勒斯具有双重形象——英雄和神。本章之所以使用较多篇幅分析赫拉克勒斯的形象、起源、事迹及其身上的双重特点，是因为他是介于神灵与凡人之间的英雄，是"超人"和"半神"，在人之上，在神之下，这样的形象希腊人是热衷的；因为这种"中间性"（ἡμί-），这种无法明确的类型令他们着迷，使人们拥有更多想象的空间来描述人类既强大又弱小这种深刻的矛盾性。

虽然赫拉克勒斯的父母是梯林斯人，但是普遍认为他本人出生于忒拜。其实在希腊化时期，理性开始抬头，荷马史诗中英雄凭借蛮力、英勇及神灵的意愿而实现目标的故事已不再为人们所信服，神也不像荷马时代那样受到人们的敬畏与尊敬，栩栩如生的神话似乎也成为过去式。人们持有更多的怀疑，他们不再相信英雄的命运仅仅受到神的支配，也不再愿意相信众神与万事万物之间有着相互影响。⑤ 埃及神灵成为降落凡间的落魄英雄，英雄的受

---

① 赫西俄德：《神谱》，第289—294、315—318、332、527行。
② Simon Hornblower, Antomy Spawforth, eds., *The Oxford Classical Dictionary*, New York: Oxford University Press, 2003, pp. 693–694.
③ 《奥德赛》，第8卷第73行。
④ Jennifer Larson, *Ancient Greek Cults: A guide*, New York and London: Routledge, 2007, p. 184.
⑤ ［美］罗伯特·柯布里克：《希腊人：爱琴海岸的奇葩》，李继荣等译，世界图书出版公司，2013年，第13页。

图 4-4 赫拉克勒斯"十二件大功"之一：与涅墨亚的狮子作战（黑彩圆瓶瓶画，约公元前 540 年）

难更令他们感觉真实和亲切。

阿波罗多洛斯创作于公元前 1 世纪左右的《神话全书》（又名《书库》）上卷多次提及赫拉克勒斯，中卷几乎全部讲述赫拉克勒斯的英雄事迹，下卷只交代了一处。[①] 中卷几乎是以赫拉克勒斯的种种成就贯穿而成，这是典型的英雄崇拜或者说在人类活动中的英雄事迹。说来有趣，《神话全书》没有以神的故事为主，而是更多地关注英雄的故事，英雄作为人所创造的奇迹。以下列举有关赫拉克勒斯的具体事例，梳理英雄的几大特征，总结为何《神话全书》如此注重英雄神话。

第一，突出英雄的孔武有力。

比如，杀死狮子、制服怪蛇、打败冥王、砸死竖琴老师、砍杀忒拜使者、攻打伊利昂、毁坏科斯岛、洗劫俄卡利亚；坐着太阳神赐予的金杯横渡海洋；赫拉克勒斯帮助宙斯和赫拉杀死了那些对奥林波斯神灵有威胁的对手，表明英雄参与到神灵的战争中并起到关键的作用。

第二，赞美英雄的一腔正气。

普罗米修斯因为偷盗火种，受到严厉的惩罚，赫拉克勒斯救了帮助人类的普罗米修斯，换句话说英雄站在凡人的一边，为世人排忧解难、谋求利益；帮助被水神抢走的许拉斯；举行奥林匹亚竞技大会，设立一个珀罗普斯的祭坛，建筑六个祭坛给十二个神道。

第三，呈现英雄的儿女情长。

---

① 《神话全书》以英雄神话为主，是现代学者研究古希腊神话的重要文献。据学者考证，《神话全书》成书于公元 1—2 世纪，传统上嫁名于生活在公元前 180—前 120 年的希腊学者阿波罗多洛斯。由于成书时间与作者的生活年代不吻合，因此现今习惯将该书的作者称为"伪阿波罗多洛斯"。中译本采用［古希腊］阿波罗多洛斯：《希腊神话》，周作人译，中国对外翻译出版公司，1999 年。此处引文为第 1 卷第三章第二节、第六章第二节、第七章第一节、第八章第一节、第九章第九、十五、十六、十九节；第 2 卷第四章第二、五、八、九、十、十一、十二节，第五章第一至十二节、第六章第一至四节、第七章第一至七节；第 3 卷第十章第五节。

例如，赫拉克勒斯曾经为了追求美女阿涅拉，与河神阿刻罗俄斯角力，赢得胜利；逗留忒斯庇埃五十天，分别与忒斯庇俄斯国王的五十个女儿同床；娶忒拜国王克瑞翁的长女墨伽拉为妻；与阿玛宗女王希波吕忒一见倾心，由于受到赫拉破坏，赫拉克勒斯杀死恋人，抢去她的腰带，打败她的族人，开船离去；抛弃妻子墨伽拉，爱上俄卡利亚的公主伊奥勒；墨伽拉为了让赫拉克勒斯宠爱自己，听信涅苏斯的话，将有毒的血液涂抹在赫拉克勒斯的衣服上，赫拉克勒斯毫不知情，穿上有毒的血衣。

第四，刻画英雄的受难经历。

在与弥倪亚人打仗之后，由于赫拉的嫉妒，赫拉克勒斯发起狂来，把自己同墨伽拉所生的儿子都扔进火里烧死了。鲍桑尼亚斯在《希腊道里志》(Description of Greece)一书中谈到此事："忒拜人也在城市墨伽拉(Μέγαρα)①展开了对赫拉克勒斯的纪念，并讲述那些孩子们的死亡。"赫拉克勒斯流亡在外，被除灾厄后来到德尔斐神殿，询问神明他该去往何处。这个时候，皮提亚女祭司第一次称呼他为赫拉克勒斯，不再叫他以前的名字——阿耳刻得斯。建议他前往梯林斯，去给欧律斯透斯服役十二年，完成国王吩咐的十二件工作。后来他染上恶疾，为吕底亚的女王翁阿勒做了三年奴隶。

第五，强调英雄最终苦尽甘来。

十二件工作艰苦卓绝，但也成就了英雄的盛名。比如第一件工作就是让他去取涅墨亚的狮子皮来。因为这件功劳，赫拉克勒斯的形象有时是披着狮子皮的。公元前3世纪的希腊天文学家伊拉特斯提尼斯(Pseudo-Eratosthenes)曾经唱诵披着狮子皮的英雄："列奥(Leo)：这是耀眼的星群之一。黄道带里的动物接受了宙斯的荣耀，因为它们是众兽之首。因为唯有这类生物，在他们追慕荣耀之时，宙斯并没有直接用武器杀死它们，而是同它们扭斗并扼杀它们。罗德斯的珀珊德洛斯(Pisander)谈到了这件事。他解释了为什么英雄身着皮毛，那是因为他完成了一件辉煌的壮举。"②

赫拉克勒斯穿上有毒的血衣后，命悬一线，他命人把自己抬到特剌喀

---

① 一座古代城邦，与赫拉克勒斯的妻子墨伽拉同名，在希腊的阿提卡境内，位于科林斯海峡的北部，属于阿提卡四大区域之一。
② [古希腊]荷马等:《英雄诗系笺释》，崔嵬、程志敏译，华夏出版社，2011年，第294页。

斯境内的奥塔山，在那里堆起火葬堆，躺在上面，吩咐点火。但是没有人肯做，一个名叫波阿斯的人因为寻找牛群，经过此地，帮助点了火。赫拉克勒斯把弓送给了他。据说，当火葬堆烧着的时候，有一朵云彩在他底下升起，同着一声雷响把他带向天上去了。在奥林波斯，赫拉克勒斯与赫拉达成和解，并娶了宙斯和赫拉的女儿赫蓓，生下了儿子阿勒克西阿瑞斯和阿尼克托斯。历经人间劫难，英雄获得永生。

在神话中，梯林斯属于赫拉克勒斯的城市，象征大英雄建功立业的丰碑。按照神话历史互为参照的观点出发，我们不得不产生疑问：赫拉克勒斯对当地猛兽的征服，是否象征着大统治者梯林斯对地方小统治者的胜利？可惜关于公元前12世纪雅典历史的考古资料十分稀少，我们得到的结论仅仅是，雅典人在战争频发的多事之秋存活了下来。到公元前1100年左右，有关的资料又丰富起来。这个时代，除了腓尼基字母表的创建和传播之外，也是希腊历史传说所说的异族多利安人入侵希腊的时代。但是一些考古学研究表明，声称自己是赫拉克勒斯后代的多利安人并不是一次性侵入希腊的，而是有计划、有安排地掀起一系列的迁移浪潮。希罗多德描述的关于赫拉克勒斯的儿子许罗斯的故事仅仅提供了一条通向真实的线索。故事说，许罗斯在科林斯地峡的单人决斗中阵亡，他的后代许诺，只有在经过三代人之后，他们才会再回来。美国学者保罗·麦克金德里克（Paul Mackendrick）认为这个故事从另一个角度表明，古代希腊人至少像近代的考古学家一样，意识到多利安人的入侵经历了一个比较长的时间。他们在无可奈何之下创作出这样的有趣故事填补空白，剥去故事的外衣，显示出这样一个事实：巴尔干西北地区希腊语族的迁徙延续了100年，在希腊本土引起了很大的骚动与不安，而关于这次入侵的传说年代只标志了迁徙时代的结束。①1957年，考古学家布伦纳在科林斯地峡发现了一道带塔楼的设防城墙，城墙的填塞物中有公元前1250—前1200年前后的陶器。这表明，和入侵者作战的不是只有雅典人，还有其他一些城邦的人参加。如果还原当时的状况，大概是这样的场景：多利安人经过雅典，科林斯地峡以南的伯罗奔尼撒则承受了全部的入侵压力。

---

① ［美］保罗·麦克金德里克：《会说话的希腊石头》，晏绍祥译，浙江人民出版社，2000年，第66—67、118—119页。

梯林斯、派罗斯，最后是迈锡尼，逐一陷落了。入侵者继续前进，横扫爱琴海南部诸岛、小亚细亚西南部和克里特。凡是入侵者驻足的地方，历史时期的希腊语就变为多利安方言，这种方言中有一个写得较宽的a。同时，根据希腊传统，幸存下来的雅典成了逃亡者，特别是派罗斯逃亡者的避难所。①成王败寇，真相的话语权掌握在胜利的一方，历史是由战胜者书写的，神话亦是如此。入侵的多利安人在语言上插上旗帜，招摇自己的功勋。他们利用赫拉克勒斯子孙回归的神话为明目张胆的入侵正名，把英雄神话写进历史书中。

在迈锡尼东南8英里处，就是她的姐妹城市梯林斯，考古学揭示出这个城市在前迈锡尼时期的历史。其公元前1900年以后的遗迹，比我们所描述的巨大的圆形塔给人的印象更为深刻。相关陶器显示，在后期希腊的第二和第三期，即公元前1500年至前1230年前后，梯林斯进行了规模宏大而严格的建筑活动，结果是创造了迈锡尼时代最为不朽的三段城墙和残存至今的宫殿。在神话中，梯林斯是赫拉克勒斯的城市，从某种程度上可以说，赫拉克勒斯对当地猛兽的征服，就象征着梯林斯对地方小统治者的胜利。②英雄神话的具体时间恐难考证，但是考古发掘的大量数据显示出神话的某些故事情节并非子虚乌有。

关于三代人的故事在阿波罗多洛斯《神话全书》第2卷第八章第二节用传说的形式描述过，赫拉克勒斯的子孙曾被赶出希腊，许罗斯依照父亲的遗愿娶了伊奥勒，想方设法使得赫拉克勒斯的子孙能够重返故里。于是他前往德尔斐神庙，询问他们怎样才能回去，神谕指示说，赫拉克勒斯的子孙要想回到故里必须等到第三次秋收（the third crop）以后。于是许罗斯自然以为第三次秋收就是第三年，他足足等了三年，等到第三次秋收的时候，便组织赫拉克勒斯系的军队攻打珀罗蓬涅索斯，然而这一次还是失败，没能回去。于是，他们又去询问乩示。神所说的与上次所说的一致，让他们等到第三次秋收。军队有人责怪神灵预言失灵，因为他们依照做了却最终失利。神灵回

---

① ［美］保罗·麦克金德里克：《会说话的希腊石头》，晏绍祥译，浙江人民出版社，2000年，第66—67、118—119页。
② 同上书，第66—67页。

答他们的不幸源自对神谕的误解。第三次秋收并非指地上的三年，而是说天上的三年，算下来正好人间的三代（a crop of a generation），即100年。① 按照神话传说，希腊英雄赫拉克勒斯本属迈锡尼王族，本应继承迈锡尼王位，却因赫拉女神的迫害而失去继承权，被迫效力于迈锡尼国王欧律斯透斯，完成十二件苦役。赫拉克勒斯死后，其子孙被欧律斯透斯放逐，最后被居住在西北边陲的多利安人接纳。因赫拉克勒斯当年曾帮助多利安人击败马人部落，获得多利安人三分之一国土的馈赠，赫拉克勒斯的长子许罗斯（Ύλλος）遂被拥戴为多利安人三部落之一的许罗斯部落（Ύλλεις）的首领。许罗斯试图率领多利安人重返故土，未获成功，自己也在与对手的决斗中战死。许罗斯的后代在阿波罗神谕鼓舞下，前赴后继，历经百年不懈奋斗，迄至赫拉克勒斯第三代孙时，即神谕所谓的"第三次秋收"时，最终实现返乡之梦，征服了伯罗奔尼撒半岛大部。

　　神话是对过去的遥想和记录，是关于过去的一种思考方式，人类通过代代相传的神话故事了解自己的过去，因为没有过去、没有民族的历史就没有身份认同可言——不管是族裔的或任何其他群体的身份认同。赫拉克勒斯神话的变化轨迹已经很清晰了，他从埃及的神灵转换为希腊英雄，又从希腊英雄升格成希腊神灵，受到人们顶礼膜拜。② 多利安人利用这一神话，寻求身份认同，打着赫拉克勒斯子孙回归故里的旗号，为自己入侵希腊寻找最为合适的理由。丹麦新史学家克斯汀·海斯翠普（Kirsten Hastrup）注意到身份认同与创造历史之间的关联："如果有人雇你当应用人类学家，请你建构一个集体的身份认同，你做的第一件事会是划出这个团体的界限；而后，你会创造习惯、传统——一部历史。"③ 同样，赫拉克勒斯神话从这个意义上说，也是古希腊人创造出的关于古代的一部历史，而多利安人即为神话历史结合的一个例证。

---

① Apollodorus. Ἀπολλόδωρος, Βιβλιοθήκη, (The Library), Volume I, James George Frazer (trans.), Cambridge: Harvard University Press, 1921, pp. 280–285.
② John Warrington, Everyman's Classical Dictionary: 800 B.C.–A.D.337, London: J. M. Dent &Sons Ltd, 1961, pp. 266–268.
③ [丹麦] 克斯汀·海斯翠普著编：《他者的历史》，贾士蘅译，（台北）麦田出版股份有限公司，1998年，第45页。

不管怎么说，可能因为这位希腊英雄曾在伯罗奔尼撒留下古老的印迹，所以，在此处定居的多利安人便顺理成章地将赫拉克勒斯认作自己的祖先，为的是将他们对这片土地的入侵和攫取行为合法化。或者说，赫拉克勒斯在历史上确有其人，并且是一位君王，他的事迹传播四方，被口耳相传神话化的可能性也是存在的。虽然赫拉克勒斯本人在阿耳戈斯的君王身份遭到否定，但是根据神话故事，他的后代"正当地"荣归故里并征服了该地。而关于英雄为建功立业而向海外开拓的故事，相似地适用于证明自称英雄之后的多利安人相继开拓殖民地的行为——先是罗德斯岛和考斯岛，其次是西部地区。由此，一些优异的家庭和部落也争相效仿，在神话中追根溯源、寻找族谱，包括斯巴达的历届国王，都倾向于将他们的祖籍追溯到赫拉克勒斯身上。① 神话融入历史的血液当中，运用神话创造历史的多利安人、斯巴达人为自己的历史缔造了新一轮的神话。

　　对于希腊西部的殖民地，根据希腊神话，赫拉克勒斯是一位开路先锋，他到达了"世界尽头"，建立了许多城市和宗教，同时他也是一位古希腊人文主义的传道者。② 根据古希腊神话，赫拉克勒斯必须完成的十二项英雄业绩，第十项任务就是到厄律忒亚牵回巨人革律翁的牛群，带回给欧律斯透斯。这项任务成为赫拉克勒斯出行当中走得最远的一次，也是最靠西的一次。斯特拉博记述的一篇品达已经散佚的诗文，目前是对赫拉克勒斯之柱（Ἡράκλειαι Στῆλαι）③ 最早的文献记录："那些被品达称为'加德斯之门'的支柱，就是他声称赫拉克勒斯出行旅程的最西点。"④ 并声称在加德斯岛的东岸附近，是泰尔人崇拜赫拉克勒斯最西方的神殿的所在。不少造访过该神殿并祭拜赫拉克勒斯的人，都声称殿内两条八肘尺高的青铜圆柱，是真正的赫拉克勒斯之柱。许多人在航海结束之后都前来朝拜这些柱子，向赫拉克勒斯神献祭，并把"赫拉克勒之柱"所在地是大地和海洋尽头的传闻传遍了各地。

---

① Jennifer Larson, *Ancient Greek Cults: A guide*, New York and London: Routledge, 2007, p. 186.
② Ibid.
③ 赫拉克勒斯之柱（Pillars of Hercules），是西方经典中形容直布罗陀海峡两岸边耸立海岬的短语。一般认为，北面一柱是位于英属直布罗陀境内的直布罗陀巨岩，南面一柱位于北非，但确切是哪座山峰一直没有一致的说法。
④ ［古希腊］斯特拉博：《地理学》（上册），李铁匠译，上海三联书店，2014年，第234页。

神话英雄的西方之行以及在所到之处树立纪念石柱的行为，在斯特拉博看来是一种变相的远征或殖民。他举例说，亚历山大也曾经建立圣坛，作为他远征印度的边界，在他所到达的印度东部最遥远的地区，用这种方式仿效赫拉克勒斯。①正因为赫拉克勒斯神话还具有这一层远征和殖民的意义，所以像斯巴达历届国王、亚历山大大帝这些统治者才会热衷于将他尊奉为英雄神，并将他的事迹广为传播。赫拉克勒斯成为号召一种英雄主义的旗帜和标杆。因此，赫拉克勒斯与东方神话包括有关赫拉克勒斯的神话含有腓尼基人对迈尔夸特的崇拜、埃及的宗教观念和东方太阳神崇拜的成分就不难理解了。英雄的足迹遍及各地，四处树立自己的丰碑，努力对抗不可逆转的时间，建构了英雄神话的历史。

赫拉克勒斯在神话历史中应该不止一个，换句话说，他是集几个神话人物于一身的综合体：与埃及太阳神拉关系密切的赫瑞沙夫，被视为"城市之王"的腓尼基的神灵迈尔夸特，完成十二大功的阿耳刻得斯，创建奥林匹克运动赛事的伊达人赫拉克勒斯（Idaian Herakles）……由于历史的需要，赫拉克拉斯神话也相应地查缺补漏，发生着变化。

小结　从神话中发现历史

至此，赫拉克勒斯神话的变化轨迹已逐渐清晰，神话历史似乎区别出了赫拉克勒斯来源的多种可能性，他从埃及的神灵转换为希腊英雄，又从希腊英雄升格为希腊神灵，受到人们顶礼膜拜。②在这两个转化过程中起关键作用的是神话叙事。此外，赫拉克勒斯是许多城市之父和蛮族人（barbarian peoples）的祖先。③据说，印度一个部落西巴斯人（Σίβας）就是那些参加赫拉克勒斯远征的人的后裔，作为他们血统的标志，他们也像赫拉克勒斯那样穿兽皮、带棍棒，并给他们的家畜和骡子打上一个大头棒的标记。另外，后

---

① ［古希腊］斯特拉博：《地理学》（上册），李铁匠译，上海三联书店，2014年，第233—235页。
② John Warrington, *Everyman's Classical Dictionary: 800 B.C.–A.D.337*, London: J. M. Dent &Sons Ltd, 1961, pp. 266–268.
③ Patrick J. Geary, *Women at the Beginning*, Princeton: Princeton University Press, 2006, p. 13.

世人还积极地用高加索和普罗米修斯的故事来证明赫拉克勒斯神话的真实性。① 不过斯特拉博在《地理学》(xv. i. 8, 23) 中提出质疑，认为这种赫拉克勒斯式打扮方式的兴起是特洛伊战争之后的事情了，他根据古老的赫拉克勒斯木质雕像确定这种装扮是一种后代的虚构。② 这些后代借用神话故事变成自己民族的历史。

对于希腊西部的殖民地历史而言，赫拉克勒斯无疑是一位开路先锋，他的足迹遍布各地，甚至行进到了"世界尽头"，建立了许多城市并传播宗教，从这层意义上讲，英雄不仅是一位古希腊人文主义的传道者，也是侵犯他人国土的地地道道的殖民者。③ 希罗多德对于塔索斯的赫拉克勒斯的发现，至少证明了腓尼基人应该比希腊人更早地占领了塔索斯这座城市。腓尼基的背景可能说明赫拉克勒斯在塔索斯这座城市具有无可替代的声望。有趣的是，在相当长的一段历史时期，腓尼基人的神灵迈尔夸特被广泛地认同为赫拉克勒斯。不管怎么说，正是因为神话传说里的英雄曾在伯罗奔尼撒留下古老的印迹，所以，在此处定居的多利安人才会主动且急迫地将赫拉克勒斯认作自己的祖先，为的是将他们的神话故事作为真实的历史延续下去，从而真正地从军事上、政治上、宗教上完全占有这片土地。赫拉克勒斯本人究竟是不是阿耳戈斯君王，其历史身份在入侵者的眼中已经不再重要。重要的是，他们深信神话的力量远远大于真实本身，打着让别人同时也让自己深信不疑的神话旗帜才能最终让英雄的"后代"假借英雄之名达成所愿，"正当地"荣归故里。神话在这一点上造就了一段真实的历史。真实的历史是，伴随着开拓海外殖民地步伐的加快，赫拉克勒斯后代回归的神话观念越发深入人心。由此，一些后来兴起的家族和部落，包括斯巴达的历届国王、罗马贵族，都主动地将自己的历史刻上英雄家族的徽标，倾向于将他们的祖籍追溯到赫拉克勒斯身上。在这样的神话历史情境中，众人关注的是当下的既得利益，谁又在意他们的祖先故事是真是假，何况许多事情都可以弄假成真。正如荷马和赫西俄德不约而同地使用过相同的叙述，即"把种种谎言说得如真的

---

① ［古希腊］荷马等：《英雄诗系笺释》，崔嵬、程志敏译，华夏出版社，2011年，第295页。
② ［古希腊］斯特拉博：《地理学》（下册），李铁匠译，上海三联书店，2014年，第1015页。
③ Jennifer Larson, *Ancient Greek Cults: A guide*, New York and London: Routledge, 2007, pp. 185-186.

一般"。①

在远古地中海文明的神话历史中，赫拉克勒斯显然不只是一个单一的形象。换句话说，他成为该地区多民族文学共同建构、共同坚守的箭垛式人物，在他身上汇聚着的有宗教信仰、社会政治、历史事件、文学传说等诸多因素，最终被塑造成为一个多元神话的综合体：包含着与埃及太阳神拉关系密切的赫瑞沙夫，腓尼基的神灵迈尔夸特，完成十二大功的阿耳刻得斯，创建奥林匹克运动赛事的伊达人赫拉克勒斯……多元的英雄神话融入多个民族的历史血脉之中。

神话始于人类亘古的文化记忆和历史讲述。在史前时代，神话思维是占据统治地位的古老思考方式。人类通过神话故事了解自己的过去，感叹身份是何其重要。因为唯有通过身份认同，划出或打破此团体和彼团体的界限，才能创造一部历史。同样，从这个意义上说，赫拉克勒斯神话不只是古希腊人的文学创作，同时也是地中海文明神话历史的一个代表性标本。这样的重新认识和定性，预示着神话学研究与文化研究、历史研究的对接与打通尝试——民族文学研究视野与跨文化的整合性研究视野融合的尝试。

没有神话，历史无从开启。我们需要思考的是：将神话仅仅等同于虚构的文学，又将遮蔽和丢失多少宝贵的历史信息？

---

① 《奥德赛》第19卷第203行，"他说得假话如同真实"（ἴσκε ψεύδεα πολλὰ λέγων ἐτύμοισιν ὁμοῖα）；《神谱》第27行，"把谎言说得真实可信"（ἴδμεν ψεύδεα πολλὰ λέγειν ἐτύμοισιν ὁμοῖα）。荷马与赫西俄德的描绘何其相似。

第五章

亚马逊：女英雄氏族之谜

直到战败的那一刻，她们才明白，原来自己是女人啊。

——阿波罗多洛斯：《神话全书》

亚马逊（Ἀμαζών, amazon），也译作阿玛宗①，这个与当今风靡全球的亚马逊网上商城具有相同叫法的命名，曾光荣地属于一个女英雄氏族的名号。在希腊神话中，亚马逊女英雄曾与无数希腊男英雄交手，她们不畏艰险、英勇战斗直到生命的最后一刻。这一曾经被归为"蛮族人"的民族融入了希腊神话历史当中，书写了灿烂的一笔，在希腊世界中占据重要的地位。

阿玛宗的故事令许多人着迷，大家好奇地是：她们是否真实地存在过？

根据传说，阿玛宗人居住在迈俄提斯湖（亚速海）沿岸或小亚细亚。当地妇女只有一只乳房，她们的右乳自幼年起就被烧红的铁器烙掉。对于阿玛宗这个神秘的民族，后世有种种猜测：她们为什么要烙掉右乳？是为了反抗压迫还是追求体态的完美？是出于拉弓射箭方便还是体现像男人一样战斗的决心？从古希腊文构成结构上看，"阿玛宗"（Ἀμαζών, Amazon）这个词，似乎可由否定前缀A（A）和名词μαζών（mazon）两个部分组成，μαζών的本义为乳房，按照字面理解，Amazon的意思是指"没有乳房"。因为这一层意思，再加上神话描述，人们对阿玛宗产生的印象无非是"女人没有乳房的一个族群"。不过，"阿玛宗"有无此意，这种字面解释在词源学上是否可靠仍需要商榷。

---

① 还译作"阿玛松""亚马孙""亚马宗"等。

2014年10月17日发表在《纽约客》(The New Yorker)的一篇文章《真正的阿玛宗人》(The Real Amazons)又引发了人们对"阿玛宗"这个名字的关注。撰文者约书亚·罗斯曼(Joshua Rothman)提醒人们勿忘几千年前阿玛宗的故事,因为思考阿玛宗就等于我们去思考男人、女人以及他们怎样在一起生活。历史学家阿德里安娜·梅约(Adrienne Mayor)在2014年出版的新书《阿玛宗人:古代世界里女战士的生活和想象》里经过一番语言考证得出结论,她认为"阿玛宗"这个词不是希腊语,它有一个古老东方语言来源,这个词很可能经历了从切尔克斯语(ČARKAS)的名字a-mez-a-ne"森林(或月亮)女神"到伊朗语 ha-mazon "勇士"的转变过程。① 阿玛宗女英雄神话引发世界各地对女战士民族历史的热情探讨。

无论对于现代人而言,还是古希腊人来说,阿玛宗女英雄无疑是一个神秘的存在。她们似乎是介于男人与女人之间的第三种人,生理上表现为女人的特征,而心理上却显得比男人更勇敢、更强大。后世对她们充满好奇多过敬意。一座名为《一位受伤的阿玛宗人》(An Wounded Amazon)的雕塑举世闻名,该作品出自公元前5世纪后半期古希腊著名的雕塑家波利克里托斯(Polykleitos)之手,现藏于罗马首都博物馆。雕塑中的阿玛宗女士兵,被塑造得与男人相仿,肌肉发达,体格健美。她大胆裸露自己的左乳房,而右乳房则用金黄色的衣服遮盖。虽然受了伤,脸上却丝毫未曾流露痛苦的表情,眉宇间透露着果敢和坚毅。关于波利克里托斯当初创作的意图,众说纷纭,不过雕塑家要表达的似乎是女性力量,那是独属阿玛宗的力量,体现在这支神秘氏族的女性身上。据说这尊大理石雕像是要奉献给阿耳忒弥丝神庙的。② 因为阿玛宗部落信奉处女神阿耳忒弥丝,视这位终身不近男色的女神为她们的保护神。阿玛宗部落全部由女性构成,她们对男性极为排斥,就像中国神话故事里的"女儿国"。斯特拉博在《地理学》中提到阿玛宗人时说,这些妇女在少年时期就要用火将右胸烙平,以便可以熟练地使用右手做任何与武力相关的事情,特别是投掷标枪。他感叹道:"在我们谈到亚马孙人的时候发

---

① Adrienne Mayor, *The Amazons: Lives and Legends of Warrior Women Across the Ancient World*, Princeton and Oxford: Princeton University Press, 2014, pp. 85-88, 234-246.
② "Statue of a wounded Amazon", *Heilbrunn Timeline of Art History*, Metropolitan Museum of Art, Retrieved 24 June 2015.

生了一件奇怪的事情,实际上,在其他所有的蛮族之中,神话和历史因素都是有区别的。因为那些古代的、虚构的和怪异的故事,才被称为神话。而历史却不管是古代史还是现代史,都要求是真实的,不能包含怪异的东西,或者只能有很少的怪异。但是,关于亚马孙人的故事,无论是在古代还是现代,都在重复着同样一个令人难以相信怪异的故事。例如,有谁会相信一支妇女组成的军队,或一座城市、一个部落的组织之中没有男性,她们不仅组织起来了,而且侵略别的民族的领土,不仅制服了她们邻近的民族,而且在一定程度上进入了今天的爱奥尼亚地区。并且还能横渡大海远征阿提卡?实际上,这就等于是说那个时期的男子就是妇女,而妇女就是男子。不过,即使是在今天,有关亚马孙人的奇特故事仍然在流传着。它们强化了上述故事的怪异性,使我们更相信古代的故事,而不是现在的解释。"[1] 阿玛宗女人的事迹犹如天方夜谭,冲击着理性人的思维,由于过分"怪诞",连斯特拉博也曾怀疑她的真实性,不过如同一个本体故事过多地添枝加叶,最终原初的真实被一并否定一样,阿玛宗氏族的历史被神话化了,然而我们不能由此就否定了在茂盛的神话枝叶遮掩下的阿玛宗女英雄历史的真实性。

其实阿玛宗确切的历史信息已经无从考证,但是按照古希腊语中 A 和 mazos 的组合形式,存在一种可能的解释,就是"缺少一只乳房的"。所以不少历史学家、地理学家都试图通过这一细节搜寻阿玛宗的真相。希罗多德和斯特拉博都把阿玛宗的地点设定为特尔摩冬(Thermodon)河岸。而公元前1世纪的希腊历史学家狄奥多罗斯(Diodorus)在其著作《历史全书》(*Bibliotheca Historica*)中指出在特尔摩冬的阿玛宗存在之前有一个更早的阿玛宗氏族——利比亚的阿玛宗(Amazon of Libya)的存在,这群阿玛宗人早在特洛伊战争之前就已经完全消失了,原因不明。[2] 也就是说,荷马史诗所谈到的阿玛宗女英雄之前还有一个古老神秘的部落,那是女英雄神话之前的神话,或者说是阿玛宗的早期历史。结合特洛伊战争,我们可以想象,当人们深陷旷日持久的战争,习惯于将战场厮杀当成家常便饭的时候,很容易

---

[1] Strabo, *The Geography*, XI, v, 3. [古希腊] 斯特拉博:《地理学》(下册),李铁匠译,上海三联书店,2014年,第752页。
[2] *Bibliotheca Historica*, Book III, 52. *The Library of History of Diodorus Siculus*, the Loeb Classical Library, 1935, p. 247.

产生英雄崇拜的心理。阿玛宗神话得到广泛传播也出于顺应时势造英雄的需要。据说,在许多城市和神庙,如士麦那(Smyrna)①、库迈(Cyme)②、以弗所(Ephesus)③、阿玛斯特里丝城(Amastris)等地都能找到她们的身影,自古希腊英雄时代以来,"阿玛宗"已经成为女战士的代名词。④

阿玛宗神话流传得如此广泛和深远,以至于16世纪当西班牙的探险者在巴西雨林中发现一群战斗的女人时,他们理所当然地把这个地区和其主要河流命名为阿玛宗河(Rio Amazonas,现通译为亚马逊河)。⑤也就是亚马逊现在地理命名的来历。照理说,南美洲的亚马逊河和古希腊的阿玛宗人居住点没有直接关联,但是神话思维却起到了巧妙的串联作用。神话中的阿玛宗女性骁勇善战,形象深入人心,文学、历史、地理、考古对她们的探究似乎没有中断过。

关于这个特殊的民族,古希腊医学之父希波克拉底(Hippocrates)也很感兴趣,曾经用一些篇幅讨论过。希波克拉底在医学文集中将阿玛宗女人的体质作为个案加以分析,从而阐释他的气候水土论。他说:"欧罗巴有个塞齐安(Seythina)种人,住在马科提斯湖周围,他们与其他种族不同。他们的名字叫索洛马太(Σαυροματέων,Sauromatae)。他们的妇女在未嫁时一直学骑马、射箭、投标枪、打猎,并同敌人战斗,在杀死三个敌人之前一直要做处女,在完成她们的传统神圣仪式前不结婚。一个找到丈夫的妇女不再骑马,只有在大探险中才被迫这样做。她们没有右乳房,因为她们还是婴儿时,母亲就拿烧红的专用铜制器械烧烤右乳房使它脱落。于是右乳房不再生长,而她的全部力量和血肉都集中在右肩和右手。"⑥生活在公元前5世纪末的希波克拉底对这些具有特殊习俗的人群感兴趣,探究她们体质和疾病,并

---

① 士麦那是以弗所统治者阿玛宗人的城市,因此居民和城市都得名于阿玛宗人。
② 指的是爱奥利斯的库迈(Cyme of Aeolis),以一位阿玛宗女战士库迈的名字命名。
③ 吕底亚古城和小亚细亚西岸希腊的重要城邦,位于爱琴海岸,古代为安纳托利亚丰收女神和阿耳忒弥丝的崇拜中心。
④ 参看 Gloria Steinem, Phyllis Chesler, Bea Feitler, *Wonder Woman*, Hole, Rinhart and Winston and Warner Books, 1972。
⑤ Timothy Taylor, *Prehistory of Sex, Four Million Years of Human Sexual Culture*, New York: Bantam Books, 1996, pp. 199−200.
⑥ [古希腊]希波克拉底:《希波克拉底文集》,赵洪钧、武鹏译,中国中医药出版社,2007年,第26页。

记录在自己的医学专著中。他笔下的索洛马太人显然是希腊神话里阿玛宗女英雄氏族的后裔，名称虽然变了，习俗却一直保留下来——烙去右乳，像男人一样战斗。"没有乳房"或"缺一只乳房"的说法用在阿玛宗女人身上意在说明她们是骁勇的女战士，她们的威武和胆识可与男性较量，许多古代城市也得名于阿玛宗人，比如以弗所、士麦拿、库迈和慕里奈（Murine）。荷马对阿玛宗的描述一笔带过，《伊利亚特》提到在特洛伊平原孤零零地耸立着一座土丘：

> 凡人称它为"芭提叶亚"①，
> 但神把它称作"跳动迅猛的慕里奈②的陵墓"。③

历史学家认为，女战士慕里奈（Μυρίνης）是一位阿玛宗人，这是从表示特征的词汇"跳动迅猛的"（πολυσκάρθμοιο）推断而出。据说马匹由于速度快而被称为"跳动迅猛的"，而慕里奈由于驱赶战车时风驰电掣也被称为"跳动迅猛的"，另外慕里奈也是一座城市的名字。斯特拉博通过考察明确地说过，有两座城市的命名得名于阿玛宗人，一座是慕里奈，一座是库迈。④显然，女英雄慕里奈的故事荷马是知道的，虽然只有短短两行，却精妙地勾勒出阿玛宗女人的传说，她们曾在特洛伊平原上留下足迹。世人只看到一座山丘，却不了解山丘的历史，它原是一座纪念碑，阿玛宗女人曾在这里金戈铁马，浴血沙场。《伊利亚特》还有两处提到阿玛宗的名字：一处是第3卷第189行，特洛伊国王普里阿摩斯回忆自己年轻时同她们一起打过仗："那一天，亚马宗女郎正在逼近，男人一样强悍的兵勇。然而就连她们，也不及明眸的阿丌亚势众。"⑤第二处在第6卷第186行，格劳鲁基亚人的首领格劳科斯介绍祖上的光荣历史，说他祖父曾"屠杀亚马宗女郎，敢和男子对攻"。⑥这

---

① 意思为"灌木山岗"。
② Murine，阿玛宗一名女英雄，神灵以她的名字称呼特洛伊城前的一座山丘。
③ 《伊利亚特》，第2卷第813行。
④ Strabo, The Geography, XIII, iii, 6.
⑤ ［古希腊］荷马：《荷马史诗》，陈中梅译注，译林出版社，2000年，第75页。
⑥ 同上书，第160页。

两处有关阿玛宗女英雄的描写都是由讲述者在追忆中完成的，短短几行字，概括了阿玛宗的三个特点：阿玛宗是女人组成的族群；她们英勇善战；最后败在男人的手下。荷马的《伊利亚特》诉说的是男人的战场，是力量和智慧的角逐之地。战争，总让女人走开。但是，阿玛宗是个特例，她们为战争而生，为战斗而死。正如阿玛宗这个英雄氏族的名字，放弃一只乳房，徘徊于做男人与做女人之间，她们无暇顾及作为女人的本能，使命只有一个：战斗至死。她们的事迹令天地动容，神明特意以一位女战士的名字来为一座无名的土丘命名，正因为这个名字，原本默默无闻的山丘被注入了生命，记录了历史。实际上，关于阿玛宗人的传说远在希腊时代之前就已形成，女英雄的事迹属于母系氏族时代的反映。

第一节　可怕的单乳女人

《大英百科全书》如此归纳阿玛宗人的历史："亚马孙（Amazon）指希腊神话中由妇女战士组成的一个种族的成员。希腊英雄赫拉克勒斯所服的劳役之一就是率领一支远征队伍去夺取亚马孙女王希波吕忒的腰带。另一种说法是，忒修斯曾进攻过亚马孙人。亚马孙人的反应是进攻阿提卡，但是最后被打败了，并且忒修斯娶了她们当中一个名叫安提俄珀的女人。古希腊的艺术作品中，亚马孙人的形象神似雅典娜女神（带着武器和头盔）和阿耳忒弥丝女神（身着薄衣，腰带系得高以便于疾行）。"① 在《哥伦比亚百科全书》中，也有关于亚马逊女人国的词条。它是这样描述这一奇异部落的：亚马逊是一个尚武的部落，生活在小亚细亚。这是一个女权制的社会，妇女善于打仗和管理，男人操持家务。每个妇女必须杀死一个男人才能结婚，而且所有的男婴在出世后就必须杀死。据说她们英勇善战，征服了小亚细亚的许多地方，如弗里吉亚、色雷斯、叙利亚的许多地方。② 几乎所有的辞典对阿玛宗的介绍都是强调她们的英勇善战。品达谈到阿玛宗人时赞叹道：

---

① 《不列颠简明百科全书》（修订版），第4卷，中国大百科全书出版社，2011年，第1871页。
② 参看 The Columbia Encyclopedia, sixth edition, New York: Columbia University Press, 2000.

她们指挥叙利亚人的军队，强大的长矛兵。①

　　身为古希腊诗人却由衷地赞叹"外族女人"，品达也深深地被阿玛宗身上那股雌雄双体的魅力所折服。最广为人知的有关阿玛宗女战士的故事，要算是古希腊的英雄史诗中所记载的了。文学家们花费很多笔墨去描绘阿玛宗女战士的英姿，她们在男人主权的世界里欲争一席之地，却以惨败告终。英雄气概、女性柔美集于一身，令她们的故事可歌可泣。但当古希腊史学家们找到了特尔摩冬地区，以为必能发现阿玛宗的遗迹时，结果却一无所获，连阿玛宗女战士的一根头发也找不到，他们无奈地只能根据神话传说中赫拉克勒斯已将她们赶尽杀绝来猜测，抑或认为是由于环境等因素她们被迫迁徙。所以在后来的神话传说中，阿玛宗族总是不断地寻找新的居住地，然而无论身居何处，她们始终处于希腊人所能知道的世界的边缘，一如她们在希腊神话历史上赫赫有名，却因蛮族的身份始终被排斥在外。也有人说，阿玛宗族有一支是在南高加索的科尔启斯（Colchis）一带的西徐亚人（Scythian，又译塞西亚、斯基泰）。更有人认为在非洲也有阿玛宗族的支部。但不管怎样，阿玛宗族在希腊人眼中自始至终都是野蛮的民族，而那些在战场上厮杀的阿玛宗女人始终是令男人好奇的异类。

　　阿玛宗谜一般地出现，又谜一般地消失。神话里有她们留给人们的最直观印象。探讨阿玛宗的历史，让我们先回顾有关她们的神话。经常出现在希腊神话之中的有两位阿玛宗女王。一位是希波吕忒（Ἱππολύτη, Hippolyta）②，一位是彭特西勒亚（Πενθεσίλεια, Penthesilea）③。两位女王的名字都有寓意：希波吕忒的意思是"脱缰的野马"；彭特西勒亚含有"比男人还要快"之意。有关她俩的传说美丽动人，凄绝哀婉，都与战斗、爱情、男人与女人之间的角逐相关。她们的结局可以说代表了整个阿玛宗女人的宿命。

---

① Pinda, Frag. 53, Puech. 品达《奥林匹亚颂》13:89。Pindar, *Victory Odes. Olympians* 2.7, 11; *Nemean* 4, *Isthmians* 3, 4, 7, edited by M. M. Willcook, New York: Cambridge University Press, 1995, p. 26.
② 这个名字的希腊语 Ἱππολύτη 由 Ἱππο（马）和 λύτη（解放的）两部分组成，从字面上可看出这个名字与骑马民族相关。
③ 战神阿瑞斯和欧特莱莱（Otrere）的女儿。这个名字的含义就是"preceding man"，意思是"比男人还要快"。

图5-1 戴着头盔，手持利剑和绘有戈耳工头像盾牌的阿玛宗女战士（阿提卡红彩圆瓶瓶画，约公元前510—前500年）

阿波罗多洛斯在《神话全书》第2卷第五章第九节中描述，英雄赫拉克勒斯的第九件工作是被委派去夺取希波吕忒佩戴的金腰带（ζωστῆρ Ἱππολύτης）。注意"腰带"这个词，用的希腊文是ζωστῆρ，指的是束紧铠甲的腰带，一般是男子使用的，女子的束腰带叫ζωνή。仅"腰带"这个词就已经点明阿玛宗不是一般的女人，她们像男人一样用腰带束铠甲，持枪上马。夺取腰带这项任务并非易事：希波吕忒当时是阿玛宗人的女王，她们住在特尔摩冬（Θερμώδον）河的周围，擅长战斗。她们自小便养成男性的风气，假如同外界男人交会生了孩子，她们会送走或杀掉男孩，留养女孩，并将女儿右边乳房割掉，以免妨碍长大后所进行的投掷标枪的练习；保留左乳，以便日后哺乳。赫拉克勒斯到来后，不仅取得了希波吕忒的信任，而且俘获佳人的芳心，愿意舍弃一切同英雄闯荡天涯、相伴终生。两人情投意合，准备搭船离开。为了增加难度，阻止这项工作的顺利完成，嫉妒成性的赫拉瞒着宙斯，化作一个阿玛宗女人的模样，在阿玛宗人中间走来走去，散布谣言说，即将到来的外邦人欲将女王希波吕忒抢走。于是许多阿玛宗人拿起武器，骑马冲向船边。赫拉克勒斯看她们全副武装，以为有什么阴谋，就杀了随行的希波吕忒，抢去她的腰带。手刃其余的阿玛宗女子后，英雄开船离去，到了特洛亚。①

其实这个故事也可以讲得细腻委婉些，赫拉克勒斯的兄长欧律斯透斯自私狭隘，他命令同母异父的弟弟完成十二件工作，困难程度犹如登天，欧律斯透斯的目的就是让赫拉克勒斯陷入两难，自取灭亡。在完成前面八件艰苦

---

① 希腊文原文采用Apollodorus. Ἀπολλόδωρος, Βιβλιοθήκη, (The Library), Volume I, James George Frazer (trans.), Cambridge: Harvard University Press, 1921.

卓绝的任务后，第九件工作就是要拿到阿玛宗女王希波吕忒身上的腰带，那是战神阿瑞斯赠送的。欧律斯透斯的女儿阿德墨忒（Ἀδμήτης）心心念念想得到这条战无不胜的神奇腰带。希波吕忒在这个故事中被刻画得有血有肉，她并非一架冷酷无情的战斗武器，她首先是一个女人，其次才是战士。当赫拉克勒斯到达特弥斯库拉（Θεμισκύρα）之后，希波吕忒立即被这个半神半人的男子俊朗的外形所吸引，震慑于男英雄的气魄和胆量，女性柔软的内心世界在对方面前袒露无遗，她心甘情愿地交出腰带，赠送给意中人。女战士在心爱的人面前丢掉坚硬的外壳，愿意成为男英雄背后的女人。美好的爱情故事并没有像期待那般甜蜜绵长，阿玛宗女英雄们的悲剧刚刚拉开序幕。天后赫拉憎恨继子赫拉克勒斯，无法容忍他轻而易举地完成任务。她变身为一位阿玛宗人，夹在人群中间散播谣言说有一个外乡人意欲掠夺她们的女王。误会是一枚剧烈的毒药，阿玛宗女战士信以为真，她们持刀上马、倾巢而出，誓与赫拉克勒斯决一死战。首先出战的是如暴风般迅疾的埃拉（Ἄελλα, Aella），虽然她的速度迅疾如风，但是宙斯之子赫拉克勒斯毕竟更胜一筹，他追上去将埃拉砍死。第二个出战的阿玛宗女战士刚一出手就应声倒下了。第三位名叫普洛托厄（Πρόθοη, Prothoe），她曾有七次单挑胜利的赫赫战绩，但是还是不敌力大无穷的赫拉克勒斯。前后总共有九名阿玛宗女战士香消玉殒，惨死在赫拉克勒斯的强力之下。包括发誓终生不嫁的阿尔卡珀（Ἀλκίππη, Alcippe），虽然明白人死如灯灭，不过她依然手握武器，勇往直前，并信守诺言，在短暂的一生中保持了可贵的贞操。当阿玛宗人无敌的领袖墨拉尼珀（Μελανίππη, Melanippe）①也遭俘后，其他人纷纷四散而去。这场战役以一位男英雄的胜利以及众多女英雄的惨败而告终。总结来说，赫拉克勒斯单枪匹马地迎战阿玛宗人的军队，单手擒获阿玛宗女战士，而最终杀死的人就是对他一往情深、被爱情冲昏了头脑的阿玛宗女王希波吕忒。一直告诫自己不要轻信男人的阿玛宗人最终还是没有逃离被男人欺骗和绞杀的厄运。

看似一段荒诞不经的传说，其实却很有可能是一部充满力量和血泪的女性神话历史，它悲而不痛，哀而不伤。阿玛宗女人的鲜血渲染了希腊男英雄的辉煌，铺就了一条男英雄邀功请赏、前往神界的登天之路。没有她们惨

---

① 字面意思为"黑色的母马"。

烈的败北，就无法彰显男人耀眼的成功。希腊人与阿玛宗人之间的战斗故事在希腊广为人知，公元前5世纪在颂扬雅典地方英雄的事迹中，有一个突出的例子说的就是雅典国王忒修斯与阿玛宗人之间的殊死较量。据说忒修斯垂涎阿玛宗女人安提厄蓓（Ἀντιόπη，Antiope）① 的美貌，将对方强行掠去，逼迫她做了自己的新娘。安提厄蓓的姐姐俄瑞提亚（Ὠρείθυια，Oreithyia）② 发誓报仇雪恨，她率领大军攻打希腊重镇阿提卡。经过四个月的鏖战，阿玛宗女战士人困马乏、溃不成军。有人说安提厄蓓在激战中丧生，也有人说在这场战争结束后，安提厄蓓在忒修斯与其他女人的婚礼上诅咒来宾，激怒了忒修斯被杀，她临死前为雅典国王生下了儿子希波吕托斯。这段过往在欧里庇得斯的著名悲剧《希波吕托斯》中有所提及。③ 安提厄蓓（Ἀντιόπη）这个名字本身便透露着重要的信息，这个名字分两部分Ἀντι（反对）和οψ（声音），组合起来意思是"反对的声音"。忒修斯杀死安提厄蓓的故事是否暗示了雅典国王消灭了"反抗的声音"呢？安提厄蓓的故事说明了阿玛宗女性虽死犹荣的辉煌传统：即使肉体被侵犯，但精神上绝不妥协，忠贞不渝，这恐怕就是其子希波吕托斯敬奉处女神阿耳忒弥丝而摒弃爱神阿芙洛狄忒最直接的原因吧，毕竟希波吕托斯身上流淌着阿玛宗族的血液。所以他的结局也同他的阿玛宗母亲一样，成为最无辜的牺牲品。人们并未将这则故事权当戏说，而是在一定程度上作为历史事件接受下来。公元前476/475年左右，忒修斯的遗骸于爱琴海上的斯基罗斯岛（Skyros）被发现并运回雅典，葬在市政广场附近一处供奉忒修斯的圣所内。忒修斯在雅典击败阿玛宗女英雄的场景则反映在该圣所的墙壁上和卫城的雕刻中，包括雅典娜神像的盾牌和帕特农神庙西端的浮雕中可能也存在这一主题。④ 西蒙·普莱斯（Simon Price）认为，忒修斯战胜阿玛宗女人的故事成为雅典人抵抗波斯人的范本，他们

---

① 一说是阿玛宗女王希波吕忒。
② 名字的希腊文意思为"在群山之巅愤怒的女人"。
③ 希波吕托斯的名字可能为希波吕忒之名的派生。在这幕悲剧的开头，希波吕托斯的继母、雅典王后菲德拉说真希望自己是一位阿玛宗女人，以期亲近希波吕托斯并与之相配，暗示了希波吕托斯的生母系阿玛宗女英雄。参看［美］伯纳德特：《情节中的论辩：希腊诗与哲学》，严蓓雯、蒋文惠等译，华东师范大学出版社，2016年，第132页。
④ Pausanias, 1. 17. 2. 另参看 D. Castriota, *Myth, Ethos, and Actuality: Official Art in Fifth-century BC Athens*, Madison, WI: Wisconsin University Press, 1992, pp. 143-151。

将雅典尊崇为代表文明的男性价值观的捍卫者。^①正因如此，忒修斯的传说被赋予了更多的意义，消灭阿玛宗女人"安提厄蓓"，扫除一切"反对的声音"，象征着男性世界与女性世界的抗衡、文明与野蛮的对抗，最终代表文明和进步的男性取得胜利。希腊史学家赫拉尼克斯（Ἑλλάνικος，Hellanikos）认为同男性一样，阿玛宗女人参加战斗就是为了赢得荣誉。^②同样的说法也体现在希罗多德身上，在描述公元前479年希腊人与波斯人的普拉特亚（Plataia）战役时，希罗多德就以雅典人战胜"入侵"（ἐσβαλούσας）^③的阿玛宗女人的"巨大胜利"（ἡμῖν ἔργον）为部分依据，令其笔下的雅典人处于荣耀地位^④，这除了体现属于男性占统治地位的价值观之外，也显示了雅典作为一个新兴文明城市的胜券在握和文化自信。

相比《历史》对阿玛宗人"入侵"铁面无私的记录，神话描述则温情得多。阿玛宗入侵阿提卡是为了救回被掳的同胞，为了报仇雪恨、挽回尊严，明知此去定会万劫不复，仍然一往直前、凛然赴死。"入侵"雅典的阿玛宗才是被侵犯者。《历史》略去了原因，神话却保留了这个重要的信息。然而，"历史"是由战胜者谱写的，在雅典历史上，阿玛宗永远被戴上了败寇的污名。古代雅典也曾存在过王制。雅典王表上记录忒修斯于公元前1259年任雅典国王，在位时间一共是29年。按照雅典历法，每年9月下旬到10月上旬，即希腊的波伊卓缪月（Βοηδρομιών，Boēdromion，意思是"闻声驰援之月"），举办的主要活动是纪念忒修斯战胜阿玛宗的事迹。^⑤阿玛宗作为战败者被永远地记录在希腊男性战绩史册上，波伊卓缪月里希腊人的欢呼声掩盖了阿玛宗女人的悲恸，明明是"受害者"，却因战败而保持沉默，悄无声息地被埋葬在异乡陌生的土地。逝者未必已矣，作为母系氏族代表的阿玛宗在文明雅典的光环下略显黯淡，但正是在这些神话故事中展示了希腊历史演进的轨迹。

---

① ［英］西蒙·普莱斯：《古希腊人的宗教生活》，邢颖译，北京大学出版社，2015年，第27页。
② Timothy Gantz, *Early Greek Myth: A guide to literary and Artistic Sources*, Baltiore: Johns Hopkins Unviersity Press, 1993, p. 621.
③ 雅典人认为阿玛宗女人曾一度从特尔摩冬突入阿提卡（Ἀμαζονίδας τὰς ἀπὸ Θερμώδοντος ποταμοῦ ἐσβαλούσας κοτὲ ἐς γῆν τὴν Ἀττικήν）。
④ Herodotus, 9. 27. 希罗多德：《历史》，第9卷第27章。
⑤ 郝际陶、陈锡文：《略论古代希腊农业经济与历法》，《世界历史》2007年第1期。

第二节 尚武的女英雄

代表文明进步的希腊男英雄与象征野蛮落后的阿玛宗女战士的故事还有另外的版本。在其他的神话故事中,传说雅典国王忒修斯举行婚礼后不久阿玛宗便兵临雅典城下,被掠的希波吕忒(一说安提厄蓓)在混战中被她的姐姐彭特西勒亚(一说俄瑞提亚)误杀,后来在复仇三女神(Furies)的穷追不舍下,彭特西勒亚不得已投靠了特洛伊。在那里,老国王普里阿摩斯为她举行净化仪式,洗脱了她的弑亲之罪。为了报答恩情,彭特西勒亚加入特洛伊的军队,向入侵特洛伊的希腊联军开战。这就是《伊利亚特》中普里阿摩斯回忆阿玛宗女人时的具体背景,或称"特洛伊战争前传"。普罗克洛斯(Πρόκλος, Proclus)曾在作品(Chrestomathia Ⅱ)中提到彭特西勒亚这个人物。公元4世纪的希腊史诗作家昆图斯·斯缪尔那乌斯(Κόϊντος Σμυρναῖος, Quintus of Smyrna)在《续荷马史诗》(τὰ μεθ' Ὅμηρον, Posthomerica)中描述:到达特洛伊后的第二天,"彭特西勒亚穿上战袍,那件她的父亲——战神阿瑞斯送给她的金光闪闪的铠甲,戴上插有闪亮的黄金羽饰的头盔,束紧胫甲和胸甲,佩上用白银和象牙制成的剑鞘,拿起沉甸甸的盾牌,左手提两根长矛,右手握一把不和女神赠与她的双面斧,跨上风神波瑞阿斯的妻子送给她的快马,闪电般地冲向希腊人的阵营"。① 在她的带领下,阿玛宗女战士接连斩杀包括医神阿斯克勒庇俄斯之子马荣(Μᾰχάων, Machaon)在内的七位希腊英雄。作为战神的女儿,彭特西勒亚性格高傲,作战时十分英勇,在希腊与特洛伊之间难分胜负相持不下的第十年,也就是赫克托耳死后的那一年加入特洛伊对抗希腊联军的队伍当中,战功赫赫。彭特西勒亚与希腊英雄阿基琉斯对阵,不肯妥协,直到身体被刺穿落马,仍努力地想要依靠马腿重新站起来,最后血流而尽,悲壮地死去。传说阿基琉斯为美丽的彭特西勒亚之死而悲叹莫名,并由于抑制不住对这位英勇而美丽的女王的爱情,而与她

---

① Quintus Smyrnaeus, *Posthomerica*, Ⅰ; *Quintus Smyrnaeus: The Fall of Troy* (Loeb Classical Library Volume 19), A. S. Way (tran.), London: William Heinemann, 1913, p. 173.

的尸体发生了关系。希腊军中相貌最为丑陋且多言好斗的特耳西特斯以此事嘲笑阿基琉斯的多情和变态的情欲，被阿基琉斯手刃于帐下。这件事激怒了特耳西特斯的堂兄弟狄俄墨得斯，但他自知打不过阿基琉斯，同时也不想扰乱军心，所以一气之下把彭特西勒亚的尸体扔进了水流湍急的斯卡曼德洛斯（Σκάμανδρος, Scamander）河中①，女英雄的尸骨顺河流去，为自己一生的神话画上了休止符。

古罗马诗人维吉尔（Vergil）也对阿玛宗女英雄的历史故事感慨莫名，在其代表作《埃涅阿斯纪》（Aeneid）中，逃出战火的男英雄埃涅阿斯回忆起特洛伊战争的场景，这样描述自己亲眼看见的彭特西勒亚的英雄事迹（I.490）：

> 拉丁文：
> Ducit Amazonidum lunatis agmina peltis
> Penthesilea furens, mediisque in milibus ardet,
> Aurea subnectens exsertae cingula mammae,
> Bellatrix, audetque viris concurrere virgo.②
> 中译文：
> 还有，阿玛松的女王彭特希莱亚，
> 也率领一批女兵，拿着月牙形的盾牌，
> 疯也似地在千军万马之中厮杀，
> 她用一条金腰带束在一只裸露的乳房之下，
> 她既是闺女又是女战士，敢同男人交阵。③

女英雄策马扬鞭英姿飒爽的形象跃然纸上，成为后世诗人创作的灵感和追忆对象。古典学者苏·布伦德尔（Sue Blundell）指出，阿玛宗女人彭特西

---

① ［希腊］索菲娅·N.斯菲罗亚：《希腊诸神传》，［美］黛安·舒加特英译，张云江译，国际文化出版公司，2007年，第287页。
② Virgil's Aeneid, with explanatory notes by Henry S. Frieze, second edition, New York: D. Appleton & Company, London: 16 Little Britain, 1876, p. 17.
③ ［古罗马］维吉尔：《埃涅阿斯纪》，杨周翰译，人民文学出版社，1984年，第17页。

勒亚的故事恰恰说明了女性与男性世界之间不可消除的力量对抗，"阿玛宗战斗的最根本缘由在于，蛮力（physical force）与情爱（love）之间的角力，强烈的占有欲与情感诉求之间的较量，两者的矛盾不可调和，我们时常看到在古希腊神话中存在这样的类似矛盾"。①蛮力与情爱，男性与女性，占有与忍让，神话中的这几对矛盾正是历史问题的反映。

长期以来，在神话与历史之间，人们存在着许多疑问：阿玛宗女人国到底是诗人们的凭空想象，还是确有其事？许多人认为，阿玛宗女战士不过是一个神话，因为直到今天，我们也没能找到她们的遗迹。但是假如她们压根儿就不存在，那为什么希腊人不惜浪费时间和笔墨去雕刻阿玛宗女人的雕像，在文学史上抒写浓墨重彩的一笔，为她们谱写赞歌呢？显然，历史激发了神话创作。

有人说所谓阿玛宗女人国不过是作为男性统治者的希腊人的想象，并且这种想象从来没有中断过。拥有文化自信的雅典男人确实会想象除希腊以外的民族都是野蛮和落后的。然而塑造出一群比男人更骁勇善战的女性形象只是纯粹为了拔高自己，突出胜利者的姿态吗？答案是这样吗？埃斯库罗斯在悲剧《乞援人》第288行这样概括阿玛宗女人："茹毛饮血、憎恨男人，富有无畏的拼杀精神。"②然而参加过希波战争的埃斯库罗斯，无论是从战士的角度还是剧作家的视角，都把阿玛宗的故事作为男性的对立面进行诠释，她们的形象单一、片面、机械，似乎缺乏情感，可这是真实的阿玛宗吗？

除了神话传说、美术雕刻和文学作品以及历险记之外，阿玛宗女人国在历史典籍中也有所提及，这就不能不引起人们的重视了。古希腊历史学家希罗多德在《历史》中对阿玛宗女人国的轶事作了详尽的描述，其中最为详尽的是阿玛宗人与希腊人的最后一场战争。"当希腊人对阿玛宗作战的时候（斯奇提亚人称阿玛宗为欧约尔帕塔［οἰὸρπατα］，用我们的话来说就是杀男人者的意思，因为在斯奇提亚语里，οἰὸρ［欧约尔］是男人的意思，πατα［帕塔］是杀死的意思）……"③希腊人打败了阿玛宗女人，并准备将大量的

---

① Sue Blundell, *Women in Ancient Greece*, Cambridge: Harvard University Press, 1995, pp. 60–61.
② ［古希腊］埃斯库罗斯等：《古希腊悲喜剧全集》（第1卷），王焕生译，译林出版社，2007年，第21页。译文有所改动。
③ ［古希腊］希罗多德：《历史》（上册），王以铸译，商务印书馆，1985年，第307—308页。

女俘虏运回雅典。当船在海上航行时，由于看守不严，被俘的阿玛宗女战士伺机杀死了押运她们的希腊人。习惯在陆地上骑马打仗的她们却对航海知识一无所知，于是随船漂流到黑海东北部的亚速海地区，遇到了塞西亚人，旋即与他们发生了械斗。当塞西亚人发现这些身着男人服装的彪悍战士全是女人时，便马上放下武器转而向她们求爱——估计是当地男女比例严重失衡的缘故……于是塞西亚人中的年轻男子和这些女战士结婚生子，组成了一个"女权制部落"。①希罗多德说这就是索洛马太（Σαυροματέων，Sauromatae）人的起源，也是希腊医圣希波克拉底在医书中所介绍的特殊种族"索洛马太人"，这些人的祖先可追溯到阿玛宗人那里。阿玛宗在《历史》中的特征依然是尚武好斗，与男人一较高下。

　　关于阿玛宗的历史，也有说这一族群发源于小亚细亚蓬托斯（Pontus）一处名叫特尔摩冬的地方，当地人活跃在峡谷和森林之中。她们的首都是尤克森（Euxine）沿海的特弥斯库拉（Themiscyra，今土耳其黑海沿岸的特尔密）。根据习俗，男人是不能进入阿玛宗人的国境的，但阿玛宗女人每年都会到访高加索的戈尔加利安斯（Gargereans）这个地方，她们的目的只有一个——传宗接代。在这个一年一度举办的联婚盛会上，生下来的男婴会交由父亲抚养，生下来的女婴则由阿玛宗一族亲手养大成人。每一位阿玛宗少女在尚未长大成人时都会用火烧掉或用刀切去右边乳房，以便投掷标枪或拉弓射箭。重女轻男的阿玛宗在传宗接代时只留下女孩，一种说法是，在联婚大会上诞生的女孩具有当仁不让的继承权，而男婴就没有那么幸运了，他们一生下来要么被杀死，要么被送回父亲身边。另一说法是阿玛宗女人会劫掠和囚禁一些数目可观的男人，以备"播种"之用；而且把这些男人当作奴隶使唤，一旦"播种"任务完成后就将他们处死。相传这些可怜的男人通常会被砍断手脚，失去自由行走能力，以防叛乱。②这种说法未必可信，不管阿玛宗的国家有没有藏匿男人，事实上阿玛宗的队伍的确只招收女人。女战士不仅负责保家卫国，而且待兵强马壮时还会入侵相邻的国家。阿玛宗军队设有

---

① 《历史》第4卷第110—117节。[古希腊]希罗多德：《历史》（上册），王以铸译，商务印书馆，1985年，第307—310页。
② Patrick J. Geary, *Women at the Beginning: Origin Myths from the Amazons to the Virgin Mary*, New Jersey: Princeton University Press, 2006, pp. 12–15.

骑兵和步兵，这些女将士打仗时肩背弓箭，手持印有新月图案的盾牌，挥舞着长矛和战斧。她们的一生沉浸在征战和为了战争所进行的训练当中。她们在女王的统治下，崇信战神阿瑞斯，称阿瑞斯为父亲，因为她们相信自己是战神的后代，为战斗而生，为战斗而亡。她们在战神阿瑞斯布置的战场上如美丽的蝴蝶般翩翩起舞，在血雨腥风中形成一道动人的风景，可以说给残酷的战争下了一个最完美的定义。①除战神外，她们也崇拜狩猎女神阿耳忒弥丝，她是处女的保护神，她们盾牌上的新月图案也是在向月亮女神致敬。②阿耳忒弥丝始终站在阿玛宗人一边，在整个古代，人们都认为阿耳忒弥丝是阿玛宗和这座城市的保护神。比如，重要的城市以弗所就是以阿耳忒弥丝女神这一独特形象为守护者。不仅如此，以弗所人还声称，对阿耳忒弥丝的崇拜由阿玛宗人建立，因此阿玛宗人对以弗所的积极作用远大于她们对雅典的影响。阿耳忒弥丝对阿玛宗人的眷顾还表现在另一个地方传说之中，该故事阐述了有关阿玛宗人如何成功地在阿耳忒弥丝圣所得到庇护，使她们得以躲避赫拉克勒斯和狄奥尼索斯的追杀。③

阿玛宗神话体现的是男人世界中的女性神话，讲述了她们如何摆脱男人们的支配，在肉体和精神上争取真正的独立。从这一层意义上说，阿玛宗神话也是一段真实的历史隐喻：女人之所以偏激和倔强，是因为处于弱势地位的她们要对抗压制她们的男权世界，要么选择像羔羊一样顺从，要么就像狮子一般反抗。阿玛宗故事反映的正是历史上母系氏族往父权社会过渡时的现象。

第三节 消失的女人国

随着神话中阿玛宗女性的落败，这个神秘氏族的历史也悄然消失。但

---

① 在《伊利亚特》第7卷第241行，特洛伊勇士赫克托耳在迎战希腊英雄埃阿斯时，将战争作了一番美化："我会拼尽全力，踩准节拍，跟随战神那残酷的舞步。"（οἶδα δ' ἐνὶ σταδίῃ δηΐῳ μέλπεσθαι Ἄρηϊ）可以说给刀光剑影的战争下了一个最浪漫、最完美的定义。
② Patrick J. Geary, *Women at the Beginning: Origin Myths from the Amazons to the Virgin Mary*, New Jersey: Princeton University Press, 2006, p. 14.
③ [英] 西蒙·普莱斯：《古希腊人的宗教生活》，邢颖译，北京大学出版社，2015年，第27—28页。

是人们对阿玛宗的兴趣有增无减,也许她们太过于特立独行,冲击着世俗观念,也许时代不同,世人期待女英雄的消息再次出现。

沉寂多年的阿玛宗人神话到了中世纪复又流传开来,尤其在地理大发现时期,那时人们前往美洲寻找阿玛宗女人国的踪迹,南美洲的阿玛宗河(现在通译亚马逊河)的命名自此产生。1542年,命名者西班牙探险家弗朗西斯科·奥雷拉纳(Francisco de Orellana)声称他亲眼看到这条河的附近出现了一些好战的妇女。而探险家约翰·曼德维尔(John Mandeville)曾在书中写道亚马逊附近有一个王国,只有妇女,没有男子。① 随着时间的推移,许多人越来越倾向于认为有关阿玛宗的故事已不是虚构的神话,而成为一段真实发生过的历史。神话中有些部分是真实可信的,只不过神话在真实的历史基础上丰富、夸大、浓缩了一些真相而已。由于希腊神话的广泛影响,渐渐地,阿玛宗成为世界各地女战士民族的集体名词,她们出现在埃及、阿拉伯、波斯、高加索、亚美尼亚、阿塞拜疆、中亚和印度的艺术与文学当中。考古挖掘似乎在不少地方都找到了神秘女战士的踪迹,人们习惯性地认为这些遗迹隶属于"阿玛宗的"。② 19世纪中叶,考古学家在位于铁列克(Terek)河畔、高加索山脉发现了一个墓葬群。当墓穴被挖掘打开的那一刻,考古学家眼前一亮,那显然是女战士们的墓葬。在一处墓穴里躺卧着一具壮年女性的残骸,随葬物品包括一顶头盔、一束箭镞、一块石饼和一把铁刀。毋庸置疑,头盔、箭镞、石饼和铁刀应该是这位女战士生前打仗时的随身用品。附近的一系列位于奥乌尔·斯捷潘·兹敏达(Aul Stepan Zminda)的墓穴中埋葬着许多女战士和她们的坐骑,据推断,其时代晚于西徐亚(也译斯奇提亚、斯基泰、塞西亚,Scythian)时期。围绕着乌克兰第聂伯河畔谢陶慕吕兑(Chertomlyk)王室古冢进行的现代挖掘总共发现了50座坟冢,其中4座具有典型的"阿玛宗"形式——与武力和战斗相关,4具尸骸带有阿玛宗氏族的遗风:其中一具尸骸的背部嵌入了一枚箭头,另外一具尸骸拥有一副厚重的铁盾,第三具是一个幼小的孩子,最后一具显示的状态似乎与希罗多德

---

① John Mandeville, *The Travels of Sir John Mandeville*, Mineola, New York: Dover Publications, 2006, pp. 103-104.

② R. Kruk, *The Warrior Women of Islam: Female Empowerment in Arabic Popular Literature*, London and New York: I. B. Tauris, 2014, pp. 16-21.

和希波克拉底的描述略有不同。① 40座女战士的墓葬坐落在西徐亚地区，在索洛马太（Sauromatia）②，大约有20%的黑铁时代的战士坟墓里埋葬的都是女性，她们均带有继英雄时代之后的黑铁时代的特征。其实五分之一这一比率可能还低估了实际情况。针对这些尸骸，已经作了性别鉴定，通过与现代人特征进行对照，结果显示她们具有更高频的"男子汉"（masculine）特征。③ 根据古希腊的医圣希波克拉底所言，由于经常骑马，加上气候寒冷和劳累，身体有些机能会减弱，但是这些阿玛宗女人却能够管理自己的生殖生活，这意味着她们可以借用一些药物，例如服用当地盛产的青蒿和茴香来操控自己的繁殖力。④ 另一个较晚近的故事描述了阿玛宗女王塔勒忒里斯（Θάληστρις，Thalestris）⑤ 带领300名阿玛宗妇女拜访亚历山大大帝，并与其共度13个日夜，只为求得一女的故事。⑥ 这个故事前后有14个版本，目的显然是为了颂扬亚历山大，虽然最终证明这只是一个虚构的故事而已，但也从一个侧面反映了阿玛宗女人与古希腊男人之间的爱恨纠葛。阿玛宗在希腊神话历史中始终扮演配角，以此来反衬希腊男英雄的睿智和英勇。

到底有没有阿玛宗这个女人国？她们究竟是神话人物还是历史人物？1997年的考古发现，也许为这个千古之谜打开了冰山一角。这一年，美国和俄罗斯联合组成的考察队经过4年的挖掘在靠近哈萨克斯坦的俄罗斯南部草原上的波克罗夫卡（Pokrovka）开启了150多个"库尔干"（Kurgan）的土墩，这些土墩属于公元前600年到公元前200年前的游牧部落的坟墓。里面的兵器和女性骨骸被埋葬在一起，其中一个女人身上还深深地嵌着一个箭头，估计是在战斗中被射死的。其中最为惊人的是一个年纪在14岁左右的

---

① Timothy Taylor, *Prehistory of Sex, Four Million Years of Human Sexual Culture*, New York: Bantam Books, 1996, p. 193.
② 希罗多德《历史》第4卷第110—117行及希波克拉底文集均有提及索洛马太（Sauromatia）这个地名与阿玛宗女人相关。
③ Timothy Taylor, *Prehistory of Sex, Four Million Years of Human Sexual Culture*, New York: Bantam Books, 1996, pp. 201-202.
④ ［古希腊］希波克拉底：《希波克拉底文集》，赵洪钧、武鹏译，中国中医药出版社，2007年，第27—29页。
⑤ Θάληστρις前半部分为Θάλη，阴性名词，意思是"繁盛的"；后半部分含εσ-τρις，有"三次"之意。
⑥ Diodorus Siculus, *Bibliotheca Historica*, 17.77.1-3.［古希腊］斯特拉博：《地理学》（下册），李铁匠译，上海三联书店，2014年，第753页。

女孩子。她的骨架旁边除了放着一把剑以外，颈上的一个皮革小袋子里还放着一个护身符和一个铜制的箭头，右边是一把匕首，左边一个箭袋里有40多支箭。她的双腿有些弯曲，估计和长时间骑马有关，由此可见她所在的部落是从小就开始训练打仗的。①美国伯克利市欧亚游牧民族研究中心考古学家珍妮·戴维斯-金博尔(Jeannine Davis-Kimball)参加了挖掘，她不同意俄罗斯学者认为这些武器不过是随葬品的说法，坚持认为这些都是墓主人随身携带的日常武器，古坟里埋葬的都是女勇士，她们长年在马背上生活，"她们可能是希罗多德笔下的阿玛宗，或者至少是她们同时代的人"。②1998年俄罗斯考古学家宣布，他们在唐河（River Don）找到了2 400年前西徐亚人墓葬的土墩，在21个坟墓中，有5座埋藏了年轻女人的尸体以及她们的武器。根据俄罗斯考古学研究所瓦雷里·格里亚耶夫（Valery Gulyayev）博士的介绍，她们的墓葬中除了一些像黄金项链、耳环、铜镜等女性日常用品之外，还有她们的武器——弓箭、箭袋、飞镖。这些西徐亚人埋葬的时间几乎和希罗多德的记载时期相同，也就是说她们极有可能是希罗多德描写的斯奇提亚女战士，也是神话中阿玛宗人的后代。实际上，在土耳其、乌克兰和摩尔多瓦等地都有类似的发现，人们每发现一处便宣称自己找到了"阿玛宗"，他们揭开了阿玛宗传说之谜。2015年8月，据英国《每日邮报》报道，考古学家在哈萨克斯坦南部发现了一具保存完好的古代女性遗骸，或可追溯至公元前200年的一支古代游牧民族。据悉，这位女性尸骸右手握着一把短小的匕首，左手握着一柄长剑，专家认为，从发掘出的武器和生活器具来看，她曾是一名功绩显赫的战士，地位较高，可能在当时有着重大的影响力。从而再次证明，在这个古老善战的民族中，女性占有重要的地位。③可见希罗多德《历史》中记录的斯奇提亚人女战士的故事并非杜撰。英国考古学和性学专家提摩西·泰勒（Timothy Taylor）著有《性的史前史》（*Prehistory of Sex*）一书，该书第八章题为"萨满与阿玛宗"（Shamans and Amazons），采用最新发掘的欧洲史前女性墓葬材料，作了醒目的实物证明。

---

① Jeannine Davis-Kimball, Mona Behan, *Warrior Women: An Archaeologist's Search for History's Hidden Heroines*, New York: Warner Books, 2003, pp.1-16.
② Jeannine Davis-Kimball, "Warrior Women of Euasia", *Archaeology*, Vol. 50, No.1, January/February 1997.
③ *Daily Mail*, 2015. 8. 11, www. Daily. Mail. Co. Uk.

图 5-2　手握利剑的女战士遗骸（引自人民网 http://world.people.com.cn 国际在线，2015 年 8 月 12 日）

阿玛宗族是一个女权至上的文化族群，但她们也酷爱希腊的艺术文化，并通过对方的雕刻和绘画进行模仿。在描写阿玛宗女战士最初的图画中，她们的着装与希腊士兵无异，但通常只戴一边护胸镜，这也从一个侧面证实了她们只有一只乳房的传说。在公元前 5 世纪的波斯战争后，阿玛宗女战士又多以东方的、戴帽子和穿长裤的打扮出现在古代文献的描述当中，而且有关只有一边乳房的描述也消失了。

也有一些研究表明，有关阿玛宗女战士的神话可以追溯到古代亚洲，她们可能是一些专为服侍某位神祇而武装起来的奴隶女兵。但最接近现实的解释则认为她们是古希腊对外邦人的想象，阿玛宗女性的塑造极有可能是古希腊人把有关西南亚的某些母系氏族和一些比希腊女性生活得更艰苦的部落女性的花边新闻加以整合、夸大和想象的结果。她们在希腊神话历史当中始终远离核心，永远处在边缘和附加的位置上，被边缘甚至妖魔化了。无论如何，阿玛宗女战士的神话传说依然是最脍炙人口的神话传说之一，她们离我们如此之近，近得栩栩如生，仿佛可以听到她们在战场上的呼啸和呐喊，感觉到她们邂逅心爱男子时的怦怦心跳，并理解她们为尊严而战的神圣使命和挥洒热血的快意情仇；她们离我们如此之远，宛如被丢入斯卡曼德洛斯河随波而逝的女统帅彭特西勒亚的尸骨，渐行渐远，再难觅其芳踪。

在古希腊文明的辉煌期之后,似乎很少再听到阿玛宗女人的故事了,但是她们的传奇却未到此终结。

16世纪,当西班牙人征服了新世界(the conquest of the New World)后,深受希腊神话熏陶的欧洲人有一个很隐晦的目的——寻找神话中的女人。征服者在当地土著那里听到一些传闻,那是有关很久以前从遥远的地方渡海而来的英勇女战士的传闻:她们登陆美洲大陆后,在极短时间内征服了整个墨西哥高原。随后,在那里这些女性征服者们建立了一个叫"女人之地"(Land of Women)的国家。在马提尼纳(Matityna)和马蒂尼诺岛(Matinino)①上也有着"女人岛"的传说,这个岛上居住的只有女人。马可·波罗曾在行纪中转述有关"女人岛"的故事:"哥伦布第二次航海时,曾闻船中美洲工人言,有一岛名Matityna或Matinino岛者,仅有女人,每年一定时期接待Caraibes部男子;产子后属父,女属母……"②据记载,西班牙征服者胡安·德·格里哈尔瓦(Juan de Grijalva)也于1518年5月登上一座"女人岛"尤卡坦(Yucatán),随行牧师Juan Díaz记录说,他们沿着海岸线走,感觉这里居住的都是女人,没有男子。并发现十多名"具有非凡胆量,十分健壮但又身手矫健"的女子的踪迹,他相信对方是阿玛宗种族。他特别提到的是这些女子都只有一只乳房或一只也没有,可惜船长不让所有人靠近,他们只能在较远距离观察。③探险者在多地发现传说中的阿玛宗人,有关她们的王国的大致情况被接二连三地报道出来。1524年10月15日,西班牙人希望进一步了解墨西哥文明。陆军中尉奥利德(Cristóbal de Olid)在给国王的《第四封信》(Fourth Letter)中汇报说,他带领25名骑兵和80名步兵前往Ceguatan,发现有一座岛屿,里面只有女人没有男人,每隔一段时间岛上的女人会邀请其他岛屿的男人来岛上相会;如果生下女孩,她们会留

---

① 按发音,似乎是马提尼克岛(Martinique);按地理方位,应该是今西印度群岛中的瓜德罗普岛(Guadeloupe)。
② [意大利]马可·波罗:《马可波罗行纪》,A.J.H.Charignon注,冯承钧译,中华书局,1954年,第737页。
③ H. R. Wagner, ed., *The Discovery of New Spain in 1518 by Juan de Grijalva*, Pasadena, Calif.: Cortes Society, 1942, p. 22, p. 207.

下，男孩则扔掉。①1530年7月8日，西班牙人努尼奥·古兹曼（Nuño de Guzmán）在给国王的报告书上提到在墨西哥的米却肯（Michoacán）发现一个女人国，"她们在海上安居，使用弓、箭和靶子；这里的人非常富有，拥有许多大的城镇；她们一年中只有一段时间同邻国的男性相处，为的是传宗接代。她们要是生下男孩就杀掉，女孩则保留下来"。努尼奥又肯定地说，她们是外来的族群阿玛宗无疑，因为"她们敬奉女神，而且她们的皮肤远比当地其他妇女白皙"。②西班牙为此多次派出探险队，但结果要么一无所获，要么就是莫名其妙地全军覆没。③然而，阿玛宗女战士的传说却一直在美洲大地上流传，比如，由西班牙殖民者命名的"加利福尼亚"（西班牙语Las Californias），其名称的由来与记载中阿玛宗岛国之名相关。据说阿玛宗女王卡拉菲亚（Calafia）④与她的追随者住在一座以她的名字命名的岛屿"加利福尼亚"岛上。⑤有趣的是，在利比亚西南部费赞（Fezzan）山区一处寸草不生的荒漠中，人们发现了数千件雕刻和塔德拉尔特·阿卡库斯石窟画（Rock-Art Sites of Tadrart Acacus）。这些壁画可以追溯到公元前12000年至公元100年。岩壁上绘有公元前1500年的马匹及马车，令人想起希罗多德所描绘的古加达梅斯（Ghadames）部落生活的场景。其中一幅非常古老的壁画，上面刻画着一位女性，戴着与希腊传说中的阿玛宗人相同的头盔，手中握着阿玛宗人最常用的武器——弓箭。⑥这与狄奥多罗斯《历史全书》所指出的在特尔摩冬的阿玛宗存在之前有一个更早的利比亚的阿玛宗的存在的说法刚好相合。这是否意味着阿玛宗部族是走出非洲的原始部落之一？后人只能揣测，真相无从知晓。

---

① Irving A. Leonard, "Conquerors and Amazons in Mexico", *The Hispanic American Historical Review*, Vol. 24, No. 4, 1944, pp. 574−575.

② Ibid., p. 578.

③ Ibid., pp. 561−579.

④ Calafia的名字可能来自阿拉伯语khalifa，意思是"宗教国度的领导者"。

⑤ Ruth Putnam, *California: The Name*, Berkeley: University of California, 1917, p. 26.

⑥ D. Mattingly, "Twelve thousand years of human adaptation in Fezzan (Libyan Sahara)", in G. Barker and D. Gilbertson, eds., *The Archaeology of Drylands: Living at the Margin*, London: Routledge, 2000, pp. 160−179.

从发现美洲新大陆的哥伦布开始，包括新世界的第一个历史学家彼得·马特尔（Peter Martyr）和他的后继者奥维多（Oviedo）、何瑞拉（Herrera），以及第一批年代记编录者皮加费塔（Pigafetta）等人，都试图在南美洲寻找神话中的真实历史。像瓦尔特·罗利（Walter Raleigh）就确信阿玛宗女人一定存在。当皮加费塔到达爪哇岛的时候，他在传记中这样写道："老向导告诉我们，有一座岛屿叫作Acoloro，上面居住的全是女人。她们通过神秘的方法生儿育女；如果生下男婴，就立刻杀死；生下女儿，便留下抚养。倘若有岛外的男子试图靠近这座岛屿，就会被她们残忍地杀害。"[1] 类似的场景又在16世纪40年代再现，一支西班牙寻宝队宣称，他们在亚马逊河遭到一群酷似传说中阿玛宗女战士的袭击：1542年6月24日，葡萄牙天主教道明会（多明我会）修士加斯帕（Gaspar de la Cruz）跟随西班牙探险家弗朗西斯科·奥雷拉纳闯入亚马逊河流域寻找肉桂和传说中的黄金国。当然，加斯帕此外还担负着教化蛮族信仰天主教的神圣任务。结果这批来自欧洲的殖民者在亚马逊河的某处支流突然遭到了可怕的袭击，加斯帕惊魂未定地回忆说："我们看见10多名好战的阿玛宗女人（the warlike Amazon women），指挥着印第安人，勇敢地向我们攻打过来，如果有人胆怯不前，女战士便一棒将他打死……"加斯帕还记载道："我们差一点全军覆没……她们身强力壮，头发编成辫子盘在头上，除了下体用兽皮遮住外，全身赤裸。她们拉弓射箭，打起仗来一个人抵过10个男人……"[2] 当然，印第安土著的弓箭明显敌不过欧洲人的火枪，土著最终落败。于是加斯帕从已捕获的印第安战俘口中获悉进一步的细节：这里果然有个传说中的阿玛宗女人国，她们一贯生猛好斗。这些女人每年会在印第安部落招揽男子传宗接代——每年，女战士都会邀请附近各部落的男子到女人国做客，参加一年一度的"联姻"，倘若日后生了男婴便送回给男方抚养，生女婴便留下来自己带大。加斯帕的这些记载既像游记又像小说，究竟含有多少真实成分估计只有当事人清楚，所以让原本被视为神话的阿玛宗女战士的故事更加扑朔迷离。

---

[1] Irving A. Leonard, "Conquerors and Amazons in Mexico", *The Hispanic American Historical Review*, Vol. 24, No. 4, Nov., 1944, p. 563.

[2] A. J. R. Russell-Wood, *The Portuguese Empire, 1415–1808: A World on the Move*, Baltimore: The Johns Hopkins University Press, 1998, p. 92.

对于阿玛宗一年一度的"联姻"仪式，斯特拉博在《地理学》第 11 卷第五章也作过相关的叙述。按照他的说法，这些女人与伽伽日人（Gargareans）为邻，住在高加索。每年到了春天的时候，阿玛宗女人便爬到与伽伽日人相隔的山上去。这时，伽伽日人也按照古老习俗来到此地，随即与阿玛宗女人发生性交关系。性交后生出的女孩被阿玛宗女人留在身边，男孩则交给伽伽日人。① 所有关于阿玛宗人的记载都描述出她们的两大特点：英勇善战和女权至上。人们在世界各个角落觅其芳踪，希望从神话中找到真实的历史。林林总总的国家、民族、部落，只要具备以上两个特点的，就很有可能被冠以女人国甚至阿玛宗女人国之名。人类的骨子里含有好战的因子，只要人存有私欲，世界就不可能停止征战。潜意识里，人们希望现实生活中会出现神话般的奇迹。阿玛宗神话正好呼应了大众对武力打斗的热情和对女性世界的猎奇。

古罗马的史料中记载了两位女角斗士（female gladiators）的姓名：阿契莉亚（Achillia）和阿玛宗（Amazon），阿玛宗这个名字尤其引发了人们很多的联想。阿基琉斯与阿玛宗女王彭特西勒亚之间殊死搏斗的故事脍炙人口，阿契莉亚（Achillia）之名似乎是希腊英雄阿基琉斯（Achilleus）名字拉丁语转写的阴性形式。征服希腊的罗马人也许以戏谑的方式观看两位希腊神话人物在现实生活中来一场你死我活的打斗。这两位女角斗士不负众望，因出色的表演而获得了一次难得的"缓刑"。② 一位古罗马雕塑家有感于此，为她们塑造了一座精美的雕像，并以两位女勇士的名字为雕像命名。③ 如今，这座雕像被陈列在伦敦大英博物馆中，向人们展示着两位女角斗士当年的叱咤风姿（图 5-3）。阿契莉亚和阿玛宗两位女角斗士的雕塑的重要意义在于，它不仅为我们展示了女角斗士战斗时的大致情况，尤其是她们的装束，而且还暗示了自古希腊社会以降女性卑微的地位，阿玛宗成为女性对抗男权社会的代名词。不同的是，希腊英雄时代的阿玛宗还能为

---

① Strabo, *The Geography*, XI, V. 3. 另见［苏联］谢苗诺夫：《婚姻和家庭的起源》，蔡俊生译，中国社会科学出版社，1983 年，第 163 页。
② Luciana Jabobelli, *Gladiators at Pompeii*, Los Angeles, California: Getty Publications, 2003, p. 18.
③ David Stone Potter, *A Companion to the Roman Empire*, West Sussex, United Kingdom: Blackwell Publishing Limited (John Wiley and Sons), 2010, p. 408.

图5-3 在土耳其哈利·卡纳苏斯（Halicarnassus）发现的阿玛宗女斗士浮雕，两位角斗士的名字一个叫阿玛宗，一个叫阿契莉亚（现存于伦敦大英博物馆）

自己争得自由和名誉，在男性为主导的历史中留下灿烂的一笔，而古罗马时期的阿玛宗却沦为被男性娱乐消遣的奴隶和工具。这座雕塑给我们塑造出两个身穿盔甲、掀开头盔、刚刚结束战斗的女角斗士形象，反映出她们与男角斗士毫无二致的装束。倘若真要细节化到有关女角斗士使用的武器以及所受的训练等环节，从而得到一幅栩栩如生的女角斗士像，可以参照古罗马诗人尤维那（Juvenal）那充满对女角斗士极端轻蔑之情的作品："谁未见姑娘们或用剑、或用枪，使尽浑身解数/挥砍、猛击着木头靶?/正是这些姑娘，以花神弗洛拉的名誉/在号角声中突进/或者，她们还有更长远的谋划/准备着登上角斗舞台的那一刻。//头顶镶有羽毛的钢盔，掩盖自己与生俱来的性别/这样一个女人又怎能高贵?/对男子的武艺是那么崇拜，却又不愿成为男子/（她们想）可怜的家伙，他们实际享受到的是多么少啊！//在拍卖会上，当丈夫眼看着自己妻子的财产——/腰带、护胫、护臂和头盔被变卖,/那是多么大的'荣誉'！/聆听她们在闪避、袭击的操练中发出的喘息和呻吟/目睹她们的颈项在头盔的重压下弯曲/凝视着一圈圈缠绕起来的绑腿，她的腿早已像树干一般。/在训练结束以后，她们卸下盔甲和武器/像使用便盆那样蹲坐着，陷入自嘲之中。//啊，堕落的姑娘，请告诉我们/自执政官和司法官以降/你曾见谁会如此装扮自己，会如此肆无忌惮和挥汗喘息？/哪怕是花街柳巷的妓女、粗俗的脱衣舞娘也不会做这样的尝试。"① 这篇诗作有力地说明了女角斗士也佩戴沉重的镶有羽毛的头盔，同男角斗士一样，把身体最脆弱的部位隐藏在盔甲下面。在男性占主导地位的古罗马，女性身披盔甲、手拿武器，在公众场合中抛头露面、厮杀呐喊，对于大多数思想保守的男性来说，有伤风败俗之嫌。不管这首诗的作者对女性参加角斗表现出多么的轻蔑乃至厌恶之情，却仍无法掩饰女角斗士在当时罗马社会盛行这一事实，甚至从反面为我们提供了见证这一历史事实的依据。

阿契莉亚和阿玛宗是迄今我们从考古实物所知的唯一一对女角斗士。在整个罗马帝国境内，成为女角斗士的女奴没有民族的限制，甚至我们现在已无法弄清她们到底来自哪里，故乡究竟在什么地方；原因是女角斗士的墓志铭没有为我们提供有关她们国籍的任何线索，而且她们又大多墨守成规地选择了发音与女英雄相似的名字。但她们作为奴隶的身份是确定无疑的，因为她们往往将获得自由作为角斗成功的回报。阿玛宗未必是那位名叫"阿玛宗"的女角斗士的真实姓名，"阿玛宗"这个名字出现在罗马角斗士的历史上，一方面很可能是角斗士本人对昔日女英雄之名的借用，另一方面可能是男统治者们对战败女英雄的鄙视和戏谑。

希腊神话历史影响之深远，令我们相信，自此以后关于阿玛宗的故事不排除对希腊神话题材的模仿和假借的可能。到了古希腊化时期，艺术的题材范围有所扩大，也就是说，古希腊艺术模仿的已不仅仅是"自然的及人为的环境中"的对象，也包括神话传说这些精神产品。"希腊雕刻选择题材和希腊的其他艺术部门一样，主要有两个范围：一方面是瑰丽多彩的希腊神话，包括神祇的美妙传说和英雄们的勇敢业绩；另一方面是反映时代

---

① Alan Baker, *The Gladiator*, New York: St. Martin's Press, 2000, p. 28. 转引自何立平：《论古罗马的女角斗士》，《贵州师范大学学报（社会科学版）》2004年第3期。

风俗的日常生活,有竞技的运动员、战斗的勇士、挈带着儿童的妇女和伫立于墓前的哀悼者等等。重大战役和历史性事件在埃及、亚述以及后来在罗马的艺术中占有显赫重要的地位,但在希腊艺术中却很少有直截了当的表现;通常是用神话里的战斗场面来暗示,例如,用神祇和巨人、希腊人和阿玛宗人或者勒庇底人和堪陀儿的战斗场面来间接表现。"①不难看出,在希腊艺术中,神话占有相当权威的地位,模仿神话和传说远比直接模仿自然景物和日常生活来得重要,哪怕是记载现实中发生的"重大战役和历史性事件",古希腊人也会"用神话里的战斗场面来暗示"。神话和历史在艺术层面上已经浑然一体,神话展示出其历史叙事的功能。在"希腊最早的历史艺术作品——基普塞洛斯的箱子"上,就"描绘有许多源自于传说和神话的形象",而且,描绘者为了消除图像的歧义,还把"所有人物的名字都写在一旁以传达清晰的信息"。②神话成为历史,历史模仿神话。因此,古希腊阿玛宗神话和古罗马女角斗士的历史有了令人信服的链接,人们相信女英雄的故事还在延续。据推测,阿契莉亚和阿玛宗极有可能是从一个或多个与罗马帝国敌对的民族中俘虏过来的,比如具有悠久作战传统的大夏人,他们的顽强抵抗以及随之而来的奴隶命运被真实地描绘出来。来自这些被征服民族的女角斗士,从一名遭受禁锢的奴隶到博得观众喝彩的表演者,再到获得释放的自由人,走过了一条充满艰辛和致命危险的荆棘道路。在古罗马人看来,女奴成为女角斗士,极有可能是女奴得到了复仇女神(也是角斗士的护佑女神)的"恩惠",无论走到哪里都有可能不知不觉地被这个职业俘获。作为希腊文明和罗马文明综合体的复仇女神(又名命运女神),在这个特殊的年代常常不被视为一个血债血偿的使者,而被看作一股改变命运的力量,女奴们将自己卑微的命运托付给这位女神以寻求转机,希望通过流血流汗的角斗来获取自由。③女英雄神话与女角斗士的历史遥相呼应。

阿玛宗族最显著的特征就是女人成为半个男子,她们为自由而战,为

---

① [英]塞拉·里克特:《希腊艺术手册》,李本正、范景中译,中国美术学院出版社,1989年,第2页。
② [英]A. S. 默里:《古希腊雕塑史——从早期到菲迪亚斯时代》,张铨、孙志刚、刘寒清译,江苏美术出版社,2007年,第33页。
③ 同上书,第33—34页。

荣耀而亡。在现实生活当中，竟然也有阿玛宗族的存在。那是在南美洲圭亚那附近的一个落后的母系氏族，她们定期地与相邻氏族聚会。在聚会期间交配，如果生下的是女孩就留下，男孩的话就送回去。她们只囚禁俘虏，并作传宗接代之用，不过俘虏最终的命运仍然难逃一死。她们嗜血如命，好勇斗狠，且最痛恨外族的入侵。这是阿玛宗的遗风，纯粹属于阿玛宗的力量（Amazon Power）[1]，她神秘地分布在广袤大地的一些被世人遗忘的地方。阿玛宗的神话像一束光照射在世界上某些偏僻的角落，让人产生错觉，阿玛宗的血脉并没有断，她们还存留于世。

小结　女英雄的神话历史

"脱缰的野马"希波吕忒，"比男人还要快"的彭特西勒亚，"跳动迅猛的"慕里奈，"黑色的母马"墨拉尼珀，"反抗之声"安提厄蓓，"在群山之巅愤怒的女人"俄瑞提亚，"再三繁盛的"塔勒斯忒里斯，"宗教国度的领导者"卡拉菲亚……神话中每一个阿玛宗女人名字背后都富含寓意。阿玛宗女人的历史真实地存在于神话的"虚构"当中。基于对阿玛宗女英雄神话的历史设想，我们可以用重新划分"大传统"和"小传统"的理论去概括它，将久远的前文字时代的女英雄崇拜视为"大传统"，将文字记录的书写文明之女英雄视为小传统。大传统中的阿玛宗真实地存在过，由于材料所限，我们无法描述其容貌，无法深入地探究阿玛宗人的具体状况，但是她们在神话中的惊鸿一瞥，足以让世人难以忘怀。她们英勇无畏，视死如归。小传统中的阿玛宗在文字中闪现，人们相信这些有血有肉的女英雄不是神，也不是魔，她们有自己的爱恨情仇，散发出人性的光芒，记录虽少，故事虽短，却始终葆有凄美动人的力量，让作家动笔，令歌者传唱。参照希罗多德和希波克拉底对阿玛宗女性武士描述的情况，自然可以提出希腊女战士抑或好战女神形象来源的看法，即斯基泰文化之阿玛宗起源说。如果说一些传统都离不

---

[1] Timothy Taylor, *Prehistory of Sex: Four Million Years of Human Sexual Culture*, New York: Bantam Books, 1996, p. 199.

开人为的发明,那么女战神形象的发明权,应该属于有文字记载的小传统的新发明。

　　充满着神话想象的阿玛宗女人国引起了诸多女性学者的关注,她们往往以非常严谨的态度去阐释这个王国的历史,可能因为这个王国是以整体女性形象出现的,而不是彰显某一具有突出才能的个人成就。① 比如,美国心理学家菲丽斯·切斯勒(Phyllis Chesler)在她最畅销的著作《女人和癫狂》(Women and Madness,1972)中说道:"就女性的身体和情感发展而言,阿玛宗社会或许比任何由男性统治的社会都会更加优越。"② 这种观点将阿玛宗的历史追溯至母系氏族时代,人们设想那大概就是人类历史上的黄金时代,悲而不怨,哀而不伤;敞敞亮亮地生,痛痛快快地死。

　　希罗多德讲到撒乌罗玛泰伊人(Σαυρομαται)③的妇女一直遵守着他们的古老习俗;她们和自己的丈夫或者独自一人骑马出去打猎,她们也参加战斗,并且穿着和男人一样的衣服。撒乌罗玛泰伊人操斯奇提亚语,但是这种语言在她们的发音中已经失去了古时的纯正,原因是阿玛宗从来都没能掌握住这门语言。至于婚姻,一般情况下,如果一个处女没有杀死敌对阵营中的一名男子的话,那么她是不被允许结婚的。正因如此,有一些妇女没能履行法律的要求,所以直到老死也没有成家。④ 希罗多德以男性的视角"客观地"介绍阿玛宗后裔的生活习俗,至少他笃信这一民族是存在的。而有人却极力否定。法国学者皮埃尔·维达尔-纳杰(Pierre Vidal-Naquet)在《荷马之谜》(Le Monde D'Homère)一书中认为阿玛宗妇女是由希腊人的想象力塑造而成的,因为作为"男性俱乐部"的希腊城邦,所有女人都被排除在外,希腊人依靠想象塑造了一群堪比男人甚至比男人还厉害的女战士群像。他用略带嘲讽的口吻说:"现代有些人竟天真地认为这个女性民族确实存在过,并且有些女权主义者还把她们当成是自己的先驱,这又是一个新的证据,它反

---

① Mary R. Lefkowitz, *Women in Greek Myth*, London: Paperbacks, 1986, p. 17.
② P. Chesler, *Women and Madness*, New York: Avon Books, 1972, p. 286. 转引自 Mary R. Lefkowitz, *Women in Greek Myth*, London: Paperbacks, 1986, p. 17.
③ 又译"索洛马太"。希罗多德和希波克拉底在书中都曾经提到过这个民族。
④ Ἡροδότος, Ἱστορια, IV, 116, 117.

映出希腊人的想象对我们的思维模式的影响。"① 显然,纳杰将神话与历史割裂开来,认为阿玛宗只存在于希腊神话当中,她们没有在历史当中真实地存在过,有关女战士的一切都源于希腊人的想象。但是如果我们仔细分析会发现其中的矛盾,一个男权社会的希腊为何要兀自凭空捏造一个尚武的女性民族呢?难道历史之父希罗多德和医学之父希波克拉底在书中认真讲述的这群特殊妇女仅仅是由于受到"希腊人的想象对我们的思维模式的影响"吗?墓葬挖掘和考古工作已经向世人展示了历史上确曾有一群女战士民族的存在,地点和状态都与神话故事的描述相仿。希腊人也许对阿玛宗的故事有所夸大,但似乎不应该为这些夸大而彻底地否定本源的真实或者构成我们不再探究她们的理由。

阿玛宗女战士群像之所以能够牵动一代又一代西方人的想象,除了猎奇好异的成分,还有非常现实的原因,那就是女战士们的处女身份——她们以处女神阿耳忒弥丝为模范,保持自己的纯正高洁。对于成年男性而言,这永远意味着女性的贞洁和德行,也是他们理想型的女性典范。无疑,这套标准是男权社会为女性制定的道德观念,阿玛宗女战士的洁身自好正好符合雅典社会乃至后世以男性为主导的社会的要求和期待。根据希波克拉底的记述,女战士的特殊身份伴随着仪式性的分界标记:一旦完成杀死三个敌人的战斗功绩,她就可以不再是女武士,而是可以像寻常女子一样嫁人成家,变成常规社会中的妻子和母亲。由此看来,处女与非处女的分界,恰恰也是女战士身份存在与否的前提条件。找到丈夫并且成家的阿玛宗女子,在失去其处女身份的同时也要失去其女战士的身份。究竟是挡在男人前面破阵杀敌还是躲在男人身后操持家务,是选择强硬还是服软,似乎是个二选一的命题,而一个女人很难同时掌握两样看上去完全相反的职能。但是阿玛宗人做到了,她们的一生虽然短暂,却异常精彩。女战士和处女,就这样成为这一类特殊女性人格的双面表现,女性角色或隐或显,构成了这一神秘女氏族的神话历史。

仔细想来,作战与和平是如此矛盾,永葆贞操与誓守婚姻又是这般格格不入。阿玛宗女性的形象是双重的:像女人一般生活,像男人一样战斗。这

---

① [法]皮埃尔·维达尔-纳杰:《荷马之谜》,王莹译,中国人民大学出版社,2015年,第66页。

种不可调和的撕裂感映照出阿玛宗一族的最终归宿——没有归路。她们自出生起,就注定了不能像正常女人那样生活,割掉右乳,拉弓射箭,戎马一生;也注定了永远无法同男人对等。她们与男人世界之间的关系是紧张的、对立的,同时也是互补的。虽然阿玛宗女人终生与男人叫板,同男人开战,但终究跨不过去的不是强劲的对手,而是她们自己。

第六章

"神圣的"英雄纪念碑

诸神之所以需要人类，是因为他们需要被铭记，而害怕被遗忘。

——荷马：《伊利亚特》

1846年，英国历史学家乔治·格劳特（George Grote）曾断言，希腊历史真正开始于公元前776年，而在此之前所有的故事皆为虚构，特洛伊战争只不过流传得"更广更久"罢了，特洛伊（Troy）完全是一座想象出来的城市（legendary city）。① 尽管格劳特言之凿凿，其观点代表了19世纪中期史学界较主流和正统的看法，且与当时的学术发展水平相适应，但仍有极少数人将荷马史诗奉为真实的历史讲述，非但不受此类权威论断的影响，反而自发地进行更深入的思考：最初的特洛伊建于何时？究竟是谁缔造了"神圣的"伊利昂？真正的古老城市是否长眠于希腊化小城新伊利昂（Ilium Novum）② 或者新特洛伊（New Troy）之下？由此也吸引了诸多考古学家如海因里希·谢里曼（H. Schilemann）、威廉·多尔普菲尔德（Wilhelm Dörpfeld）、卡尔·布列根（Carl Blegen）等人前赴后继地在茫茫大地上搜寻神话城邦的历史坐标。

然而，谁又能了解真正的荷马？就《伊利亚特》（*Iliad*）的标题而言，我们对它既是熟识的，又是无知的。一般来说，"Ilias，即《伊利亚特》，意

---

① G. Grote, *History of Greece*, Vol. Ⅱ, London, 1854, p. 47, p. 79. 转引自 Cathy Gere, *The Tomb of Agamemnon: Mycenae and the search for a Hero*, London: Profile Books, 2006, p. 6.

② 在罗马帝国奥古斯都（Augustus）范围内发现的一座古城。

为'关于伊利昂的故事'或'伊利昂诗记',作为诗名,最早见于希罗多德的著作"。① 不过,国内不少权威翻译和研究书籍均将特洛伊与伊利昂等同。② 稍作思考,我们不禁要问:为什么同一座城市要使用两种称谓呢?难道就像北京又称北平,西安古称长安那样,命名上有时代先后之别吗?答案显然没有这么简单。

通过细读原作,我们发现在传承口头文化的同时,荷马将自己所有非文字的想象力都投入史诗当中③,在伊利昂和特洛伊的修饰语(或描述词)上倾尽功力,保留记忆踪迹(traces)的基础上加以个人创造。仅特洛伊一词就富含多层历史信息和文化地貌,伊利昂亦有多重意指。荷马并不苛求真实,受心灵的驱使置身于叙事本身,用"长了翅膀的话语"描绘一座城市的覆灭,一群生命的消亡,以及天上的神和地上的人情感的互通。可以说,伊利昂和特洛伊在诗人唱诵的虚构与真实之间,异彩纷呈地上演了千年的神话历史。

第一节 伊利昂与特洛伊:一座城市的两种称谓

众所周知,荷马故事中有一处不同寻常的、令人费解的地方,就是普里阿摩斯的城邦有两个命名:一个是伊利昂(Ἴλιος, Ilios),另外一个是特洛伊(Τροίη, Troy),它们就像一枚硬币的两面,亲密相依却又彼此分离。历史学家倾向于认为,在荷马史诗的语境下,特洛伊常常代表城邦(πόλιν,

---

① [古希腊]荷马:《伊利亚特》,陈中梅译,花城出版社,1994年,前言,第5页。
② 此类论述详见[古希腊]希罗多德:《历史——希腊波斯战争史》(上册),王以铸译,商务印书馆,1985年,第160页:"伊里翁(即特洛伊)";[古希腊]荷马:《奥德赛》,王焕生译,人民文学出版社,1997年,第542页:"伊利昂Ἴλιον(Ἴλιος)特洛亚的别称";[古希腊]荷马:《伊利亚特》,陈中梅译注,译林出版社,2000年,第729页:"特洛伊(Troy)亦名伊利昂或伊利俄斯"及第732页:"伊利昂(Ilion),即特洛伊,亦即Ilios,'伊洛斯的城'";[古希腊]修昔底德:《伯罗奔尼撒战争史》,徐松岩译注,上海人民出版社,2012年,第43页,注②:"伊利昂,特洛伊的别名"等。
③ [英]杰克·古迪:《从口头到书面:故事讲述中的人类学突破》,户晓辉译,《民族文学研究》2002年第3期。

city），而伊利昂则用来指称国家（πατρίς，country）。① 言下之意，两者只是在地理范围上有所不同，伊利昂大于特洛伊，后者归属于前者。虽然该说法在一定程度上区别了这两个称谓，然而其过于笼统的论断仍然未能从本源上解释清楚。

许多情境之下，伊利昂和特洛伊这两个词汇看似等同（都可指称普里阿摩斯的城邦），但细加分析，又各有所指，各有强调。从荷马史诗描述出的地形图看，特洛伊泛指整个特洛伊人的领土②，伊利昂强调的则是国王普里阿摩斯的城堡，有时甚至缩小到一堵城墙。③ 通过这个角度观测，特洛伊的管辖范围远远大于伊利昂。另外，关键的问题在于"神圣的伊利昂"（Ἴλιος ἱρή）这一称呼，在《伊利亚特》当中高频率地出现，因为它与缔造者——神明有关，自然蒙上了一层神性光辉；而特洛伊，往往与其居住者——特洛伊人相联系，强调的是人类生活的场所，从而被打上了世俗的烙印。

"神圣的伊利昂"这一描述在《伊利亚特》中出现了28次之多④：比如，天父宙斯称它为"神圣的伊利昂"，是自己最为钟爱的城邦；希腊联军首领阿伽门农放言"神圣的伊利昂将被消灭"等。"神圣的"（ἱρή），属于程式化套语（the formulae），也叫修饰语或描述词。具体来说，神祇、英雄或地名前往往冠以一个描述词，以揭示他们的来源、性质或主要特征。使用描述词是口传史诗在说唱时的特色，荷马继承并发扬了这种用语。比如，特洛伊人的修饰词有12个（如"心胸豪壮的""身披铜甲的""驯马的""狼一样的""高傲的""心志高昂的"等），其中以"驯马的"特洛伊人（Τρώων ἱπποδάμων）居多，出现多达21次；相比之下，自始至终都不曾出现"伊利昂人"。进一步说，特洛伊城的修饰词有9个（如"人丁兴旺的""多风

---

① Michael Wood, *In Search of the Trojan War*, London: Guild Publishing, 1985, p. 187.
② 《伊利亚特》，第1卷第163行。比照平原特洛阿德的名称。
③ 《伊利亚特》，第9卷第20行。
④ 《伊利亚特》，第4卷第46、164、416行；第5卷第648行；第6卷第80、448行；第7卷第20、82、413行；第8卷第552行；第9卷第293行；第11卷第196行；第13卷第657行；第16卷第100行；第17卷第194行；第18卷第270行；第20卷第216行；第21卷第58行；第24卷第24、27、143行。本书参阅的希腊原文和英文版本为 *Homer, the Iliad*, with an English translation by A. T. Murray, London: William Heinemann Ltd, Cambridge, Massachusetts: Harvard University Press, First printed 1924, Reprinted 1971。

的""城垣坚固的""土地肥沃的""宽广的"等),其中以"城垣坚固的特洛伊"(Τροίην εὐτείχεον)居多,出现多达22次[①];伊利昂的修饰词有10个(如"美丽的""多风的""墙垣坚固的""人烟稠密的""神圣的""陡峭的""城门高耸的""著名的""产骏马的"等),其中以"神圣的"居多,多达20余次。形容词"神圣的"在希腊文中用的是ἱρή,其语源与祭祀活动(ἱερός)[②]密切相关。

针对修饰地名的词语"神圣的",有学者指出该词在史诗中已呈现出"泛指"或者泛用的倾向。[③] 之所以出现这样的结论,往往基于上古时代"神圣的"用法很普遍,"每一座城市都是一座神庙,每一个城市都可被称为是神圣的。其保护神必居于其中,永不离开"。[④] 然而,普遍并不意味着普通,不容忽视的是,荷马生活在"黑铁时代",他所描绘的故事发生在早于他数百年的"英雄时代"。对荷马或者更早时代的人们而言,城邦是界定"内"与"外"的重要媒介。首先,这种所谓的媒介或者边界绝不是什么普通的建筑物,而是作为保护自身利益、添加了浓重感情色彩的壁垒抑或屏障。由于"内""外"有别,自然使得此城与彼城有了本质性的区别。一旦区别产生,便相应地出现了自我和他者,本邦与外邦,融合与隔阂……从而诞生自我描述和他者描述。从神话语境看,伊利昂的城墙之所以是神圣的,盖由神明所建,其他的城墙都不曾享受这般特殊的礼遇。因而史诗并没有不加区别地在所有城邦前加上同样的描述词。这是荷马史诗的特点,描述词丰足却不画蛇添足,慎用却不泛用、滥用。荷马多次使用"神圣的"来修饰伊利昂,用意非常明显。说到底,就是为了彰显这座城池的与众不同,独一无二。伊利昂和特洛伊的区别,已不是地理的版图问题了,而是上升到思想观念和宗教信仰的层面。

当论及伊利昂的由来时,《伊利亚特》中有五处叙述了神明创建城邦的

---

① 参看《伊利亚特》,第1卷第129行;第2卷第288行等处。
② 史诗中也作ἱρός。它的原意是"属于神的、有关神的"或者是"受到神灵庇护的"。女祭司,希腊文作ἱέρεια。
③ [古希腊]荷马:《奥德赛》,陈中梅译注,译林出版社,2002年,第49页,注释⑤。
④ [法]菲斯泰尔·德·古朗士:《古代城市:希腊罗马宗教、法律及制度研究》,吴晓群译,上海人民出版社,2006年,第168页。

过程①：国王普里阿摩斯站在"神筑的城楼"上观战②；赫克托耳以自己的城邦"由神祇兴建"为荣③；每当"城门高耸的"伊利昂即将被攻克之时，太阳神阿波罗总在城墙上伫立，用他"蓄满神力的双手，击挡闪光的盾牌"④，保卫这座由自己辛苦筑造的城市；当埃涅阿斯迎战阿基琉斯之际，自豪地罗列家谱宗族，城邦的由来⑤。特别是海神波塞冬的回忆让人印象深刻：

> 墙垣的盛名会像曙光一样远照，
> 而人们将会忘记另一堵围墙，由我和福伊波斯·
> 阿波罗历经艰辛，为英雄拉俄墨冬建造。⑥

与阿波罗捍卫伊利昂的态度相反，波塞冬公然站在特洛伊人的对立面，他提醒阿波罗不要忘却他俩"在伊利昂遭受的种种折磨"；"我为特洛伊人建造围城的护墙一堵，宽厚、极其雄伟，使城池坚不可破"⑦；"狠毒的拉俄墨冬使坏，克扣全部工酬。开口威胁，将我们赶出"。⑧如果将这些由不同的叙述者诉说的内容结合起来看，大致可以得出如下来龙去脉：太阳神阿波罗和海神波塞冬因触犯天条被宙斯罚至人间服役，而他们来到的城市正是宙斯最为钟爱的特洛伊。⑨彼时特洛伊国王拉俄墨冬（Λαομέδων，Laomedon）⑩正打算建造一座巍峨的城池。经过协商，阿波罗与波塞冬愿意建造城墙，条件就是收取一定的报酬。当城墙竣工之后，拉俄墨冬言而无信，不仅拒绝偿付报酬，而且威胁两位神灵，扬言要把他们流放荒岛。两位神灵返回天庭，心

---

① 史诗中表述神灵创建伊利昂的卷数分别为：第7卷第452—453行；第8卷第519行；第16卷第701行；第21卷第442—455行，第526行。
② ［古希腊］荷马：《伊利亚特》，陈中梅译注，译林出版社，2000年，第587页。
③ 同上书，第220页。
④ 同上书，第457页。
⑤ 《伊利亚特》，第20卷第216行。
⑥ ［古希腊］荷马：《伊利亚特》，陈中梅译注，译林出版社，2000年，第195页。
⑦ 这里的"围墙一堵"特指伊利昂，而不是特洛伊。
⑧ ［古希腊］荷马：《伊利亚特》，陈中梅译注，译林出版社，2000年，第583页。
⑨ 宙斯亲口承认："神圣的伊利昂是我最钟爱的城邦。"见《伊利亚特》，第4卷第45行。
⑩ 拉俄墨冬（Laomedon），名字由希腊文laos（人民）和medon（统治者）合并而成，意思是"人民的统治者"。

中充满愤怒，尤其是波塞冬，发誓与特洛伊为敌。于是由神建造的"神圣的"伊利昂的所在地特洛伊受到了诅咒，最终覆灭的命运亦在预料之中。

如此看来，伊利昂属于城中之城，是一个有所指的意象。一方面，它是实物，一座城池或一堵墙；另一方面，伊利昂又俨然等同于圣化的标志，成为一座城市的丰碑和某种象征。特洛伊城惨遭希腊人攻陷的历史事实，在荷马的表述下神话化了：神话的因果关系以预言或谶语的方式，注定历史事件的发生逻辑。

再者，伊利昂如何兴建的故事，其意图显然并不在于揭露特洛伊国王拉俄墨冬狂妄自大、欺瞒成性的品行，而是强调特洛伊城邦的神圣起源以及最终国破家亡的一个重要原因：神明建造的城墙神圣不可侵犯；凡人与神灵作对等于自寻死路。较之原有的地上之城特洛伊，伊利昂的神圣性在《伊利亚特》中充分凸显出来。尽管伊利昂城并非创世神话中世界的中心，难以再现创世之初的神圣场景，但是其神圣性不言而喻，它是在神谕下建造的，系太阳神和海神的创造物，又是天父最为钟爱的城市。这种三重属性使得特洛伊成为富庶、肥沃的人间圣地，吸引了周围众多邻居艳羡的目光。希腊人即使在攻城略地、践踏特洛阿斯（Troas）①平原之时，仍然不时地从内心发出对"神圣的伊利昂""城垣坚固的特洛伊"的由衷赞叹。这样的城邦固若金汤、牢不可破，凭借凡人的气力似乎永远无法攻占。希腊大军耗时十年围攻特洛伊，怨声载道、损失惨重，若不是神明允许，同意摘除伊利昂这座"神赐的"免死金牌，"身披铜甲的"阿开亚人根本无法撼动这座神明所造之城。

不得不说，古人的信仰以及口传确保了伊利昂和特洛伊之名的持久存在，恰恰是神话赋予了它们特性与历史。

第二节 神造的"伊利昂"与人造的"特洛伊"

从《伊利亚特》的多处细节当中，我们了解到伊利昂和特洛伊完全被归类在了不同的语境当中。从表面来看，特洛伊先于伊利昂出现在大地上，特洛伊由凡人所建，相对应的是伊利昂，特洛伊城经历数代帝王兴衰，直到拉

---

① 特洛阿斯（Troas）为小亚细亚西北角的一个山区，因该地区曾受制于特洛伊人的说法而得名。

俄墨冬时期，伊利昂才顺应天时、地利、人和而产生。

从希腊神话叙述中可知：特洛伊的皇族始祖名叫达耳达诺斯（Δάρδανος, Dardanus），由宙斯和提坦神阿特拉斯的女儿厄勒克特拉所生。父母都是天神，达耳达诺斯自出生之日起就戴上了神之骄子的光环。在《伊利亚特》中，埃涅阿斯迎战阿基琉斯时充满自豪地介绍自己的光荣家谱：

> 最初，汇集云层的宙斯得子达耳达诺斯，
> 达耳达尼亚的宗祖，其时尚无神圣的伊利昂
> 世出，一座耸立平原的城市，作为凡人的庇护。①

埃涅阿斯交代得十分清楚：达耳达诺斯是宙斯之子；他是达耳达尼亚第一代国王；神圣的伊利昂是后来的。不过这倒不足为奇，因为古代城邦都会神化自己的祖先，为其树碑立传。传说达耳达诺斯在位于爱琴海北部的萨摩色雷斯岛遇到透刻罗斯，一位来自希腊南部阿提卡地区的殖民者，随后两人结伴抵达小亚细亚。透刻罗斯把女儿嫁给达耳达诺斯，而达耳达诺斯建立了一个名为达耳达尼亚的王国，也就是特洛伊的前身。达耳达诺斯死后，他的儿子厄里克托尼俄斯（Ἐριχθόνιος, Erichthonius）②掌权，成为第二任国王。③此时特洛伊还没有正式命名。自厄里克托尼俄斯的儿子，即特洛伊第三任国王达耳达诺斯的孙子特洛斯（Τρώς, Tros）开始，当地人便有了"特洛伊人"（οἱ Τρῶες, Troies）的叫法，而达耳达尼亚王国亦改称为特洛阿德（Τροία）。到了特洛斯的儿子伊洛斯（Ἶλος, Ilos）时，他便建立了传说中的特洛伊城。伊洛斯在佛律癸亚角力竞技会上获得优胜，奖品是50对童男童女和一头花牛。按照宙斯的旨意，他必须跟随花牛向前走，在花牛停下的地方建城。④当花牛走到小亚细亚一座山丘脚下时躺倒了，此刻宙斯从天上抛

---

① 荷马：《伊利亚特》，陈中梅译注，译林出版社，2000年，第551页。
② 与传说中的雅典第五代国王厄里克托尼俄斯重名。
③ 《伊利亚特》，第20卷第215—237行。
④ 关于在牛停下的地方建城的说法，也见于其他神话，比如忒拜城的始祖卡德摩斯的传说。这种神话极有可能反映了古代游牧部落的习俗。见［苏联］M. H. 鲍特文尼克等编著：《神话辞典》，黄鸿森、温乃铮译，商务印书馆，1985年，第325—326页。

下护城神像，根据这一征兆，伊洛斯便确定了城址。由此可见，特洛伊城这一称谓的形成时间晚于特洛伊人这一叫法，而特洛伊人的称呼则来自国王特洛斯的名字。

在建城过程中，为了纪念自己的父亲特洛斯，伊洛斯决定将此城命名为特洛伊（Τροίην，Troy）。那么伊利昂是什么时候出现的呢？照常理看来，既然特洛伊城的命名来自特洛斯国王的名字，那么可不可以推导出伊利昂是从国王伊洛斯的名字派生而来的呢？的确，伊洛斯功绩卓越，伊利昂之名诞生于此时亦在情理之中。然而，这样的推导往往忽视了一处细节，在第四代国王伊洛斯之前还有一个伊洛斯（Ἴλος，Ilos），《伊利亚特》并没有提到早先的伊洛斯，或者说荷马刻意回避了年代更早的伊洛斯。他是达耳达诺斯的另外一个儿子①，从辈分上讲，他与第二代国王厄里克托尼俄斯同辈，早于伊洛斯国王三代。显而易见，史诗当中的伊洛斯指的应该是第四代国王伊洛斯，他的坟墓（παρὰ σήματι）耸立在斯卡曼德洛斯河与希腊人的阵营之间，墓顶有一棵高大醒目的柱子，"神灵一样的伊洛斯"（θείου Ἴλου）安息其中。② 也就是说，两位伊洛斯的名字为后来的伊利昂之名奠定了基础。特别是第二位伊洛斯声名远扬，受到神灵青睐，以他的名字来命名神圣之城伊利昂也不无可能，只不过荷马没有直接点出这一关键的信息，只是暗示或侧面描述伊利昂与伊洛斯之间的渊源。《伊利亚特》第24卷，也就是最后一卷，再次提到伊洛斯。在信使女神伊里丝的鼓励下，特洛伊年迈的老国王普里阿摩斯冒着生命危险前往希腊联军的阵营赎回爱子赫克托耳的尸体，在出发前往对方驻地的途中，第349—351行出现重要信息："其时，两人（普里阿摩斯和驾车者伊代俄斯）驱车跑过伊洛斯高大的坟茔，勒住骡子马匹，计其汲饮河水，这时夜色已经落降，遮蒙大地。"③ 毫无疑问，此一描述绝非闲来之笔，普里阿摩斯赶着马车在夜幕降临之际经过祖先伊洛斯的坟墓，生死未卜、凶多吉少，这一行为本身就带有一种仪式性。"驾车经过伊洛斯高大的坟茔"（οἳ δ᾽ ἐπεὶ οὖν μέγα σῆμα παρὲξ Ἴλοιο ἔλασσαν，），希腊文 μέγα σῆμα 直译为"高大的

---

① Timothy Gantz, *Early Greek Myth, a Guide to Literary and Artistic Sources*, Vol. 1, Baltimore and London: The Johns Hopkins University Press, 1993, p. 215.
② 《伊利亚特》，第10卷第415行。
③ 荷马：《伊利亚特》，陈中梅译注，译林出版社，2000年，第667页。

标记"（特指坟墓上的标志），此处伊洛斯的坟茔与第4卷描绘伊洛斯安息之处（βουλὰς βουλεύει θείου παρὰ σήματι Ἰλουνόσφιν ἀπὸ φλοίσβου）使用了相同的词汇 σῆμα（sēma，标志，记号；自天而降的预兆），影射伊洛斯在特洛伊历史上的标志性地位。因为在神话当中，第三代国王特洛斯和第四代国王伊洛斯在位时期，城邦达到了鼎盛。尤其是伊洛斯，俨然成为特洛伊城昔日荣光的象征。普里阿摩斯驾车经过的既是特洛伊的过去——雄伟和辉煌，也预示着它的未来——衰败和灭亡。因为神话故事已经告诉我们结局，在赎回赫克托耳的尸体并进行隆重的葬礼之后，双方重新开战，希腊人荡平了特洛伊，这座神圣的伊利昂之城最终葬身于一片火海。"驯马的"特洛伊人的现任国王快速通过的那段距离正是"神圣的"伊利昂坚挺近200年、持续共8代人的历史。而《伊利亚特》篇名之所以使用伊利昂之名而非特洛伊，大概正寓意对神圣之城倾塌和覆灭的讴歌与悲叹。

　　史诗用神话的方式述说历史，一切皆由天神的意志而起，又以天神的意志而灭。天上地下、帝王将相，殊途同归，盖无例外。受到神灵庇佑的伊利昂在第五代国王手中出现了命运突转。伊洛斯死后，他的儿子拉俄墨冬继位。太阳神阿波罗和海神波塞冬受宙斯派遣为特洛伊筑起防御城墙和堡垒，本来拉俄墨冬允诺在建城之后重金酬谢，却最终在众目睽睽之下失信于两位神祇及天下人。作为惩罚，阿波罗降鼠疫于特洛伊城，波塞冬则派来一只海怪，引发洪水欲淹没特洛伊城。洪水肆虐、瘟疫蔓延，夺走了无数特洛伊人的性命。拉俄墨冬为了拯救自己的城邦，将女儿赫希俄涅献给海怪。多亏大力士赫拉克勒斯杀死怪物，救出公主。国王欺世盗名的行为再次上演，拉俄墨冬原本答应把神马赠给赫拉克勒斯以报救女之恩，却再一次食言。赫拉克勒斯受骗，开始征讨特洛伊，攻下城池后，杀死拉俄墨冬及其所有的儿子，唯独留下了幼子普里阿摩斯的性命。普里阿摩斯长大后重建特洛伊，并继位成为最后一位特洛伊国王。这是在综合许多神话版本后得到的关于特洛伊的完整故事，或者我们可以称之为"特洛伊前传"。拉俄墨冬与神交恶，种下苦果，算起来神圣的伊利昂的存在自伊洛斯之后仅仅延续了两代君主。

　　神造的"伊利昂"，是天上的圣城在地上的投影，本就属于虚构和不确定的，体现着古人对永恒的向往；人造的"特洛伊"固然坚固，却无奈历史的风霜，难逃烟消云散的命运安排。如果沿用米尔恰·伊利亚德的理论，似乎可以对比性地将"伊利昂"视为神圣的,而将"特洛伊"看作世俗的。"神圣和世俗是这个世界上的两种存在方式,是在历史进程中被人类所接受的两种存在状态。"① 确切地说,神圣的"伊利昂"通过作为世俗之物"特洛伊"的"显圣物"而表现其存在,坚固的"特洛伊"借由神圣之物伊利昂而彰显其人间价值。作为"显圣物"的伊利昂系自然或神赐之物,随同人为之物特洛伊,均独立于人类而存在,将人类自身排除在外。事实上,在荷马世界的人们看来,神圣通过人类世界而彰显其存在,王室族谱尤其是特洛伊王族谱系是这种"显圣物"的集中表现,因为它表述了人类与诸神之间的亲密而又疏远的关系。当然,一旦"神话通俗化,便成为简单的历史事件"。② 从荷马史诗的叙述中能够看出,作为神圣王权的代言人,特洛伊王族是神明的后裔,具有神性血统。所以,换句话说,历史神圣化,便成为复杂的神话故事。

如果说史诗中反映出某种真切的历史信息,那一定是在神意支配下的人类活动及其结果。不论战争的胜负和个人命运的生死祸福,深层因果关系都折射为神人关系。荷马一再强调神明的意志是何等重要,伊利昂如同笼罩特洛伊城的一件神圣外衣,有了这件外衣的保护,就可确保平安无事;一旦外衣损坏,失去神灵庇佑的光芒,瞬间便城毁人亡。在神灵的意志之下,一座城市的兴旺或崩塌的命运都不可逆转,倾巢之下焉有完卵?《伊利亚特》在第2卷第300—332行就预设了特洛伊终将覆灭的结局。

这段描述是以奥德修斯追忆的形式表达的:

> 我还清晰地心记着此事,而你们,每一个
> 死神尚未摄走心魄的将士都可以作证;
> 事情就像在昨天或是前天发生,阿开亚舰队正在
> 奥利斯集中,给普里阿摩斯和特洛伊人带去灾愁。
> 在一泓泉流的边沿,就着神圣的祭坛,

---

① [罗马尼亚]米尔恰·伊利亚德:《神圣与世俗》,王建光译,华夏出版社,2003年,序言,第5页。
② [英]康福德:《修昔底德:神话与历史之间》,孙艳萍译,上海三联书店,2006年,中文版序,第205页。

我们正摆出全副牲品，求神保佑，
在一棵秀美的悬铃木树下，滚动着闪亮的水流。
其时，一个显赫的兆示突现，一条蛇，背上血迹
殷红，奥林波斯大神亲自将它送入光中，
蜿蜒着爬出坛底，朝着悬铃木树蠕动。
树上坐着一群雏鸟，嗷嗷待哺的麻雀一窝，
巢儿筑在树端的枝桠，小鸟在叶片下屈缩，
八只，连同生养的母亲，一共九只，无一存活。
蛇把幼鸟吞尽，全然不顾后者凄厉的尖叫，
雌鸟悲鸣孩子的不幸，在蛇的上方扑绕，
蛇虫盘起身子，钳住鸟的翅膀，伴随它的嘶号。
长蛇吞食麻雀，连同全部雏小。
其后，那位送蛇前来的大神把它变为石头，
工于心计的克洛诺斯的儿子将其化成一座碑标。
我等站立观望，惊诧于眼前的蹊跷。
当这些可怕的牲物进入奉祀神明的丰盛的祭肴，
卡尔卡斯当即卜释，开口对众人说告：
"为何瞠目结舌，长发的阿开亚同胞？
多谋善断的宙斯已显示一个惊魂的先兆，
此事将在日后，将在以后兑现，大业的荣烈永葆。
长蛇吞食了麻雀，连同它的雏鸟，
一窝八只，连带生养它们的母亲，九只一道，
所以，我们将在此苦战等数的年份，
直到第十个年头，攻下这座路面宽阔的城堡。"
这便是他的卜释，所有的一切如今都在应报。
振奋精神，胫甲坚固的阿开亚人，让我们
全都留下，抢夺普里阿摩斯宏伟的城堡！①

---

① ［古希腊］荷马：《伊利亚特》，陈中梅译注，译林出版社，2000年，第40—41页。

早在希腊联军出发前，众多将领在奥利斯（Αὐλίδα，Aulis）的圣泉边向着宙斯献祭，一幅令人吃惊的画面出现了：一条长蛇吞噬了一只麻雀连同它的八只雏鸟，最后吞吃了九只鸟的长蛇被宙斯化为石头。希腊联军的占卜师卡尔卡斯占卜征兆，预测他们会在攻打特洛伊的第十年毁灭这座神圣的城邦。① 这恰好对应着神圣的伊利昂在神谕中兴建又在神谕中毁灭的整个过程。领受神谕是那个时代的流行做法，在王权与神权合一的远古时代，王者如果自己不能直接领悟神意，就需要雇佣专职的神职人员来为自己占卜。中国殷商时代的甲骨文就是商王雇佣的贞人②完成的占卜记录。十万片出土的甲骨充分表明当时最高统治者对神意的无比虔诚和信仰，但是具体的占卜活动如何则缺乏描述。荷马在这里则生动地记录下希腊联军统帅出征前占卜神意的具体细节，其神话意象的符号解读方式，很值得研究者反复揣摩和领悟。这段话中出现五个关键词，即蛇（δράκων）、麻雀（στρουθός）、石头（λᾶαν）、碑标（ἀρίζηλον θῆκεν）、兆示（σῆμα），这里"兆示"所用的希腊文词汇σῆμα与描述伊洛斯坟墓的词汇σῆμα一致。奥德修斯为希腊联军服务，他对兆示的回忆属于典型的他者描述：蛇象征着阿开亚人，麻雀是特洛伊人，虽然蛇吞吃了麻雀赢得了胜利，但它依然在神灵的操控下变成一块石头。暗示出无论是阿开亚人还是特洛伊人，胜负无从掌控，厄运永远如影随形，在劫难逃。凡人之间的厮杀只是神灵眼中的一幕娱乐风景。正如《奥德赛》人首鸟身的海上女妖塞壬（Σειρήν）引诱奥德修斯一行的动人歌声，她们到底唱了什么能让人丧命呢？准确地说，她们唱的是特洛伊战争，那是奥德修斯内心深处永远解不开的结："实际上，我们知晓一切：阿开亚人和特洛伊人在宽广的特洛伊倍受煎熬，由于神的意志（θεῶν ἰότητι），他们在富饶大地上所发生的一切，我们全都知道。"③ 女妖塞壬的歌声好似涂抹了蜜糖的毒药，往来水手在这歌声中陷入迷狂，船只在一片汪洋大海中沉没。特洛伊之城虽然毁灭，但是有关它的故事并没有消亡。与其说奥德修斯是因为塞壬的魅惑歌声感到头晕目眩，不如说他是因为听到了特洛伊的故事，陷入回忆而感到痛不

---

① 《伊利亚特》，第2卷第303—329行。
② 商朝官吏的名称，从事占卜等事务，确定王室成员能否出行及可否征伐等。通常用龟占卜。"贞人"的名字往往出现在甲骨卜辞中"卜"字之下，"贞"字之上。
③ 《奥德赛》，第12卷第189—191行。

欲生、无法自拔。

荷马吟唱的伊利昂故事正是对昔日历史的追忆。按照后世考古学家的时间推断，大约公元前1193年至前1183年，迈锡尼文明的希腊人发动了著名的特洛伊战争，并再次攻陷了特洛伊城，这座得到天神眷顾同时又被命运诅咒的城市终遭灭顶之灾。在这场旷日持久的战争终结后，特洛伊在小亚细亚地区的势力迅速消失，先被新兴的吕底亚王朝取代，后又被波斯阿契美尼德帝国征服。最后的特洛伊人有没有存活下来？没有确切的记载。在《埃涅阿斯纪》里，维吉尔描述了从特洛伊战火中背着父亲逃出来的埃涅阿斯及其子孙如何在罗马建城的经过。而根据希罗多德《历史》一书记载，在西利比亚，有一部落宣称他们是漂流过海的特洛伊人的后代（εἶναι τῶν ἐκ Τροίης ἀνδρῶν）。① 在由战胜者书写历史的铁律支配下，作为失败一方的特洛伊就像沉船一样，由此沉没到文化记忆的海底。

比照《奥德赛》，可以看出创作者对伊利昂和特洛伊的描述发生了明显的变化。"神圣的"（ἱερὸν）这一描述词移交给了特洛伊，《奥德赛》开篇就高调地提到"神圣的特洛伊"（Τροίης ἱερὸν）②，其后出现"宽广的特洛伊"（Τροίῃ ἐν εὐρείῃ）③、"辽阔的特洛伊"（Τροίῃ εὐρείῃ）④，伊利昂反而少有修饰语⑤，不再像《伊利亚特》中那样风光无限。不仅如此，伊利昂竟成为"邪恶之地和不值一提"（Κακοΐλιον οὐκ ὀνομαστήν）⑥，这样贬低伊利昂的不是别人，而是奥德修斯之妻、荷马歌颂的美好贤德女子的代表裴奈罗佩。她怒斥前来报告奥德修斯返家的保姆欧鲁克蕾娅：

> 神明，亲爱的保姆，已使你发疯乱套，

---

① 《历史》，第4卷第191章。
② 《奥德赛》，第1卷第2行；第4卷第702行；第9卷第165行；第10卷第555行。
③ 《奥德赛》，第1卷第62行；第12卷第190行。
④ 《奥德赛》，第11卷第499行。
⑤ 《奥德赛》，第2卷第18行；第8卷第495行、578、581行；第9卷第39行；第10卷第15行；第11卷第86、169、372行；第17卷第104行；第18卷第252行；第19卷第125、182、193行，仅在第11卷第86行、第17卷第293行出现"神圣的伊利昂（Ἴλιον ἱρήν）"，第14卷第71行出现"产骏马的伊利昂（Ἴλιον εἰς εὔπωλον）"。
⑥ 《奥德赛》，第19卷第260、597行；第23卷第19行。

他们能把极其聪睿的人士弄笨，
让头脑简单的傻瓜变得颖巧。
是他们迷糊了你原先聪达的心窍。
为何作弄我，我的心里充满哀恼，
用你的胡言乱语把我从舒美的睡眠中
弄醒，它已合盖我的眼睑，让我睡好？
我已没有睡过这样的好觉，自从奥德修斯
去往邪恶和不堪言喻的伊利昂城堡。①

　　因为特洛伊战争，裴奈罗佩忍痛与奔赴沙场的丈夫生离死别二十载（十年战争加上十年海上历险），她心有不甘、颇有微词固然可以理解，但是作为贤德女子的楷模，对一座异国城市如此出言不逊、恶言相向，又确实与裴奈罗佩的身份和性格不符。其实，伊利昂神圣地位的消隐与荷马描述的时代变化或者说是与描述主题相关。《伊利亚特》展现的英雄时代，粉墨登场的都是神一样的英雄，他们大多带有神性血统，由神筑造的伊利昂自不必说是神圣的；而《奥德赛》描述的是一个凡人的历险，强调的是人，此时理性主义已经开始萌芽，人们质疑卜筮，谨慎的裴奈罗佩不再盲目轻信他人言语，即使奥德修斯返家之时她依然保持冷静，让对方出示证据（λόγον διδόναι）。②在《伊利亚特》中，英雄们受到命运的驱策，与孤独相拥，与死亡共舞，别无选择。而《奥德赛》反映的是凡人如何在经验中学会生存，观照内心，重返故乡。正如 W. 格雷指出的：《奥德赛》写的是奥德修斯在海上和内心回归家园（νόστος, nóstos）的双重旅程，其主旨是一个几乎被战争摧残了灵魂的人对异化的自我的探寻和向本真的复归。③显然，不同于《伊利亚特》中如枯叶般纷纷凋零坠落的脆弱生命，毫无选择余地的挫败，《奥德赛》彰显的是个人的勇猛和智慧，历经艰难险阻，最终取得胜利。奥德修斯在女神的

---

① ［古希腊］荷马：《奥德赛》，陈中梅译注，译林出版社，2002年，第737—738页。
② 相关论点参看陈中梅：《〈奥德赛〉的认识论启示：寻找西方认知史上 logon didonai 的前点链接》（上下篇），《外国文学评论》2006年第2、4期。
③ 转引自麦永雄：《英雄符码及其解构：荷马史诗三位主要英雄形象论析》，《外国文学研究》1997年第3期。

指引下，本有机会长生不老，在仙岛上逍遥自在地生活，但是他拒绝了。对亲人的思念以及返乡的渴望驱使他宁愿做一个寿命有限的普通人。正是这种坚持做凡人的抉择使这部史诗充满了人性的光辉和暖意，并具有与《伊利亚特》相较而言不同的意义。在《伊利亚特》中反复被神话化的"伊利昂"在《奥德赛》中被世俗化和贬低了，而人造之城"特洛伊"却被拔高了地位，赋予了神圣感和可供追忆的况味。荷马史诗提供了这样一种神话观念和历史思维，展示出神与人之间微妙的关系。"人类思想中最深的本能是将杂乱无章的世界和无限的事件之流编织成某种清晰的形式，而且能够对这种形式进行通盘的考虑。神话学以及从神话学中脱胎出来的宗教和哲学体系都起源于这种本能。"① 公元前4世纪的雅典，柏拉图和亚里士多德教诲世人要为自己的命运负责，也就是说，人对自己的命运拥有了主导权，无所不能的神灵退居二线。伊利昂由"神圣的"变成"邪恶的"，除了对神灵的崇拜已在无形间降落了之外，还有人自身的反省，以及对凡人地位的提升。

补充一点，伊利昂在《伊利亚特》和《奥德赛》中的不同，已经可以作为有力的证据佐证两部史诗的先后排序，驳回《奥德赛》先于《伊利亚特》而存在的推断。《奥德赛》的叙事口吻，显然大大晚于《伊利亚特》，而且几乎相隔一个时代。伊利昂由《伊利亚特》的神圣之城变为《奥德赛》中的世俗之城，反映出古希腊人思想观念的变化。这就意味着，经过盲诗人荷马口传而保留下来的希腊两大史诗，其中的第一部《伊利亚特》的流传很可能要大大早于荷马本人，其原初的讲述语境也更接近那一场跨海大战的真实年代。神话能够揭示古人信仰方面的某些历史真实。诚如考古学者加内特·摩尔根（Janet Morgan）的观点："神话为过去的某些信仰提供一定的解释。"② 由神灵筑造的伊利昂将神圣的称号让位于凡人建造的特洛伊并非偶然，而是创作者有意为之，抑或是由于当时整个时代思维方式的影响。在逻各斯逐渐萌芽并将与秘索思并行的时代，伊利昂和特洛伊修辞的变化在一个侧面反映出

---

① ［英］康福德：《修昔底德：神话与历史之间》，孙艳萍译，上海三联书店，2006年，中文版序，第217页。
② Janet Morgan, "Myth, Expectations and the Divide Between Disciplines in the Study of Classical Greece", in Eberhard W. Sauer, ed., *Archaeology and Ancient History*, London and New York: Routledge, 2004, p. 85.

那个时代的某些特点。关于神话与历史在何种意义上相互联通,如今的学者们见仁见智。

第三节 特洛伊考古:伊利昂神话的历史想象

"神圣的"伊利昂和"坚固的"特洛伊在很长的时期内一直是文学和考古的探讨中心。这不仅源于特洛伊是著名的历史战场,还出于《伊利昂纪》(《伊利亚特》)所展示出的人类非凡的神话想象。

希罗多德的《历史》是现存最早将"伊利亚特"作为史诗的名字记录下来的文献。《历史》第2卷第116和117章分别提到伊利亚特(ἐν Ἰλιάδι)和伊利昂(Ἴλιον)。致力于将前人的丰功伟绩记录下来的希罗多德专门就伊利昂是否真实存在过的问题询问当地的祭司们,甚至对海伦究竟在特洛伊还是埃及提出质疑,并判断那场旷日持久的鏖战可能纯属一场误会。[①] 发誓只在绝对可探知的事实范围内进行论述的修昔底德在其代表作《伯罗奔尼撒战争史》中,将舰队的首创和发展归因于米诺斯国王的传说,并对阿伽门农国王和特洛伊战争这段历史的真实性深信不疑。[②] 在修昔底德看来:"人类事务——历史的主题,在漫无边际的自然演进之网中并不是独立的一股;人类事务的进程完全由两种因素中的一种或两种来决定。这两种因素是:人类的直接动机和神(或命运)的意志。"[③] 纵观希罗多德和修昔底德的思想脉络,可以看出他们试图从早期神话的混沌状态中剥丝抽茧,整理出一个清晰透彻的世界,追溯战争的起源,以期摆脱神话阶段思维的良苦用心。然而,无论是希罗多德还是修昔底德,针对特洛伊的问题,似乎从来没有真正地站在科学的门槛上。尽管拥有令人钦佩的学术气质,时代认识、思维模式和自我个性还是限制了他们。希罗多德确信荷马知道海伦不在特洛伊的事实,"但是由于这件事情不是像他所用的另一个故事那样十分适于他的史诗,因此他便

---

① 希罗多德:《历史》,第2卷第116、117章。
② 修昔底德:《伯罗奔尼撒战争史》,第1卷第9—12章。
③ [英]康福德:《修昔底德:神话与历史之间》,孙艳萍译,上海三联书店,2006年,中文版序,第60页。

故意地放弃了这种说法，但同时却又表明他是知道这个说法的"。① 希罗多德强调的是历史上的城邦特洛伊，而忽视了神话语境中的圣城伊利昂，因为海伦只是引发战争的导火索，而不是圣城灭亡的根本原因。希罗多德和修昔底德将神话世俗化，将复杂问题简单化，以致低估了古老信仰和诗性思维。不过弥足珍贵的是，种种束缚并没有阻碍他们对未知世界真相积极探索（historia）的高度热情，他们的努力为后人的探索奠定了一定的根基。

因为执着地相信荷马史诗并非虚构，而是再现了一段真实的历史，考古业余爱好者海因里希·谢里曼不远万里来到这片令他魂牵梦萦的土地。不同于希罗多德的质疑态度，谢里曼对神圣的伊利昂传说坚信不疑，对名利的渴望和虚荣心驱使他立志发掘特洛伊，让埋没于地下的千年城市重见光明，并且能够获得学术界的承认。《伊利亚特》是他随身携带、日夜捧读的"圣经"。1868 年 8 月 14 日，谢里曼抵达小亚细亚的西南部——位于门德雷斯河（他认为是斯卡曼德洛斯河）旁、土耳其人称为希萨利克（Hissarlik）② 的废墟。其时，那只是一个巨大的土墩，空空荡荡，除了风，什么都没有。但是谢里曼依然踌躇满志，对荷马史诗的描述深信不疑。史诗中描述的"多风的"伊利昂（Ἴλιον ἠνεμόεσσαν）③ 此刻与多风的大土墩仿佛合二为一。如其传奇般的一生，谢里曼在当天的日记中留下了预言性的一笔：

> 离开希萨利克时，我搬到了位于卡普·西格姆（Cape Sigeum）的小镇耶尼特舍利（Yenitsheri）……在这里可以远眺整个特洛伊平原。我坐在屋顶上，手里拿着《伊利亚特》，放眼四周，想象在我脚下的希腊人的船队、营寨和集会；希萨利克高原上的特洛伊和帕尔尕慕斯（Pergamus）的要塞；穿梭往来的军队以及双方在城市与营寨之间的低地中的交战。短短两个小时的时间，《伊利亚特》中的主要情节一幕幕在我眼前闪过，直至夜幕降临，饥肠辘辘的我这才不得不离开屋

---

① ［古希腊］希罗多德：《历史——希腊波斯战争史》（上册），王以铸译，商务印书馆，1985 年，第 159 页。
② 土耳其语 Hisarlik 的意思为"堡垒所在地"。
③ 《伊利亚特》，第 7 卷第 499 行；第 18 卷第 175 行；第 23 卷第 64、297 行。

顶。……我越来越确信，这儿，就是古代特洛伊的所在。①

不可否认，谢里曼的考古发掘从始至终都基于神话想象，《伊利亚特》和《奥德赛》成为他的必备指南。挖掘古城之路异常艰难，谢里曼从未丧失信心，史诗中一幕幕场景时常像一盏盏明灯给他指引方向。其中《伊利亚特》第22卷给挖掘古迹的工作提供了重要线索。阿基琉斯与赫克托耳的对决，阿基琉斯犹如"山洞里的一条盘蛇"（δράκων ἐπὶ χειῇ）②向对方逼近，由此对应第2卷蛇吞麻雀的预言。正是凭借这段精彩绝伦的描写，谢里曼按图索骥最终找到了传说中古城的所在地。史诗描写道：

> 就像这样，阿基琉斯挟着狂烈冲闯，但赫克托耳
> 摆动迅捷的膝腿，在特洛伊城墙下窜跑。
> 他们跑过瞭点，跑过迎风摇曳的无花果树，
> 总是离着墙脚，沿着车道，跑至两泓
> 清澈的泉溪边旁，两股喷涌的泉水注浇，
> 斯卡曼德洛斯由此开源，卷着涡涛，
> 一条流着滚烫的热水，到处是腾发的蒸气
> 笼罩，仿佛溪底有一盆烈火，将它煮烧；
> 而另一条，即使在夏日里也冷若冰雹，
> 如同彻骨的积雪或止水冻住的冰膏。
> 这里，两条泉流的近旁，有一些石凿的水槽，
> 溜滑宽阔，特洛伊人的妻子和美貌的
> 女儿们常在槽里浣洗闪亮的衣袍。③

这是整部史诗最为激动人心的战斗高潮部分。"无花果树""墙脚""车道""两股泉水，一冷一热""斯卡曼德洛斯河的源头""石凿的水槽"……

---

① Michael Wood, *In Search of the Trojan War*, London: Guild Publishing, 1985, p. 47.
② 《伊利亚特》，第22卷第93行。
③ ［古希腊］荷马：《伊利亚特》，陈中梅译注，译林出版社，2000年，第597页。

这些关键的提示点似乎勾勒出当年特洛伊城墙外围的微型地图。1872年4月，谢里曼几经波折又回到希萨利克的小土墩旁。他骑马穿过平原，停在大坑挖掘现场。这里堆起了高高的砖块和无数小碎石。与四年前初次来到此地的心绪相同，谢里曼已经完全确信这座土墩就是特洛伊的遗址，也十分笃定他发现的城墙就是神圣的伊利昂。

从19世纪70—90年代，谢里曼偕同他那位能将荷马史诗倒背如流的希腊妻子索菲亚带领团队在希萨利克先后进行过6次较大的发掘。他向世人揭示荷马史诗并非"神话"的同时，也宣告他本人缔造了一个现代考古神话。他给1871年和1878年出生的女儿和儿子取名安德洛玛刻和阿伽门农，分别取自特洛伊王妃和希腊统帅之名，足以显示他对荷马史诗的痴迷。借由一双儿女的命名，"在特洛伊交战的对手们就这样相互和解了"。①继谢里曼之后，W. 多尔普菲尔德于1893年至1894年间在希萨利克原址重新进行了挖掘；而后，由卡尔·布列根率领的辛辛那提大学考古队在1932年至1938年间的考古发掘则进一步完善了对该遗址的研究工作。尽管此地是否是文学作品中的古城一直存有争议，但考古发掘证实，在公元前1260年至前1240年间的确曾有一座当地的城池被摧毁，并且有可能是荷马笔下的特洛伊。遗址地层包括从青铜时代（Bronze-Age）初期到罗马时期共计47个，根据陶制品将其归属为9个依次形成的主要层面（考古报告分别由特洛伊Ⅰ—Ⅸ标明），分别代表着公元前3000年至公元400年的9个时期。②尤其引起考古学家关注的是第七期A层（ⅦA），此地层大约存在了一代人的时间，然后被大火和抢掠所破坏。布列根认为，这就是荷马所描写的特洛伊战争，时间大概比传统认知的年代要早两代人，即公元前1240年左右。幸存者试图重建他们的城市（特洛伊第七期B层），但它很快就被另一个民族，可能是来自色雷斯的人所接管。新来者的文化是落后的，从其陶器的丑陋和粗糙程度可见一

---

① ［法］皮埃尔·维达尔-纳杰：《荷马之谜》，王莹译，中国人民大学出版社，2015年，第14页。
② 9个层面的具体年代分别为：特洛伊Ⅰ（公元前3000—前2600年）；特洛伊Ⅱ（公元前2600—前2300年）；特洛伊Ⅲ（公元前2300—前2200年）；特洛伊Ⅳ（公元前2200—前2050年）；特洛伊Ⅴ（公元前2050—前1900年）；特洛伊Ⅵ（公元前1900—前1300年）；特洛伊ⅦA（公元前1300—前1250年）；特洛伊ⅦB（公元前1250—前1100年）；特洛伊Ⅷ（公元前700—前350年）；特洛伊Ⅸ（公元前350—公元400年）。

斑。到公元前1100年,这个文化也逐渐灭亡了,特洛伊从此失去了它的显赫地位。①

当特洛伊第七期A层褪去了繁华的光环,呈现在世人面前时,仿佛恢复了史诗故事里的原貌。这里大概就是普里阿摩斯"坚固的"特洛伊。它的房子紧挨着城墙,拥挤不堪,被挖掘者形容为"一排排的羊圈"。神话描写的场景再现:伊利昂城外危机四伏,附近的许多村民不得不大批大批地迁移到城里,大量的人畜杂居,肮脏、混乱的程度可想而知。因为情况紧急,人们把食物储存起来,实行配给制。很多火焚和暴力的证据相继呈现:大街上四处散落着人骨;门槛附近滚落的头颅;一具在逃跑中被击倒而未被埋葬的骸髅。尽管拥挤不堪,但普里阿摩斯的特洛伊仍然是强大的,那高耸的城墙仍给人以深刻的印象。②"坚固的"特洛伊果然名不虚传,为了夺取或捍卫"神圣的"伊利昂,耗去作战双方10年的光阴。当这座千年古城从大地深处重展容颜之时,那些为心中神圣的"伊利昂"风餐露宿的特洛伊城的挖掘者想必都会置身于奇妙的神话世界中。不管这座城池究竟是不是史诗中的特洛伊,也不管史诗中的特洛伊是否真实地存在过,他们都为自己能与这一伟大的人类创造工程情感互通、呼吸与共而激动不已。虽然仍有不少学者对这种神话等同于历史的考古工作持反对意见,他们认为要把一部史诗同一次考古挖掘吻合起来是不可能的,与其执着于在虚拟的想象中费力地找寻真实,还不如阅读史诗文本或欣赏一套希腊瓶画(vase painting)来得更直接。③但不可否认,从谢里曼到后继者多尔普菲尔德再到后来的布列根、米罗纳斯(Myronas),都可以称得上是充满理想和信念的人文主义者,因为他们都清楚地意识到:"他们所发现的是人,而不是东西。这些武器3 500多年以前是能给真实的人带来胜利或失败的;而这些花瓶,曾经为当时的妇女们装满难以用价钱衡量的油脂;这些枯骨,当时也都是些真实的人。"④他们长期疲于

---

① [美]保罗·麦克金德里克(Paul Mackdrick):《会说话的希腊石头》(*The Greek Stones Speak: The Story of Archaeology in Greek Land*),晏绍祥译,浙江人民出版社,2000年,第53页。
② 同上书,第53—54页。
③ [法]皮埃尔·维达尔-纳杰:《荷马之谜》,王莹译,中国人民大学出版社,2015年,第15—16页。
④ [美]保罗·麦克金德里克:《会说话的希腊石头》,晏绍祥译,浙江人民出版社,2000年,第66页。

图6-1 国王普里阿摩斯的宝藏,海因里希·谢里曼声称他发现了特洛伊城,证明神话存在真实的历史

奔命的挖掘工作在一定程度上就像奥德修斯冲破艰难险阻的返乡之旅。神话编织的是人的历史,而人又在神话中寻觅自己遥远的故乡,在有限的生命旅程中追求精神的恒久,品味古今相通的痛苦、欢愉、恐惧、无奈和勇气。他们的努力让无声无息躺在黑暗地下3 000多年的圣城伊利昂能够再一次迎接黎明的到来。

考古发掘在一定程度上使得神话不再是神话,它与真实发生的历史紧密地结合在一起。特洛伊既然是一座真实存在过的历史名城,那么"伊利昂"呢?一种观点认为,伊利昂这个名词的发音是带有一个F(digamma)的,原来为古希腊文第六个字母F,形似英文字母F,发音大致与waw或wau同,现今已经废除。也就是说,Ilios可写作Wilios,这样一来,伊利昂可以被认为是公元前13世纪赫梯(Hittite)的一个富有王国——维鲁萨(Wilusa)或者维鲁西亚(Wilusiya)①——的古希腊文翻译。②巧合的是,维鲁萨的国王在条约中的名字叫作阿拉克山杜斯(Alaksandus)③,与特洛伊王子亚历克山德罗斯(即帕里斯)的名字发音相近。故而有专家推测,发生于

---

① Wilusa和Wilusiya这两种形式同时存在。
② Martin M. Winkler, ed., *Troy: From Homer's Iliad to Hollywood Epic*, Oxford, England: Blackwell Publishing Limited, 2007, p. 25; Charles Burney, "Wilusa", *Historical Dictionary of the Hittites*, Metuchen, N.J: Scarecrow Press, 2004, p. 311.
③ 写作Aleksandu或Alaksandus,维鲁萨国王,公元前1280年左右与赫梯国王穆瓦塔利(Muwatalli)二世签订了条约。

特洛伊的战争实际上是希腊人与赫梯人在维鲁萨这个地方的交战。① 所以，特洛伊才会出现"伊利昂"——实际上是赫梯的维鲁萨这样的称呼。也就是说"神圣的伊利昂"指的是"神圣的维鲁萨"，是对维鲁萨王国的纪念。

另外，对于伊利昂确切的地理位置，历史学家也试图利用赫梯文献中的相关记载用以旁证特洛伊的考古发现。瑞士学者E.弗勒曾于1924年撰文声称，他在赫梯泥版文书中释读出荷马笔下的阿开亚人以及特洛伊战争中希腊联军诸英雄的名字，此论一出随即引起学界在语言、历史、考古几个方面对所谓特洛伊和伊利昂地理位置的热议。弗勒认为，出现在赫梯泥版文书中的阿黑压瓦人（Ahhiyawa）就是荷马史诗中的阿开亚人（Axaioi）②；而史诗中的"特洛伊的亚历克山德罗斯"（Alexandros of Troy）在赫梯文献中的形式表现为维鲁萨的阿拉克山杜斯"Alaksandus of Wilusa"；迈锡尼王"阿特柔斯"（Atreus）为"Attarissiyas"，奥尔克美诺斯王"安德雷乌斯"（Andreus）对应的赫梯文为"Antarawas"，"埃特奥克莱斯"（Eteocles）对应的是"Tawagalawas"③；而最为重要的对应是"特洛伊"和"伊利昂"，分别对应"塔路易撒"（Taruisa）与"维鲁西亚"（Wilusiya）。这样一来，又再次出现自我描述和他者描述的现象。赫梯人称自己的王国为"维鲁萨"——用希腊文表现为"伊利昂"，自带神圣感；希腊人称此地为"特洛伊"，失去了神圣的意味，多了世俗感，而特洛伊与伊利昂之间最大的不同就是描述者的迥异。

从语言学上讲，无论是塔路易撒还是维鲁西亚，名词的最后一个长元音a通常指的都是一个国家或一个王国。那么，为什么赫梯文中的塔路易撒、维鲁西亚与希腊文的特洛伊、伊利昂会有这么大的不同呢？这类赫梯文与希

---

① Michael Wood, *In Search of the Trojan War*, London: Guild Publishing, 1985, pp. 187-188.
② 阿开亚（Axaia）这一地名源自a-ka'-ya一词，阿开亚人在荷马史诗中指阿基勒乌斯王所率领的密耳弥冬以及阿伽门农麾下的迈锡尼人，也常用来泛指希腊人。
③ 转引自张强：《特洛伊考古一百年》，《东北师范大学学报（哲学社会科学版）》1999年第5期。参阅J.弗里德里希（J. Friedrich）：《赫梯楔形文字文献中提及希腊了吗？》（Werden in den hethitischen Keilshrifttexten die Griechenerwahnt?），《小亚细亚研究》1927年第1卷第1期，第87—107页；F.索迈尔（F. Sommer）：《阿黑压瓦文书》（Die Ahhiyawa-Urkunden），慕尼黑1932年版；以及F.沙凯尔迈尔（F. Schachermeyr）：《赫梯人和阿卡亚人》（Hethiter und Achaer），《古代东方学会杂志》1935年第9卷第1—2期。

腊文的对译形式被一些荷马问题研究专家解释为"词形的变化符合安纳托利亚人的语言习惯"或"几个世纪过程中,所有官员与书吏能力的不足"。① 加上特洛伊陷落的时间恰好与希腊卷入安纳托利亚西部事务、戡乱"阿苏瓦联盟"的年代相吻合,因此有学者指出:"继戡乱阿苏瓦联盟以及特洛伊Ⅶ A 的毁灭未几,希腊和近东世界陷入一系列的动乱之中。迈锡尼大部分的中心被毁,赫梯告衰,有关这两个文明的文字记载在突然之间中断。但与这两个地区相关的历史传统似乎留存了下来,尽管经长达几个世纪的口耳相传变得模糊不清、混乱不堪。"② 凡此种种解释,似乎都在指向一个历史可能性——包括阿黑压瓦(Ahhiyawa)、塔路易撒(Taruisa)、维鲁萨亚(Wilusaya)在内的这些安纳托利亚地区的名称是固有的,属于原生词,而对应出现在希腊语中的形式阿开亚(Axaioi)、特洛伊(Troy)、伊利昂(Ilios)则是派生或此生而来的。由此推演,许多人认同"阿黑压瓦等同于阿开亚""特洛伊等同于塔路易撒""伊利昂等同于维鲁萨"的说法,并利用公元前14世纪至前13世纪赫梯文献所能提供的有限史料来为伊利昂划定疆域并推及其与希腊、赫梯乃至于特洛伊战争的关系。这样一来,伊利昂与特洛伊已不是一座城市的两种称谓了,而是在本质上发生了分离。

  以上的讨论围绕着特洛伊与伊利昂究竟是同一个地方还是分属两个国家的地名而争执不下。如果说特洛伊是阿开亚人自己的军事要塞,而伊利昂是敌方赫梯的一个地名,这种观点成立的话,那么《伊利亚特》和《奥德赛》对伊利昂的描述从"神圣的伊利昂"到"神圣的特洛伊"的转变似乎就可以理解了,希腊人最终实现的是从对外转入对内的探寻。然而,这种祛除神话语境和人类想象的"祛魅"(Disenchantment)③做法也有弊端,神话与历史不是非此即彼的关系,而是彼此相依,犹如一个人的左右双腿,迈步走在神话

---

① 转引自张强:《特洛伊考古一百年》,《东北师范大学学报(哲学社会科学版)》1999年第5期。原出处参看L. Page, *History and the Homeric Iliad*, Berkeley: University of California Press, 1959, p. 3.
② 同上,原出处参看T. R. Bryce, "Ahhiyawa and Troy—A case of Mistaken Identity?", *Historia*, 1977, Vol. 26, p. 26.
③ 德国社会学家马克斯·韦伯(Max Weber)认为西方社会的理性化过程的核心就是祛魅或除魔,他说:"在现代,随着科学的兴起和宗教影响的下降,我们正在目睹世界的祛魅。"人在获得理解世界、控制世界的主体性地位的同时,也带来了许多深重的问题和危机。

历史的大地上，构成一个完整的"人"字。逻各斯中心主义带来的学术方法试图将所有的神话全部还原成历史，如同将所有有血有肉的个人全部分解为二氧化碳和水，从而削减了历史的神话想象。

小结　城邦的神话历史

那些将神话和历史截然区分的人也许不会也不愿意去理解伊利昂和特洛伊作为一座城市的命名同时出现在荷马史诗中的真正内涵。

英国古典学者康福德（H. M. Cornford）为把握此类问题提供了一种有效的视角和方法，即不再割裂地去看待神话和历史。他在1907年出版的书籍中首次使用mythistoricus一词。mythistoricus是一个复合形容词，名词形式为mythistory，即myth（神话）与history（历史）两个词汇的结合。"mythistory（μῡθιστορία）由'myth'（μῦθος）和history（ἱστορια）组合而成。《牛津英语辞典》将其解释为'混杂有虚构的神话传说的历史'。"[1]在此意义上，荷马也是介于神话与历史之间的创作者，他唱诵历史上发生的真实故事——特洛伊战争，用诗的语言和放飞的想象，将历史神话化，同时也历史化了神话。特洛伊和伊利昂即是一个典型，它们随着语境、场景、人物等的变换而更改不同的描述词，无论描述词如何千变万化，也改变不了事物本身的性质和内核。诗人在吟唱的过程中，受音律、节奏、情境等因素制约的同时，也发挥了极大的想象。实际上，"荷马和赫西俄德保存了很多原始的东西，但给它披上了一件后来的人造外衣；他们之后相当长一段时期内，神话创作盛行。正是在那段时期，这些'抽象的事物''超自然的力量'获得了最完全的实体和生命"[2]。"神造的伊利昂"和"人造的特洛伊"在神话语境下保有最持久的生命力。可以说，荷马在超自然力的统治中寻找历史现象和源泉，也在个体的多变性格以及城邦的整体利益中寻找。"神圣的伊利昂"

---

[1] *The Oxford English Dictionary*, 2nd Edition, Vol. X, p. 178. 见［英］康福德：《修昔底德：神话与历史之间》，孙艳萍译，上海三联书店，2006年，中文版序，第2页。
[2] 同上书，第200页。

和"坚固的特洛伊"集中体现了荷马的神话历史叙述。

当具有夸张的英雄主义的荷马迷们采用文学的、历史的、考古的各种途径前赴后继地力图揭开昔日特洛伊战争的神秘面纱时,凭借记忆和吟唱流传下来的不朽之作却始终缄默不语。正如凡人生命的消亡,线性的时间已然无法还原,探索本身注定是悲剧性的。我们最应关注的或许不是谁真正地理解了荷马,而是荷马不断地带给人们的新的启示和认知。这也正是经典得以跨越时代的魅力所在。

下 篇

人

第七章
俄狄浦斯神话：一部人的历史

斯芬克司：什么东西早上四条腿，中午两条腿，晚上三条腿走路？
俄狄浦斯：人。

——黑格尔：《历史哲学》

在希腊文中，ἀθάνᾰτος 指的是神，θάνᾰτος 指的是人，一个是"无死的"，一个是"有死的"，一字之差，指出了神与人最根本的区别。神不会死，所以无法体验死亡之于凡人的意义，也只有人才会产生强烈的悲剧意识。而希腊悲剧产生的最根本原因之一就源自人对自身的认识。据说，在古埃及人的观念里，斯芬克司是秘密本身的化身。人首狮身的女妖在忒拜城的来往要道上现身，她出了一道谜语："什么东西早晨四条腿，中午两条腿，晚上三条腿，并且腿越多时越羸弱？"猜不出的人就会被吃

图7-1 《俄狄浦斯解开斯芬克司之谜》（*Odipus and Sphinx*），法国画家让·奥古斯特·多米尼克·安格尔（Jean Auguste Dominique Ingres）约1805年创作

掉。途经此地的希腊人俄狄浦斯解开了谜底——"人"。

如果说狩猎时代以猎物为存活的根本，农耕时代以谷物为生命的要素，到了人文时代，人则以其高尚之姿成为万物的尺度。伴随着对这一尺度的不断认知，神话思维也在进行自我演进，弑父娶母的行为从毫无罪责的"母亲的公牛"①变成了"肿脚者"(Οἰδίπους)的自我惩罚。以索福克勒斯悲剧为代表，希腊文学完成了对已流行数千年的代际冲突主题的改造和提升，将儿子强奸母亲和母亲诱奸儿子的乱伦主题，以及弑父弑母的暴力主题，置换为英雄的无意识过失，让人伦道德引导下的自我问责和另一个异常古老的替罪羊主题组合再造，从而成就了文学史上不朽的伟大悲剧《俄狄浦斯王》(Οἰδίπους Τύραννος)。"最善于解谜"(ἄριστος εὑρίσκειν ἔφυς)②的人却解不开自己的身世之谜。

在这出悲剧里，母亲以自缢的方式清除家族的污秽，儿子用刺瞎双眼的手段驱散城邦的瘟疫。伊奥卡丝忒与俄狄浦斯这对母子以一死一伤的结局谢幕。坐落于帕特农神庙旁的硕大的圆形剧场上空回荡着歌队长最后的吟唱——"当我们瞧着那最末的日子的时候，不要说一个凡人是幸福的，在他还没有跨过生命的界限，还没有得到痛苦的解脱之前。"(第1528—1530行)③对于现代研究而言，俄狄浦斯主题之所以是一个不得不倾注着大量精力进行处理、思索解读的问题，除了因为弑父娶母这一违反人伦的外在行为以外，更重要的，是因为只有围绕着母子关系体现什么，人究竟是什么的问题，人对自身的理解和释读才可以获得真正的展开。也就是说，在哲学出现萌芽的时代，对于理性与神秘结合的俄狄浦斯主题，有一个以什么为尺度的问题，归根结底是对人神关系的反思和清算。个体意志觉醒的古希腊人由俄

---

① 古埃及神话中的隐喻式称谓。荷鲁斯强奸了母亲伊西斯，法老埃赫那吞娶了亲生母亲，儿子成为"母亲的公牛"，暗示母子乱伦的现象。[美]富兰克弗特：《王权与神祇》，郭子林等译，上海三联书店，2007年，第258—259页。
② Σοφοκλέους, Οἰδίπους Τύραννος, 440. 索福克勒斯：《俄狄浦斯王》，第440行。本书关于《俄狄浦斯王》的希腊文引自 Richard Jebb, ed., Σοφοκλέους, Οἰδίπους Τύραννος, Cambridge, 1887年版本和 Sophocles, Oedipus Rex, edited by R. D. Dawe, Cambridge: Cambridge University Press, 2004年(First published 1982)版本；中译本采用《罗念生全集》(第2卷)，上海人民出版社，2004年。具体引用部分会在文中注明页码。下同。
③ 中译文引自《罗念生全集》(第2卷)，上海人民出版社，2004年，第387页。

狄浦斯的故事发轫，最先提出"人是什么""我是谁"的哲学命题。从某种程度上说，俄狄浦斯是文学史上进行哲学发问的第一人。①俄狄浦斯的名字 Οἰδίπους 包含两层意思：第一层指的是 οἰδέω "脚肿的"，时刻提醒主人公受过的苦难；第二层含有 οἶδα，即"我知道"之意②，始终告诫他有智慧的人往往会犯下大错，陷入巨大的"无知"当中。

本章拟按照时间先后，针对俄狄浦斯主题作品作一番大致梳理和异同比较，通过文本尝试探讨古希腊文学中垂暮的秘索思（ὁ μῦθος）③与后起的逻各斯二者之间的对撞与交织，以及对俄狄浦斯原型最终确立的决定性作用。

第一节　俄狄浦斯叙事：神话与史诗

到目前为止，可供我们稽考的有关俄狄浦斯的最古老的资料，当属两部荷马史诗——《伊利亚特》(Ἰλιὰς) 和《奥德赛》(Ὀδύσσεια) 了。前一部史诗通过极短的话语引出了俄狄浦斯故事。虽然只有寥寥数行，但是却给后世留下了有关俄狄浦斯的珍贵资料。通过字里行间流露出的信息可以推断出俄狄浦斯生前显赫、死后荣耀的王者身份。

> Εὐρύαλος δέ οἱ οἶος ἀνίστατο ἰσόθεος φῶς
> Μηκιστῆος υἱὸς Ταλαϊονίδαο ἄνακτος,
> ὅς ποτε Θήβας δ' ἦλθε δεδουπότος Οἰδιπόδαο

---

① 当代哲学教授高克思（J. Joseplo Goux）在《哲人俄狄浦斯》一书中将这位具有理性和自我意识的忒拜国王诠释为西方哲学的真正创始者。见 J. Joseplo Goux, *Oedipus, Philosopher*, translated by Catherine Porter, Stanford: Stanford University Press, 1993, p. 15.
② Knox Bernard, "Sophocles's Oedipus", in Harold Bloom, ed., *Sophocles's Oedipus Rex*, New York: Chelsea House Publishers, 1988, p. 22.
③ 希腊语的 muthos（或 mythos），从词源上看是一个带有某些神秘色彩的词汇，在公元前5世纪，秘索思仍可指"话语""言谈""故事""见闻""传说"和"神话"。在后来诸多学者描述中，具有神秘主义色彩、"反逻辑"和不真实的秘索思成为逻各斯的对立面而存在。具体描述可参看陈中梅《论秘索思——关于提出研究西方文学与文化的"M-L模式"的几点说明》一文，详见陈中梅：《柏拉图诗学和艺术思想研究》，商务印书馆，1999年，第453—497页。

> ἐς τάφον· ἔνθα δὲ πάντας ἐνίκα Καδμείωνας.①
> 唯有欧鲁阿洛斯起身应战，神一样的凡人，
> 塔劳斯之子、王者墨基斯丢斯的儿男。
> 其父曾前往忒拜，参加刚刚死去的俄狄浦斯②
> 的礼葬，击败了所有的卡德墨亚壮汉。
> ——《伊利亚特》第 23 卷第 677—680 行③

荷马吟诵这四行诗句主要的意图是交代英雄欧鲁阿洛斯（Εὐρύαλος）的出生，以及他的父亲墨基斯丢斯（Μηκιστῆος）和祖父塔劳斯（Ταλαϊος）的旷世英名，所以俄狄浦斯的名字是附带着介绍出来的。根据后面两行可以得知，墨基斯丢斯曾经出席在忒拜举行的俄狄浦斯王的葬礼。因为专门设有在葬礼上表演的竞技活动，所以可以肯定的是当时的葬礼规模宏大，而参加者墨基斯丢斯英勇过人，在竞争中获胜，打败了忒拜城的诸多勇士，拔得头筹。可见《伊利亚特》中的俄狄浦斯并非像《俄狄浦斯王》剧中所描绘的那样惨遭流放，也没有像《俄狄浦斯在科罗诺斯》一剧结尾那般客死异乡，而是作为忒拜的一国之君被隆重地安葬了。在这部史诗中，俄狄浦斯本人没有出场，也没有谈及他杀父娶母的故事。当然，没有交代并不意味着荷马时代不存在俄狄浦斯杀父娶母的故事，因为这部史诗没有详述俄狄浦斯故事的必要，所以荷马只是蜻蜓点水般地将俄狄浦斯一带而过。至于俄狄浦斯的两个儿子波鲁内开斯（Polynices）和厄忒俄克勒斯（Eteocles），他们在《伊利亚特》的第 4 卷第 377 行和第 386 行有所提及，但是对于他们父母的故事并没有具体交代。

在《奥德赛》中，荷马对俄狄浦斯的故事的描述较之《伊利亚特》就更为详细了：

---

① 本章有关《伊利亚特》的希腊文引自 D. B. Monro and T. W. Allen, ed., *Ὁμήρου Ἰλιὰς*, Oxford, 1920 年版和 *Homer The Iliad*, with an English traslation by A. T. Murray, Cambridge: Harvard University Press, 1974 年版。下同。
② 从时间上推断，俄狄浦斯卒于忒拜，而不是像后世剧作中描绘的那样，死在科罗诺斯或雅典。
③ ［古希腊］荷马：《伊利亚特》，陈中梅译注，译林出版社，2000 年，第 642 页。

μητέρα τ' Οἰδιπόδαο ἴδον, καλὴν Ἐπικάστην①,
ἣ μέγα ἔργον ἔρεξεν ἀιδρείῃσι νόοιο
γημαμένη ᾧ υἷι· ὁ δ' ὃν πατέρ' ἐξεναρίξας
γῆμεν· ἄφαρ δ' ἀνάπυστα θεοὶ θέσαν ἀνθρώποισιν.
ἀλλ' ὁ μὲν ἐν Θήβῃ πολυηράτῳ ἄλγεα πάσχων
Καδμείων ἤνασσε θεῶν ὀλοὰς διὰ βουλάς·
ἡ δ' ἔβη εἰς Ἀίδαο πυλάρταο κρατεροῖο,
ἁψαμένη βρόχον αἰπὺν ἀφ' ὑψηλοῖο μελάθρου,
ᾧ ἄχεϊ σχομένη· τῷ δ' ἄλγεα κάλλιπ' ὀπίσσω
πολλὰ μάλ', ὅσσα τε μητρὸς Ἐρινύες ἐκτελέουσιν.②
还有美丽的厄丕卡丝忒，俄狄浦斯的母亲，
我接着看见，她心里不知，做下可怕的事情荒诞，
嫁给亲生的儿子，作为婿男，后者弑父
娶母，但神祇很快公诸凡人，此事真相大白。
然而，尽管悲哀，此君仍在美丽的忒拜，
王统卡德墨亚人，一切遵照神祇包孕痛苦的安排，
而她则走向强健的守卫，坠入哀地斯的府宅——
上吊，从高耸的屋顶垂下一个活结，
受不了无休止的伤悲，把众多的哀痛留给
活着的那位，母亲的复仇女神们使之实现。

——《奥德赛》第11卷第271—280行③

叙述这段话的主人公是奥德修斯，他畅谈了在地府里的所见所闻，强调俄狄浦斯弑父娶母的行为。荷马通过奥德修斯之口告诉听众，杀父娶母的事情败露后，俄狄浦斯仍在忒拜称王，而他的妻子同时也是他的亲生母亲厄

---

① 荷马史诗中称厄丕卡丝忒（Ἐπικάστη），也译伊奥卡丝忒。这句话直译为"我看见俄狄浦斯的母亲，美丽的厄丕卡丝忒"，其中"母亲"μητέρα和Ἐπικάστην为并列关系，皆作宾语。
② 本章有关《奥德赛》的希腊文引自 Homer The Odyssey, with an English traslation by A. T. Murray, Cambridge: Harvard University Press, 1974. 下同。
③ [古希腊] 荷马：《奥德赛》，陈中梅译注，译林出版社，2003年，第336—337页。

厄卡丝忒（Ἐπικάστη，又译伊奥卡丝忒）却在得知真相后羞愧难当，悬梁自尽。后来她在阴间死不瞑目，找来了复仇女神，给尚在人世的儿子兼丈夫俄狄浦斯带去无尽的哀伤和痛苦。这里关于俄狄浦斯的描述不再像《伊利亚特》中那样轻描淡写了，一句"一切遵照神祇包孕痛苦的安排"带有浓重的宿命感，神话思维中的秘索思之情跃然纸上。其中的二元冲突（母子冲突与夫妻矛盾）更是发人深省，既然一切皆由命运安排，厄丕卡丝忒也似乎认了命，但她仍然心有不甘地求助于复仇女神，让她在冥府所受的苦难转到俄狄浦斯的身上。这种既无母子之情也无夫妻之爱的报复举动既在可以解释的情理当中，又在能够理解的范围之外。古希腊文学研究者陈中梅对《奥德赛》中的俄狄浦斯作了详细的注释，认为拉伊俄斯之子俄狄浦斯杀父娶母的故事在荷马生活的年代已经广为人知。史诗中所称呼的厄丕卡丝忒也是我们更为熟悉的伊奥卡丝忒。为了更好地理解这一段描述，他建议参阅索福克勒斯的《俄狄浦斯王》和欧里庇得斯的《腓尼基妇女》（Φοινίσσης）等剧作里的相关行段，并补充说明道："神话不是《圣经》，没有'统一'的文本。一套神话往往有多种说法，有一个以上的'变体'，在细节上亦颇多差异。"①正因为神话和史诗中的多种说法，我们才要寻找相似点和差异性，通过这些了解俄狄浦斯主题在表达形式上的变迁。对比《伊利亚特》和《奥德赛》在处理俄狄浦斯故事上的不同，至少从细节上可以帮助说明两部史诗产生时代的先后和在认知上的差异。

　　其实除了这两部荷马史诗，在其后不久出现的三部作品《俄狄浦斯记》（Οἰδιπόδεια，Oedipodeia）、《库普利亚》（Κύπρια，Cypria）和《忒拜记》（Θηβαΐς，Thebaid）也从不同程度上讲述了俄狄浦斯杀父娶母的故事。可惜这三部史诗并没能完整地保留下来，我们只能从一些残篇中了解故事梗概。在长达6 600行的史诗《俄狄浦斯记》中，俄狄浦斯的四个孩子并非由伊奥卡丝忒所生，而是俄狄浦斯与第二个妻子欧鲁伽尼娅（Εὐρυγανεία）的结晶。为了增添母子乱伦并生出不幸儿女的悲剧效果，雅典的悲剧家们似乎有意将安提戈涅（Antigone）、伊斯莫奈（Ismene）和她们的两个兄弟设定为伊奥卡

---

① ［古希腊］荷马：《奥德赛》，陈中梅译注，译林出版社，2003年，第336页，注释④。

丝忒与俄狄浦斯母子之间乱伦而诞下的儿女。① 可惜根据目前存世的数量极少的残篇，还不能完全了解这部史诗的内容。《俄狄浦斯记》大抵内容是说忒拜国王拉伊俄斯受到情欲的驱使，迷恋上了恩人珀罗普斯的儿子——美少年克里西普斯（Chrysippos），并且将他从皮萨诱拐到忒拜。少年由于受到猥亵，拔刀自杀。拉伊俄斯的不善之举惹怒了人伦和婚姻守护神赫拉，为惩罚拉伊俄斯，她降下瘟疫并派妖怪斯芬克司祸害忒拜。此时拉伊俄斯的妻子伊奥卡丝忒临盆，为了平息赫拉的愤怒，拉伊俄斯决定将这个新生的男孩送往赫拉神庙。于是，他残忍地将儿子的双脚凿了孔，用链子穿起来，让仆人丢到喀泰戎（Κιθαιρὼν）山中，因为那是赫拉的领辖地。西库翁（Σικυών）② 的马夫发现了这个弃儿，将他献给国王波吕玻斯。弃儿被国王作为王子养大，因其受伤的双脚肿胀，所以给他起了"俄狄浦斯"——意思是脚肿的——这个名字。一天，长大后的俄狄浦斯从西库翁翻越喀泰戎山，沿着普拉塔伊阿的道路前行，碰巧在那条路迎面碰上了前往喀泰戎山参拜赫拉神庙的拉伊俄斯一行人。普拉塔伊阿往北一点的地方与从忒拜过来的路以及普拉塔伊阿向阿提卡延伸的道路形成了三岔路口。父子二人相见不相识，驾驶拉伊俄斯马车的车夫命令俄狄浦斯让路，将挥舞着的马鞭打到了年轻人的身上。年轻人怒不可遏，杀掉了车夫和老人，夺走老人身上的佩剑和皮带。后来俄狄浦斯破解了斯芬克司之谜，娶了老国王的遗孀伊奥卡丝忒为妻。新婚不久他们去参拜赫拉神庙，途经三岔路口，俄狄浦斯为了显示自己的英雄本色，在伊奥卡丝忒面前炫耀夺来的战利品——佩剑和皮带。伊奥卡丝忒内心惊慌，但是表面却故作镇静。直到西库翁的马夫为了领取奖赏来到忒拜才将真相大白于天下，杀父娶母的事实不言自明，最终伊奥卡丝忒卜吊自杀，俄狄浦斯仍然留在忒拜称土，并娶了一位处女新娘，生育了四个儿女。③ 将这则小史诗与索福克勒斯的戏剧作比较，可以发现有以下不同：

---

① G. E. Marindin, *Encyclopaedia of Classical, Mythology and Culture,* Volume 2: H-O, New Delhi: Aryan Books InternationIlNataraj Books, 1996, pp. 619-620.
② Sicyon, 古代伯罗奔尼撒半岛的一个城市，离科林斯王国不远。
③ Matin L. West, *Greek Epic Fragments*, Cambridge: Harvard University Press, 2003,pp. 250-255.

（一）俄狄浦斯养父所在的国家是西库翁，而不是科林斯；

（二）阿波罗没有出场，从始至终都由赫拉来掌控；

（三）拉伊俄斯被杀的地点不在德尔斐神庙附近，而是在前往喀泰戎参拜赫拉神庙的路上；

（四）伊奥卡丝忒没有为俄狄浦斯生育儿女，四名儿女由俄狄浦斯的第二任妻子所生；

（五）拉伊俄斯恩将仇报，猥亵恩人的儿子，招致神谴降下瘟疫；

（六）先知忒瑞西阿斯等人没有出场；

（七）没有神谕安排的杀父娶母的命运。

较之悲剧《俄狄浦斯王》中大段的人物对话及歌队所唱的内心独白，史诗《俄狄浦斯记》注重故事的前后顺序和情节的叙述。除了拉伊俄斯和伊奥卡丝忒这对原配夫妻死于非命外，其他人皆安然无恙，史诗惩罚的仅仅是犯有猥亵少年罪的拉伊俄斯，而未殃及他人，更没有可怕且无法更改的神谕一说。所以也没能发人深省地将问题意识提升到人这个层面。史诗时代的叙述结束后，对俄狄浦斯故事的描绘并没有中断，在熟知的宏观版本上，又加上了每位诗人的微观阐释和个人理解。赫西俄德在《神谱》中提到妖怪与忒拜城："厄克德纳（Ἔχιδνα）又与俄耳托斯（Ὄρθος）相恋，生下了可怕的斯芬克司（Σφίγξ），是它毁灭了卡德摩斯的后裔（Καδμεῖοι）。"① 在《工作与时日》里，赫西俄德将俄狄浦斯所生活的时代纳入他所划分的第四代即英雄时代当中：青铜时代消亡后，克洛诺斯之子宙斯又在果实丰硕的大地上创造了第四代凡人，一个被称作半神的神一般的、比较高贵公正的英雄种族，是黑铁时代到

图7-2　忒拜城创建者卡德摩斯屠杀巨龙，来自希腊东部埃维厄岛（Euboea）黑彩双耳瓶的A侧，约公元前560—前550年

---

① 赫西俄德：《神谱》，第328行。

来前的一个种族。不幸的战争和可怕的厮杀，致使他们中的一部分人丧生。"有些人是因为俄狄浦斯的儿子们之间的征战而命丧七座城门的忒拜——卡德摩斯的土地上……"①在《名媛录》(Γυναικῶν Κατάλογος，又称 Ἠοῖαι)残篇中，赫西俄德通过波鲁内开斯的妻子阿尔吉雅之口，告诉世人俄狄浦斯是与别人合葬的②，确切地说俄狄浦斯的墓穴里还埋着一同陪葬的人，根据这一信息，有学者认为这一点说明俄狄浦斯并未受到任何处罚，而且在这一时代的传说中并没有谈及俄狄浦斯与儿子波鲁内开斯的不和。③品达在其作品中提到俄狄浦斯是与"幸运相反的例子"④，并且在《奥林匹克颂》第2、6首，《奈弥亚颂》第9首以及《皮托竞技胜利者颂》第4首中提到俄狄浦斯。这个诗人的时代已经出现了阿波罗神谕，诗人认为这位忒拜国王是不幸的，他受到了命运的捉弄，所以他把俄狄浦斯称为"命运之子"。

阿波罗多洛斯《神话全书》下卷第五章第八节、第九节以及第六章第一节描述英雄时代的时候出现了俄狄浦斯的名字。另外卡耳基诺斯(Κάρκινος)、尼各马科斯(Νικομαχος)、瑟俄得克忒斯也写过有关俄狄浦斯的悲剧故事，只是影响不及以上作品。

公元2世纪的希腊历史学家鲍桑尼亚斯并没有将俄狄浦斯视为虚构人物，也没有把他的故事作为天方夜谭来读，他认为俄狄浦斯确有其人，并通过一番查找记述了俄狄浦斯的墓地的位置⑤，他确信当年在科罗诺斯还存在着参拜俄狄浦斯的英雄庙(ἡρῷον)。⑥波奥提亚人的故事讲述俄狄浦斯死在忒拜，但是忒拜人拒绝埋葬他。他的尸体被运往波奥提亚，然后被安葬在厄特俄努斯(Eteonus)得墨忒耳的圣所，因为神谕宣称他可以保存在那里。生于公元前6世纪的雅典政治家亚里斯泰迪斯(Aristides)声称，之所以将俄狄浦斯埋葬在科罗诺斯是因为人们认为这是神的恩赐，是对阿提卡的祝福。希

---

① 赫西俄德：《工作与时日》，第162行。
② 赫西俄德：《名媛录》残篇，第193行。M. L. West, *The Hesiodic Catalogue of Women: Its Nature, Structure and Origins*, New York: Oxford University Press, 1985, p. 192.
③ 新關良三：『希臘悲劇論』、東京：岩波書店、1925年、第48頁。
④ 《奥林匹亚颂》2.35；《皮托竞技胜利者颂》4.263。
⑤ [古希腊]鲍桑尼亚斯：《希腊道里志》，第1卷第28章第7节。Pausanias, *Description of Greece*, W. H. S. Johns (trans.), Cambridge: Harvard University Press, 1977.
⑥ 鲍桑尼亚斯：《希腊道里志》，第1卷第80章第4节。

罗多德称赞亚里斯泰迪斯为"雅典最优秀和最正直的人物"（ἄριστον ἄνδρα γενέσθαι ἐν Ἀθήνῃσι καὶ δικαιότατον），认为从此人口中说出的话自然不假。①地理学家斯特拉博在神话中找寻历史的痕迹，他在《地理学》第8卷第六章第二十二节里提到科林斯这个地方，其中有座村庄叫特内（Tenea），"据说波利比奥斯在这里教过俄狄浦斯"。②

以上是笔者所搜集到的在希腊古文献中对俄狄浦斯的记载，具体说来是存在于史诗时代、悲剧时代和哲学时代之间的俄狄浦斯故事。这些主题无一例外地充斥着神秘的色调，显然与同时代的宗教有着千丝万缕的联系。俄狄浦斯是被动的，他的命运散发着质朴的原始感，故事未用理性的视角去作过多评判，古老神话中的秘索思基本上成为叙事史诗灵魂中唯一的、绝对的尺度，使日常的、平凡的生活由于神灵的参与显得神秘和不可言说，折射着内在的空灵——时间不再重要，伊奥卡丝忒始终年轻，俄狄浦斯也不曾衰老，在社会意识的淡化中成为精神性的存在。俄狄浦斯的形象比较模糊，关于他的故事由旁人叙述，但是单从他在杀父娶母的事情败露后仍然能够在忒拜称王并未受叙述者责怪这一情况看，古老的史诗时代对乱伦行为呈现出一定程度的宽容。这个时代的俄狄浦斯主题充满诗意般的遐思，神秘主义力量支撑着看待世界的眼光，通过吁请神灵，可以将笼罩在人和自然之上的魔咒解除。以俄狄浦斯与伊奥卡丝忒的乱伦为主题的史诗故事，有意识或无意识地展现儿子和母亲纠缠着的命运，都体现着古老的宗教情怀，关注着包孕于循环往复的生命过程本身。

此时的俄狄浦斯主题无论怎样表现，都是在对逝去的天地初开时的"原始性"进行缅怀，无意识地表现着作为儿子的男人与作为母亲的女人之间原始未分的混沌，母亲在孕育期与儿子的生命连成一体，一朝分娩，在脐带被剪断的那一刻，两个原本相融的生命体发生了分离；而当母子乱伦、久别的两个生命再次合体时，生命的运行不再呈直线型，而是首尾相连，呈现出循环的圆形。从某种意义上说，这类表现被赋予了一种完成生命仪式的使命而得到承认。然而深藏其中的，有一股尚未成型、微弱的逻各斯力量，它"干

---

① 希罗多德：《历史》，第8卷第79章。
② ［古希腊］斯特拉博：《地理学》（上册），李铁匠译，上海三联书店，2014年，第562—563页。

扰"着人们看待世界的惯常态度，复仇女神的惩戒似乎表明对弑父娶母行为的不安，但是远没有上升到自我意识觉醒的层面，少了更为深厚的力度。

第二节　俄狄浦斯悲剧的原型意义

较之古希腊的悲剧时代稍早的一些俄狄浦斯传说，无论是在细节上还是轮廓上都已经含糊不清了。三大悲剧诗人不约而同地将先前的传说作为自己戏剧创作的材料和源泉。也是在这个时代，希腊悲剧诗人们的努力，对俄狄浦斯原型意味的确立起到了决定性作用。俄狄浦斯主题的表现形式迅速更迭，同秘索思在理性与情感的两难困境中拼命寻求出路和新的表达方式密切相关。俄狄浦斯主题的创作愈来愈倾向于在有限的、确定的逻各斯式表达中牵引出更内在的、更丰富的、无法言说的秘索思。把俄狄浦斯主题置于悲剧的背景中，可以瞥见悲剧时代承上启下的关键作用，既有继承自神话的秘索思，又有对自我认知即理性探索的萌芽。

一、对乱伦故事的悲剧书写

（一）埃斯库罗斯：将俄狄浦斯神话搬上戏剧舞台的先驱

埃斯库罗斯的三部曲《拉伊俄斯》《俄狄浦斯》《七将攻忒拜》于公元前467年上演，他显然是三大悲剧家中将俄狄浦斯主题搬上舞台的第一人。依据目前现存的资料，埃斯库罗斯可以称得上是尝试将传说故事转化为戏剧的先驱。这种转化的尝试是如何开始、埃斯库罗斯受何人启发，以及如何进行的，我们无从知晓。从三联剧的名目上看，这是讲述一个家族三代人的悲剧故事。前两部已经佚失，我们只有根据《七将攻忒拜》来考察埃斯库罗斯的俄狄浦斯主题创作，并推演前两部的大致内容。这一出剧本自720行以下究竟是埃斯库罗斯本人所写，还是后人受到索福克勒斯《安提格涅》的感化而完成，至今仍存有疑问。因为按照埃斯库罗斯的艺术构思推断，三联剧的第一部《拉伊俄斯》剧本中根本不存在拉伊俄斯对美少年克里西普斯的凌辱，可以肯定的是，拉伊俄斯对神虔诚，当听到阿波罗的神谕之后是因害怕应验才刻意不与伊奥卡丝忒同房的。换句话说，在埃斯库罗斯的笔下，忒拜家族的悲剧不是祖祖辈辈因袭的，从始至终这个家族都没有陷入因不善之举而遭神灵惩戒、被命运诅咒的怪圈。发出诅咒的都是家族内部的人：拉伊俄斯诅咒儿子俄狄浦斯，俄狄浦斯诅咒儿子波鲁内开斯和厄忒俄克勒斯。以《俄狄浦斯在科罗诺斯》为例，"这是俄狄浦斯诅咒的力量"（第709行）[①]、"俄狄浦斯的狂怒诅咒"（第725行）[②]、"（阿波罗）为俄狄浦斯家族实现拉伊俄斯的诅咒"（第801—802行）[③]、"啊，昏暗的家庭诅咒，俄狄浦斯诅咒实现了，一股可怕的寒气袭进我的心里"（第832—833行）。[④] 俄狄浦斯对儿子们发出诅咒不是出于儿子们之间的政治纷争，而是迁怒于他们没有尽奉养父亲的义务。"在愤怒中，对儿女发出沉重的教诲，啊，那充满悲哀的诅咒，祈愿他们会用握剑的双手分配祖宗的产业。""啊，令神明憎恶的疯狂的家族；啊，充满泪水的俄狄浦斯家族，天哪，父亲的诅咒正在实现！"[⑤] 埃斯库罗斯的初衷并非体现孰对孰错，而是要展现两方都没有错，悲剧体现的是对与对的抗争。按照他的思路，在血腥厮杀结束之后，剑拔弩张的氛围可以缓解，所以他的俄狄浦斯故事从一开始便探索主人公的内心世界。可能得益于自己曾光荣地参加希腊打败波斯战役的经历，埃斯库罗斯创作的作品几乎全与战斗相关：普罗米修斯与宙斯的斗争，阿伽门农与克吕泰墨涅斯特拉的斗争，俄狄浦斯家族内部的斗争，波斯人与希腊人的斗争，达奈俄斯的女儿们与埃古普托斯儿子们的斗争等等。他的悲剧影射了希腊社会不断上升直至鼎盛的历史。同时，埃斯库罗斯也在积极地表达这样的观点：任何一个家族、一个社会都存在老与少、旧与新的力量的争斗，总有一股力量获得最终的胜利，即使这胜利包含着痛苦、流血和死亡，但结局依然是往前进的，无形中对应着希腊在美索不达米亚、埃及、波斯等一众代表古老文化的王国中的上升以及希腊社会内部新旧势力的较量。对与对之抗争的悲剧不可避免，普遍的神灵始终存在，但无论如何也抵挡不住人们探知未来、曲折前行的步伐。《七将攻忒拜》这样描述家族的悲剧：

[①] ［古希腊］埃斯库罗斯：《埃斯库罗斯悲剧》，王焕生译，译林出版社，2007年，第249页。
[②] 同上书，第251页。
[③] 同上书，第255页。
[④] 同上书，第258页。
[⑤] 同上书，第246页。

κρατηθεὶς δ᾽ ἐκ φίλων ἀβουλιᾶν
ἐγείνατο μὲν μόρον αὑτῷ,
πατροκτόνον Οἰδιπόδαν,
ὅστε ματρὸς ἁγνὰν
σπείρας ἄρουραν, ἵν᾽ ἐτράφη,
ῥίζαν αἱματόεσσαν.①
然而出于本性，他（拉伊俄斯）被愈劣控导，
生下一子，自己的死亡，
俄狄浦斯杀死父亲，播种母亲的宫房，神圣
的田庄，曾经把他生养——
出于血的根基，使他痛断心肠。那是疯迷，
使这对夫妻心智失常。
——埃斯库罗斯《七将攻忒拜》第750—755行②

  俄狄浦斯把罪责归于自己的心智失常，一时犯糊涂才会酿成苦果，被他杀害的父亲拉伊俄斯同样如此，将罪责归咎于自己的一时糊涂。所以在《七将攻忒拜》这部作品中油然生成一种情绪，如同《被缚的普罗米修斯》那般，男主人公的性格上的缺陷源于自大或疯狂，它不同于一般的情感，是主人公偶然的心境和一时的意乱情迷，最终酿成祸事。ἁγνὰν（无知）这个词汇可以清晰地表达出流血杀戮可以得到净化和救赎的必要性。悲剧原本就是在神话基础上的再创作，它在叙述故事时不是平铺直叙的，而是引起一种发现，主人公对自己以及观众对主人公真实身份及真相的发现导致一种感受，一种确立自己在世界中处于何种位置的感受。正如亚里士多德在《诗学》第五章论及悲剧时所说的"发现"与"突转"。③此中的情绪更具有本体论的性质。情感的抒发依傍着秘索思，并与旨在进行理性诉求的逻各斯发生激烈的碰撞，让明白自己现实中的位置并没有与想象中的自己画等号的俄狄浦斯

---

① Αἰσχύλου, Ἑπτὰ ἐπὶ Θήβας, Herbert Weir Smyth, ed., Cambridge: Havard University Press, 1926.
② ［古希腊］埃斯库罗斯：《埃斯库罗斯悲剧集》，陈中梅译，辽宁教育出版社，1999年，第186页。
③ ［古希腊］亚里士多德：《诗学》，陈中梅译注，商务印书馆，2005年，第89页。

产生了强大的坠落感。这就是埃斯库罗斯笔下的俄狄浦斯。塑造这一主人公的作者"像他的同时代人希罗多德一样，厌恶暴政但又对极端民主的破坏力常怀戒心的埃斯库罗斯，把希波战争的结局看作是神力干预的结果，看作是理性优于蛮力的表现，看作是先进的政治制度以及在背后支撑它的积极向上的道德观念的胜利"。① 埃斯库罗斯生活在发生重大变革的希腊社会，或者说是希腊的上升期，在雅典民主城邦制度建立之际，充满了新与旧、先进与保守两股势力间的激烈斗争，其悲剧作品关注更多的是本体意识，而非认识理论。正因为作品本身所带有的昂扬的战斗情绪，才会带动观众"怜悯与恐惧"的情绪，让观赏者的情绪得到疏导和宣泄（κάθαρσις）。②

（二）《俄狄浦斯王》：索福克勒斯创造的经典神话

公元前5世纪20年代，大约在苏格拉底将哲学"从天上带到人间"的同时，索福克勒斯的著名悲剧《俄狄浦斯王》问世。③ 尽管西方文学史中取材于俄狄浦斯故事的作品众多，但是在2 000多年以后的今天，当我们谈论其他同名作品时，"我们总是说塞涅卡的《俄狄浦斯》、伏尔泰的《俄狄浦斯》、纪德的《俄狄浦斯》等等"。④ 强调某某人创作的俄狄浦斯，皆因为一提到俄狄浦斯，我们首先想到的是索福克勒斯，他的成就几乎无人超越。换言之，索福克勒斯的《俄狄浦斯王》成为最具有典型意义的权威，成为俄狄浦斯主题创作的经典与标准。从影响的角度上讲，索福克勒斯为文学史留下了光辉的一笔，创造了一幕经典的俄狄浦斯"神话"。

严格来说，这不仅仅是一则构思玄妙的神话，而且是自始至终围绕着英雄主人公追寻身世之谜的寓言故事。俄狄浦斯，原本以为自己逃离了神谕所注定的命运，却发现自己最终杀了生父，娶了生母，陷入了命运早已设下的囚笼。命运好似一个巨大的磁场，释放着不可抗拒的力量，人如同戴着手铐脚镣，被牢牢地吸附在一个无形的空间。痛苦、失落、迷茫……这些现代

---

① ［古希腊］埃斯库罗斯：《埃斯库罗斯悲剧集》，陈中梅译，华夏出版社，2008年，序言，第6页。
② ［古希腊］亚里士多德：《诗学》，陈中梅译注，商务印书馆，2005年，第63页。
③ 此出戏剧具体何时问世和上演，学术界仍存有争议。推断大概在公元前431到前421年之间。
④ Alister Cameron, *The Identity of Oedipus the king: Five Essays on the Oedipus Tyannus*, New York: New York University Press, 1968, vii.

词汇并不足以表达悲剧里人物的心境。故事如仪式一般，英雄勇敢地走向祭坛。绝望之余总能闪出一隙希望的光芒，虽然杀父娶母的"肿脚者"刺瞎了自己看待世界的双眼，割断了自己与大千世界的视觉联系，却又为自己在心灵上打开了一扇窗。因为一个人的牺牲，可以为整个城邦带来新生，涤荡罪孽，获得救赎。不管怎么说，"这是一项有关人类心理的错综复杂的研究，它触及最深处的秘密，展现了哲学上的冲突和形而上的探究层面"。① 其价值与意义在时间的长河中被肯定，1825年5月1日，歌德在谈及希腊悲剧的衰亡时不无感叹地说："埃斯库罗斯、索福克勒斯和欧里庇得斯三人所创造出来的极有深度的作品就摆在那里，始终不曾湮没。人们百听不厌。就连他们遗留下来的断简残篇所显示出的广度和厚度，不仅已经令我们这些可怜的欧洲人钻研了百年之久，而且还要持续几百年。"②

索福克勒斯（约公元前496年—约前406年）的一生大抵是在平静和安详中度过的，这时候的雅典正处于由鼎盛走向衰落的时期。喜剧之父阿里斯托芬曾评价索福克勒斯的一生"生前圆满，死后无憾"（ὁ δ' εὔκολος μὲν ἐνθάδ' εὔκολος δ' ἐκεῖ）③，然而，索福克勒斯所生活的时代也是充满了政治和经济矛盾的动荡时期，雅典城邦始终潜伏着深重的危机。作家深深地意识到了这一点，明白个人的力量无法力挽狂澜，改写历史，所以在他的悲剧里个人意志和行为在与命运的冲突和较量中往往归于失败。发生于斯巴达与雅典之间的伯罗奔尼撒战争爆发于公元前431年，这场战争以希腊人惨败收场，残酷的现实粉碎了许许多多雅典人的幻想和骄傲。正如神话中描述的人们指望英雄于危难时刻解救他们一样，处于多事之秋的雅典人也将希望寄托在他们的领导者身上。这些将军们的做法却大相径庭，有的挺身而出，解救民众于水火，如伯里克利（Pericles）；有的却施以背叛，如阿勒西庇阿德斯（Alcibiades）倒戈到了斯巴达一边。政治风云变幻，在发生这一切令人

---

① Stephen L. Harris, Gloria Platzener, *Classical Mythology: Images and Insights*, Mountain View, California: Mayfield Publishing Company, 1995, p. 568.
② 译文采自［德］歌德：《歌德谈话录（1823—1832）》，朱光潜译，人民文学出版社，1978年，第87页，有所改动。
③ 这句话直译为"至于索福克勒斯嘛，他在这里（尘世）和在那里（冥土）都一样满足。" Ἀριστοφάνους, Βάτραχοι, 1. 82, F.W. Hall and W.M. Geldart, ed., Oxford: E Typographeo Clarendoniano, 1907.

失去镇定力的事件之际，文化发展变化的急剧速度让人们开始重新审视人类经历的传统前景以及人类与神灵的关系。① 这是《俄狄浦斯王》创作的时代背景，在先知忒瑞西阿斯出场的一幕中体现出来。忒瑞西阿斯是日神的侍者，代替阿波罗传达旨意。但是作为凡人的忒瑞西阿斯身上体现着矛盾性，在理性与情感之间摇摆不定，显示出内心逻各斯与秘索思两极之间的张力。纯粹理性或单一感性都是不存在的，纠缠在一起的状态才会令命运悲剧效果更为浓烈，正因为当时的希腊人无法预测未来，把控当下，对自我缺乏信心，才会对这部悲剧感同身受，才为后世对这部文学作品的阐释提供了无限的可能性。

> 忒瑞西阿斯（Τειρεσίας）：
> λεληθέναι σε φημὶ σὺν τοῖς φιλτάτοις②
> αἴσχισθ᾽ ὁμιλοῦντ᾽③, οὐδ᾽ ὁρᾶν ἵν᾽ εἶ κακοῦ.④
> 我说你是在不知不觉之中和你最亲近的人
> 可耻地在一起，却看不见自己的灾难。
>
> ——《俄狄浦斯王》第366—367行⑤

索福克勒斯在这部戏剧作品中提出警醒世人的问题：信仰的对象伴随着人对过去以及自我的认识在宗教世界中发生了动摇。一个轻微的不和谐之声触碰着雅典的公共秩序，质疑传统和信仰。人类与神灵经历了千百年的信任，然而一个转变的时刻——日趋成长起来的对于遵从神灵约定的疑惑——让我们在俄狄浦斯这出戏剧中体会到了。⑥ 神灵安排了俄狄浦斯杀父娶母的

---

① Stephen L. Harris, Gloria Platzner, *Classical Mythology: Images and Insights*, Mountain View, California: Mayfield Publishing Company, 1995, p. 569.
② 阳性名词φιλτάτος（最亲爱的人）的与格、复数形式，暗指俄狄浦斯的生母伊奥卡丝忒。
③ 直译为"可耻地交媾"，结合上面一行的词汇 σὺν，意为"（你）与最亲爱的人在一起可耻地交媾"。
④ 阴性名词κᾱκότης的属格形式，意为"灾难，不幸"或"邪恶，恶德"。
⑤ 希腊原文引自 R. D. Dawe, ed., *Oedipus Rex*, Cambridge: Cambridge University Press, 1982, p. 43. 中译文引自罗念生：《罗念生全集》（第2卷），上海人民出版社，2004年，第355—356页，并按希腊原文的行数进行了相应修改。
⑥ Stephen L. Harris, Gloria Platzner, *Classical Mythology: Images and Insights*, Mountain View, California: Mayfield Publishing Company, 1995, p. 569.

命运，这是一场彻头彻尾无法逃避也无法取胜的战争。杀人的人既是施动者也是受动者。这正如索福克勒斯在创作《俄狄浦斯王》前后发生在雅典的那场瘟疫，它既是天灾，也是人祸。在伯罗奔尼撒战争中，人充当了战争的执行者，也承受了战争带来的疾病、痛苦与悔恨。许多无辜的人在这场突如其来的瘟疫中丧命，包括一心迎战、给雅典带来希望的常胜将军伯里克利也在这场瘟疫中一病不起，于公元前429年撒手人寰。《俄狄浦斯王》创作的确切年代不详，大多数学者更倾向于公元前429年至前425年之间。这是雅典历史上一个特殊的年代，在公元前430年，一场瘟疫在雅典蔓延。这场瘟疫可能源于人们在伯罗奔尼撒战争期间为了寻求避难所蜂拥挤进城市，人满为患，疾病肆虐，从而导致卫生系统压力过大，最终出现紊乱。修昔底德在《伯罗奔尼撒战争史》中曾描绘过当时发生瘟疫时的可怕场景。[①] 想必雅典的观众在观看这部戏剧时，会从开场所描绘的发生在忒拜城的瘟疫中回想起自己在彼时彼地的切身经历。[②] 显然，悲剧的设定取材于一段真实的历史，在瘟疫的背景下，在个人意志与命运的抗争中，悲剧的效用更加明显。尸首横陈的街道、战乱、疾病，这究竟是天命还是人为呢？这本是一个普世的主题，美索不达米亚的《都市灭亡哀歌》（*Lamentation over the Destruction of Ur*）、古希伯来的《圣经·旧约》都曾描述过相同的场景，都曾发出相似的疑问。人由于罪过而被神灵抛弃，被命运惩罚，这是一个共同的主题。不同的是，《俄狄浦斯王》加上了一个杀父娶母这样极端的情节。俄狄浦斯聪明过人，虔信神灵，为避免自己杀父娶母触犯人伦的罪愆发生，背井离乡，却不幸陷入命运的沼泽，践行了杀父娶母的厄运。他有什么过错呢？亚里士多德在悲剧的基础上思考出一套理论；他以俄狄浦斯为例，说明世上没有一个令人厌恶的坏人，也没有一个令人满意的好人，再好的人都会犯一些错误（ἁμαρτία，hamartia）。[③] 矛盾的是，错误并非主人公主动行之，实乃无心之过。这又如何解释呢？亚里士多德冥思苦想，又给出了一个逻各斯的理

---

① トゥキデイデス著『戦史』（上・中・下）、久保正彰訳、岩波文庫。村上陽一郎著『ペスト大流行』、岩波新書、1983年、第12頁。
② Stephen L. Harris, Gloria Platzner, *Classical Mythology: Images and Insights*, Mountain View, California: Mayfield Publishing Company, 1995, p. 569.
③ Aristotle, *Poetics*, Ingram Bywater (trans.), Oxford: Clarendon Press, 2009, p. 2.

由：人性有弱点，或自大或善妒或优柔寡断，这是人容易犯错的道德起因（a moral cause）。① 杀父娶母的欲望与反省自责的理性交织在一起，构成一种不断在回溯中超越的纵深联系。它使混沌的原初变得清晰而有节制，又使层次分明的秩序出现时间与空间的断层而由人的想象与梦幻去填充。先知忒瑞西阿斯咒骂俄狄浦斯的话语恰恰反映出神话历史语境中人对自身无穷无尽的反省：

> ὥστ' οὐ κρέοντος προστάτου γεγράψομαι.
> λέγω δ', ἐπειδὴ καὶ τυφλόν μ' ὠνείδισας·
> σὺ καὶ δέδορκας κοὐ βλέπεις ἵν' εἶ κακοῦ,
> οὐδ' ἔνθα ναίεις, οὐδ' ὅτων οἰκεῖς μέτα.
> ἆρ' οἶσθ' ἀφ' ὧν εἶ; καὶ λέληθας ἐχθρὸς ὢν
> τοῖς σοῖσιν αὐτοῦ νέρθε κἀπὶ γῆς ἄνω,
> καί σ' ἀμφιπλὴξ μητρός τε καὶ τοῦ σοῦ πατρὸς
> ἐλᾷ ποτ' ἐκ γῆς τῆσδε δεινόπους ἀρά,
> βλέποντα νῦν μὲν ὄρθ', ἔπειτα δὲ σκότον.
> βοῆς δὲ τῆς σῆς ποῖος οὐκ ἔσται λιμήν,
> ποῖος Κιθαιρὼν οὐχὶ σύμφωνος τάχα,
> ὅταν καταίσθῃ τὸν ὑμέναιον, ὃν δόμοις
> ἄνορμον εἰσέπλευσας, εὐπλοίας τυχών;
> ἄλλων δὲ πλῆθος οὐκ ἐπαισθάνει κακῶν,
> ἅ σ' ἐξισώσει σοί τε καὶ τοῖς σοῖς τέκνοις.
> 你骂我瞎子，可是我告诉你，
> 你虽然有眼也看不见你的灾难，看不见你住在哪里，
> 和什么人同居。
> 你知道你是从什么根里长出来的吗？
> 你不知道，你是你的已死的和活着的亲属的仇人；
> 你父母的诅咒会左右鞭打着你，

---

① Richard Jenkyns, *Classical Literature: An Epic Journey from Homer to Virgil and Beyond*, New York: Basic Books, A Member of the Perseus Books Group, 2016, p. 46.

可怕的向你追来，把你赶出这地方；
你现在虽然看得见，可是到了那时候，
你眼前只是一片黑暗。等你发觉了你的婚姻——
在平安地航行之后，你在家里驶进了险恶的港口——
那时候，哪一个收容所没有你的哭声？
喀泰戎山上哪一处没有你的回音？
你猜想不到那无穷无尽的灾难，
它会使你和你的自己的身份平等，
使你和自己的儿女成为平辈。

——《俄狄浦斯王》，第411—425行①

此刻，神话观念制约着人对历史的认识。神话中的忒拜城与历史上的雅典城在此时相互对照，而荷马在《伊利亚特》开场时也设定了由阿波罗神降在阿开亚军队里的瘟疫。与史诗不同的是，悲剧中的俄狄浦斯在日神侍者忒瑞西阿斯步步紧逼地提示下开始踏上查找自我身份的旅途。"我是谁？我从哪里来？我要到哪里去？"这一著名的哲学发问以隐晦的方式贯穿于这部悲剧的始终。菲奥（Heiner Veil）认为不管俄狄浦斯反省与否，他都是无辜的，责任全在父亲拉伊俄斯和母亲伊奥卡丝忒身上。也就是，儿子自身无罪，罪在"传承的过错"，从而导致悲剧的发生。"双亲的罪过移交到下一代身上，这不仅是这则传说的主张，更是作家的心声。"②但是，事实上索福克勒斯删去了拉伊俄斯猥亵克里西普斯从而招致神谴、使家族世世代代烙上诅咒之印的情节，所以"子承父过"的说法似乎无从谈起。韦拉莫维兹-莫埃兰道夫认为根据这一写法，说明索福克勒斯并未为拉伊俄斯定罪，另外阿波罗神谕只是警告拉伊俄斯一旦生子就会招致危险，但并没有禁止他生儿育女。留下孩子还是扔掉孩子是父亲的权利。按照韦拉莫维兹的观点，不仅这个家族没有"传承的过错"，就连俄狄浦斯本人也没有任何过错。他认为索福克勒斯

---

① R. D. Dawe, ed., *Oedipus Rex*, Cambridge: Cambridge University Press, 1982, p. 45. 中译文引自罗念生：《罗念生全集》（第2卷），上海人民出版社，2004年，第357页。
② 转引自耿幼壮：《书写的神话——西方文化中的文学》，中国人民大学出版社，2006年，第110—111页。

为了与埃斯库罗斯的风格相区别，所以才会独辟蹊径，故意为之。韦拉莫维兹坚称："凡是试图往索福克勒斯的俄狄浦斯身上涂抹任何一桩罪过的人，都曲解了原作，并且冒犯了悲剧家的宗教信仰。"① 按照他的说法，俄狄浦斯神话中各个人物的无罪说不是从现代的立场，而是从古代希腊的人生观立场去作分析的。俄狄浦斯"没有错"的说法与亚里士多德提出的人总会犯错的观点相异，悲剧似乎并没有纠结于俄狄浦斯的对与错，而是通过俄狄浦斯的故事传递出一股震撼人心的力量：再聪明的人也对抗不了命运；有知和无知是一体的，德尔斐神庙前的箴言"认识你自己"是如何的难能可贵和难以践行。俄狄浦斯自出生之日起就被判了死刑，这位孤胆英雄解开斯芬克司的谜语，勇敢地去查实真相，最终恍然大悟——自己才是最无知的人。《俄狄浦斯王》的动人之处还在于刻画了一位坚强、隐忍、饱受苦难的女性形象——伊奥卡丝忒。

伊奥卡丝忒出场较晚，在第634行她作为丈夫俄狄浦斯与弟弟克瑞翁之间的协调人在舞台上说了第一句话：

> τί τὴν ἄβουλον②, ὦ ταλαίπωροι③, στάσιν④
> γλώσσης ἐπήρασθ᾽ οὐδ᾽ ἐπαισχύνεσθε γῆς
> οὕτω νοσούσης⑤ ἴδια κινοῦντες κακά;
> 不幸的人啊，你们为什么这样愚蠢地⑥争吵起来？
> 这地方正在闹瘟疫，你们还引起私人纠纷，
> 不觉得惭愧吗？
>
> ——《俄狄浦斯王》，第634—636行⑦

---

① Wilamowitz-Möllendorff, "Einleitung in Die Griechische Tragdie", in M. S. Silk, J.P. Stern, *Nietzsche on Tragedy*, Cambridge: Cambridge University Press, 1981, pp. 90-106.
② 作宾格，意为"欠考虑的（事）"。
③ ταλαίπωρος的复数形式，含"辛苦的人，困苦的人"之意，这里指称俄狄浦斯和克瑞翁。
④ στάσιάζω，这里作不及物动词，（某人）反目，闹分裂，泛指争吵。
⑤ 瘟疫这样的（肆虐）。
⑥ 根据上下文的内容，优雅的王后伊奥卡丝忒不会对丈夫说出不敬的话，所以此处译文应舍"愚蠢地"，取"欠考虑地"。
⑦ R. D. Dawe, ed., *Oedipus Rex*, Cambridge: Cambridge University Press, 1982, p. 56；中译文引自罗念生：《罗念生全集》（第2卷），上海人民出版社，2004年，第362页。

伊奥卡丝忒，在索福克勒斯的笔下是一位沉静、温柔、识大体的女性。这种沉静和温柔是与生俱来的，是浸透在她整个性格中的一种精神气质。她前后共有两任丈夫，前夫拉伊俄斯因惧怕预言实现而将尚在襁褓中的儿子狠心丢弃，她沉静地接受了这一残酷的事实；第二任丈夫俄狄浦斯生性倔强，性情暴躁，不知退让，时常与人发生冲突，从他与先知忒瑞西阿斯与妻弟克瑞翁之间的对话可以看出这些性格弱点，她也默默地忍受了。与这些男性形成强烈对比的，她是着墨不多但却给人留下深刻印象的女性形象。《俄狄浦斯王》这出悲剧里描绘了众多男性，伊奥卡丝忒是唯一一位正式登场并发声的女性，除了情节上不需要其他女性出场这一原因外，作家的这一安排也反映了当时希腊社会男尊女卑的现实状况。男人掌控世界，在社会上参政议政，在家庭内部拥有话语权，女人往往被男性的光芒所掩盖，退缩在一个狭小的空间里以相夫教子、操持家务为终生事业。伊奥卡丝忒性格沉静，它意味着无条件地自我牺牲，无怨言地消极承受，意味着将自己整个儿地融入丈夫之中，不留下一点独立的自我。在悲剧里，它不失为一种美。这种美，严格意义上说是一种善，一种脆弱的善。① 伊奥卡丝忒的"罪恶"在于她对命运的安排照单全收了。她也是这幕悲剧中的灵魂人物，对俄狄浦斯这个人物的塑造上起到了重要的支撑作用。虽然她对神谕表示怀疑，甚至流露出不敬神的态度，但是对于自己的丈夫却像尊敬神灵一般。

    πῶς φής; ὀκνῶ τοι πρός σ᾽ ἀποσκοποῦσ᾽, ἄναξ②.
    你说什么？主上啊，我看着你就发抖啊。

《俄狄浦斯王》，第746行③

  倘若伊奥卡丝忒在拥有女人温婉柔弱、充满感性的同时，再拥有男人的刚硬和反省能力，那么她就注定将承受撕裂肌体和魂灵的痛苦。从一定程

---

① Lord Raglan, *Jocasta's Crime*, London: Thinker's Library, 1940, pp. 1–4.
② ἄναξ 是这出悲剧中伊奥卡丝忒对俄狄浦斯的称呼，在史诗里这个词可作"神"的意思解，在这里是对国王和一家之主的称谓。
③ R. D. Dawe, ed., *Oedipus Rex*, Cambridge: Cambridge University Press, 1982, p. 53；中译文引自罗念生：《罗念生全集》(第2卷)，上海人民出版社，2004年，第366页。

度上讲，这样的女人对男人而言是一股净化力量。她引领男人走向丰富，又指导他们回归单纯。母亲与儿子结合之后的再生殖，意味着以女性为中心点的无限繁殖力，不终止于某一结果而不断地回复到生殖原点的创造过程。抛却伦理批判不论，在原始的神话观念中，这种繁殖属于神圣的创造，如同生产的结果不是目的，只有着眼于再生产，才会突出生产本身一般。这是一个无穷的过程，但深藏着危险，因为人毕竟不是神，不可能具有无限的能力。索福克勒斯将伊奥卡丝忒这位女性按照他理想中的古希腊典型女性的模样去写，把她塑造成热爱城邦、忠于丈夫、呵护儿女这一典型的贤妻良母形象。罗德·拉格兰（Lord Raglan）认为伊奥卡丝忒代表着当时希腊人想象中的一般女性。这样的女性，无法选择自己的命运，她一脚踩进乱伦禁忌的雷区，最终只能独自一人走上黄泉路，作家对她寄寓着满腔的同情。她的苦痛也在剧本中体现出来。她在儿子出生后就与他骨肉分离，长年累月为儿子的夭折而伤心悲恸，知道他尚存人间的团聚时刻却是残酷的现实被揭开之际。仪表堂堂、威武非凡的儿子站在自己的面前，应该令每一位母亲感到欣慰和骄傲，然而此时失散多年的儿子与自己心爱的丈夫角色重叠起来。伊奥卡丝忒被抛掷于极端的喜与尽的悲翻滚的海洋里。"真相大白，那莫大的耻辱和滔天的罪恶让柔弱的她不堪一击，而她对这个既是儿子又是丈夫的男人充满着深情厚谊，她始终都在用女性的温柔双翼紧紧地庇护着这个男人。"①如果说伊奥卡丝忒是有罪的，那么她罪就罪在她是女人，天生柔弱，服从丈夫的吩咐，听从命运的安排，只有全部接受而没有选择余地。伊奥卡丝忒，她既是作为男人的俄狄浦斯期待的化身，又是作为儿子的俄狄浦斯心中永远的噩梦。从某种意义上讲，伊奥卡丝忒是作为纯洁、真诚的神秘象征出现的，她包孕着女性自身的悖论：她是女人，自然而然地引导着儿子成为男人；她是母亲，有意无意地抵御着作为男人的儿子。于是就有了母亲与儿子相吸相斥纠缠着的命运：母亲是令儿子深陷罪恶的渊薮，又是让儿子得以净化的力量。

χώρας ἄνακτες, δόξα μοι παρεστάθη
ναοὺς ἱκέσθαι δαιμόνων, τάδ᾽ ἐν χεροῖν

---

① Lord Raglan, *Jocasta's Crime*, London: Thinker's Library, 1940, pp. 145-149.

στέφη λαβούσῃ κἀπιθυμιάματα.
ὑψοῦ γὰρ αἴρει θυμὸν Οἰδίπους ἄγαν
λύπαισι παντοίαισιν· οὐδ᾽ ὁποῖ᾽ ἀνὴρ
ἔννους τὰ καινὰ τοῖς πάλαι τεκμαίρεται,
ἀλλ᾽ ἐστὶ τοῦ λέγοντος, εἰ φόβους λέγοι.
ὅτ᾽ οὖν παραινοῦσ᾽ οὐδὲν ἐς πλέον ποιῶ,
πρὸς σ᾽, ὦ Λύκει᾽ Ἄπολλον, ἄγχιστος γὰρ εἶ,
ἱκέτις ἀφῖγμαι τοῖσδε σὺν κατεύγμασιν,
ὅπως λύσιν τιν᾽ ἡμὶν εὐαγῆ πόρῃς·
ὡς νῦν ὀκνοῦμεν πάντες ἐκπεπληγμένον
κεῖνον βλέποντες ὡς κυβερνήτην νεώς.
我邦的长老们啊，我想起了拿这缠羊毛的树枝
和香料到神的庙里；
因为俄狄浦斯由于各种忧虑，
心里很紧张，他不像一个清醒的人，
不会凭旧事推断新事；
只要有人说出恐怖的话，他就随他摆布。
我既然劝不了他，
只好带着这些象征祈求的礼物来求你，
吕刻俄斯·阿波罗啊——
因为你离我最近——
请给我们一个避免污染的方法。
我们看见他受惊，像乘客看见船上舵工受惊一样，
大家都害怕。

——《俄狄浦斯王》，第911—923行[①]

伊奥卡丝忒深爱着自己的丈夫，善解人意的她全身心地投入为丈夫排忧解

[①] R. D. Dawe, ed., *Oedipus Rex*, Cambridge: Cambridge University Press, 1982, p. 62；中译文引自罗念生：《罗念生全集》(第2卷)，上海人民出版社，2004年，第369页。

难、拯救城邦的祭祀活动当中。她祈求日神阿波罗指点迷津。这位心细如发的忒拜王后了解丈夫的弱点——瞻前顾后、缺乏主见、感情用事。一方面，她履行妻子的义务，跟随俄狄浦斯；一方面又像母亲一般，在精神上安慰他、开导他。当俄狄浦斯告诉伊奥卡丝忒自己因为害怕玷污母亲的床榻而迷失了方向的时候，伊奥卡丝忒劝他不要把这件事放在心上，并说了一番安慰他的话。关键之处在于伊奥卡丝忒从心理学的角度谈及儿子对母亲的欲望，认为"许多人会曾梦中娶过母亲"，这无疑就是弗洛伊德"俄狄浦斯情结"的原版。

> τί δ' ἄν① φοβοῖτ' ἄνθρωπος ᾧ τὰ τῆς τύχης②
> κρατεῖ, πρόνοια δ' ἐστὶν οὐδενὸς σαφής;
> εἰκῇ κράτιστον ζῆν, ὅπως δύναιτό τις.
> σὺ δ' εἰς τὰ μητρὸς μὴ φοβοῦ νυμφεύματα·
> πολλοὶ γὰρ ἤδη κἀν ὀνείρασιν③ βροτῶν
> μητρὶ ξυνηυνάσθησαν④. ἀλλὰ ταῦθ' ὅτῳ
> παρ' οὐδέν ἐστι, ῥᾷστα τὸν βίον φέρει.
>
> 偶然控制着我们，
> 未来的事又看不清楚，
> 我们为什么惧怕呢？
> 最好尽可能随随便便地生活。
> 别害怕你会玷污你母亲的婚姻；
> 许多人会曾梦中娶过母亲；
> 但是那些不以为意的人却安乐地生活。
>
> ——《俄狄浦斯王》，第977—983行⑤

---

① 荷马史诗和早期诗人常用此词表示如有另一件事情先发生，这件事一定会发生。
② τῆς τύχης，阴性属格单数，意为"人从神灵那里获得的东西"，希腊人认为包括好运、成功、厄运在内，都是神灵所赐。
③ ὄνειρον，梦，梦境。
④ ξυνη，作副词，"共有地，共同地"。
⑤ 希腊文引自 R. D. Dawe, ed., *Oedipus Rex*, Cambridge: Cambridge University Press, 1982, p. 64；中译文引自《罗念生全集》（第2卷），上海人民出版社，2004年，第372页。

这里体现的是无意识的欲望。显然，索福克勒斯和他的观众们对人类的心理充满兴趣。伊奥卡丝忒相信可怕的驱动力是普遍存在的，它们会在梦中透露出来，所以她才用这样的例子安慰如惊弓之鸟的俄狄浦斯。20世纪初的心理学家弗洛伊德特别强调悲剧《俄狄浦斯王》里伊奥卡丝忒说的这句话，他把梦中与自己的母亲发生性关系的梦境定义为"俄狄浦斯之梦"[①]，并认为"俄狄浦斯杀死父亲拉伊俄斯，与母亲伊奥卡丝忒结婚，这些不过是满足我们在幼儿时期的愿望罢了"。[②] 换言之，弗洛伊德将此种对母亲产生近亲相奸的愿望称之为"俄狄浦斯情结"（Oedipus Complex）。这一重要的概念对整个20世纪的文化及思想产生了巨大的影响。如果我们把俄狄浦斯称作西方历史上的"哲学第一人"，那么伊奥卡丝忒就可以算得上是较早的一位女性"心理学家"。"许多人曾会在梦中娶过母亲"（πολλοὶ γὰρ ἤδη κἀν ὀνείρασιν βροτῶν μητρὶ ξυνηυνάσθησαν），伊奥卡丝忒不知从哪里得来这样的经验或者说法，要知道她比弗洛伊德早好多个世纪。她不仅了解男性世界的欲望，而且知道如何处理它。她推荐的方法是"不以为意"或者"忘却"（ἀλλὰ ταῦθ' ὅτῳ παρ' οὐδέν ἐστι）。其实这样的方法在心理机构（mechanism）[③]上弗洛伊德称之为抑制（repression）。伊奥卡丝忒建议俄狄浦斯用这样的方法应对："这样的事情（梦中娶母亲）必须被忘却"，她坚持说，"如果生命要想持久下去的话"。[④] 虽然伊奥卡丝忒摒除这些情感的欲望，甚至认为它们无关紧要，但是弗洛伊德却将它们视为人类人格（人性）的决定因素并且比较了俄狄浦斯追踪自己的身世之谜的探查工作——侦查的精神分析步骤和面对无意识的梦境。在《俄狄浦斯王》一剧中，所谓失败至少呈现出两种形式：一种是群体的失败——人们推举杀害城邦老国王的凶手为新国王，接着又把这位新的领导者推向万劫不复的境地。一种是个人的失败——俄狄浦斯本人对其身世的疏忽以及由于狂妄自大导致的耳聋目盲。由这两大失败产生了两种疾病（produce illness）：一是外在的疾病——瘟疫；二是由外在的病状可能引发的心理问

[①] 改訂版フロイド選集・12『夢判断』〈下〉、高橋義孝・菊盛英夫訳、日本教文社、1970年、第145頁。
[②] 同上书，第314页。
[③] 一种心智中的安排，可以用一定的或可预知的方式来决定思想、感情或行动。
[④] R. D. Dawe, ed., *Oedipus Rex*, Cambridge: Cambridge University Press, 1982, p. 64.

题，比如说俄狄浦斯因亲身实践了的乱伦的原始行为，随着社会的进步而被视作禁忌而感到痛不欲生。究其两点，俄狄浦斯对真相的发现具有释放感情的效果，即卡塔西斯之效用（a cathartic effect）。[①] 人们越惧怕什么就越会发生什么，越是限制什么就越会如洪水倾泻般一发不可收拾。伊奥卡丝忒是诱发儿子犯错的"主导者"，亦是纠正儿子错误的"协助者"，收敛、释放，一张一弛，悲剧在神话观念的影响下艺术地构筑了人伦发展的历史。

悲剧中的伊奥卡丝忒，无法选择命运，只能悄然地走向死亡。"剧情最大的优点是，给我们提供了一个过去的传说：过失弑父和乱伦一事，这一情节说明了主人公自己内心的恐惧，并不因之失去人们的同情……关于伊奥卡丝忒这一角色，确是很难处理的。她的年龄比她的丈夫大两倍这一事实，令人感到不伦不类，但是，感人至深的悲伤，庄严肃穆的权威力量，以及那种悲郁的人生观，似乎都只有经过苦难历程的妇人才会有。"[②] 伊奥卡丝忒身上"悲郁的人生观"似乎诉说着母系社会消失后女性的历史。女性成为男性的附属品，她们不可能像阿玛宗女英雄那样呼啸沙场，英勇地与男人战斗，在夫权、父权当道之际，她们只能退缩一旁，感叹命由天定。

伊奥卡丝忒知道自己只有一死了之，才能帮助城邦洗涤污秽，减少加诸丈夫及儿子身上的罪恶，她默默地退出舞台，悬梁自尽。为什么俄狄浦斯要弄瞎自己的眼睛呢？细节处理上，俄狄浦斯用妻子也是母亲袍子上的胸针刺瞎了眼睛。那么他为什么不跟着她去死呢？任何随心所欲写出来的剧本，都可以让他殉情式地步自己妻子的后尘。英国古典学者默雷（Gilbert Murray）认为索福克勒斯可能受了英雄传说故事的约束，因为英雄传说故事中确说俄狄浦斯还活着，隔了很久之后才弄瞎了自己的眼睛。[③] 但是笔者认为，不排除索福克勒斯有意为之的可能，希腊古典艺术表现的最一般的特征绝非只限于温克尔曼所言的"高贵的单纯和静穆的伟大"，俄狄浦斯没有选择简单易行的死亡，而是让遭受痛苦的自然本性更加酣畅淋漓地发泄出来，以破碎的

[①] Stephen L. Harris, Gloria Platzner, *Classical Mythology: Images and Insights*, Mountain View, California: Mayfield Publishing Company, 1995, p. 570.

[②] ［英］吉尔伯特·默雷：《古希腊文学史》，孙席珍、蒋丙贤、郭智石译，上海译文出版社，1988年，第258页。

[③] 同上。

行为勇于打破完整，张扬痛楚，把血肉模糊的伤口撕扯得更大而展现在世人面前，从而建构出一种庄严肃穆的悲剧之美。俄狄浦斯自刺双目，顽强地显示着自己的存在：即使受到命运捉弄，犯下弑父的大逆之罪，蒙受娶母的奇耻大辱，也不会以死谢罪，而是把注视的目光由外转向内，探索自己的内心世界，开启德尔斐箴言"认识你自己"的认知之路。由此，命运操纵下的被动转换为一种主动，这种情绪净化着、疏导着观赏者的情绪。破碎感往往可以帮助人们找到真实与完整。神秘的命运结局可以提供向自我认知之路进发的起点，秘索思的悲与喜可以教导人们在理性生活中如何释放和回归。施莱格尔（August Wilhelm von Schlegel）在1809—1811年的系列讲演中，当谈到索福克勒斯的《俄狄浦斯王》时指出："古代艺术家遵循的原则与那些现代批评家们的完全不同。……古代人创造艺术品的目的并不是为了精确的表达和如实的理解；因为那种需要仔细分析才能发现，然而对戏剧表达本身无关紧要的不可能性，对于古代人来说没有任何意义。"[1]这句话的意思表明悲剧家在创作作品时的指导观念，通过人们熟知的俄狄浦斯故事，索福克勒斯传达出的是一种萌芽期的哲学精神和自我意识，它介于秘索思与逻各斯之间，开着神话的花朵，结着理性的果子，被现代评论家所忽视，乃至成为令今人难以理解的东西，即施莱格尔在谈及索福克勒斯的《俄狄浦斯在科罗诺斯》时所说的那种"深刻和神秘的意义"。[2]这种"深刻和神秘的意义"背后由一种神话观念支配，它显示出生命的无常和不确定性，但又没有止步于此，而是勇敢地探索未知。与史诗时代的神话不同，悲剧的"深刻"带有较为清醒的自我探求和认知意识，是哲学发生之前的初始状态。

（二）欧里庇得斯：对俄狄浦斯悲剧的另类处理

相比之下，欧里庇得斯对棘手的母子结局处理得就颇为直接了。据说欧里庇得斯也创作过俄狄浦斯王的悲剧故事，可惜散佚了。不过即使流传下来，也未必能制造像索福克勒斯同名剧作那般巨大的影响。在他的《俄

---

[1] August Wilhelm von Schlegel, "*Life and Political Character of Sophocles-Character of His Different Tragedies*", in R. D. Dawe, ed., *Sophocles: The Classical Heritage*, New York: Garland Publishing Inc., 1996, p. 164.

[2] Ibid., p. 165.

狄浦斯王》①一剧里，伊奥卡丝忒并非自杀，而是死于丈夫兼儿子俄狄浦斯之手。这位英雄杀死伊奥卡丝忒后，又想杀害自己的孩子，最后准备自戕。正在动手的时候，他的侍从试图阻止他，不料在肢体碰撞中弄瞎了他的眼睛。欧里庇得斯善于刻画人物的性格，剖析人性的自私与狭隘，从他创作的《美狄亚》就可见一斑。他与索福克勒斯不同，欧里庇得斯更注重自然和写实。亚里士多德曾对比两位悲剧家的特色总结道："索福克勒斯说，他是按照人应有的样子来描写，而欧里庇得斯则按照人本来的样子来塑造。"②虽然亚里士多德认为欧里庇得斯在其他方面"手法不甚高明"，但依然评价他为"最富悲剧意识的诗人"。③因其鲜明的批判精神，欧里庇得斯被汉密尔顿（Edith Hamilton）定义为"现代的思想者"。④

仅仅就写作技巧而言，欧里庇得斯的《俄狄浦斯王》缺乏索福克勒斯的《俄狄浦斯王》那般委婉和深邃。索福克勒斯之所以获得亚里士多德的高度赞赏和文学史上的地位，毫无疑问，较之另外两大悲剧家，这一部应属最高超的希腊悲剧的典范作品。剧本具有深邃的感情力量和崇高的思想内容，富有强烈联系前后的文句，刻画得栩栩如生的人物，以及丰富的想象力；至于戏剧性的强度和技巧方面，任何其他剧本中都找不出像描述伊奥卡丝忒的结局一场那么哀悯动人了，当伊奥卡丝忒眼见自己末日临头的瞬间，如飘零的落叶，悄然离开了人世。可以说，比起欧里庇得斯《俄狄浦斯王》的现实和冷酷，索福克勒斯的剧本更为温情和艺术。

对于乱伦婚姻的结局处理，三大悲剧诗人表现迥异。在埃斯库罗斯《七将攻忒拜》第778行以下，俄狄浦斯反省了自己与伊奥卡丝忒之间的乱伦婚姻。因为荷马史诗并未交代母子之间留有后代，据此，德国哲学家保罗·考森（Paul Corssen）认为，这属于埃斯库罗斯的首创，原因是为了增添悲剧效果，所以将两个儿子安排为伊奥卡丝忒所生。⑤不过阿道鲁夫·缪勒（Ad.

---

① A. Nauck, *Tragicorum Graecorum Fragementa* (Supplementum Adiecit Buno Snell), Geog Olms, 1964, p. 541.
② ［古希腊］亚里士多德：《诗学》，陈中梅译注，商务印书馆，2005年，第178页。译文有所改动。
③ 同上书，第98页。
④ ［美］依迪丝·汉密尔顿：《希腊精神：西方文明的源泉》，葛海滨译，辽宁教育出版社，2005年，第246页。
⑤ P. Corssen, *Die Antigone des Sophokles, ihre theatralische und sittliche Wirkung*, Berlin, 1898, s.18 ff.

Müller）等学者并不认同这一点。他们认为瘟疫的故事、俄狄浦斯与克瑞翁的关系以及预言家忒瑞西阿斯与俄狄浦斯之间的对话属于索福克勒斯的首创，他们的证据就是此类事情的记录并未见诸索福克勒斯之前的作家笔下。[①]阿波罗神谕告知只有缉拿杀人凶手，忒拜的灾难才能得到解除，这是戏剧的起点，如果从这一点考虑的话，在索福克勒斯之前的作品里是绝对没有的。缪勒基于英雄时代的背景，认为杀父娶母是一件自然不过的事情，并没有所谓违反人伦纲常一说。他提醒人们不要忘了俄狄浦斯具有王族血统的统治者身份，这一身份必须凭借暴力确定地位。同时，缪勒称赞伊奥卡丝忒是一位女中豪杰。英雄儿子与豪杰母亲强强联手，一同治理国家，从而传出一段佳话。他笃信伊奥卡丝忒一定是一个容光焕发的美人，并且举出两个令自己信服的例子：一位是抛夫弃子、跟随多情的帕里斯逃到特洛伊从而引发十年战争的海伦，二十年后依然容颜不改，堪比狩猎女神阿尔忒弥斯（《奥德赛》第4卷，第122行）；另外一位是佩奈罗佩，她在奥德修斯离家二十年后依然保持姣好的容颜，受到众多求婚者的垂涎（《奥德赛》第1卷，第366行；第18卷，第212行）。[②]由此他大胆推测："也许伊奥卡丝忒也会同诸神一样青春永驻。年轻的俄狄浦斯青睐于她也在情理之中，所以，俄狄浦斯的故事是神话，谈不上是什么性格悲剧。"[③]缪勒的大胆臆测多少含有夸张的成分，但是他的目的很明显，希望世人不要用现实的狭隘眼光去看待俄狄浦斯故事。如果一个年轻男子偏偏要娶一位年老色衰的女人的话，那就说明他的性格有问题，连带断定俄狄浦斯悲剧是一出性格悲剧，与命运无涉；相反地，如果伊奥卡丝忒是一位集美貌、智慧与魅力于一身的女性，并使年轻的俄狄浦斯欣然接受这桩由命运安排的婚姻的话，那就可以说明它非命运悲剧莫属。所以缪勒通过赞扬伊奥卡丝忒的优秀来支撑自己坚持的俄狄浦斯故事是命运悲剧而非性格悲剧的观点。

---

① 新關良三：『希臘悲劇論』，東京：岩波書店、1925年、第56頁。
② 前者希腊原文为 ἐκ δ᾽ Ἑλένη θαλάμοιο θυώδεος ὑψορόφοιο, ἤλυθεν Ἀρτέμιδι χρυσηλακάτῳ εἰκυῖα；后者希腊原文为 ἔρῳ δ᾽ ἄρα θυμὸν ἔθελχθεν。同上书，第58—59页。
③ Ad. Müller, a. a. O. S. 270ff. 转引自新關良三：『希臘悲劇論』，東京：岩波書店、1925年、第56—58頁。

二、反讽：严肃生命的喜剧效果

喜剧用反讽的方式调侃俄狄浦斯故事。阿里斯托芬的戏剧里有一段埃斯库罗斯与欧里庇得斯关于俄狄浦斯的对话，酒神狄奥尼索斯在一旁补充。

ΕΥΡΙΠΙΔΗΣ	ἦν Οἰδίπους τὸ πρῶτον εὐδαίμων ἀνήρ	1182
欧里庇得斯	俄狄浦斯起初是一个幸福的人——	
ΑΙΣΧΥΛΟΣ	μὰ τὸν Δί' οὐ δῆτ', ἀλλὰ κακοδαίμων φύσει	
	ὅντινά γε πρὶν φῦναι μὲν Ἀπόλλων ἔφη	
	ἀποκτενεῖν τὸν πατέρα, πρὶν καὶ γεγονέναι.	
	πῶς οὗτος ἦν τὸ πρῶτον εὐδαίμων ἀνήρ;	
埃斯库罗斯	绝对不是，而是生来就不幸，	
	在他还没有出世，还没有生存之前，阿波罗就曾预言他会杀他父亲，	
	那么，他起初怎么会是一个幸福的人呢？	
欧里庇得斯	εἶτ' ἐγένετ' αὖθις ἀθλιώτατος βροτῶν.	
	后来成为人间最不幸的人。	
埃斯库罗斯	μὰ τὸν Δί' οὐ δῆτ', οὐ μὲν οὖν ἐπαύσατο.	
	πῶς γάρ; ὅτε δὴ πρῶτον μὲν αὐτὸν γενόμενον	
	χειμῶνος ὄντος ἐξέθεσαν ἐν ὀστράκῳ	1190
	ἵνα μὴ 'κτραφεὶς γένοιτο τοῦ πατρὸς φονεύς.	
	εἶθ' ὡς Πόλυβον ἤρρησεν οἰδῶν τὼ πόδε.	
	ἔπειτα γραῦν ἔγημεν αὐτὸς ὢν νέος	
	καὶ πρός γε τούτοις τὴν ἑαυτοῦ μητέρα.	
	εἶτ' ἐξετύφλωσεν αὐτόν.	
	绝对不是成为最不幸的人，而是始终不幸。	
	怎么会是那样的呢？他出生的时候，正是冬天，他们就	
	把他放在瓦盆里一起遗弃了，	
	免得他长大成人，成为杀父的凶手，	

> 后来他双踝发肿，跛行到波吕玻斯那儿。
> 年轻时候娶了一个老妇人，
> 这个妇人并且是他的母亲。
> 后来他弄瞎了自己的眼睛。

ΔΙΟΝΥΣΟΣ　εὐδαίμων ἄρ᾽ ἦν,
　　　　　εἰ κἀστρατήγησέν γε μετ᾽ Ἐρασινίδου.　　1197

狄奥尼索斯　即使他和厄刺西尼得斯一起当了将军，依然是一个幸福的人。

——《蛙》（βάτραοι）第1182—1197行①

弑父娶母的俄狄浦斯在喜剧世界里成了被戏弄和嘲讽的对象。阿里斯托芬在《蛙》里有意安排埃斯库罗斯与年轻的欧里庇得斯进行对话，探讨俄狄浦斯究竟是不是一个幸福的人。年轻的欧里庇得斯认为俄狄浦斯的人生分为两个阶段：前半生幸福，后半生不幸。因为这位悲剧家观察到的是主人公生活大起大落的表象。年纪稍长、阅历丰富的埃斯库罗斯则反驳说，俄狄浦斯自始至终都是不幸的人：还未降生便被神灵预言了不幸；刚一出生，双脚便被烙上了不幸的烙印，惨遭抛弃；年纪轻轻便陷入婚姻的囚笼，对方年老色衰，不是别人，正是他的母亲。所以俄狄浦斯至少遭受了三重不幸：杀父、娶母、眼瞎。这样的人何来幸福呢？

喜剧的创作较之充斥流血、杀戮、死亡的悲剧来说是轻松的、搞笑的、娱乐的，但它缺乏或者说无法产生"恐惧和怜悯"。另外，喜剧家嘲弄世俗、质疑神意、揶揄人类的愚蠢，影响不及悲剧家所创作的俄狄浦斯故事更广泛和深远。

ΔΙΟΝΥΣΟΣ　ἄρν᾽ ἄρνα μέλαν παῖδες ἐξενέγκατε.
　　　　　τυφὼς γὰρ ἐκβαίνειν παρασκευάζεται.

狄奥尼索斯　众小厮，快快，牵一头羊，一头黑色的羊来，
　　　　　因为一阵狂风即将刮来了。

---

① 希腊文引自 F. W. Hall and W. M. Geldart, ed., βάτραοι, Oxford, 1907；中文译文引自阿里斯托芬：《地母节妇女　蛙》，罗念生译，上海人民出版社，2006年，第205页。

ΑΙΣΧΥΛΟΣ	ὦ Κρητικὰς μὲν συλλέγων μονῳδίας,
	Γάμους δ' ἀνοσίους ἐσφέρων ἐς τὴν τέχνην.
埃斯库罗斯	哎呀，你可是曾经搜集克里特独唱歌曲，
	把不洁净的婚姻介绍到诗里。

——《蛙》(βάτραοι) 第 845—850 行①

喜剧《蛙》将悲剧家们的形象从创作幕后推到了舞台的中央，严肃的悲剧题材被有意识地调侃。这其中也体现了亚里士多德在《诗学》中所描绘的卡塔西斯之效用——让观众的情感在一定程度上得以宣泄，一笑了之。阿里斯托芬所说的"不洁净的婚姻"显然指的是俄狄浦斯与伊奥卡丝忒的乱伦，虽然是以轻松幽默的口吻嬉笑怒骂地描述出来，却体现出那个时代对乱伦婚姻的不屑和排斥。

三、原型树立的意义

悲剧中的俄狄浦斯主题，体现着母亲与儿子本体上的差异。其最初的原始关系既是融合的，又是对抗的。这种融合又对抗的关系以主动和被动相契合的直观形态展示出来。尔后，希腊悲剧时代的文化气质渗透和延展着这种既融合又对抗的发展形态：在拒斥中吸引，在吸引中又保持着相异的、独立化的倾向。这种倾向使所谓母子乱伦的融合具有探讨人之为人的内涵。在这里，主动和被动，有意识和无意识，不仅形成一种丰富的张力，而且实际上产生了一个哲学命题。

换一个角度，俄狄浦斯主题中女人是一种古老的秘索思的力量。这一力量是以对男人文明理性所代表的新兴的逻各斯的对抗。但是她失败了，走向了毁灭。人的理性并非与生俱来，是后天培养而成的。新兴的逻各斯脱胎于古老的秘索思，发展壮大后彻底地与秘索思分道扬镳。悲剧中，这两股力量不断碰撞、融合、争斗，用悲剧的形式探讨人的历史和命运走向。索福克勒斯《俄狄浦斯在科罗诺斯》(Οἰδίπους ἐπὶ Κολωνῷ) 一剧中诗意般地讲述了俄

---

① 希腊文引自 F. W. Hall and W. M. Geldart, ed., βάτραοι, Oxford, 1907；中文译文引自阿里斯托芬：《地母节妇女　蛙》，罗念生译，上海人民出版社，2006 年，第 105 页。

狄浦斯的死亡。死亡成为仪式，成为一种归属，正如俄狄浦斯向两位女儿告别："来吧，不要碰我，让我自己去找那神圣的坟墓，我命中注定要埋葬的地方……"①接着俄狄浦斯让女儿们从清泉中汲水为他沐浴和祭奠。三大悲剧家都有宗教情怀，每个人的信仰都较为复杂，一方面，他们不再完全相信神灵的无所不能；另一方面，生活的不可解释性又令他们敬畏神灵。这些矛盾也在他们的作品中体现出来。比如，索福克勒斯本人并不同意否认古老的宗教传统，从他敬拜阿斯克勒庇俄斯（Ἀσκληπιός）并献上圣蛇的举动可看出他对神秘仪式的情感倾向，这在当时的雅典智者们的教义中达到了极致。在索福克勒斯与他们的辩论中，通过强调爱、平等和正义，给予古老的宗教（母系社会所存在的）传统以新的说明。《俄狄浦斯王》中的伊奥卡丝忒平静地走向死亡；《俄狄浦斯在科罗诺斯》中报信人这样描述俄狄浦斯的死亡："并不是神带闪电的霹雳，也不是海上吹来的飓风把他的生命结束的；若不是众神派来的护送者把他接走的，便是死者的世界，大地的基础，慈祥地裂开来使他无痛而终的；他这一去，没有什么可以悲伤的，他没有病痛，死得比别人神奇。"②犯下与母亲乱伦之罪的俄狄浦斯最终回到大地母亲的怀抱。本意为"山羊之歌"的悲剧本身并非为"悲"而作，它描述人生的状态、人的追求和幻灭、生存和死亡，比起以头抢地、哭天抹泪的现代剧更能打动人心。

　　悲剧不是描述神而是刻画人的艺术，母亲与儿子纠缠在一起的命运，影射渴求生命完整的男人和女人。人终有一死，在命运的安排下如何度过有限的一生？俄狄浦斯最终回到大地母亲该亚的怀抱中，大地"慈祥地裂开来使他无痛而终"，这一句隐喻了他与亲生母亲伊奥卡丝忒之间的关系。他自出生之日起就被迫离开母亲的怀抱，成年后重新回到母亲身边，却在探寻身世的路上一去不返，最后"隐喻式"地回归母体。这是从古到今每一个生命的必经之路。而作为一对矛盾体存在的父与子，似乎"被描绘成了一对孪生动物（twin animal），他俩与同一个女性发生亲密关系，他们相继扮演儿童、爱人、牺牲者的角色，循环着出生、死亡、再出生的过程，以期拥有永不停歇

---

① αὐτὸν τὸν ἱερὸν τύμβον ἐξευρεῖν, ἵν᾽ μοῖρ᾽ ἀνδρὶ τῷδε τῇδε κρυφθῆναι χθονί, Richard Jebb, ed., *Σοφοκλῆς, Οἰδίπους ἐπὶ Κολωνῷ*, Cambridge, 1889, 1545-1546.《俄狄浦斯在科罗诺斯》，第1545—1546行。罗念生：《罗念生全集》（第2卷），上海人民出版社，2004年，第538页。
② 同上书，第541页。

的生命"。① 无论人在多大程度上受限于命运，理性诉求与情感依托是否是一个人或一个时代的两极，也不管生命不能承受的是轻还是重，悲剧都致力于询问究竟有什么办法可以升华有限的生命，让精神不朽，使灵魂永生。

第三节　从俄狄浦斯神话到俄狄浦斯情结

索福克勒斯的《俄狄浦斯王》问世后不久，就成为古代文学批评的一个重要例证。

在亚里士多德的《诗学》中，索福克勒斯的这部作品被视作悲剧的典范，前后一共被提到了7次。我们可以看到，亚里士多德悲剧理论的许多概念都基于《俄狄浦斯王》提出，而这一理论反过来又长时间地影响了后世对于《俄狄浦斯王》的理解。在亚里士多德看来，"俄狄浦斯弑父固然是出于'无知'，但是他的任性和莽撞亦是引发悲剧性结局的重要原因"。② "无知"是命运安排，"任性和莽撞"则是性格问题。他重点提到άμαρτία（拉丁文转写为hamartia）这个词，将它解释为"错误"的意思。亚里士多德认为由于悲剧人物性格不一，经历各异，所以，在不同的悲剧里，hamartia的侧重点亦可有所不同。事实上，这一点后来也的确引起了批评家们长久的争论，并直接关系到对于俄狄浦斯这个人物和《俄狄浦斯王》这部作品的不同理解和阐释。不过，亚里士多德最为赞赏的还是《俄狄浦斯王》中情节的发现和突转。他认为，"最佳的发现与突转同时发生，如《俄狄浦斯》中的发现。……因为这样的发现和突转能引发怜悯或恐惧；此外，通过此类事件还能反映人物的幸运和不幸"。③ 对此，塞加尔（Charles Segal）的解释是，亚里士多德"想到的或许是，当发现的理性过程和突转的情感冲击同时被台下的观众感受到时，悲剧的怜悯与恐惧效果便得到了增强"。④ 亚里士多德重

---

① Edward C. Whitmont, *Return of the Goddess*, London: Routle and Kegan Paul Ltd, 1982, p. 43.
② ［古希腊］亚里士多德：《诗学》，陈中梅译注，商务印书馆，2005年，第223页。
③ 同上书，第89页。
④ Charles Segal, *Oedipus Tyrannus: Tragic Heroism and the Limits of Knowledge*, New York: Macmillan Publishing Company, 1993, p. 20.

视杀父娶母的情节显然是为了强调戏剧的认识作用，而不是探究它的本体效果。就《俄狄浦斯王》来说，其情节就是对于自我的寻求，这一情节的高潮就是获取了真实的认识。在这里，亚里士多德的《诗学》已经为后世所有从哲学认识角度探讨《俄狄浦斯王》的批评奠定了基础。

在古罗马时期，索福克勒斯的《俄狄浦斯王》不断地出现在哲学家和批评家的著作中。例如，朗吉努斯（Longinus）在《论崇高》中给予《俄狄浦斯王》极高的评价，称索福克勒斯这一部戏剧就抵得上其竞争对手希俄斯岛的伊翁（Ion of Chios）的全部作品。"品达和索福克勒斯却能以他们的激情照亮一切，虽然他们常常无缘无故地熄灭，十分不幸地急剧坠落。难道有哪一个头脑健全的人认为，在这方面能把伊翁的全部作品与索福克勒斯的《俄狄浦斯》这一出戏相提并论？"①同时，他盛赞索福克勒斯在表现垂死的俄狄浦斯遵照神灵指示选择死亡方式上的出色。

在基督教盛行的中世纪欧洲，索福克勒斯的《俄狄浦斯王》并没有产生什么影响。有些现代批评家试图赋予索福克勒斯某种基督教色彩，如西蒙·维尔（Cimone Weil）称："他（索福克勒斯）比过去20个世纪中的任何一位悲剧诗人都更富有基督教精神。"②但是，这种强加在古希腊悲剧家身上的生硬的读解并不令人信服，也没有引起多大反响。

到了浪漫主义时代，索福克勒斯和他的作品才真正被赋予至高无上的地位，而这主要是由德国人完成的。1804年，诗人荷尔德林（Friedrich Hlderlin）将索福克勒斯的《俄狄浦斯王》和《安提戈涅》译成德文，并连带发表了《关于〈俄狄浦斯王〉的说明》和《关于〈安提戈涅〉的说明》两篇文章。文章中，荷尔德林将索福克勒斯的这两部作品视作古今悲剧的最高典范，并坚信悲剧的意义不仅在于它们在形式方面的成就，而且在于它们所表达的哲学精神。"悲剧的展现首先基于骇然的事情——神与人结伴，自然力量与人最为内在的东西在愤怒中无止境地相与为一（einswerden），由此懂

---

① 《朗吉努斯论崇高》（牛津古典丛书，1955），译文转引自陈洪文、水建馥选编：《古希腊三大悲剧家研究》，中国社会科学出版社，1986年，第28页。
② Thomas Woodard, ed., *Sophocles: A Collection of Critical Essays*, New Jersey: Prentice-Hall Inc., 1966, p. 14.

得,无止境的相与为一靠无尽的分离(scheiden)净化自身。"①遗憾的是,荷尔德林在翻译了索福克勒斯的《俄狄浦斯王》和《安提戈涅》后便精神失常,再也无法完成翻译索福克勒斯全部作品的计划,也无法详尽阐发自己对于古希腊悲剧作品的认识。

另一位德国哲人黑格尔(Friedrich Hegel)认为俄狄浦斯是哲学认识的原型和代表,是自我反思的第一个例证,是历史上第一位"哲学家"。因为,在像《俄狄浦斯王》《安提戈涅》和《俄狄浦斯在科罗诺斯》这样"意味比较深刻的作品"中,冲突已经超出了纯粹"自然"的范畴,上升到"精神方面的一些生命力量在他们的差异中互相对立,互相斗争"。就俄狄浦斯而言,当他无意识地做出了杀父娶母的事情后,这种情况只是应验了神谕,尚且属于"自然"的范畴。但是,他后来对于自己的行动有了认识,在精神方面被迫进入分裂和忧虑状态,冲突也就上升为"心灵性"的范畴。②在谈及冲突的和解时,黑格尔进一步指出,俄狄浦斯戏剧已经超出了凭借外因达到和解的层次,达到了较高的"内在的和解,(在那里)动因就是主体自己"。在这方面,"最完善的古代例证是永远令人惊赞的《俄狄浦斯在科罗诺斯》"。在认识到自己所做的事情和所带来的后果后,俄狄浦斯刺瞎自己的双目离开了忒拜,开始了流浪的生活,最后来到了科罗诺斯,并在那里完成了对于自我的认识。由此,黑格尔说:"这种在死亡中的大彻大悟,对于他自己和对于我们来说,都显得是在他的个性和人格本身中所达成的和解。"③对于黑格尔来说,自然、心灵、冲突、和解这些因素才是理解希腊悲剧特别是理解索福克勒斯的俄狄浦斯戏剧时,至关重要且需要牢牢把握的东西。

尼采则将美学思想倾注在对希腊悲剧的探讨上,并在《悲剧的诞生》一书中大谈日神精神和酒神精神,试图通过古希腊的悲剧解决人生的根本问题。他认为,希腊悲剧在最古老的形态中始终以酒神的受苦为题材,酒神一直是悲剧中的主角,俄狄浦斯等等都是这位最初主角的一个假面。"俄狄浦

---

① Friedrich Hölderlin, *Sämtliche Werke und Briefe*, Berlin, 1995, SS.393-394. 参照中文译本 [德] 荷尔德林:《荷尔德林文集》,戴晖译,商务印书馆,1999年,第269页。
② 参看 [德] 黑格尔:《美学》(第1卷),朱光潜译,商务印书馆,1979年,第270—272页。译文略有改动。
③ [德] 黑格尔:《美学》(第1卷),朱光潜译,商务印书馆,1979年,第314页。

斯因为他过分聪明，解开斯芬克司之谜，必定陷进罪恶的混乱漩涡——这就是德尔斐神对希腊古史的解释。"① 杀父也好，乱伦也罢，他们体现的是一种痛苦与狂喜相互交织的癫狂状态，是世界本体情绪的表露。"希腊舞台上最悲惨的人物，不幸的俄狄浦斯，在索福克勒斯笔下是一位高尚的人。……深沉的诗人想告诉我们，这位高尚的人并没有犯罪。每种法律，每种自然秩序，甚至道德世界，都会因为他的行为而毁灭，一个更高的神秘的影响范围却通过这种行为而产生了，它把一个新世界建立在被推翻的旧世界的废墟之上。"② 在一定意义上，尼采所谈论的俄狄浦斯神话是个体的人不断地进行自我否定而复归世界本体的冲动，正因为种种冲动促进了悲剧的诞生和希腊艺术的辉煌，从属于非理性的美的领域。不过，尼采是矛盾的，正如他在分析希腊悲剧时所观测到的日神精神与酒神精神的矛盾，希腊文化是极端的，她既可以做到极致的理性，也会坠入极度的感性之中。尼采洞察到了这一切，如同破解斯芬克司之谜后陷入更大谜团的俄狄浦斯一样，尼采破解了俄狄浦斯之谜，但最终也走向了精神崩溃的不归路。

惠特曼（Cedric Whitman）在代表作《索福克勒斯：英雄人文主义的研究》（*Sophocles: A Study of Heroic Humanism*）中将俄狄浦斯看作一个充满英雄气概和大无畏精神的个人，体现着人文主义精神的最高价值，同时也象征着人的局限性。因此，尽管无意识地犯下了杀父娶母的罪过，尽管生活和诸神使他陷入严酷的境遇之中，俄狄浦斯仍以毫不动摇的决心追求真相，并在真相大白之后坚定地承受命运带来的一切。③ 同时，惠特曼也将俄狄浦斯的创作者索福克勒斯一并纳入人文主义的研究当中，此时的俄狄浦斯神话已不再被"神化"，而是被"人化"了。

列维-斯特劳斯（Claude Levi-Strauss）从人类学的角度入手，认为在《俄狄浦斯王》戏剧中无论是乱伦还是弑父，都只是神话结构的构成符码。其中可能有一个二元对立的深层结构，一个"同一"与"他者"之间的矛

---

① ［德］尼采：《悲剧的诞生》，周国平译，生活·读书·新知三联书店，1986年，第15页。
② 同上书，第35—36页。
③ 参看 Cedric H. Whitman, *Sophocles: A Study of Heroic Humanis*, Cambridge: Harvard University Press, 1951.

盾和含糊关系。①这种你中有我、我中有你的自我与他者关系就如塞加尔所说："例如，这可以运用于在主人公与父亲的冲突和他自己作为父亲的角色之间的矛盾和含糊关系——作为父亲的相异者（being other than the father）或作为父亲的同一者（or being the same as the father）。"②从人类学的角度来说，俄狄浦斯神话提供了一种可供分析的逻辑工具，它不是简单地判断对与错，而是回答人类的初始问题：人是生于一还是生于二？是自体繁殖还是双性繁殖？以及由此派生出来的问题：人是源于同还是源于异？俄狄浦斯的希腊文原意是"脚肿的"，一方面暗示了主人公一瘸一拐艰难行走在大地上的悲哀命运，一方面蕴含了人与大地的关联。神话带来的是对于人类历史的思考，神话本身就带有历史的矛盾且含糊的发问以及解答。

法国学者让-皮埃尔·韦尔南（Jean-Pierre Vernant）所著《神话与政治之间》（*Entre mythe et politique*）专辟一章阐述俄狄浦斯，强调在进入悲剧模式之前，俄狄浦斯的传说跟一个庞大的神话整体有关，它是以底比斯（也译"忒拜"）的起源为中心的底比斯神话系列，整个故事关涉到社会领域的一切方面，所以"在神话即mũthos与逻各斯之间作出分解是困难的"。③言下之意，底比斯神话并不简单，像滚雪球一般，新观念与旧观念不断叠加，秘索思与逻各斯相互纠缠，俄狄浦斯故事里仍有众多未解之谜。

法国作家、哲学家德勒兹（Gilles Deleuze）把个人的欲望作为着眼点，掀起一股后现代主义的哲学思潮。他和加塔里（Felix Guattari）在《反俄狄浦斯》（*Anti-Oedipus*，1972）一书中，不但将俄狄浦斯杀父娶母的行为视作一种实践个人欲望的形式，甚至视作一个国家或民族对其他国家、民族的一种殖民地化的形式。④他认为自我是欲望的首要编码机器，而俄狄浦斯正代表着人类根深蒂固的自我，他主张反俄狄浦斯，也就是反自我，矛头直指弗

---

① ［法］克洛德·莱维-斯特劳斯：《结构人类学》，谢维扬、俞宣孟译，上海译文出版社，1995年，第232—235页。
② Charles Segal, "The Music of Sphinx: The Problem of Language in Oedipus Tyrannus", in Harold Bloom, ed., *Sophocles' Oedipus Rex*, Philadelphia: Chelsea House Publishers, 1988, p. 64.
③ ［法］让-皮埃尔·韦尔南：《神话与历史之间》，余中先译，生活·读书·新知三联书店，2001年，第315—320页。
④ Gilles Deleuze, Felix Guattari, *Anti-Oedipus*, R. Hurley (trans.), Minneapolis: University of Minnesota Press, 1983, p. 170, p. 177.

洛伊德。此种解释将俄狄浦斯的母题延伸到全球范围,并纳入政治范畴,德勒兹等人以法兰西式热情通过激活俄狄浦斯而引发人们对欲望哲学的研究探讨。令人唏嘘的是,极力声讨俄狄浦斯主义的德勒兹最终以跳窗自杀的悲剧方式结束了自己的生命。

俄狄浦斯神话似乎包罗了整个人类的历史,个人、家庭、国家、政治、爱情、婚姻、体制、伦理诸多大大小小的问题都能在其中找到对应。普西(Pietro Pucci)在《俄狄浦斯和父亲的制造:现代批评和哲学中的俄狄浦斯王》(Oedipus and the Fabrication of the Father: Oedipus Tyrannus in Modern Criticism and Philosophy)中深入分析了《俄狄浦斯王》中"父亲"角色的确立和意义。在普西看来,"父亲是逻各斯的一种象征。……(他)具有一系列的意义和功能"。[1]在俄狄浦斯生活的不同阶段,父亲这一角色至少呈现为4种形象:作为城邦公民之父的国王俄狄浦斯;作为照顾和影响儿子的养父波吕玻斯;作为血亲上亲生父亲的拉伊俄斯;作为神圣父亲的阿波罗。这几种形象交织在一起,构成了父亲的家庭、伦理、政治和意识形态角色。普西由此断言,俄狄浦斯神话背后存在一个父权制的人类历史。

不过,最著名且影响最为广泛的是奥地利精神病医师弗洛伊德于1900年在《释梦》中提出的"俄狄浦斯情结"(Oedipus Complex)这一概念。他声称俄狄浦斯情结是儿童时期的普遍愿望,是人类无法规避的情感矛盾,是宗教和道德产生的根源。俄狄浦斯情结的诞生不仅为后来以心理分析理论为基础的文学批评方法奠定了基础,同时也标志着对于《俄狄浦斯王》的现代批评的开始。基于他多年的临床经验以及根据悲剧中伊奥卡丝忒安慰俄狄浦斯所说的"许多人都曾在梦中娶过母亲"这句台词,弗洛伊德指出了一个超验的和超历史的"事实":俄狄浦斯不再是某个人,而是呈现为所有的人,他那隐秘的娶母欲望和狂暴的杀父愤怒代表着每一个人的心理成长阶段。"希腊神话中已经在这些事实上看出大家不可避免的命运,我们对于这些事实只有甘心承认。"[2]弗洛伊德的这一心理分析理论已经成为大多数

---

[1] Pietro Pucci, *Oedipus and the Fabrication of the Father: Oedipus Tyrannus in Modern Criticism and Philosophy*, Baltimore: The John Hopkins University Press, 1992, p. 3.
[2] [奥地利]弗洛伊德:《精神分析引论》,高觉敷译,商务印书馆,1984年,第159—161页。

文学批评家都无法回避的问题,而"俄狄浦斯情结"大概称得上是现代最有影响的批评术语之一。这一理论的重大影响力可从哈罗德·布鲁姆(Harold Bloom)的论述中看出来:"很遗憾,由于弗洛伊德发明了'俄狄浦斯情结',我们发现在阐释索福克勒斯的几部有关俄狄浦斯的戏剧时,很难避免卷入更为无关的弗洛伊德观点。事实上,弗洛伊德应该将这一概念命名为'哈姆雷特情结'。"① 针对弗洛伊德"俄狄浦斯情结"的巨大影响,布鲁姆略显无奈地说:"有时候我真希望,弗洛伊德应该关注埃斯库罗斯而不是索福克勒斯,给我们一个普罗米修斯情结,而不是俄狄浦斯情结。"② 不管怎么说,弗洛伊德在某种层面上作出了卓越的贡献。他抓住了人类的某些生理和心理欲望,正是这些本不该怀揣却令人无法抑制的欲望令人们恐惧不安。在这个意义上,弗洛伊德的提出"俄狄浦斯情结"的伟大之处在于,它曝光了人性阴暗的角落,虽然并没有令我们每一个人都成为俄狄浦斯,但却令俄狄浦斯变成了一个同我们每一个人都一样的人,因为他具有人性的全部卑微和脆弱。③ 俄狄浦斯情结的提出产生了巨大的反响,同时也引来了众多的批评。

继弗洛伊德之后,20世纪上半期的《俄狄浦斯王》批评主要以现象学的哲学阐释、新批评的文本细读和英雄人文主义的解释为主流。虽然这三种批评方法各不相同,但在一定程度上都是对弗洛伊德心理分析批评的反驳。④ 埃里希·弗洛姆(Erich Fromm)不满弗洛伊德的片面,否认俄狄浦斯情结是放之四海而皆准的真理,他坚持认为人内心的矛盾千差万别,潜意识内容并不仅限于性,因为性欲本身并不稳固,除了性欲是不确定的,此外还有更为强烈的感情因素,那是建立在对天国般快乐之境的渴求基础上的。对于男孩来说,母亲可能是欲望的对象,但同样真实的是,男孩们也会爱上与母亲形象有差异的女性,以此忘掉母亲的存在。⑤ 可惜,以批判为初衷的弗洛姆理论并没有跳出弗洛伊德的影响,而是作为对俄狄浦斯情结的延伸和补充,

---

① Harold Bloom, ed., *Sophocles' Oedipus Play*, Philadelphia: Chelsea House Publishers, 1988, p. 5.
② Ibid., p. 2.
③ 耿幼壮:《书写的神话——西方文化中的文学》,中国人民大学出版社,2006年,第113页。
④ 同上书,第94页。
⑤ [美] 埃里希·弗洛姆:《弗洛伊德思想的贡献与局限》,申荷永译,湖南人民出版社,1986年,第35页。

似乎是在讲同一个问题的另外一面。

有趣的是,虽然弗洛伊德并没有把"弑父"问题看作现代社会的现象,但其理论却给社会带来了重大影响。因为投影于人类有史以前发生的俄狄浦斯悲剧,令现实中父亲被杀与后世人类历史上反复出现的无数恋母情结有所不同,弑父让生存下来的后代背负沉重的罪恶,并由此引出宗教与道德问题。① 也就是说,弗洛伊德以"恋母"作为原始欲望的核心,以"弑父"这一概念作为道德观念的基础。在他的恋母情结中,父亲起着极大反差和推波助澜的作用。可以说,对于父亲的观察,一直是他终身执着的问题。排斥父亲与模仿父亲成为一个问题的两面,所以后代的批评者从这个角度对俄狄浦斯情结进行反驳。

弗洛伊德的学生荣格(Karl Jung)在"集体无意识"理论基础上提出了"原型"概念。通过对事物本原追寻的抽象和心灵情感模式化的原型,荣格洞悉出被俄狄浦斯打败的女妖斯芬克司充当的恰恰是母亲的角色。② 人面狮身的斯芬克司是天后赫拉派来祸害忒拜城的,这个妖怪的原型可能来自埃及。所不同的是,希腊的斯芬克司表现为女性的样子,而埃及的斯芬克司则为男性。③ 如果有这样的假设前提的话,那么俄狄浦斯与斯芬克司之间对话时,一个是出谜者,一个是解谜人;前者代表的是西方的男人(western man),而后者代表的则是东方的女人(eastern woman)。所以俄狄浦斯的胜利从某种意义上来讲,就是西方对于东方的胜利,男人对女人的胜利,文明对野蛮的胜利。米切尔·格林伯格(Mithell Greenberg)就此指出:"斯芬克司是作为混血的、祸害的和浑浊的他者同俄狄浦斯相遇的,其结局是斯芬克司的失败和被城邦驱逐。这个带有异质性的他者形象所代表的不仅仅是那种专以青春的饱满蛊惑男人的危险的女人特质,而且在更为普遍的意义上她代表着全部东方的(orient)、女性的(female)野蛮文化。俄狄浦斯以致命的回答,确立了古典的(classical),即男性(male)仪式的统治。"④ 言下之意,

---

① [日]土居健郎:《日本人的心理结构》,阎小妹译,商务印书馆,2006年,第117页。
② C. G. Jung, *Symbols of Transformation*, R. F. C. Hull (trans.), Princeton: Princeton University Press, 1967, p. 181.
③ Martin Kallich, "Oedipus and the Sphinx", in *Oedipus: Myth and Drama*, N. P.: Western, 1968, p. 35.
④ Mitchell Greenberg, *Canonical States, Canonical Stages*, Minneapolis: University of Minnesota Press, 1994, p. xxxiii. 中译文转引自耿幼壮:《书写的神话:西方文化中的文学》,中国人民大学出版社,2006年,第101页。译文有所改动。

俄狄浦斯神话是一部东西方较量、男女性角力的历史。

弗莱（Northrop Frey）深入探究统治西方文化的神话的本质，系统地建立了以神话-原型为核心的原型批评理论。他把心理学意义上的俄狄浦斯原型移位到了文学领域，赋予这个人物原型以文学的蕴涵，扩充这个人物原型的象征意义，从而使散落于世界各地的零碎的、不完整的俄狄浦斯主题变成了满含象征意味的文学意象。① 弗莱向来对人类社会的种种文化框架深感兴趣，并把这类框架称为神话体系。"因为人类自萌生思想意识之日起，他们的所有作为便始终仅是编造故事。任何思想体系都是由故事或故事模式中产生出来的。"② 俄狄浦斯神话已经不是一个简单故事，它包含了人类的思想，反映了一定时期的文化。

拉康（Jacques Lacan）大胆地创造了"镜像阶段"（Mirror Stage）新心理分析理论，认为这个阶段是自我认证、自我确立的过程。在重新解释弗洛伊德的俄狄浦斯情结时，拉康不再把重心放在欲望上，而是转移到言语和语言的作用上。拉康认为，当孩子仍然同母亲的身体相连时，他不过存在于一种镜像的同一性关系中，还未受到语言的他异性的影响。通过与父亲的相遇，孩子便进入了语言和象征的领域。③ 根据拉康的解释，被压抑的无意识就是作为一种他者的语言而起作用，试图使主体脱离以欲望为中心的意识，即自我的话语。俄狄浦斯在这一镜像当中，既是俄狄浦斯，又不是俄狄浦斯；他是完整的，亦是分裂的。"自我就是他者"，自我的认同只是理想的幻影，他人的眼光和自我反映的镜像永远无法一致，俄狄浦斯无论怎么选择，都是错误的。这一理论也反映出为什么人类总会走在认知的迷途和悬崖峭壁上而浑然不知的可怕现实。

"我们都是迷途的羔羊。"④ 俄狄浦斯在黑暗中挣扎的无助感撞击着每一个自我意识强烈的人。法国社会学家勒内·基拉尔（René Girard）将俄狄浦

---

① Nothrop Frye, *Myth and Metaphor: Selected Essays, 1974-1988*, Robort D. Denham, ed., Charlottesville: University of Virginia Press, 1990, pp. 108-123.
② 吴持哲编：《诺思洛普·弗莱文化选集》，吴持哲译，中国社会科学出版社，1997年，第330页。
③ J. Lacan, *The Seminar of Jacques Lacan: Book II: The Ego in Freud's Theory and in the Technique of Psychoanalysis 1954-1955*, London: W. W. Norton & Company, 1988, pp. 28-37.
④ 《以赛亚书》（*Isaiah*）第53章第6节："我们都如羊走迷，各人偏行己路，耶和华使我们众人的罪孽都归在他的身上。"

斯杀父娶母的故事巧妙地置于所谓"替罪羊"（scapegoat）理论中。在《双重束缚——文学、摹仿及人类学文集》（'To Double Business Bound': Essays on Literature, Mimesis, and Anthropology）中基拉尔提出俄狄浦斯因杀父娶母所受到的惩罚实质上是社会为了转嫁危机而建立的替罪羊机制的外在表现。"危机的整个责任被全部转嫁到了那只替罪羊身上。当然，这种转嫁不会显得是转嫁。我们获知的不是真实情况，而是俄狄浦斯的'罪行'，'弑父和乱伦'，人们认为这种罪行'污染'了整个城邦。这两桩罪行显然意味着最基本的文化差异——父母孩子之间的差异都遭到了毁坏。弑父和乱伦代表整个危机的本质，是危机在替罪羊方案的语境中最合乎逻辑的结晶，替罪羊方案就是试图让整场危机看起来好像是单独一个人的责任。"[①]他肯定地说："俄狄浦斯是一个完全意义上的替罪羊，因为神话从未将他定义为替罪羊。"[②]按照基拉尔的解释，替罪羊机制作为悲剧危机的解决方案，得到了清楚的界定，弑父娶母的罪名只是城邦为了解除瘟疫安插在替罪羊俄狄浦斯头上的借口，真正的原因在于背后的替罪羊机制，如《圣经·旧约》亚伯拉罕为表示对上帝的虔诚，将独子作为羔羊献祭，希腊联军统帅阿伽门农为平息女神的暴怒将爱女伊菲革涅亚像羔羊一般向女神阿耳忒弥丝献祭一样，它是悲剧内部自行运行的净化形式，也类似于戏剧产生的净化。

建立在神话基础上的悲剧《俄狄浦斯王》由于其独特的故事编排、高超的叙述技巧以及深刻的思想内涵从而为后世批评提供了无限宽广的阐释空间。几乎每一个个人、每一种文化都可以在俄狄浦斯的故事中找到同感和共鸣。20世纪后半期的《俄狄浦斯王》批评越来越关注这部经典作品的意识形态性。如史密斯和卡拉（Joseph Carman Smith and Ferstman J. Carla）的《俄狄浦斯的阉割：女性主义、心理分析和权力意志》（The Castration of Oedipus: Feminism, Psychoanalysis and the Will to Power, 1996），从女性主义角度批判弗洛伊德提出的以男性为中心的理论；巴特勒（Judith Butler）的《安提戈涅的诉求》（Antigone's Claim, 2000），对血缘、家庭、国家、性

---

① ［法］勒内·基拉尔：《双重束缚——文学、摹仿及人类学文集》，刘舒、陈明珠译，华夏出版社，2006年，第196页。
② 同上书，第197页。

别关系进行了分析；伯纳德特（Seth Benardete）的《神圣的罪业》（*Sacred Transgressions*, 1999），使得古希腊的经典作品重归政治神学领域等等，百家争鸣，许多看法都有助于加深对《俄狄浦斯王》的理解。人们研究这则神话在不同历史时期的叙述，也将历史事件放置在这一神话的场景中进行分析讨论。人们最感兴趣的还是俄狄浦斯这个人，他在无常命运面前的不屈和无奈、坚强和痛楚，他的名字中包含的οἶδα（"我知道"）[①]和他在真相面前的"无知"所形成鲜明的对比，总是吸引着一代又一代的人热衷于探索俄狄浦斯之谜。

第四节　俄狄浦斯主题的再造与变形

不过，除了文学理论和研究批评，后世对于俄狄浦斯故事的再创作同样值得注意。它们不仅表明了作家们对于俄狄浦斯神话的喜爱，同时也展现了他们对于这一作品的不同理解。

受古希腊神话和悲剧的影响，罗马人也创作了一系列有关俄狄浦斯的戏剧，其中最重要的是出自斯多葛主义（the Stoics）[②]哲学家塞涅卡（Lucius Annaeus Seneca）之手的同名悲剧。塞涅卡的作品在情节处理上与索福克勒斯的作品没有什么太大的差异，仅有的不同是索福克勒斯的《俄狄浦斯王》交代俄狄浦斯在刺瞎自己的双眼之后是自愿出去流浪的，而塞涅卡则运用了罗马的方术去窥测命运。虽然故事大同小异，但在表现手法和悲剧精神上二者却呈现出极大的分歧。简单地说，索福克勒斯笔下那个如同哲学家一样的俄狄浦斯对于真实的理性探求和自我认识精神被淡化了，代之以一种斯多葛主义式面对命运的无奈和承受苦难的坚忍，但遗憾的是，这样的处理方式似乎缺少了舞台的表现力和个人的认知努力。塞涅卡不赞成俄狄浦斯的认罪做

[①] "俄狄浦斯"（Oedipus）名字意思不仅是"脚肿的"（oidi），还含有"我知道"（oida）的意思。见 Knox Bernard, "Sophocles's Oedipus", in Harold Bloom, ed., *Sophocles's Oedipus Rex*, New York: Chelsea House Publishers, 1988, p. 22。

[②] 古希腊的哲学学派之一，因在雅典集会广场的画廊（Stoa Poikile）聚众讲学而得名"斯多葛"。该学派从公元前3世纪塞浦路斯的芝诺创立到公元2世纪的罗马时期，延续了500年之久。

法，认为人不应该替盲目的命运承担任何过错。在塞涅卡的悲剧《俄狄浦斯》中，俄狄浦斯戳瞎自己的双眼后痛苦地嚎啕大哭，诅咒一切，而自杀前的伊奥卡斯忒却冷静地对他说："谁也没有错，既然这是注定的，那么只能归咎于命运的过错。"① 最后，俄狄浦斯孤单地站在舞台中央，独自吞咽无尽的黑暗和无休无止的恐惧所带来的痛楚。因为作品创作年代正值"嗜血的皇帝"尼禄（Nero）倒台后古罗马历史上非常黑暗的时期，所以塞涅卡借用俄狄浦斯神话反映当时的社会状况。连同对于恐怖血腥场面的渲染和对于罪恶感及责任感的强调，塞涅卡的作品深化了《俄狄浦斯》的心理内容。这一点，对于后来的人们理解和接受索福克勒斯的《俄狄浦斯王》产生了很大的影响。

一直到文艺复兴时期，随着对于古典文化的重视和重新发现，索福克勒斯的《俄狄浦斯王》重新回到人们的视野，重返阔别多年的戏剧舞台，并开始作为古代文学的典范而发挥影响。意大利学者率先向拜占庭索求索福克勒斯的手稿，并于1502年在威尼斯出版了索福克勒斯作品的希腊文本，这是近代西欧地区首次见到索福克勒斯的戏剧作品。随后，索福克勒斯的《俄狄浦斯王》于1585年在意大利北部城市威森扎（Vicenza）上演，这标志着《俄狄浦斯王》正式返回西方戏剧舞台和文学世界。不过，悲剧本身所具有的净化功能在近2 000年后的观众面前已大打折扣，历史的变迁，时代的转换，造成了对同一出悲剧的不同态度。正像穆勒（Martin Mueller）指出的：那时，《俄狄浦斯王》的"声誉更多地来自亚里士多德《诗学》所给予这出戏剧的崇高地位，而非（人们）对于戏剧本身成就的认识"。② 由于俄狄浦斯神话的传承在禁欲和保守的中世纪出现了断层，人们对它只是好奇加欣赏，而不是深刻理解甚至感同身受。

在17、18世纪，随着文学批评领域中"古今之争"的展开，人们对于已经确立为古代经典的《俄狄浦斯王》的兴趣越发浓厚。古典主义者在承认索福克勒斯的崇高地位的同时，也开始注意到其作品的种种"不足"之

---

① Seneca, *Oedipus*, Wauconda, IL.: Bolchazy-Carducci Publisher, 1999, p. 102.
② Martin Mueller, *Children of Oedipus, and Other Essays on the Imitation of Greek Tragedy, 1550–1880*, Toronto: University of Toronto Press, 1980, p. 105.

处。在这个时期的欧洲各国,出现了众多《俄狄浦斯王》译本和改编本,事实上,这一系列改编和重写都在试图纠正索福克勒斯的某些"错误"。其中最重要的三部出自高乃依(Pierre Corneille)、德莱顿(John Dryden),以及伏尔泰(F. M. A. De Voltaire)之手,分别完成于1659年、1679年和1718年。

高乃依在1659年《〈俄狄浦斯王〉致读者》一文中谈及索福克勒斯和塞涅卡同名的两部俄狄浦斯悲剧时说:"我承认,在那些古远的年代里被看作是神奇的事件,在今天可能会显得可怖。在这两部无与伦比的原著中,关于这位不幸的国王如何刺瞎自己的双眼的那段雄辩而离奇的叙述,以及从他眼睛里流出的血淌在他脸上的景象,占据了整个第五场。如今,这定会引起我们的女士们的挑剔,她们构成我们的观众的绝大部分,而她们的反感很容易招致陪同她们的男士们的指责。此外,在这个主题中,根本没有爱情和侍女的地位,缺少通常为我们赢得观众喝彩的那些基本点缀。……我删减了神示的次数,因为它们有时是不合时宜的,而且把俄狄浦斯的身世说得太清楚了。"① 显然,为了博得观众的好感,高乃依刻意删去《俄狄浦斯王》剧本中的血腥味,确切地说,他删去的正是亚里士多德从悲剧中提炼出的精华——"引起恐惧和怜悯"从而获得净化,加入了爱情等浪漫元素,并且更重视故事情节本身的曲折性和观赏性。这么做的原因在于高乃依意识到:"在那久远的时代,很多被看作非同一般的事物对于我们来说可能已显得荒诞不经了……(因此)我竭尽所能地去补救那些缺陷。"② 高乃依对俄狄浦斯神话的改编已经呈现出鲜明的时代性,剧情处理似乎只为博人眼球,而降低了作品本身的艺术性和震撼力。

德莱顿在1679年的《俄狄浦斯》中引出一句富有哲理的名言:Whatever it is in its causes just(凡是存在都是有理由的)。他从摹仿自然的角度,指出了古希腊三大悲剧家的优劣,并对索福克勒斯的三个悲剧的主要任务的描写作了简明扼要的评价。"索福克勒斯在以俄狄浦斯为名的两出戏剧中都把

---

① 高乃依:《〈俄狄浦斯王〉致读者》(选),杨志棠译,见陈洪文、水建馥选编:《古希腊三大悲剧家研究》,中国社会科学出版社,1986年,第62页。
② Pierre Corneille, "Preface to Oedipus", in R. D. Dawe, ed., *Sophocles: The Classical Heritage*, New York: Garland Publishing Inc., 1996, p. 33.

国王的真正品质赋予了俄狄浦斯,不过在第二出戏——《俄狄浦斯在科罗诺斯》——中他故意降低了悲剧的格调,他的英雄不再以独断的口气说话,而是在轻轻的抱怨中记起他是个不幸的瞎了眼的老人,他被驱逐于国境之外,他遭受着近亲的迫害……"①德莱顿指出索福克勒斯在塑造同一人物的不一致性,他认为人物塑造当与人物的年龄、品性、所属国家以及所处地位相适应,否则诗人的模仿就是生硬的、有瑕疵的,甚至失败的。俄狄浦斯在索福克勒斯笔下的前后不一致,甚至判若两人,只能说明诗人不够明智。德莱顿以当代人的视角,对古希腊悲剧家的创作指手画脚,指出索福克勒斯的时代局限性,殊不知他在用一个指头指向先人的同时也用四个手指指向了自己,暴露了自己的种种局限。

具有诗人天赋的伏尔泰在被关入巴士底狱后,在狱中坚持创作,完成了他的第一部悲剧剧本《俄狄浦斯》(*Œdipe*)。这部剧作假托古代传说,暗指当时的路易十五的摄政,针砭时弊,矛头直指菲利普二世(奥尔良公爵)。1718年《俄狄浦斯》在巴黎上演,获得成功,他一举成名。伏尔泰之所以重新改造了这部著名的悲剧作品,除了出于政治上的考虑,还有就是对原悲剧作品的不满,他认为以前的创作技巧拙劣,有违人之常情。"你会发现,在批评索福克勒斯的《俄狄浦斯王》时,我只是力求指出那些在任何时候和任何地方都会被看作是错误和缺陷的东西,例如前后矛盾、不合情理、无意义的争辩……"②他指出违反人之常情的错误在全剧屡次上演,渲染可怕的场面皆属败笔。同时,伏尔泰也承认了索福克勒斯对自己的深刻影响,坦承如果没有索福克勒斯的《俄狄浦斯王》,他甚至不能下笔。③伏尔泰《俄狄浦斯》的第四幕中的第一场直接移植自索福克勒斯的《俄狄浦斯王》,另外祭司指责国王的那一场戏完全照搬《俄狄浦斯王》。伏尔泰既吸收了原悲剧的美妙之处,也从时代的角度进行了大胆创新和改变,不可否认,这些改编也存在

---

① 《文艺理论译丛》(第4期),人民文学出版社,1958年,第17页。另见德莱顿:《悲剧批评的基础》(选),袁可嘉译,见陈洪文、水建馥选编:《古希腊三大悲剧家研究》,中国社会科学出版社,1986年,第56页。

② F. M. A. De Voltaire, "*Letters on Oedipus*", in R. D. Dawe, ed., *Sophocles: The Classical Heritage*, New York: Garland Publishing Inc., 1996, p. 35.

③ 伏尔泰:《关于〈奥狄浦斯王〉的第三封信》,杨志棠译,见陈洪文、水建馥选编:《古希腊三大悲剧家研究》,中国社会科学出版社,1986年,第89—90页。

着许多生搬硬套、前后矛盾的缺陷。

通过对古希腊经典悲剧的改编和连带的批评文字，高乃依、德莱顿和伏尔泰三位作家表达了相同的信念：经典并非金科玉律，每个时代都有自己的艺术标准和审美需求，由于更接近自己的时代，当代作家的水准有可能高于古代作家。另外，三人都在剧本中加入了一个次要的布局——为了吸引观众，不至于因故事本身的可怕、痛苦而感到沉闷乏味，他们加入了一些较为轻松的成分，供台下的观众娱乐消遣。从这几位作家的改编中，我们可以清楚地看到他们所认为的索福克勒斯作品的缺点是什么，他们自己作品的长处又是什么。如塞加尔总结的："这三位作家不约而同地把索福克勒斯的公民场景改装成为自己时代的皇室宫廷，取消了合唱队，极大地减少了超自然的和仪式的因素，诸如德尔斐神庙、神谕、忒瑞西阿斯和诸神。戏剧行动变得更为写实，更为强调血缘关系的尊严，命运的磨难，以及责任。"① 可见，那个时代的俄狄浦斯故事已经渐渐失去了悲剧原有的严肃性，观众也不会像雅典观众那样身着白衣，像出席盛典一般去往剧场观摩了。剧作者为了取悦观众不遗余力，多了哗众取宠的媚俗之气。这些都清楚表明，新古典主义者对于索福克勒斯和他的《俄狄浦斯王》虽然横加指责，却从另一方面证明它是如此美妙动人和历久不衰。俄狄浦斯神话是在永远阐释中的经典，它没有唯一的答案，揭示的是人探索自身永无止境的过程。

有许多作品沿袭着俄狄浦斯主题创作，虽然不再以"俄狄浦斯"来命名，却以现代的全新的视角去诠释古老的杀父娶母的故事。这样的作品从这种意义上看也可称作俄狄浦斯主题创作。这样的创作往往与作家本人的经历联系紧密。由于篇幅所限，仅举美国现代小说之父尤金·奥尼尔（Engene O'Neill）为例。

奥尼尔借助艺术想象，寄托他不可释怀的恋母情结，在许多剧作中直接或间接地表达着困扰自己一生的俄狄浦斯冲动。如《榆树下的欲望》中的艾本因爱慕母亲而对父亲恨之入骨，把自己对生母的迷恋转移到农场这一片土地上；《发电机》中的鲁本忍受不了母亲对自己的疏远，四处寻找母爱，终于

---

① Charles Segal, *Oedipus Tyrannus: Tragic Heroism and the Limits of Knowledge*, New York: Macmillan Publishing Company, 1993, p. 23.

在女友爱达和法伊芙太太身上获得了代替性的满足；《月照不幸人》中的吉米在母亲去世后投入农家女乔茜的怀抱，并从她那儿得到了母亲般的安慰；还有《进入黑夜的漫长旅程》《悲悼》等等，都可以看成奥尼尔对俄狄浦斯主题的创作，而被纳入俄狄浦斯神话历史的创作之中。

1967年改编自索福克勒斯名作的意大利同名电影《俄狄浦斯王》(*Edipore*)上映，导演和编剧皮埃尔·保罗·帕索里尼试图借助古希腊的"命运悲剧"表达工业革命后的现代式忧伤乃至人类无法走出自身困境的荒谬。故事被搬到北非摩洛哥一片荒凉的土地上，影片的开头与结尾发生在现代，强调生命的周而复始、生活的了无新意；而其重要的经过却在古代，寄托了对诗意世界的向往和对人类神话童年的追思。神话与现实相融合，强调孤独和寂寞之美，咏叹生命的脆弱和高贵。可以说，这部电影是对希腊悲剧的一种现代性解释和重塑。

2002年9月10日，日本作家村上春树历时七年创作的长篇小说《海边的卡夫卡》(『海辺のカフカ』[①])出版发行。这是一部典型的套用俄狄浦斯神话故事而创作出来的作品。作者借用了世界文学史上的经典原型进行再创造，使发生在当代日本的故事具有明显的超越时空的象征性，大大增加了作品的层次感和双关隐喻蕴涵。小说借用古希腊的俄狄浦斯原型故事，让主人公田村卡夫卡受到必将杀父媾母的诅咒。"世界万物都是隐喻。不是任何人都实际杀父媾母。"[②]这部俄狄浦斯主题作品既受到西方小说的影响和哲学思想、文学观念的刺激，又植根于日本文学自身的传统，因而呈现出东西方文化嫁接的文学现象。可以说，村上春树撰写了一部日本式的俄狄浦斯神话。

小结　认识你自己

俄狄浦斯解开了这世上最难解的斯芬克司之谜，却没能解开自己的身世

[①] 村上春树的《海边的卡夫卡》是近几年来全球最有影响、最为畅销的长篇小说之一，曾入选美国《纽约时报》"2005年十佳图书"，村上也因此书荣获捷克2006年弗朗兹·卡夫卡奖，并成为当年度诺贝尔文学奖的候选者。

[②] 村上春樹:『海辺のカフカ』(上)、東京：新潮社、2002年、第344頁。

之谜。斯芬克司的谜语暗示了整个人类的宿命：早上是四条腿爬行的婴儿，中午是两条腿走路的成年人，到了晚上依靠拐杖，成了三条腿的老人，腿越多时越羸弱。"智慧和强力的英雄俄狄浦斯成了这样一个混沌之物，使人联想到以谜语形式表指人类——把人定义为那么一个整体种类，分别以两条腿、三条腿、四条腿行走——时的斯芬克司。找到正确答案后，俄狄浦斯进入了底比斯，占据了国王的位置，他还把自己引到伊奥卡斯忒的床上，代替行使丈夫的职责；就这样，他使自己成了那个他以为找到了答案的疑谜的化身。"①正如镌刻在古希腊德尔斐神庙门口的箴言——"认识你自己"（Γνῶθι σε αὐτόν）所揭示的，人往往关注外界，指责社会不公，归咎运气不顺，而常常忽视了内在：自大、胆怯、无知……俄狄浦斯的神话故事影射了人类的演进发展历史。人以其主观能动性跃然于大地生灵之首，却最终没弄明白自己到底是谁。人类的历史犹如俄狄浦斯之谜，始终在探寻我们是谁？我们从哪里来？我们要往哪里去？正如黑格尔在《历史哲学》中指出的，俄狄浦斯猜中了斯芬克司的谜语，回答是"人"。因为这个谜底，俄狄浦斯显得很有知识，但也因此使他遭受了两重巨大的无知：关于他自身以及关于他所做的事情。②俄狄浦斯的悲剧是人类神话历史的缩写本：以为自己知道，实际上未知总是大于已知；以为人定胜天，后来发现有太多的身不由己。

公元前6世纪以降雅典的民主进程，催发了人们掌握自己命运的主人公精神，调动了人们的积极性。但是由于逻各斯体系尚未建构，难免带着神秘的、感性的、诗意的秘索思来思考人生问题。取材于神话传说的悲剧为此提供了一个极好的舞台。"它（悲剧）探讨形而下的错综复杂，揭示形而上的奥秘深远，它剖析抗争的意义，展示伦理观的终端；它追究生活的意义，把人的生存看作是对他们的智能、意志和适应能力的挑战。"③历史进程带来的进步和相伴而来的困境产生了自大和自卑两种心态，这种盲目自大和莫名的自卑，在俄狄浦斯身上乃至希腊文化中奇特地混合在了一起。其实，悲剧模

---

① [法]让-皮尔埃·韦尔南：《神话与政治之间》，余中先译，生活·读书·新知三联书店，2001年，第317页。
② [德]黑格尔：《历史哲学》，王造时译，上海书店出版社，2001年，第219页。
③ [古希腊]埃斯库罗斯：《埃斯库罗斯悲剧集》，陈中梅译，华夏出版社，2008年，序言，第2页。

子取自与一个庞大的神话整体相关的俄狄浦斯传说,俄狄浦斯查询身份的过程可以看作人类理性萌芽阶段。通常认为,在古希腊,是米利都的哲学家们率先提出了理性(logos)和必然(ananke)这一伦理哲学中的核心问题的,而事实上,是包括索福克勒斯在内的文学家们以悲剧的形式最先将人生的哲学命题摆在了世人的面前。俄狄浦斯主题即是一个例证。后世的围绕俄狄浦斯主题的剧本也好,小说也好,俄狄浦斯情结也罢,皆是从不同的时代背景和作家的个人视角出发去探讨这一永恒的哲学命题。

另外,在20世纪初,一个关键的、划时代的心理学词语——俄狄浦斯情结出现了,它是弗洛伊德的伟大创见。通常,人们把弗洛伊德的思想同达尔文、马克思及尼采相提并论,看作促进了当今社会变化的思想。无论是后世针锋相对的哈姆雷特情结还是反俄狄浦斯情结,可以说,在某种程度上都成为对俄狄浦斯情结的一系列注脚。的确,弗洛伊德的理论,尤其是儿童阶段仇恨父亲、亲近母亲的无意识行为以及与人类本能之间存在着密切的内在关联等,都对现代人的意识推进革命产生了深远的影响。但是,如同一把双刃剑,这一词汇的提出也限定并误导了后人对于俄狄浦斯神话的正确理解。

第八章

赫西俄德的神话历史

> Μουσάων θεράπων κλέεα προτέρων ἀνθρώπων.
> 缪斯的仆人,高歌过去人类的光荣业绩。
>
> ——赫西俄德:《神谱》

在古希腊文学史上,第一位发出"个人声音"(individual voice)的是赫西俄德。① 不同于以往的诗人,赫西俄德把自己的名字清楚地写进了作品当中,赫西俄德(Ἡσίοδος)这个希腊文名字的寓意是"发出自己声音的人"(he who emits the voice)。② 赫西俄德声称,当他在赫利孔(Helicon)山脚牧羊时,九位缪斯女神送给他一支月桂,并直呼其名,教给"赫西俄德"诗歌的技艺。《神谱》(Θεογονία)的第22行提到的"Ἡσίοδον",是赫西俄德这个名字的宾格形式。正是在女神们的授意下,赫西俄德完成了《神谱》,他要摒弃谎言,述说"真实"(ἀληθέα),唱诵神的家族。

与女神们的不期而遇,是赫西俄德酣然编织的一场神话之梦③,他全身心地投入讲述神灵和人类历史的工作当中。对于赫西俄德这个名字学者的看法不一,英国古典学者默雷(Gilbert Murray)认为:"赫西俄德不像是个虚

---

① Jenny Strauss Clay, *Hesiod's Cosmos*, Cambridge: Cambridge University Press, 2003, p. 3.
② Ibid., p. 3, note 6.
③ *The Works of Hesiod, Callimachus, and Theognis*, literally trasnslated into English prose, with Coplous note, by the Rev. J. Banks, M. A., London: George Bell and Sons, 1879, p. 3, note 1.

构的名字。"① 从词源上看，一些专家认为赫西俄德应该是一个笔名，这个名字恰好体现了诗人的特殊职能以及文艺女神缪斯与诗人的关系：名字可拆解为 Ἡσί- 和 -οδος 前后两部分，前半部分 Ἡσί- 派生自动词 ἵημι，意思是"送走；发出（声音）、说出"，后半部分 -οδος 派生自 αὐδή，意思是"人声、话语；讲述、神谕"。赫西俄德往自己的名字中注入特殊含义的做法并非首创，古希腊文学史上已有先例，荷马的名字即是如此：Ὅμηρος 的前半部分源于希腊词 ὁμο-，意思是"一起、一同"，后半部分 -ηρος 源于动词 ἀραρίσκω，意思是"配上、连接、使结合"，两个词汇合并后表达的意思就是"用声音配合歌唱"，与赫西俄德在《神谱》第39行对缪斯的"她们用歌唱齐声述说现在"描述正相符合。② 可以想见，名不正则言不顺，农民出身的赫西俄德深知这一点，于是他一心向往在神灵的启发和庇佑之下成为名正言顺的"诗人"，作者有名有姓是传达作品可信度和真实性的第一步。从"落款留名"这一行为看，赫西俄德这个名字连同他的自传体文字就是体现自我的一次启蒙式革命。

较之众说纷纭形象模糊的荷马，生活在公元前8世纪左右的赫西俄德要显得真实得多。首先，他在作品中谈及个人的事情，他生活在阿斯克拉（Ascra），那是玻伊俄提亚（Boeotia）的一个山村。他的父亲原本在爱琴海对面爱奥尼亚的库迈（Cyme）从事海上贸易，因赚不到钱迫于生计才迁居此地（《工作与时日》第631—640行）。③ 其次，他曾享有非凡的盛誉，几乎就是被神化的人物，传说在俄尔喀墨城中，有赫西俄德的墓志铭：

他的故乡是丰饶的阿斯克拉，他的身体已归尘土；
赫西俄德，他的荣耀超越世人，他的智慧永垂不朽。④

---

① ［英］吉尔伯特·默雷：《古希腊文学史》，孙席珍、蒋炳贤、郭智石译，上海译文出版社，1988年，第56页。
② 刘小枫：《诗人的权杖》，见刘小枫选编：《古典诗文绎读·西学卷·古代编》（上），李世祥等译，华夏出版社，2008年，第43页。
③ ［英］多佛（K. J. Dover）等：《古希腊文学常谈》，陈国强译，华夏出版社，2012年，第26页。
④ ［古希腊］无名氏：《荷马与赫西俄德之间的辩论》，吴雅凌译，见《经典与解释3》，华夏出版社，2004年，第303页。

图8-1 《赫西俄德和缪斯》(*Hesiod and the Muse*)，法国画家居斯塔夫·莫罗（Gustave Moreau，1826—1898）于1891年创作

他的代表性诗作《神谱》讲述神的历史，其中所反映出的历史思想在西方史学的起源上具有重要意义。① 具体说来就是，作者赫西俄德在文艺女神的授意下，吟唱奥林波斯山上的宙斯是如何获取王位，分配权力，建立秩序的。换言之，赫西俄德成了神灵委派编纂历史的凡人史官，九位文艺女神统称为缪斯（Μοῦσα），是他的直属领导，在赫西俄德的心目中具有至高无上的地位。《神谱》第75—80行歌颂这九位女神，她们分别是历史女神克丽奥（Κλειώ）、抒情诗女神欧特耳佩（Εὐτέρπη）、喜剧女神塔莱阿（Θάλεια）、悲剧女神墨尔珀墨涅（Μελπομέενη）、歌舞女神忒耳普克索瑞（Τερψιχόρη）、爱情诗女神厄拉托（Ἐρατώ）、颂神歌女神波吕姆尼阿（Πολύμνιά）、天文女神乌剌尼亚（Οὐρανίη）、史诗女神卡利俄珀（Καλλιόπη）。她们的芳名、称号、所属部门以及主要职能被一一细划了出来。按照排序，提到的第一位女神就是克丽奥。我们知道，克丽奥是司掌历史的女神。希罗多德和赫西俄德都不约而同地在自己作品的卷首把她的名字放在第一的位置，克丽奥作为九位缪斯女神之首的重要性可见一斑。《神谱》在第100行出现的希腊文 κλέεα，是与克丽奥之名相关的 κλέος 的复数形式，意思是"传闻、消息；谣传；名声、名气、声誉、光荣、光荣业绩；有时也含贬义，指恶名声"。历史女神克丽奥的名字与"名

---

① 祝宏俊：《赫西俄德的史学地位》，《史学史研究》2002年第4期。

声、荣誉"联系在一起，从凡人这一方来说，有限生命和对名利的向往驱使他们以"载入史册"为荣。那么，献给以历史女神克丽奥为首的缪斯九位女神的《神谱》说到底也是为了赢得荣耀，树立名声，留下业绩，足以显示赫西俄德的用心。历史女神克丽奥排名第一，也反映出神灵对于历史的重视。从神灵这一方来说，他们之所以需要人类，是因为"他们需要被铭记，而害怕被遗忘"。[①] 两相需要，神与人合作写就。整部诗作的主题是诸神的起源、谱系，以及整个世界的秩序。赫西俄德立志述说的"真实"就是在神话观念支配下所作的"历史"创作尝试，是基于对整个神灵世界包括海洋、天空、山脉等等的恭敬和崇拜，自始至终贯穿着人类生活中永恒的神话观念。

《神谱》是关于诸神谱系的历史，也是解释世界为何如此的一部神话。历史叙事强调事件的真实、目的和功用，在由经纬编成的图形中寻找关联，总结规律，是显性的；神话叙事则淡化事件，在讲述故事和一个个零散的点中寄托着象征的寓意，是隐性的。比如印度故事在讲述时间时，时间的概念和尺度是模糊的，可以短到弹指一挥间，也可以长达几亿万年。所以神话就是他们的历史，历史就是他们的神话，神话和历史已经浑然融为一体。《神谱》即神灵的谱系，诸神的历史，他们从何开始，过程是怎样的，由神灵共筑的世界神圣不容置疑，真实与虚构之间的界限不是所要关注的对象，在神灵的启发下，所说的每一句话都是"真实的"，赫西俄德的历史观念大抵如此。假如我们打算进入赫西俄德的神话历史当中，就需要从习以为常的思维定式中暂时跳离出来，因为，赫西俄德所处的远古时代，文学与宗教之间，虚构与真实之间，神奇与寻常之间，根本没有一道不可逾越的鸿沟，没有现代人倾向于确立的那种不兼容性。

第一节 五个时代的划分

考察赫西俄德的神话历史观，除了《神谱》，还需要参照他的另外一部作品《工作与时日》(Ἔργα καὶ Ἡμέραι, Works and Days)，其对历史上的五

[①] 《伊利亚特》，第7卷第451—453行。

个时代作了形象的神话切分，体现出赫西俄德朴素的神话历史观。这五个时代的先后顺序分别为黄金、白银、青铜、英雄、黑铁时代，其定义和描述处处体现着人神关系决定论。

《工作与时日》的第106—200行，赫西俄德娓娓道来，述说了一段过往的传说："如果你愿意，我将简单而又动听地为你再说一个故事，请你记在心上：诸神和人类有同一个起源"（Εἰ δ' ἐθέλεις, ἕτερόν τοι ἐγὼ λόγον ἐκκορυφώσω εὖ καὶ ἐπισταμένως· σὺ δ' ἐνὶ φρεσὶ βάλλεο σῇσιν.ὡς ὁμόθεν γεγάασι θεοί θνητοί τ' ἄνθρωποι）。① 神和人的关系决定了五个时代的特征，黄金、白银、青铜、英雄、黑铁形象地概括了各个时期人的生存状况，赋予了五个时代的旋律和主题，这也可以看作西方文明起源期贵金属崇拜及其神话观的典型体现。

第一代为"黄金时代"（Χρύσεον）。之所以命名为"黄金时代"，是因为Χρύσεον（黄金）在古希腊人眼中最为贵重，它是财富的同义词，由于质地柔韧、罕见稀有而在社会市场上和人们心理上占有重要的地位。② 这个时代顾名思义是人类历史的开启期，是人类的伊甸园，珍藏着后世永恒缅怀的快乐记忆。在黄金时代里的人们最为幸福，他们自由、高贵、安逸，像神灵一般生活，远离疾病烦恼和忧愁不幸，拥有一切美好的东西，即使死亡降临，也如熟睡般安详，因为神灵宠爱这个时代的人们。

第二代"白银时代"（ἀργύρεον）的人们已远不如前一代人幸运，因为他们不尊敬奥林波斯的神灵，被宙斯抛弃，这个时代的人生命短暂，如昙花一现，始终与愚昧无知和悲伤病痛相伴。比起黄金，白银的价值次之，虽然它在人类历史上出现得比黄金要早，数量也比黄金多，但是在物质品质、功能价值和信用特性上输给了黄金。由此影射白银时代的人不及黄金时代、逐渐被淘汰的命运。

---

① 本章希腊文主要引自 Hesiod, *Theogony, Works and Days*, edited with Prolegomena and Commentary by M. L. West, Oxford: Clarendon Press, 1966。中译本主要采用张竹明、蒋平1991年和吴雅凌2010年两个译本。此处为［古希腊］赫西俄德:《工作与时日·神谱》，张竹明、蒋平译，商务印书馆，1991年，第5页。
② ［法］朱尔·勒皮迪:《黄金》，彭宁兮、刘艳译，商务印书馆，2005年，第3—6页。

第三代是"青铜时代"(χάλκειον)。随着文明的进步，人类开始打造青铜，而这个时代的人可怕而又强悍，心如铁石，最终被黑死病送到了阴间，自我毁灭。

第四代是被称作半神的高贵的"英雄时代"(ἡρώων)，然而这些英雄恃才放旷，争强好胜，由于常年处在征战厮杀之中，大部分死于非命，在冥府里挣扎呐喊。这是五个时代中唯一没有用金属命名的时代，这一代人与前三代由天神克洛诺斯创造的人类不同，他们由克洛诺斯之子宙斯创造出来，代表着年轻和任性。他们拥有一半神灵的血统，但依然无法获得永生。

第五代"黑铁时代"(σιδήρεον)正是赫西俄德生活的时代，被看成是最为糟糕愁惨的年代。赫西俄德悲叹自己"但愿不是生活在这类种族中间，但愿或者在这之前已经死去，或者在这之后降生"。①这一代人善恶不分，轻视神灵，于是遭到了神灵最为残忍的诅咒，被劳苦和疾病百般折磨，"人类将陷入深重的悲哀之中，面对罪恶而无处求助"。②神灵与人类的关系决定了人类的历史是前进还是倒退，没有人能逃过神灵的仲裁和命运的安排。

五个时代的循环往复便是赫西俄德的神话历史观。时代在前进，技术在发展，人类的境遇却在倒退。在赫西俄德看来，历史从来都不是由个人的意志决定的，它的身后有一双无形的大手在摆布，人们只有尊敬神灵，才有机会获得神的恩赐，历史才能按照既定的程序往前推进，而不致衰落和倒退。首先，赫西俄德是敬神的；其次，他用纯净虔诚的内心观照历史的发展和苦难的轮回。五个时代显然是赫西俄德对人类历史的追忆，强调历史复兴、进步、衰退和危机。这种历史记忆假定了某种集体认同的存在，属于历史记忆的第三种范式："将过去和现在之间的这种关系颠倒了过来。它假定存在着一种衰落和颓废趋势，即一边是美好的、黄金的过去，另一边是不好的、正在衰败的现在。"③赫西俄德站在衰败的现在回顾美好的往昔，从理想的黄金

---

① ［古希腊］赫西俄德：《工作与时日·神谱》，张竹明、蒋平译，商务印书馆，1991年，第7页。
② 同上。
③ ［英］杰拉德·德兰迪、恩斯·伊辛主编：《历史社会学手册》，李霞、李恭忠译，中国人民大学出版社，2009年，第593页。

时代,到当下的黑铁时代,历史发展遵循着每况愈下的规则。其言外之意则是:否极泰来,革故鼎新,人们需要重新树立对神灵的敬重,才有重回黄金时代的机会。

赫西俄德借助书写神的历史,也一并记录下了人的历史。他提出一个悖论:为什么时代前进了,人类历史却退步了?为什么技术发展了,生活却越来越悲苦了?

仔细分析这五个时代的划分,可发现一处细节,即赫西俄德的时间和空间认识:黄金、白银和青铜三个时代的统治者是克洛诺斯,这三个时代虽然呈逐渐下滑的趋势,但却没有导致最坏的结果,可见诗人对克洛诺斯为王时期国泰民安的肯定和推崇。第四代英雄时代,诗人将其划分为两个部分:一部分人在战斗中丧生,在阴曹地府里鬼哭狼嚎;另一部分人却活了下来,不仅生命存续而且还能无忧无虑地生活在幸福岛上,因为克洛诺斯王管辖他们。赫西俄德专门加了一句解释:"因为人类和众神之父释放了克洛诺斯。这些结局一样光荣和受崇敬。"① 总结看来,诗人似乎在说由克洛诺斯统治的第一、二、三代以及第四代的一部分人还算是幸福的。克洛诺斯是被宙斯推翻的父神,他的名字 Κρόνος 与希腊文 χρόνος("时间")相似,而宙斯 δίος 的词源代表"天空",如果说与两位天父级别的神灵相对应的空间、时间概念之意思能够成立的话,那么空间由时间生出,时间虽被空间打败,却赢得了比赛。这说明什么呢?《工作与时日》和《神谱》这两部作品在描写神灵谱系和人类谱系之外又在提示什么呢?

第二节　时间:宇宙道德秩序

赫西俄德强调人必须秉持道德,神必定遵循秩序。他对神族历史的叩问在时间中展开,神灵之间的爱恨情仇构成了某种时间序列。时间,正是在神的羽翼下被建立的宇宙道德秩序。神祇出生先后,直接决定了他们的长

---

① [古希腊]赫西俄德:《工作与时日·神谱》,张竹明、蒋平译,商务印书馆,1991年,第6—7页。

幼尊卑，权势大小。他把秩序与正义、和平并立，统称为荷赖女神（Ὧραι，Horai），就是"时间"（Hours）。荷赖是忒弥斯的女儿，忒弥斯的形象是双眼蒙布，一手持丰裕之角，一手持天平①，显然，时间与秩序、正义之间有着密切的联系。赫西俄德用时间之炬烛照过去，"使得原本混沌无序的过去变得清晰、有序"。②神在重要的历史转折期显示出压倒一切的力量。人首先由神创造，怎样生活、命运如何都掌握在神的手里，人的历史由神启动、由神终结。

　　神的谱系关注出生时间和宇宙秩序。以下犯上、儿子推翻老子的忤逆之举延续了三代：天神乌拉诺斯被他最小的儿子克洛诺斯阉割，随后克洛诺斯与姐姐瑞亚结合生儿育女；克洛诺斯最小的儿子宙斯将父亲克洛诺斯制服，与姐姐赫拉结合。诡计多端的（δολόπλοκε）的大智慧者（μητιέτης）宙斯逆时间之流而上，打败父亲，娶了姐姐。荷马史诗曾交代赫拉是克洛诺斯的长女，她敢于顶撞宙斯也是因为她的出生："我也是神，你我的宗谱原是一家。我本是狡黠的克洛诺斯女儿中最高贵的那位（με πρεσβυτάτην τέκετο Κρόνος ἀγκυλομήτης），我的卓越体现在……我出生得最早……'（ἀμφότερον γενεῇ τε καὶ οὕνεκα σὴ παράκοιτις κέκλημαι）。"③对于神灵的出生次序问题，周作人认为，克洛诺斯是兄弟中最小的一个，继承了政权，后来继承他的也是小儿子宙斯，由此可知希腊古代曾实行幼子继承的习惯，这在各国传说童话中也多有之。④根据文本的上下文，如果说幼子继承王位是天经地义的事，那何来儿子推翻父亲，迫不及待地强抢继承权这一行为呢？抢时间或者说与时间对抗、让时间逆行的背后说明了什么？神界的权力转移与人类的历史前进或倒退有什么关联吗？赫西俄德在神话叙事的时间问题上下足功夫，在他眼里，时间就等同于宇宙的道德秩序，本不可以逆转。秩序又同历史兴衰、人类命运息息相关。"秩序不仅通过权力对名誉的再分配而建立，它还最终地

---

① ［苏联］M. H. 鲍特文尼克等编：《神话辞典》，黄鸿森、温乃铮译，商务印书馆，1985年，第286页。
② 祝宏俊：《赫西俄德的史学地位》，《史学史研究》2002年第4期。
③ 《伊利亚特》，第4卷第59—60行。参考英译本 Homer, *The Iliad*, Ⅰ, with an English translation by A. T. Murray, London: William Heinemann Ltd, 1971, p. 157.
④ ［古希腊］阿波罗多洛斯：《希腊神话》，周作人译，中国对外翻译出版公司，1999年，第53页。

确立了起来。"① 在赫西俄德的眼中，或者说在以他为代表的那一代古希腊诗人眼中，时间肯定是神圣的。古希腊人将时间区别为现实时间和神圣时间，现实时间如太阳升起到落下为一天，继而产生日、月、年；神圣时间在一定程度上等同于秩序，不死的神灵即使不像凡人那样被时间追赶，受限于有数的时日，他们也必须遵从由时间制定的秩序。抽象的时间概念在神话中具体化了，它可以表现为一位女神，如时序女神荷赖，可以放置于一位男神的名字中，如克洛诺斯，也可以相当于宇宙在形成过程中自然孕育的秩序。那么赫西俄德是如何展示代表宇宙秩序的时间的呢？首先他将神灵三个一组地确定了他们的出生顺序。

赫西俄德在《神谱》里列出三位一体的两组神灵，先出生的三位女神：赫斯提亚、得墨忒耳、赫拉一组；后出生的三位男神：哈里斯、波塞冬、宙斯一组。奥林波斯十二主神中，第一代：三兄弟——宙斯、波塞冬、哈里斯；三姐妹——赫拉、得墨忒耳、赫斯提亚。第二代：三兄弟——阿波罗、阿瑞斯、赫耳墨斯；三姐妹——阿耳忒弥丝、阿芙洛狄忒、雅典娜。马丁·韦斯特（M. L. West）注意到，克洛诺斯的家庭构成都是三人一组（triadic），另外，一般来说都是三位女性先出生，她们的名字出现在后出生的三位男性的名字之前。② 这里体现的是三人一组主题。为什么是三，而不是其他的数目？"三"这个数字在希腊早期文献中有何种特殊的意义？

古希腊人对"三"有非常浓厚的兴趣："三"体现的是神圣、坚固和秩序。第一代神灵乌拉诺斯，没有兄弟姐妹，他与大地母神该亚结合生儿育女。第二代神灵克洛诺斯，兄弟姐妹十二人。十二恰好是三的四倍数。参照第133行克洛诺斯的出生，五个男神（俄刻阿诺斯、科伊俄斯、克利奥斯、许佩里翁、伊阿佩托斯）先出生，其后是六个女神（忒亚、瑞亚、忒弥斯、谟涅摩绪涅、福柏和忒提斯），克洛诺斯是最后出生的，也就是乌拉诺斯的

---

① ［法］让-皮埃尔·韦尔南：《神话与政治之间》，余中先译，生活·读书·新知三联书店，2001年，第306页。
② Hesiod, *Theogony*, edited with Prolegomena and Commentary by M. L. West, Oxford: Clarendon Press, 1966, p. 293.

小儿子。十二个孩子也就是提坦十二神灵（the twelve Titans）①的出生采用的是"5+6+1"模式。而最后的出现的"1"颠覆了此前的秩序，用大镰刀阉割了父亲，以极端的手段获得王位，跃居"5+6"即之前所生的十一人之上。

第三代神灵宙斯，兄弟姐妹共六人。《神谱》的第455行，三位女神（灶神赫斯提亚、大地女神得墨忒耳、天后赫拉）先出生，其次是两位男神（冥府之神哈德斯、海洋之神波塞冬），宙斯排在最后出生，意即他是克洛诺斯最小的儿子。此番出生的模式是"3+2+1"，与上一代一样，也是最后的"1"推翻了前一任天神的统治，一跃升至"3+2"这五人之上。值得注意的是"三"这个数字，第三代神灵以及三人一组的组合方式，"三"在神话历史中具有重要的象征意义。"三这个数还表达全体社会等级，特别是印欧语系社会的三方组成。根据乔治·杜梅齐尔（Georges Dumezil）的三功能说，这种三分法在对一切社会结构的分析中得到证实，只是被一些民族奉为宇宙总体哲学或一种价值等级。这种三分的作用或等级是明确的，如果其原因是未知的话。它以各种三元组合来表示，充分地显示出神圣的事物：战争，工作；主权，武力，繁殖力；圣职，权力，生产；教士，武士，生产者……在社会政治组织和神话组织之间产生了一种相互作用。两种结构彼此反映，但是其发展的速度却不一致。神话要比现实演变得慢，但有时先于现实。"②三人一组的神灵即三元组合反映出赫西俄德在神话观念支配以及神话语境中的历史观，历史包含时间、秩序、等级，有社会、有政治、有组织，神话与历史之间产生了一种相互映照的关系，为即将描述的神权政治更迭作铺垫。

《神谱》详细地描述了乌拉诺斯、克洛诺斯、宙斯新旧三代神灵的权力更替，其中第453—506行交代了宙斯新一代神灵的出生。这53行的描述至关重要，有学者认为，其中体现出以下围绕时间的五个重要信息：

---

① 提坦，也译作泰坦，是天神乌拉诺斯给自己的孩子们起的诨名，他诅咒他们犯上作乱后必将受到惩戒。"提坦"希腊文 Τιτάν 与名词 τίτανος（白色石膏）相同，又与动词 τιταίνω（拉紧、紧张）一词谐音，也同 τίτας（报复者）读音相近。一些19、20世纪的学者包括简·哈里森（Jane Ellen Harrison）论证说，一种启蒙或萨满式的仪式是提坦神对狄奥尼索斯的肢解和同类相食的基础。见 Jane Harrison, *Proleoromena to the Study of Greek Religion*, Cambridge: Cambridge University Press, 1908, p. 490.
② 《世界文化象征辞典》，湖南文艺出版社，1994年，第763页。

1. 克洛诺斯（Kronos）的名字与希腊的"时间"（chronos）一词相似。
2. 天神乌拉诺斯与地神该亚交配而生的时间儿子克洛诺斯，使人意识到天地交感而孕育时间进化的道理。
3. 克洛诺斯从母胎挣扎而出，寓意着没有人能阻止时间的前进。
4. 克洛诺斯吞吃儿女一事，象征着一切事物在时间内被吞噬。
5. 克洛诺斯被新一代的天空之神宙斯推翻，表现出没有任何事物是永恒不变的，世间万物概无例外。①

另外，克洛诺斯阉割父亲天空，是否意味着时空的交错？按照一般的创世神话逻辑，宇宙的形成一般都是先有空间，后有时间。后来者居上，时间可以消除空间之隔。在强大的时间的挑战面前，连空间都会显得绵软无力。而当宙斯推翻克洛诺斯这一段情节中，显然是空间对时间的胜利，这一反常的神话思维是如何展开的呢？

我们可以在这一段的诗体和译文中寻找空间与时间的神话历史信息：

    瑞亚被克洛诺斯征服（δμηθεῖσα），生下光荣的后代：
    赫斯提亚、得墨忒耳和脚穿金鞋的赫拉（Ἥρην χρυσοπέδιλον），
455   强悍的（ἴφθιμόν）哈德斯，驻守地下，冷酷无情（νηλεὲς ἦτορ ἔχων），
    还有那喧响的憾地神，
    和大智的（μητιόεντα）宙斯，神和人的父，
    他的霹雳（ὑπὸ βροντῆς）使广阔的大地也战栗。

    强大的克洛诺斯囫囵吞下这些孩子，
460   当他们从神圣的母腹落到膝上（ἱερῆς），
    他心里恐惧，在天神可敬的后代里，
    另有一个在永生者中获享王权。

---

① 关永中：《神话与时间》，（台北）台湾书店，1997年，第245页。

　　　　大地和繁星无数的天空告诉过他，
　　　　命中注定他要被自己的儿子征服，
465　　哪怕他再强大：伟大宙斯的意愿如此。
　　　　他毫不松懈地窥伺，保持警戒，
　　　　吞下自己的孩子。瑞亚伤痛不已。

　　　　然而，当神人之父宙斯
　　　　即将诞生之时，她去恳求（λιτάνευε）自己的
470　　父母，大地和繁星无数的天空，
　　　　一起计谋，使她不为人知地（λελάθοιτο）
　　　　生下这个儿子，为她父亲报仇，
　　　　也为强大狡猾的克洛诺斯吞下的孩子们。①

　　另一个中译本张竹明、蒋平翻译的《神谱》（根据Hesiod, *Erga kai Hemerai, Theogonia*, with an English translation by Hugh G. Evelyn—White, The Loeb Classical Library, Reprinted in Great Britain, 1929的版本译出）接近散文体，对这前后共计53行的现代文转述是这样的：

　　　　瑞亚被迫嫁给克洛诺斯为妻，为他生下了出色的子女：赫斯提亚、得墨忒耳、脚穿金鞋的赫拉、冷酷无情住在地下的强大的哈得斯、震动大地轰隆作响的波塞冬和人类与诸神之父英明的宙斯——其雷声能够震动广阔的地面。每个孩子一出世，伟大的克洛诺斯便将之吞食，以防其他某一骄傲的天空之神成为众神之王；因为克洛诺斯从群星点缀的乌拉诺斯和地神该亚那里得知，尽管他很强大，但注定要为自己的一个儿子所推翻。克洛诺斯因此提高警惕，注意观察，把自己的孩子吞到肚里。其妻瑞亚为此事悲痛不已。诸神和人类之父宙斯将要出世时，瑞亚恳求自己亲爱的父母——头戴星冠的乌拉诺斯和地母该亚，替她想个办法，以便把这个亲爱的孩子的出世瞒过，让他将来推翻强大狡猾的克洛诺

---

① 吴雅凌撰：《神谱笺释》，华夏出版社，2010年，第122—123页。

斯，为天神乌拉诺斯和被吞食的孩子们报仇。他们俩爽快地听从了爱女的建议，把关于克洛诺斯及其勇敢儿子注定要发生的一切告诉了她。在她快要生下最小的儿子、强大的宙斯时，他们把她送到吕克托斯——克里特岛上的一个富庶的村社。广阔的大地从瑞亚手里接过宙斯，在广大的克里特抚养他长大。在黑夜的掩护下，地神首先带着他迅速来到吕克托斯，抱着他在森林茂密的埃该昂（意译为羊山，克里特岛伊迪山脉的一段）山中找到一处偏僻的秘密地下洞穴，将他藏在这里。

之后，瑞亚把一块大石头裹在襁褓中，送给强大的统治者天神之子，诸神之前王克洛诺斯。他接过襁褓，吞进腹中。这个倒霉的家伙！他心里不知道吞下去的是石块，他的儿子存活下来，既没有被消灭，也没有受到威胁。这个儿子不久就要凭强力打败他，剥夺他的一切尊荣，取而代之成为众神之王。那以后，这位王子的气力和体格迅速增长。随着时间的推移，狡猾强大的克洛诺斯被大地女神的巧妙提议所蒙骗①，重新抚养了这个儿子,（被这个儿子用计谋和武力所征服）②，他首先吐出了那块最后吞下的石头。宙斯将这块石头安放在道路宽广的大地上，帕耳那索斯幽谷中风景美丽的皮托，以后给凡人作为信物和奇迹。③宙斯释放了天神之子他父亲的兄弟们，这些神曾被他父亲愚蠢地捆绑起来，现在他解开了他们身上可怕的绳索。他们不忘感谢他的好意，赠他闪电和霹雳；而此前，庞大的地神曾把它们藏过。宙斯倚靠它们统治着神灵和凡人。④

显然，这一段故事在神灵谱系中非常重要，重要性在于它详细地描写了以宙斯为首的第三代神灵如何推翻第二代神灵的专政。许多不经意的细节中暗藏玄机。

---

① 注意这一段，省去了很关键的文字，大地女神的提议是什么呢？狡猾的克洛诺斯是怎么中计的？到底是怎样的故事？给人留下遐想。
② 海因（Heyne）否认此诗行，因为上下文不符，有碍通顺。
③ 鲍桑尼亚斯《希腊道里志》x.24.6说，曾在尼俄普托勒摩斯墓附近看到过"一块不大的石头"，德尔斐人每天在其上涂油，它被认为就是克洛诺斯吞食的那块石头。
④ [古希腊] 赫西俄德：《工作与时日·神谱》，张竹明、蒋平译，商务印书馆，1991年，第41—42页。

宙斯推翻其父克洛诺斯专政的情节在不同的神话版本中表现略有差异。再举出阿波罗多洛斯《神话全书》第1卷第一章第5—7节和第二章的第1节也就克洛诺斯和瑞亚的儿女以及宙斯的诞生相关叙事,以资比照:

> 克洛诺斯娶了他的姊妹瑞亚,因为该亚和乌拉诺斯都预示给他过,说将被自己的儿子所夺取政权,他便把生下的儿女都吞吃了。他吞吃了他的头生的女儿赫斯提亚,随后,得墨忒耳与赫拉,她们之后是普路同与波塞冬。瑞亚因此生了气,在怀孕宙斯的时候,她走到克瑞忒岛去,在狄克忒的山洞内产生了宙斯。她把他交给枯瑞忒斯,以及墨利修斯的女儿们,阿德剌斯忒亚和伊达两个神女去抚养。于是神女们用了阿玛尔忒亚的奶来喂养这小孩,那武装的枯瑞忒斯守护山洞内的婴孩,用他们的枪撞那盾牌,使得克洛诺斯听不见小孩的叫声。瑞亚却把一块石头包了襁褓,给克洛诺斯去吞食,好像是新生的小孩似的。宙斯长大了的时候,他得到俄刻阿诺斯的女儿墨提斯做帮手,她给克洛诺斯一服药吃,因此他被逼得吐出来,最初是那块石头,随后是他所吞吃的那些儿女,宙斯联合他们便同克洛诺斯和提坦们开战。他们打仗打了十年,该亚预言宙斯会得胜利,假如他能得那些被扔到塔耳塔罗斯里去的人做帮手。他于是杀了他们的女禁子坎珀,解除了他们的捆缚。库克罗普斯们将雷电和霹雳给了宙斯,又给普路同一顶盔,波塞冬一柄三尖叉。他们这样地武装了,打胜了提坦们,把他们关闭在塔耳塔罗斯里,命令那百只手们充当看守。他们自己却来拈阄分配政权,于是宙斯得到了天上的主权,波塞冬得到了海的,普路同得到了冥土的主权。①

据阿波罗多洛斯记载,宙斯用了某种催吐剂,才使父亲将吞下的子女吐了出来。诺努斯(Nonnus)在《狄奥尼西亚卡》(*Διονυσιακά*)中把整个故事简化为单纯的催吐效应。② 这一段对神族历史的描写,重点体现的是时间,

---

① [古希腊]阿波罗多洛斯:《希腊神话》,周作人译,中国对外翻译出版公司,1999年,第22—23页。
② N. Hopkinson, ed., *Studies in the Dionysiaca of Nonnus*, Cambridge: The Cambridge Phiological Society, 1994, pp. 143-160.

它代表着宇宙道德秩序，克洛诺斯这个神灵与时间相关，宙斯对其父的战争就是在争取时间上的胜利。

有趣的是，与赫西俄德的眼界相似的是前苏格拉底时代哲学家们的观点，雅典的菲莱库代斯（Pherecydes of Athens）谈及众神时巧妙地把诸神的名字替换掉了，为的是让他们的名字听起来更加富有意味。比如说，他把宙斯（Zeus）改为"匝斯"（Zas），暗指"生命"（life）；把克洛诺斯（Kronos）换成"荷罗诺斯"（Chronos），意思是"时间"（time），诸如此类。① 因为克洛诺斯的希腊名字与"时间"一词的发音相似，所以后来的学者经常将二者等同。这样一来，宙斯制服了克洛诺斯，在一定意义上讲，他制服的是时间，赢得了优先权。这也赋予六兄妹在出生和再生时间上和次序上以一定的意义。研究数字的人类学家托马斯·克伦普（Thomas Crump）指出："次序是任何集合中的元素的一种属性（按照B. 罗素的说法），在这种集合中有可识别的先后接续关系。这种关系一旦在集合中的任何两个元素之间得以确立，要证明它能把某个单一次序加于所有元素就是简单的事了。"② 如果说希腊诸神的谱系是一种集合体，那么讲述诸神出生次序的神话情节，就充当着将单个元素与集合体联系起来的作用。九（ἐννέα）这个数字具有独特的象征意义。作为数字三的倍数，数字九在《神谱》中描述的世界形象里出现次数频繁。天上与人间，人间与冥府，都相隔九天九夜的时空距离。"一个铜砧从天宇掉下，要经过九天九夜，于第十天才能到达大地；它从大地再往下掉，也要经过九天九夜，于第十天才能到达塔耳塔罗斯。"③ 同样，在古希腊神话里，对违背誓言的神的惩罚规定，必须远离奥林波斯山整整九年。④ 丢卡利翁和妻子皮拉在那场灭绝人类的大洪水中漂流了九天九夜。⑤ 另外在荷马史诗中，吕奇亚国王招待远道而来的客人，"一连九天宴请不断，宰杀九

---

① ［德］瓦尔特·伯克特：《巴比伦·孟斐斯·波斯波利斯》，唐卉译，社会科学文献出版社，2015年，第102页。
② ［英］托马斯·克伦普：《数字人类学》，郑元者译，中央编译出版社，2007年，第11页。
③ 《神谱》，第720—725行。［古希腊］赫西俄德：《神谱》，张竹明、蒋平译，商务印书馆，2015年，第49页。
④ 《神谱》，第793—804行。
⑤ 阿波罗多洛斯：《神话全书》，第1卷第7章第2节。

头肥牛招待"①；普里阿摩斯的车夫"牵动九个肘尺长度的轭绳"②；盲人歌者德摩道科斯在演奏时，前面端坐着九位公断人。③伊菲墨德娅的两个儿子非同凡响，"他们九岁的时候，已经身强力壮。高达九唪④，宽达九个肘尺"。⑤ "九岁""九唪""九肘尺"，在短短的两行诗句里，荷马用了三个"九"字，以此形容两个孩子的身材的伟岸和能力的卓越。由此可见"九"在希腊神话中的重要性，这个数字常常形容事物的大、长、多、久等，往往用来表示一种极致。"九是个位数列中最后一个数，即表示结束，又表示重新开始，即向十位数列进位。这里又可以看到'新生'与'萌芽'的概念，以及'死亡'的概念；在我们提到的多种文化里，数字九的象征意义都存在上述概念。九是显现的世界里最后一个数，是嬗变阶段的开始；表示一个周期的结束，行程的终止，圆环的闭合。"⑥这也解释了为什么赫西俄德说天上有九位缪斯女神，希罗多德的《历史》一书为何分为九卷的原因。因为他们笔下无论是神的谱系还是人的故事，都离不开神话历史的叙述和再现。

　　无论是时间还是秩序都牢牢地掌握在神灵的手中，考察它们什么时候从天上转移到了人间，就要讲到另外一则关于时间和秩序的故事。《神谱》讲述了许多神灵的故事，他们如何出生、如何获得权力、最终的结局如何等，而神人关系是相对应的，神的故事反映人的故事，神的历史也在暗示人的历史，普罗米修斯的故事就是其中之一。如何评价和理解这个故事，必须首先搞清楚普罗米修斯这个人出现的意义和它在文本中所在的位置。普罗米修斯盗取火种，他是凡人的恩人，却是神界的仇敌，因为他打破了固定下来的规章和秩序。人类虽然没有同普罗米修斯一起越界，却连带一并受到惩罚。神灵不会平白无故地赐予，人类的盲目自大只会招致灾难。普罗米修斯为人类窃取火神以后，宙斯愤怒地宣布要报复：

---

① 《伊利亚特》，第6卷第174行。
② 《伊利亚特》，第24卷第270行。
③ 《奥德赛》，第8卷第258行。
④ 长度单位，1唪相当于2.67米。
⑤ 1肘尺大约为46—56厘米。《奥德赛》，第11卷第311—312行。
⑥ 《世界文化象征辞典》，湖南文艺出版社，1994年，第461页。

> 伊阿佩托斯之子普罗米修斯，再狡猾不过的家伙，
> 你因瞒过我偷盗火种而洋洋自得；
> 却不知等着你和人类的将是巨大的灾厄。
> 作为窃取火种的代价，我要送他们一件礼物，将痛苦和不幸包裹，
> 邪恶的人，终会在精神愉悦的同时拥抱邪恶。①

《工作与时日》第70行和《神谱》第570行，由众神打造、恩赐给人类的"礼物"（δώρην）潘多拉（Πανδώρα）出场。她美貌非凡、明眸善睐，胸膛里却被赫耳墨斯安放了谎言，能说会道以及一颗狡黠的心灵，给吃五谷杂粮的人类带来祸害。在此之前，人类原本生活在没有饥馑、疾病、劳累的大地上，自从接受了"众神的礼物"（πᾶν δώρην）②潘多拉以及她带来的陶罐（πίθος）③，人们开始品尝生老病死等无边无际的痛苦。潘多拉的陶罐里飞出无数的悲惨和不幸，唯独把希望（Ἐλπὶς）留在里面。人类在遍布大地、覆盖海洋的愁云惨雾中艰难度日，可悲的是，无处逃遁的人类始终无法碰触闭锁在陶罐中的希望。赫西俄德笔下"希望"的寓意似乎有大、中、小三重境界：小的希望是个人最基本的生存意愿，有了盗自天上的火种，可以生火取暖、烹饪食物，有了活下去的希望。中等的希望是树立群体的道德标准，惩恶扬善，通常意义上是对家给人足、国泰民安的期待。这两层境界的希望应该属于法国学者所谓的"善恶混合世界里的双重希望"。④还有最后一层，也即最高级的希望，是赫西俄德消极的假设，是没有如果的如果，是

---

① 《工作与时日》，第54—59行。[古希腊]赫西俄德：《神谱》，张竹明、蒋平译，商务印书馆，2015年，第3页。译文有所改动。
② 潘多拉之名Πανδώρα由πᾶν（所有的、一切的）和δώρην（礼物）两部分构成，意思是"众神的礼物"。
③ πίθος，在张竹明、蒋平和吴雅凌的《神谱》译本里都翻译为"瓶子"，也有译"盒子"，但是从希腊文的意思来说似乎翻译为"陶罐、罐子"更为合适。古希腊的阔嘴陶罐通常用来储存东西，同时从神话的角度看，阔嘴陶罐也象征着地下世界，罐子在希腊坟墓中用来装死者的骨头和骨灰，这种用途也包含与下界相联系的含义。见Charles Penglase, *Greek Myths and Mesopotamia, Parallels and Influence in the Homeric Hymns and Hesiod*, London and New York: Routledge, 1994, p. 210.
④ [法]卡里埃尔（Jean-Claude Carrière）：《普罗米修斯神话、人类起源神话以及城邦——国家的出现》，见[法]居代·德拉孔波等编：《赫西俄德：神话之艺》，吴雅凌译，华夏出版社，2004年，第35页。

根本无法实现的理想，即回到没有自私、邪恶、欺瞒的黄金时代，那时神和人关系和谐，人类可以诗意地栖息。这种希望其实对应的是对现世深深的绝望。

联系黄金、白银、青铜、英雄、黑铁五个时代的先后顺序，人神关系破裂出现在第四和第五代，尤其是黑铁时代——一个赫西俄德深恶痛绝宁肯不出生的时代，过去和现代的关系出现颠倒，美好的黄金时代一去不返。《神谱》记述的重点是奥林波斯神的家族形成和建立神权秩序的过程：原来的神族混沌未分，纷争不断，在新旧更替的过程中，宙斯以其智慧和能耐创立了新的秩序，神族的地位和秩序一旦确立，人间的秩序才得以建立和延续。所以，天上有神的秩序，地下有人的规章；人类的阶层等级来自对天神世界的模仿，又或者说，人类按照自己的想象塑造了神界的模样。说到底，希腊的神话历史探讨的就是神和人的关系问题。在赫西俄德笔下，普罗米修斯的故事恰恰处于神族秩序与人间秩序的连接点。普罗米修斯神话正处于第三代以宙斯为首的神族确立神权之后，而这第三代神灵的突出特点，已脱离第一代（乌拉诺斯、该亚等）、第二代（克洛诺斯、瑞亚等）的自然神体征，趋向于从自然神向拟人神的转变。[①]也就是说，神灵之间的争权夺利告一段落，接下来便是神与人之间的较量，于是，拟人神与人类的关系不是更近，而是更远了。"先行思考者"（προ-μηθέα）普罗米修斯（Προμηθεύς）这个关键人物粉墨登场。在《神谱》的第507—616行，宙斯计划神人分家，而此时普罗米修斯出来阻挠宙斯的计划，用"诡诈的计谋"（δολίῃ ἐπὶ τέχνῃ）在分配一头大牛的时候做了手脚，令宙斯怀恨在心。与普罗米修斯相对应的人物是他的兄弟厄庇米修斯（Ἐπιμηθεύς），从字面上理解是"后知后觉者"（ἐπι-μηθέα），正是他的后知后觉造成了人类的不幸，将同胞兄弟拖入万劫不复的深渊。《工作和时日》曾交代"神和人有同一个起源"（ὡς ὁμόθεν γεγάασι θεοὶ θνητοί τ' ἄνθρωποι）[②]，与希伯来神话不同的是，希腊神话中的人类并非由神灵创造，也就是说"创造"（poiēsan）一词所指，不是理解为神创造人类

---

① 刘小枫：《一个故事两种讲法——读赫西俄德笔下的普罗米修斯神话》，《中山大学学报（社会科学版）》2010年第2期。
② 《工作与时日》，第108行。

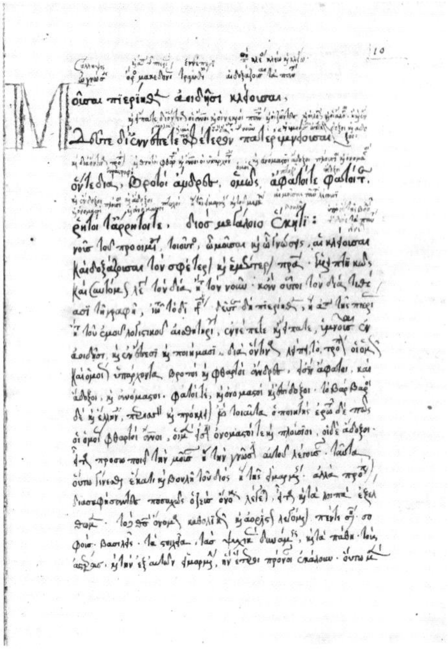

的身体，而是理解为人类的生活方式由神而定。① 普罗米修斯从天上偷盗火种，降福人间的同时也种下灾祸。同一个起源的神和人彻底划清界限，正因为有了时间，有长有短，有开始有终结，人的历史才有诸多苦难、疾病、仇怨、劳作、纷争……除了一样——最后紧紧地被关闭在潘多拉陶罐中——希望。

在这里，我们很清楚地看到诗人对于时间的理解和对于宇宙道德秩序的敬畏。他将神话思想和历史叙事巧妙地表达成一个整体的信仰体系，借此，我们可以理解希腊神话神权主题的功能和重要性。它们很大程度上阐明了希腊神话，但是在探索的程度上却有所限制，接近最初的历史叙述模式。

图 8-2 赫西俄德作品《工作与时日》《神谱》在16世纪早期的希腊文手稿，写在羊皮卷上，现存于哈佛大学霍夫顿图书馆（Houghton Library），编号：MS Gr 20

第三节 倒退：悲观的历史观

古希腊神话中神人之间根深蒂固的矛盾以及人类之间互相残杀的必然性似乎已经决定了人类的命运走向。从黄金时代到黑铁时代，历史呈倒退趋势，且无法逆转，人注定要遭受苦难，接受命运的惩罚。人性的贪婪好斗，以及随着技术进步而引起的宗教信仰的逐渐丧失、人定胜天的自信日益膨胀，均已照见人类遭到神灵抛弃、步入深渊的噩运。关于五个时代逐渐衰

---

① 刘小枫：《一个故事两种讲法——读赫西俄德笔下的普罗米修斯神话》，《中山大学学报（社会科学版）》2010年第2期。

颓的感叹，构成了赫西俄德对历史和社会进程的反思，反映出诗人的神话历史观。五个时代中有四个时代都是以金属的名称命名，黄金、白银、青铜、黑铁，从天然的恩赐到人工的打造，人类文明程度越是进步，社会就越退步，纷争不断、得陇望蜀、手足相残。神话语境中的历史元素正体现在这些演变当中，体现在种种思维之中，并拥有"越……越……"的具体形式。"这种形式表达了元素的历史性和变化，正如它把它们关联起来一样。'历史的微分'就居住在这些相关的变化之中，它们有时可能是相互对立的变化：'越……就越少。'"① 生活在2 000多年前的赫西俄德清楚地看到了这一点，他的神话叙事正体现着他的历史观点，人类"越是想要得多，得到的越是稀少"。贪得无厌和不敬神灵是万恶之源，一切聚散祸福都有其运行轨迹和因果。

赫西俄德《神谱》诗行中体现的神话历史的顺序与逆序，聚焦奥林波斯第一代神的出生与再生。本节集中讨论赫西俄德《神谱》第453—506行的叙事内容，克洛诺斯吞食了儿女们到再次吐出，表现出诗人悲观的历史观。自赫西俄德的五个时代划分开始，到分析古希腊终结的修昔底德，他们持有的都是行将重复衰退的历史观。神的谱系开始于一片混沌，确切地说始于一道裂隙"卡俄斯"（Χάος, Chaos）。② 在希腊的宇宙论中，"卡俄斯"是万物形成之前原始的模糊状态，或者是塔耳塔罗斯的深渊，即冥界。赫西俄德解释说，先有"卡俄斯"，然后才有该亚（大地）和厄洛斯（欲念）。"卡俄斯"的后裔是埃列波斯（黑暗）和尼克斯（夜晚），古罗马诗人奥维德赋予"卡俄斯"一词的现代含义是："它是一团乱糟糟、没有秩序的物体，死气沉沉，各种彼此冲突的元素乱堆在一起。……他（天神）解开了这些纷纭纠缠的元素，从盲目混乱状态把它们解放出来……"③ 意即原始的无形和混乱的物质，而有序的宇宙就是从这种物质中形成的。天神是一切变化的促成者，原始杂乱无章要求秩序，元素之间的斗争期望和谐。早期的教会神父们就用这个概

---

① ［比利时］米歇尔·梅耶：《差异 排斥 历史》，史忠义、晓祥译，知识产权出版社，2015年，第168页。
② Χάος的动词形式为χαίνω（裂开，张开大口），最接近古希腊词源的解释应该是"开口""裂缝""张开的宽口"等，见Hesiod, *Theogony*, edited with Prolegomena and Commentary by M. L. West, Oxford: Clarendon Press, 1978, p. 192. 另外，这个词汇也有着印欧语源，见R. S. P. Beekes, *Etymological Dictionary of Greek*, Leiden and Boston: Brill, 2009, p. 1614, pp. 1616-1617.
③ ［古罗马］奥维德：《变形记》，杨周翰译，人民文学出版社，1984年，第1页。

念来解释《创世记》中的创世故事。《神谱》第453—506行详细交代了父辈神克洛诺斯与以宙斯为主的儿女神之间的冲突,以及奥林波斯山神界新谱系的由来。其中包括三大重点:宙斯六姐弟的出生;遭到父亲克洛诺斯吞食;从父亲的嘴中被吐出来。宙斯六姐弟的再生过程需要分析的是,女神先于男神的出生顺序与男神先于女神的再生顺序,如何在男神生育子女的异常过程中发生了颠倒,从而在貌似顺理成章的过渡下发生了权力的重新分配。

最后吞食的石头最先出来,依此顺序,最先吞食的女儿最后被吐出来。"克洛诺斯——吞下自己的子女(石头最后),又被迫把他们一一吐出,或生出(石头为先)。这个过程带来了双重的秩序颠倒:克洛诺斯的男性腹部变成了女性子宫;最小的孩子变成长子。宙斯通过迫使克洛诺斯吐出原先吞进的东西,颠倒了世界秩序。"① 同样是六个孩子,宙斯被一块石头所替换,出生顺序为1—2—3—4—5—6,再生顺序为6—5—4—3—2—1,第二次出生的顺序与第一次出生发生了颠倒,这种差异深入事物的内部,并构成了它们自身的隐喻。秩序颠倒的历史,回答了这种隐喻。根据这一段神话情节,可以试着分析为以下三种情况。

(一)从末子继承制向长子继承制的转换

由于再次出生的次序发生了颠倒,宙斯由末子(最小的儿子)一跃成为长子。表面上看来,是一次宇宙秩序的重组,实际上却透露出民族学家和人类学家从母系氏族社会总结出来的所谓"末子相续制"(又称"幼嗣或幼子继承制",英文为ultimogeniture)和"长子相续制"的遗迹。克洛诺斯是乌拉诺斯最小的儿子,他在阉割父亲之后继承了统治天地的权力;宙斯本为克洛诺斯的最小的儿子,但在父亲被迫吐出吞下儿女的过程中,转变成为长子,并最终打败父亲,获得继承权。仔细分析,虽然是两代神灵之间的争权夺利,却显示出母系社会向父权制社会的过渡,其中隐藏的信息异常丰富。在原始民族中,末子继承制相当普遍,即由最年幼的儿子或女儿继承家庭遗产。弗雷泽等人类学家解释说,幼嗣之所以会继承遗产,是因为兄、姐分别

---

① 吴雅凌撰:《神谱笺释》,华夏出版社,2010年,第290页。

离开家庭以后，仅剩下幼嗣和父母同住，自然担负起奉养义务和继承权利。① 长子相续制晚于末子相续制，普遍流行于大多数父权制的社会组织之中。末子相续制为我们提供了重新理解赫西俄德《神谱》中再生顺序改变的文化原因和社会背景。

（二）"吐生" = "土生"

克洛诺斯将吞噬的儿女重新吐出的行为，从一定的角度来说，是一次充当母亲角色的再生产，他的"生育"方式是"吐生"，据说是宙斯使用了一种催吐剂。催吐剂的成分是什么，神话没有任何提示。但是"吐生"的神话不仅仅属于古希腊，在世界其他国家民族神话中也存在不少这样的"吐生"故事。无论是古印度的大地女神湿雅（Shiya）——"在马歇尔刊印的哈拉巴护符上，我们看到女神仰卧，植物从她的子宫中长出来"②，还是日本神话中的保食神——"她把头转向大地，口中吐出熟食；把头转向海洋，口中吐出种种鱼类；她把头转向山峦，则又吐出种种野兽"③，都具备这样非凡的"吐生"功能。中国佛教观念中，也有莲花"吐生"的说法。西方净土有圣湖，湖中盛开着朵朵莲花。每一朵莲花都会吐出一个灵魂，灵魂经过一生磨难，死后又重新回到莲蕾中安息再生。"所以，中国佛寺多有象征性的莲池，池中的莲也都带有神性胎宫的孕育意义。"④ "时间"之神克洛诺斯"吐生"奥林波斯的神灵，张开的时间之口，象征着"吐生"万物——海洋、冥府、大地、婚姻、生育、死亡……

（三）石头的象征：替代物

宙斯的两位兄长、三个姐姐被父亲活活吞下腹中，宙斯侥幸逃脱。因为他的母亲瑞亚用一块石头骗过克洛诺斯，让他误以为是初生的婴儿，所以石头是宙斯的替代物，也是他的象征物之一。希腊文 λίθον（石头）在这里成

---

① 参看芮逸夫主编：《云五社会科学大辞典》第10册《人类学》，（台湾）商务印书馆，1980年，第121页；林惠祥：《文化人类学》，（台湾）商务印书馆，1981年，第218页。
② ［捷克］赫罗兹尼：《西亚细亚、印度和克里特上古史》，谢德风等译，生活·读书·新知三联书店，1958年，第244页。
③ ［美］克雷默：《世界古代神话》，魏庆征译，华夏出版社，1989年，第395—396页。
④ 王政：《印度教及佛教中的生殖喻象》，《世界宗教文化》1995年第3期。

为圣物。"宙斯将它安放在道路宽广的大地上,帕耳那索斯幽谷中风景优美的皮托,以后给凡人作为信物和奇迹。"①鲍桑尼亚斯说,曾在尼俄普托勒摩斯墓附近看到过"一块不大的石头",德尔斐人每天在其上涂油,它被认为就是克洛诺斯吞食的那块石头。②这是希腊神话关于石头最著名的两段故事描写之一,另一个故事是神帮助普罗米修斯之子丢卡利翁(Deucalion)、皮拉(Pyrrha)夫妇生育人类的故事。夫妻二人捡起大地上的石头往身后丢掷,丢卡利翁投掷的石头变成男人,皮拉投掷的石头变成女人。③

石头成为奥林波斯主神宙斯当权的重要象征物,原本普通的石头被神圣化了。希腊神话对宙斯之石的重视延续到罗马神话当中。拉丁语的 lapis(石头),词源来自希腊语 λέπας,这是一个中性名词,指的是"山腰间露出的大石块,巉岩,悬岩,断岩等"。④石头成为见证重大事件的重要物品,比如,古罗马在审判过程中用石头投票:白色石头表示无罪释放;黑色石头表示处以极刑。拉丁文有一句 Albo lapillo notare diem,意思是"白色石头作为纪念",因为白色石头表示赦免和好运,所以这句话的引申意思就是"把这一天作为幸福的日子"。在古罗马人的传统里,有凭借朱庇特(对应古希腊神话中的宙斯)的石头也就是朱庇特之石(Iuppiter Lapis)起誓的习惯,古罗马人常说 Jovern lapidem jurare,意思是"我以朱庇特之石发誓"⑤,所以"朱庇特之石"又名"誓言石",它带有不可亵渎的神圣意义。通过希腊神话我们了解到,宙斯之石最初带有欺瞒之意。李代桃僵,石头是宙斯用来替换自己、改变身份的工具。悲剧作家也把这块意义特殊的石头写进自己的作品当中。埃斯库罗斯《阿伽门农》第283行"(火把)从伊达山出发,在莱姆诺斯,属于赫尔弥亚的山崖(Ἴδη μὲν πρὸς Ἑρμαῖον λέπας Λήμνου)";第298行,"(月亮)照射基泰荣的海岬(πρὸς Κιθαιρῶνος λέπας)";以及欧里庇得斯《腓尼基妇女》第24行均对这块具有特殊意义的石头加以关注。聚集奥

---

① [古希腊]赫西俄德:《工作与时日·神谱》,张竹明、蒋平译,商务印书馆,1991年,第41页。
② 鲍桑尼亚斯:《希腊纪行》,第10卷第24章第6节。转引自[古希腊]赫西俄德:《工作与时日·神谱》,张竹明、蒋平译,商务印书馆,2015年,第43页注释②。
③ M. L. West, *The Hesiodic Catalogue of Women*, Oxford: Clarendon Press, 1985, pp. 50-52.
④ *A Greek-English Lexicon*, compiled by Henry George Liddell and Robert Scott, Oxford: Clarendon Press, p. 1038.
⑤ *Oxford Latin Dictionary*, Oxford: Clarendon Press, 1968, pp. 1001-1002.

林波斯第一代神灵的历史，赫西俄德的石头参与创造历史的神话，既描写了奥林波斯山的神族历史，又交代了人类在几近灭绝之后重新繁衍的历史。石头，这个从现代科学角度来说主要由碳酸钙和二氧化硅组成的物质在古希腊神话中有了生命，饱含灵性。

诗作背后是一个庞大的以希腊为中心点的神话历史传统。有一些学者认为希腊传统是对东方神话历史传统的沿袭和改编。比如瓦尔特·伯克特《巴比伦·孟斐斯·波塞波利斯：希腊文化的东方语境》一书[①]，查尔斯·彭伽拉斯《希腊神话与美索不达米亚：在荷马颂歌和赫西俄德诗作里的相似及影响》，以及奥劳夫·吉贡（Olof Gigon）在1945年出版的书籍，标题为《希腊哲学探究：从赫西俄德到巴门尼德》。[②]这一标题本身就包含了赫西俄德作为希腊哲学的起源并且主张巴门尼德哲学处于最高位置的意图。以上这些研究者都力图把古希腊神话历史的源头呈现给现代学界。然而，在那几年，关于库玛比的赫梯文献发表出来，它却将赫西俄德拖进了东方思想的大漩涡当中。[③]我们无法确切地了解赫西俄德为何会借鉴东方的古老传统，但不可否认的是赫西俄德创造了一种讲述神话历史的希腊模式，他思索的是所有文明在进程中所付出的代价。在这个模式里，秘索思与逻各斯交织在一起，确立历史的神话地位同时，又赋予神话鲜明的历史印记和意义。

宙斯家族的神话历史，出生与再生顺序的颠倒打破了先女神、后男神的旧有秩序，建立起先男神、后女神的新秩序。权力的道德根基究竟是什么？伦纳德·施莱茵（L. Shlain）《字母与女神：语词和形象的冲突》（*The Alphabet and the Goddess*, 1998）一书，不同于诸多学者如麦克卢汉、洛根等人探索字母文化对西方历史的影响等做法，他将焦点缩小，致力于研究字母的发明如何对男女权力的平衡造成深刻影响。[④]他假设，一旦人们学会读书写字，尤其在掌握了字母之后，主导阳刚性思维的左脑思维模式就会受到强

---

① Walter Burkert, *Babylon, Memphis, Persepolis: Eastern Contexts of Greek Culture*, Cambridge and London: Harvard University Press, 2004, p. 52.
② Olof Gigon, *Der Ursprung der griechischen Philosophie von Hesiod bis Parmenides*, Basel, 1945.
③ Ibid.
④ Leonard Shlain, *The alphabet and the goddess*. New York: Viking, 1998, p. 2. 转引自［加拿大］罗伯特·洛根：《字母表效应：拼音文字与西方文明》，何道宽译，复旦大学出版社，2012年，第52页。

化，而与意象以及阴柔性思维相关的右脑行为模式就会受损，其表现就是形象、女权和女性崇拜地位的衰落。① 他用大量的史料支持自己的论点，"伴随着女神死亡，妇女地位一落千丈；于是严厉的父权制到来，厌恶女性的情绪开始露头，这一切都发生在人们学会用字母读书写字之际"。② 施莱茵认为："整体、同步、综合、具象的世界观是女性观点的特征；线性、序列、还原和抽象的思维是男性的界定性特征。"③ 我们知道，赫西俄德创造了一个潘多拉的神话。在潘多拉的神话叙事中，令人吃惊的一点是人类类型的不同，也就是指男人和女人之间的根本差异。"男人的存在是群体性的存在，而女人的诞生不仅有一个特定的时间，而且被制定为独一无二。因此，在神话中存在着一些男人和一个女人。当女人走近厄庇米修斯（Épiméthée）的家，也就是说进入人世，人类的生活和命运就永远地改变了。"④ 两性之间的差异、男神与女神出生与再生顺序的颠倒直接导致政权的更替，这些情节引起人们对政治性别问题的质疑。这种质疑对于政治哲学的发展至关重要，哪怕是绝对君主制的统治，也必须追问政治权力的道德根基。按照哈贝马斯的定义："正当性意味着对于一个政治秩序所提出的被肯定认为对的及正义的（right and just）。这项要求实际上存在着好的论证；一个正当的秩序应得到肯定（recognition）。正当性意味着政治秩序之被肯定之值得性（worthiness to be recognized）。"⑤ 如果把这一理论放置于《神谱》宙斯与其手足的出生顺序上，可以帮助我们理解宙斯三兄弟分管天、地、海三界领域的政治权力的正当性是如何被确立起来的。施莱茵把人的思维一分为二：具象的和抽象的。具象的思维与阴柔相关，属于女性思维的特征；而抽象的思维与阳刚相涉，属于男性的思维。在文字发生之前，一切现象显现的都是具体的，这时女性思维占主导，女神的地位至高无上，而伴随着文字的发明，历史发生转变，抽

---

① Leonard Shlain, *The alphabet and the goddess*, New York: Viking, 1998, p. 2. 转引自［加拿大］罗伯特·洛根:《字母表效应：拼音文字与西方文明》，何道宽译，复旦大学出版社，2012年，第52页。
② 同上。
③ 同上。
④ ［英］泽特兰（Froma I. Zeitlin）:《女人的起源与最初的女人：赫西俄德的潘多拉》，见［法］居代·德拉孔波等编:《赫西俄德：神话之艺》，吴雅凌译，华夏出版社，2004年，第112页。
⑤ 转引自石元康:《天命与正当性：从韦伯的分类看儒家的政道》，《开放时代》1999年第6期。

象思维逐渐占上风，男性思维占主导，女性地位下降，男权历史拉开帷幕。《神谱》这一段描写三位女神和三位男神出生和再生顺序发生颠倒，除了以形象的神话故事隐喻了一段政治历史之外，也在颠倒的秩序之中提出了一个正当性的问题，同时从侧面解释了五个时代，即为什么克洛诺斯统治时人们是幸福的、宙斯称王时人类是痛苦的这一外在原因。

赫西俄德在《神谱》开篇便声称这部神族历史是真实的，真实的依据来自他和缪斯女神之间的彼此信任。女神委以重任，诗人不辱使命。而这一切根基都建立在神话历史的语境之上。《神谱》当然是神话，但仅就这一段而言，它又包含如此之多的逻各斯成分。秘索思与逻各斯是怎样的关系呢？"神话与逻各斯的界限本来就是虚构的，这条界限也无法消除人们在免于实在专制主义的创作过程中去探索神话逻各斯的要求。神话本身就是一种高含量的'逻各斯作品'。"① 其实，神话与逻各斯之间界限的出现从一定程度上来说是人为的。当人们置身于神话语境当中，神话与逻各斯浑然一体；当人们趋向于避开谈论天意使然，而更愿意将自我作为尺度去衡量世界时，神话本身所具有的威慑力就慢慢消隐，让位于"人是万物尺度"（πάντων μέτρον ἄνθρωπος）② 的骄狂与自大。

推翻了克洛诺斯的专政，以宙斯为首的奥林波斯山新一代领导集团形成。推翻旧政权并非易事，宙斯是天生的政治阴谋家，他坐上第一把交椅至少得益于三件事情：第一，明哲保身，用石头替换自己，免于被侵吞的命运；第二，用计谋联合母亲、祖父祖母、被父亲囚禁的叔叔辈坦神，里应外合，借助他人之力；第三，用再生的顺序和抓阄③ 的方式打压兄弟手足，当仁不让地就地称王。这一则神话叙述中具有政治历史权力分封的内在普遍性。不仅希腊神话历史如此，其他民族的神话历史也有这样的情况。"在以色列的历史叙述中，我们也能见到近东文明对长期进程所共同持有的一些观念：人们试图把握住一种与特定政治实体相适应的内在普遍意义，这种意义有可能是过程性的观念（例如一种在长时间内不断发展，且无法经由人们的

---

① ［德］汉斯·布鲁门伯格：《神话研究》（上），胡继华译，上海人民出版社，2012年，第13页。
② "人是万物的尺度"最早由公元前5世纪的希腊哲学家、智者派代表人物普罗泰戈拉提出。
③ 《神谱》里没有具体提到宙斯提议抓阄进行权力分封的故事。在《伊利亚特》第15卷第185—199行，则描述了波塞冬回忆当年兄弟三人抓阄瓜分世界的情形。

行动与事件加以规定的进程），也有可能是一种'被扬弃的偶然性'。"①权力分配的过程也是建立秩序的过程。历史有必然性，也有神话强调的偶然性，而偶然的发生也受制于必然的因果。"希腊人至早在公元前7世纪引入了东方文明杰出的历史建构，这表现在赫西俄德的时代学说（Weltalt-Lehre）之中。在所有四个前后相继的时代中，那与东方文明不太相合，而在希腊文明具有重要地位的神秘的英雄时代被置于倒数第二的位置，被视作一个颇为理想的时代。赫西俄德显然意在'历史性地'为当下给出秩序。"②黄金、白银、青铜三个时代秩序井然，人与神和平共处，而英雄和黑铁时代礼崩乐坏，人心涣散，秩序混乱。从这个层面上说，"英雄时代是人类起源神话的历史基准点"。③五个时代一代不如一代。赫西俄德的嗟叹代表了当时希腊人的认识模式。"这种认识模式不但在很长一段时期内，而且在经历变动的许多不同领域中都十分普遍，人们认为，整个时代正在不断地堕落。这种观念正与真正意义上的事件性考察方式互为表里。"④神话五个时代的划分与人类历史结合紧密，反映了真正意义上的历史事件，神谱、人谱的历史都在神话叙事中被诗人"真实地"讲述出来。

赫西俄德在《神谱》中明确传达出这样的信息：自己在缪斯女神们的授意下述说真实（ἀληθέα γηρύσασθαι）。⑤第28行出现的"真实"（ἀληθέα）一词与第27行出现的"谎言"（ψεύδεα）一词相对，毫无疑问，赫西俄德运用对比的方式将自己的诗歌与以往他人的诗歌作了最根本的区分：他力图"认识真实"与"表达真实"。不可否认，赫西俄德的诗歌致力于对神族历史和人类生活真实性的关注，所谓真实，即是诗人"传授自己诗歌的使命感"⑥，

---

① ［德］梅耶（Christian Meier）：《古希腊政治的起源》，王师译，华东师范大学出版社，2013年，第321—322页。
② 同上书，第322页。
③ ［法］卡里埃尔（Jean-Claude Carrière）：《普罗米修斯神话、人类起源神话以及城邦——国家的出现》，见［法］居代·德拉孔波等编：《赫西俄德：神话之艺》，吴雅凌译，华夏出版社，2004年，第39页。
④ ［德］梅耶（Christian Meier）：《古希腊政治的起源》，王师译，华东师范大学出版社，2013年，第322页。
⑤ Ἡσίοδος, Θεογονία, 28.
⑥ ［意］阿瑞格提：《赫西俄德与诗神们：真实的馈赠和语言的征服》，见［法］居代·德拉孔波等编：《赫西俄德：神话之艺》，吴雅凌译，华夏出版社，2004年，第3页，注①。

这样的用法恰恰使得诗人的表达方式陷入一种模糊状况,"这种模糊状况提前影响了赫西俄德的大部分作品及其根本特点"。^①同时,诗人强调的"真实"成分里也包括想象的真实和记忆的真实。也就是说,诸多事件已然发生,要描述已不复当年模样的真实,只能通过记忆和想象进行适当的修补和整理。于是,神的历史就在赫西俄德描述真实的初衷之下得以"真实地"、诗意地呈现。所以从这一点上看,无论是赫西俄德还是荷马,都渴望在追忆过去的过程中达到永恒,他们唱诵作为历史的神话,同时也在吟唱作为神话的历史。他们笃信故事来源的真实性,以至于诗人总以虔诚的心态述说他所理解的"真实"。如果将赫西俄德和荷马这两大大致同时代的诗人放在一起比较的话,那么至少《神谱》的第27行与《奥德赛》第19卷第203行非常相似:

ἴσκε ψεύδεα πολλὰ λέγων ἐτύμοισιν ὁμοῖα.
他说了许多假话,如同真事一般。(《奥德赛》第19卷第9行)
ἴδμεν ψεύδεα πολλὰ λέγειν ἐτύμοισιν ὁμοῖα.
我们知道如何将假话说得像真的。(《神谱》第27行)

两处都由六个词语组成六音步[②]的诗句,其中"ψεύδεα πολλὰ λέγων"这三个词语也即诗句的一半内容完全相同,只是《神谱》中的谓语使用的是不定式的形式。套用"我们知道如何将谎言说得像真话"这一说法,也可以说成:"我们知道如何将真话说得像谎言"。有人说,赫西俄德在影射荷马,认为荷马将虚假的故事讲述得如同真实发生过一样,而他本人将摒弃荷马的做法,真正地讲述"真实"本身,所以他才用"真实"和"谎言"进行对比。不过,也有人认为这与诗人之争无涉。^③至少,赫西俄德区分了谎言与真实

---

① [意]阿瑞格提:《赫西俄德与诗神们:真实的馈赠和语言的征服》,见[法]居代·德拉孔波等编:《赫西俄德:神话之艺》,吴雅凌译,华夏出版社,2004年,第3页,注①。
② 六音步诗,是希腊史诗中的格律或节奏形式,通常采用长短短(或扬抑抑)格,又称"英雄格",即一个重读音节后面跟着两个非重读音节。用律格式可表示为—UUI—UUI—UUI—UUI—UUI—U。
③ [法]德拉孔波等编:《赫西俄德:神话之艺》,吴雅凌译,华夏出版社,2004年,第2—17页。

之间微妙的关系,即使没有针对荷马,他也认为在此之前的著述大多夹有虚构成分,因为以前的诗人未留名姓,并没有得到诸神的青睐,他们对神灵世界的描述大多出于想象;而他,赫西俄德这个被女神直呼其名的人从缪斯女神那里获赐月桂树枝,从而拥有了可以"述说真实"的能力和资格。

基于对人类本性的洞察和对人神关系日趋紧张的担忧,赫西俄德持有悲观的历史观。人的本性自私、贪婪、好斗、趋利避害,追求物质和精神享受,他们对神灵的敬畏之感逐渐淡化,遭到神灵的制裁和抛弃。赫西俄德始终强调一种秩序,《神谱》中有神界的秩序,《工作与时日》中有凡人的秩序。一旦妄图打破秩序,无论是神还是人,都会遭受惩罚,给周遭带来不幸。神灵尚且如此,何况是寿命有限的凡人呢?人类也好,牲畜也罢,说到底都属服从于死亡原则的生灵造物,最终难免一死,所不同的是"只有人类与畜生不同,他们的生存方式知识在和超自然的强力之神的比较中才形成的。没有一个人类城邦不是通过一种井然有序的崇拜,建立起了某种与神明相关的共同体的。牺牲献祭表达了人类在与神明关系中这种犹豫的、暧昧的地位:它把人和神结合在一起,但就在让他们彼此接近的那一刻,它又强调并认可了把两者彼此分开的不可逾越的距离"。① 赫西俄德提醒世人神人关系的重要性,人的认知和生存方式由神灵掌控,自古至今只有人心存敬畏感,通过对神、对大自然油然而生的崇拜,才能在神、自然、人这一共同体中保存自身,获得发展。

显然,赫西俄德用神灵的起源和神族谱系诠释了人类的历史,还创造性地编排了与这些神有关的新故事,突出展现秩序的神圣和神人关系的重要性,忠实地展现了继承下来的宗教思想和崇拜意义。因此,赫西俄德遵循传统表现了诸神,但关于他们的思想似乎已经被改变或增加了意义。

小结　神话:另一种历史

赫西俄德是一位颇有影响的诗人,他和荷马一样,都是希腊文学史上

---

① [法]让-皮埃尔·韦尔南:《神话与政治之间》,余中先译,生活·读书·新知三联书店,2001年,第308页。

最早的参与者和创造者。他深信人类历史是人与神共同作用的结果，人神关系决定了人类的进程和幸福指数，普罗米修斯因偷盗火种受罚的故事诠释了人类痛苦的来源，而普罗米修斯最终被宙斯之子赫拉克勒斯解救（《神谱》第527行），表面上解决了神人之间的矛盾，达成暂时性和解。同样，从《伊利亚特》（第7卷第446—453行）我们了解到，诸神之所以需要人类，是因为他们需要被铭记，而害怕被遗忘。神话，从这一角度上说，就是另一种历史。《神谱》一个突出特点就是作者受到缪斯女神的指令，讲述神的历史，呈现远比作者自己的时代更为古老的故事，以一个相当简洁的方式呈现出一个全面的、很可能极富传统的画卷，展现了现今的神性世界和宇宙秩序的源头。

由此可以判断，赫西俄德的作品似乎不是要树立一个新的宗教体系，而只是表现一个传统的信仰体系。同样，虽然他强调他所说的比以前任何一位诗人的话都更为"真实"，但是他似乎没有打算改变大量的传统素材的想法，大多数情况下只是为了表现卓越的编写能力。在《神谱》中，关于宙斯力量提升的系列神话是主干，赫西俄德强调宙斯的至高无上为的是展现新秩序确立的威严。另一方面，他也隐约意识到宙斯打破既有秩序的危险。在普罗米修斯部分，也就是人神分家的部分，蕴含了许多深刻的思想。《神谱》和《工作与时日》都有所涉及，只是侧重点不同。两部作品相结合，我们可以得到一个更为完整、表述更为清晰的人类起源神话。神灵诞生与人类起源的重要性在希腊神话历史中不言而喻，赫西俄德试图表现至高无上的神的统一思想，使任何事件包括人类的前进与倒退都与神谱保持一致。"人类一思考，上帝就发笑。"[①]普罗米修斯是先行思考者，他的智慧几乎与神灵同步，可惜的是，他的聪明才智在天神眼里只是雕虫小技而已。因为凡是欲与天公试比高的人都忘记了最根本的前提——神人有别。根据这个目的，改造普罗米修斯神话以强调宙斯的至高无上不再是呈现一个新的神学体系，而仅仅是赫西俄德表达出的要使普罗米修斯的故事同他观念下的宙斯的权威保持一致的愿望。普罗米修斯瞒天过海偷盗火种，然后被捆绑在高加索山崖上，每天有老鹰啄食他的心脏，最后赫拉克勒斯将普罗米修斯从难以形容的痛苦和折磨

---

① 古希伯来的格言。这句广为流传的警句道出了人类自身的渺小和微不足道。

中解救出来，普罗米修斯的一切经历都出于奥林波斯最高神宙斯的意愿和安排。赫西俄德谈论普罗米修斯的故事，归根结底，还是为了表明天上的秩序不可打破，人定胜天的说法荒唐至极。虽然说的是神的故事，却道出了赫西俄德对生命及整个人类的全部感悟。在谈到宙斯威力提高的系列神话中他也表明了对旧的神谱和神学体系的坚持。彭伽拉斯认为这个宙斯夺权的神话很明显要比赫西俄德和荷马的时代都要早，而宙斯的权威已经是诗歌中有关宗教传统的组成部分了。[①]无论是荷马还是赫西俄德都是在传统的基础上进行沿革，而并非凭空自创。

《神谱》中，诗人试图使普罗米修斯神话中的宙斯和其他宗教神话中有关宙斯的部分和谐统一起来，但这并没有取得完全成功。事实上，诗人对神话的处理证明其已经被人们所熟知和接受。他似乎不能擅自在材料上改变传统，而只能或者说仅仅改变了对天神宙斯的攻击，试图建立这样一个情形：尽管宙斯似乎知道一切并且已经预知了普罗米修斯的伎俩，但这为他严酷地对待人类提供了很好的借口，因为他早就计划神人分家。然而，尽管赫西俄德很可能改变了某些部分以强调普罗米修斯的过失，但他试图重新改变神话的原始信息仍然证据确凿。顺便要说的是，尽管赫西俄德努力了，但是传统观点仍然至少持续到古典时期，那时，埃斯库罗斯也曾试图使普罗米修斯神话中的对于宙斯的看法和其他以神话为主传统中无所不知的、万能的宙斯形象达成一致。[②]不过，赫西俄德在宙斯六位兄弟姐妹出生和再次出生的故事编排上有创新意义。荷马史诗曾提到赫拉是先于宙斯出生的长女，但具体情形如何，为何赫拉屈尊弟弟之下，荷马并没有说明。而赫西俄德的创新之处在于他敏捷地把握住了颠倒的历史：1—2—3—4—5—6的出生顺序变成6—5—4—3—2—1的再生顺序，之前的秩序被推翻重来，重新排位、权利再分，代表时间的父亲被代表空间的儿子打败，时空逆转，新的王权诞生。相应地，人类的历史也在天上的秩序被打破的同时出现了倒退，理应从黑铁到黄金越变越好的时代变成了反向的越来越差的时代。诸多的隐喻和象征显示出

[①] Charles Penglase, *Greek Myths and Mesopotamia, Parallels and Influence in the Homeric Hymns and Hesiod*, London and New York: Routledge, 1994, pp. 199−200.
[②] Ibid., pp. 220−225.

赫西俄德独特且深邃的神话历史观。

对同一故事设定不同的结局，经历理性的人深知它是悲剧性的，而对于观察理性的人来说，它何尝又不是一出喜剧？现在已成过去，过去已成未来，关闭在陶罐里的希望始终存在。神话叙述者赫西俄德笃信他讲述的都是"真实的"，因为神灵命令他讲述"真实"，所以不辱使命地将他的感知和对历史的理性思考深深地扎根于体验时间性的方式之中。殊不知，他的"真实"神话构建了一部历史。

第九章
希罗多德的历史神话

Ἡροδότου Μοῦσαι, Ἱστοριῶν πρώτη ἐπιγραφόμενη Κλειώ
希罗多德的缪斯：献给历史女神克丽奥①

——希罗多德：《历史》

按照现代人的思维定式，神话是虚构的，而历史作为神话的对立面，则以真实为其特色。从语源学看，西文中"历史"这个词汇，来自古希腊的爱奥尼亚方言Ἱστορια，由拉丁语按照希腊语读音转写为historia，后来又被英文写作history。Ἱστορια是一个阴性名词，意思是"通过调查而进行的学习"或者"通过调查而获取知识和信息的方法、方式"。② 动词ἱστορέω有"探寻、探索、观察、调查；询问、访问、打听；叙述所知的情况，原原本本叙述"之意。③ 它与另一个希腊词ἱστος"桅杆；织布机"相像，如织布机编织经线和纬线一样，细心地编织过往的经纬，考察地理、文化坐标。它不关乎结果，只强调过程。

当我们将"历史之父"的头衔戴在希罗多德头上的时候，可曾想过他原本是一位"神话之子"？他曾立下将先人所传颂的业绩记录下来的宏志，却

---

① 克丽奥（Κλειώ），九位文艺女神中的一位，司掌历史的女神。赫西俄德将其放在九位女神之首，希罗多德第一章的卷首直言献给她，可见这位女神的重要性。历史女神克丽奥这个名称本身便是希腊神话与历史相结合的典型例子。
② *A Lexicon Abridged from Liddell and Scott's Greek-English Lexcion*, Oxford: Clarendon Press, 1920, p. 385.
③ 罗念生、水建馥编：《古希腊语汉语词典》，商务印书馆，2005年，第408页。

在不经意间开创了一门所谓"历史"的学科,在 2 000 年后被归入人文科学的门类。然而还原到他留下的九卷书写文本看,是以九位缪斯女神的名义来命名并组织每一章结构的①;就他所探寻的内容看,从根本上来讲,是以神的名义见证的人间事件。因此可以说,历史变为一门科学,其实是19世纪西方史学家的业绩,而希罗多德在公元前5世纪所开创的传统,从某种意义上来说,属于典型的神话历史。

第一节　历史的多面性

"历史"是什么?它的本意是探索(historia)、问询(inquiry),通过描述事件的表象,探寻事物的真相,它强调的是过程而非结果。在希罗多德的历史探寻中,许多事物都在似是而非中呈现出它们的面貌。是表象还是真相?如果放置于神话语境中审视,历史可能就是神话的翻版或者影像,是神话的记录者、传达者和缔造者。它在传承、书写、质疑的过程中又无形地建构了一个神话。在时间长河中,"历史研究是最新的但不是最后的西方神话建构,通过它我们努力超越狭隘的文化视野,去了解未知的甚至可能完全无法知晓的世界。"②这是历史研究极为精辟的概括,因为历史最初指的就是探索已知和未知的知识世界,它是无穷尽的,答案也绝不是唯一的。且不说探究过去,哪怕分析现在,历史也会呈现出多个面相,是是非非不可能用一句话断言和概括。这是历史的魅力,也是神话的魅力,它往往超越人的想象,连接过去、当下和未来,继而又指向并不明确的未来之将来。那些以客观为准则的史学家们,在著述的过程中都不可避免或多或少地带有自己主观的取舍和想象,被文本化表述出来的"历史",就像一面多棱镜,折射着来自四面八方的光芒。

---

① 《历史》这部作品最初发表于公元前430年前后,原先不分卷。后来亚历山大城的校注者们把它分成九卷,每一卷都有一个明显的主题,并分别以希腊神话中九位缪斯女神的名字作为各卷的标题。
② [美]唐纳德·R.凯利:《多面的历史:从希罗多德到赫尔德的历史探询》,陈恒、宋立宏译,生活·读书·新知三联书店,2003年,第2页。

历史作为一种观念，属于希腊文明特有的产物。希罗多德在著作中所展示的历史面貌始终在诉说"命运"（μοῖρα，moira）——一个让所有的古希腊人敬畏的词汇，主宰命运的是一股神秘力量。每一个人自出生起便有既定命运，民族、国家亦有其定数，全书关于征兆应验的故事达35次之多。同时，希罗多德也笃信自己在命运的漩涡中被赋予使命，并以神话历史的观念撰写《历史》。"历史总是存在于观念王国之中，摇摆于真实和假象、确定和可能之间，因此它实际上伴随着希罗多德的命运、希罗多德的名誉和希罗多德的《历史》而变化。"① 历史讲述故事，无论其有无意义；历史提出问题，无论能否得到回答。在希罗多德之前，乃至在无文字时代，历史以故事形式出现并流传。每一个时代，每一个人又会往已有的故事中添枝加叶，以至于以我们现代人的眼光来看，有些历史以其版本过多、形式多变而成为"伪史"或称之为"神话"。希罗多德与先人及同时代人的区别在于，他没有不假思索地按照"神的旨意"全盘接受，而是追问是否确有其事，探寻这些故事的本质和根源，尽量避免狭隘和闭塞，希望开辟一条崭新的探寻之路。当然，希罗多德的历史观念也受限于当时的政治环境。神话有其历史语境，而历史又有其政治环境。

希罗多德的《历史》亦作《希腊波斯战争史》，记录了一场国力角逐、政治制衡的斗争史。政治最初与城邦（polis）相关，指向"全体公民"，以城邦的整体利益为导向。在希腊人那里，"政治"恰恰"隐含着一种对敌我对峙的克服以及对权力的制约"。② 政治风向虽然变动不居，但也有其稳定性、可把握性。"于是，政治的外在前提便有了巩固的静态特征：一切历史事件都是可以认知的，它们产生于特定的行为主体那里（或不同主体之间）；这比所有其他的心理因素都来的重要。"③ 在神话传说中剥丝抽茧，立足于前人又超越前人，希罗多德对过往事件的追溯和思考，并没有草率地下结论，而是基于某个证据，试图最大限度地还原其本来面貌，并在此基础上作进一步

---

① ［美］唐纳德·R.凯利：《多面的历史：从希罗多德到赫尔德的历史探询》，陈恒、宋立宏译，生活·读书·新知三联书店，2003年，第3页。
② ［德］梅耶（Christian Meier）：《古希腊政治的起源》，王师译，华东师范大学出版社，2013年，第8页。
③ 同上书，第37页。

的阐发和探讨。记录历史也是为了让人们努力突破狭隘的眼界，观察事物，摸索规律。"这样一来，'历史'便开启了一个远比原先更加丰富，更加多样而广泛的论域，在先知那里，这种论域则表现为'对大规模历史运动以及当代变局超乎寻常敏感性与窥探欲'。虽然它的既有意义、核心力量以及广泛程度既未能达到历史旨趣的程度，也比不上希腊人那里的回忆录。但这种论域为历史旨趣创造了可能性，并规定了后者的方向与界限。"① 希罗多德创造了一种神话和历史紧密结合的可能，在神话故事中看到的确实发生的历史事件，而在历史叙述中却处处体现着亘古既有的神话观念。希罗多德之所以在古罗马时期就被西塞罗尊称为"历史之父"，其缘由正因如此。出于对传统意义可能会在解释中丢失的担忧，他往往提出几种答案供世人参考，不拘泥、不偏袒，以自己的神话历史观点来看待历史，跨过时间之河，穿梭空间之隔，超越文化之限，向九位缪斯女神真诚地奉献上他对政治的理解、对世事的感悟和对人生的诠释。

历史的定义是多面的，它既直指过去，又寓意当下，更暗示未来。一个单独的、静止的、绝对的定义绝非历史的。事实上，对于希罗多德而言，过去的时间从来都是"现在的"，也贯穿"未来"。《历史》交代了几则神谕最终应验的故事，第1卷第8—13章讲到吕底亚的古革斯（Γύγης，Gyges）如何杀死前国王坎道列斯篡夺王位的故事，希罗多德着重提到德尔斐的神谕：古革斯之所以可以稳操胜券，皆因为德尔斐的一次神谕。老国王死于非命，引起公愤，吕底亚人纷纷拿起武器，准备推翻古革斯的统治。于是，古革斯与民众达成一项协定，一切听从德尔斐神谕的安排。结果神谕宣布古革斯当王，然而女祭司皮提亚又补充说，古革斯的第五代子孙将会受到报复。实际上，这个预言也最终应验。《历史》注重对神谕的描写，古革斯当王是一个例子，在希罗多德看来，许多历史事件的发生都与神的旨意相生相伴。

如若返回到古希腊的语境当中，我们会发现，希罗多德记载的神话故事就是被希腊人普遍认可的"真实"的过去，他本人也对这些神话故事深信不

---

① ［德］梅耶（Christian Meier）：《古希腊政治的起源》，王师译，华东师范大学出版社，2013年，第320页。

疑。虽然对神话故事的一些情节、时间和因果逻辑有些质疑，并仔细地调查核实，但希罗多德似乎从来未曾萌生将既有神话的结论全部推翻的念头。神话与历史在这里碰撞相遇，互相影响。①希罗多德仍然是在神话语境中钻研历史，他没有摆脱古老神话产生的广泛影响。《历史》所记录的历史事件涉及大量的神，如宙斯、雅典娜、阿波罗、赫拉、得墨忒耳、珀尔塞福涅、哈德斯、阿芙洛狄忒、普罗米修斯、赫淮斯托斯、勒托、阿耳忒弥丝、波塞冬、赫耳墨斯、忒弥斯以及英雄神赫拉克勒斯等等。通常来说，这些神灵都属于远古时代。希罗多德毫不迟疑地把这些重要的神祇放入他的历史考察当中，对他来说这些神祇无处不在，都是他记录历史不可或缺的部分。祭祀神灵成为人们的一种习惯和生活方式。他在第2卷第60章描述一场盛大集会，记录说："在这一个祭日里所消耗的酒比一年剩下的全部时期所消耗的酒还要多。参加祭日的人，单是计算成年男女，不把小孩计算在内，根据当地人的说法，便有七十万人。"②《历史》记录了自古以来的信仰传承，希腊的神灵融入老百姓的日常生活当中。考古发现揭示出早于希腊文明的迈锡尼文明，给一大批希腊神明找到其原出处。同时也发现，因为迈锡尼文字的失传，一些更古老的神的名字没有传到希腊文中，因而被后世彻底遗忘了。"迈锡尼时代的书板，对稍后时期的奥林波斯诸神中各主要神祇，几乎均已述及。许多神祇已各有自己的名字，而不再被人们以普通名词称呼。此时起，雅典娜不再用'女主人'的称谓。得墨忒耳也不再用'圣母'的称谓。其中有若干小神祇，如原名'大地之母'，专司接生的伊利蒂女神（Ilithyie），后来得以流传下来。有些大神原来的普通名词称谓，则逐渐变成其别称，阿波罗的原名'颂歌'即为一例。未为文字所记载的神祇，则相继消失了。"③换句话说，希罗多德的"历史"书写放置在一个小传统的神话语境当中，而更加久远的大传统神话因为没有被文字记录下来而不幸湮没在历史的长河之中。

如今的古希腊历史研究家们，依据散落各地的文本、出土文献和考古数据能够掌握比希罗多德时代更丰富的资料，所以能够给出较完整的地中海

---

① P. M. Green, "Myth, truth, and narrative in Herodotus", *Choice*, Vol. 51, No. 3, 2013, p. 524.
② ［古希腊］希罗多德：《历史》（上册），王以铸译，商务印书馆，2016年，第160页。
③ ［法］P. 莱韦斯克（Pierre Leveque）：《希腊的诞生：灿烂的古典文明》，王鹏、陈祚敏译，上海书店出版社，1999年，第142页。

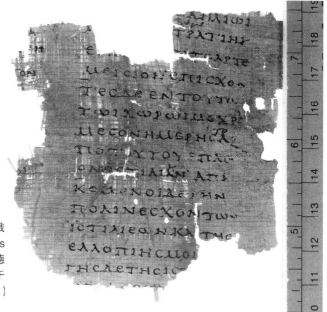

图9-1 公元2世纪早期的俄克喜林库斯纸莎草（Papyrus Oxyrhynchus）希罗多德《历史》第8卷碎片，现存于牛津大学萨克勒（Sackler）图书馆

文明发生史。相对而言，希罗多德虽然自而立之年便开始走南闯北，向北抵达黑海北岸，往南走到埃及南端，朝东直至两河流域下游一带，西行到意大利半岛和西西里岛，讲述的历史也不限于希腊一地，多少具有地中海文明史的意思，但是他游历的地方毕竟有限，其所能追溯的最早国家无非是古埃及和吕底亚等。在《历史》中没有迈锡尼文明，更没有早于迈锡尼的克里特文明、早于巴比伦的阿卡德文明和苏美尔文明。不过难能可贵的是，《历史》呈现出"从神话到历史的方法"（from myth to historical method）。[1] 通过对神话世界和历史世界的相似性研究，我们似乎可以得出这样的结论，那就是希罗多德仍然没有摆脱古老神话产生的广泛影响。他既是"历史之父"，也是"神话之子"，是神话的乳汁哺育出的历史学家。换言之，我们需要在"神话历史"相结合的背景中研读希罗多德和他具有时代特色的历史，关注其独特的神话历史观。

---

[1] Andreas Schwab, "Myth, Truth and Narrative in Herodotus by Emily Baragwanath and Mathieu De Bakker", *Hermathena*, No. 192, 2012, p. 82.

以色列特拉维夫大学教授约瑟夫·马里（Joseph Mali）详细考察了西方史学传统，他从希罗多德以来的神话和历史观念的演变轨迹，提炼出西方"神话历史史"，结合对神话历史的历时性回溯，比较和阐释了神话、历史及神话历史等术语的区别和内涵，提出了当今历史学乃至人文学科"神话转向"的重要命题，彰显了神话历史研究如何成为当代史学的创新模式[①]，为研究希罗多德的神话历史观提供了一个别样的视角。历史不等同于绝对的真实，希罗多德的《历史》与神话血脉相融，作者记录的是神示之下政权的更迭、占卜之后王朝的兴衰，这究竟是历史还是神话？这不是二选一的命题，而是神话历史观念下"历史"体现出的多面。希罗多德置身于神话语境中，探索多面的历史，他将神话和历史观念结合在一起，就是典型的"神话历史"例证。

第二节　神话催生的"历史"

公元前5世纪，受好奇心和文学雄心的驱使，出生于亚洲西端的希罗多德（约公元前484年—前425年）开始了他在地中海沿岸地区的游历。在阅读他写下的文字之前，需要先了解一下当时希腊城邦的物质和精神生活情况，大致思考一下：是怎样的精神氛围造就出希罗多德的神话历史思维？

法国史学家福斯泰尔·德·库朗日（Fustel de Coulanges）1855年所著的《古代城邦：古希腊罗马祭祀、权利和政制研究》对这方面曾作过精细的描述：

> 希腊历史学家色诺芬（Xénophon）说过，雅典的宗教节日比任何希腊城邦都多。喜剧作家阿里斯托芬也感慨良多："雅典不但庙宇多，神灵的牌位多，奉献的祭品和节日的朝拜也多。一年到头，天天因节日

[①] ［以色列］约瑟夫·马里：《神话、历史与神话历史》，胡建升、陈心湛译，《马克思主义美学研究》2012年第1期。

而为神明大摆筵席,供品上插满美丽的鲜花。"柏拉图亦直陈:"我们不仅祭品送得多,朝拜队伍也花团锦簇,隆重异常。"总之,大庙小庙遍布雅典地区,庙内所奉祀的神祇,有的保佑城邦,有的保佑部族,有的保佑家庭。每一幢房屋就是一座神庙,每一寸土地都有一座神圣无比的坟茔。……祖先和古代英雄是他们主要信仰的对象。他们敬畏死人,每年新谷一登场,第一件大事就是以之祭祀先人,平时对待先人恭谨有加,不敢有半句不敬之词,生怕引起先人"不快"。总之,既往一切,对雅典人来说都神圣无比。每家有本代代相传的记事簿,上面记载先辈所确定的礼俗和规章。这些礼俗和规章成了后辈的信条,不可逾越。①

希腊文的早期用途就包括记录每一个家庭的这种世代传承的"礼记",那是围绕着信仰和节日祭祀活动的一整套仪式规定,其记事簿的性质大体相当于中国先秦经典中的"三礼"。②再看看库朗日对希腊神谕和占卜活动的陈述,就不难发现雅典人对神的虔诚非常近似于发明甲骨文用于占卜通神的中国商代人。

> 罗马有所谓的"先知预言集",雅典也有其"神谕集"。市政厅内供养一批能预卜未来的"道人"。大街上,"算命先生"、祭司和"圆梦者"随处可见。雅典人十分相信所谓征兆。如果做事当儿,打个喷嚏或耳内出现轰鸣,这件事也就断乎做不得了。雅典人在出海前,总要占卜求签,问个凶吉。如果是婚娶,还要看看天空的飞鸟是否吉利。要是病了,一定会在脖子上挂个护身符。公民大会虽然隆重,只要有人说天空出现不祥之兆,却立刻就散会。正在进行的祭礼,一旦被某个坏消息打断,就必须重新开始。
> 雅典人在开言之前,必先祝福一番。大会发言大都先要祈求本城邦

---

① [法]库朗日:《古代城邦》,转引自[法]P.莱韦斯克(Pierre Leveque):《希腊的诞生:灿烂的古典文明》,王鹏、陈祚敏译,上海书店出版社,1999年,第132—133页。
② 记录以及阐释先秦礼仪制度中祭祀天、地、宗庙之礼的三大礼节,俗称"三礼"。

所供奉的神明，然后才转入正题。若向民众讲话，则必求神降示。即便是大演说家，讲话时，也必是张口女神谕旨，闭口女神降示。①

受此神话思维和社会风气的影响，希罗多德的《历史》有多处表现神谕和神灵意愿的故事。如果有人提出疑问，古希腊不是哲学和科学的摇篮吗？为什么希腊城邦的大街上会充斥着那么多的祭司、占卜师、解梦者？解答这个问题，我们先要了解现在意义上的科学，比如医学、化学最早都诞生于巫觋所施行的巫术，巫医合流曾是中西医学共有的一段历史。古埃及医师运用念咒、画符和草药治病；中国《黄帝内经》成书之前便有祝由术等符咒治病的方法。②孔子曾说："吾与史巫同途而殊归也。"③包括中国的儒家，都有学者认为是从巫师演化而来的。④希罗多德《历史》各卷中先后35次讲到的征兆应验之事，这和《春秋左传》《史记》中的情况都是相似的。《历史》第1卷讲到了吕底亚国王克洛伊索斯因自恃是世界上最幸福的人而受到神灵惩罚和梦中征兆的故事："在梭伦走后，克洛伊索斯从神那里受到了一次可怕的惩罚，神之所以惩罚他，多半就是由于他自视为世界上最幸福的人。不久他就在睡着时做了一个梦，这个梦确确实实地向他预言，他将要在他儿子身上遇到惨祸。克洛伊索斯有两个儿子，一个儿子既聋且哑，是个天生的残废，另一个儿子在与他同岁的人们当中，在任何一方面却都要比其他人突出得多。后面这个儿子的名字叫作阿杜斯。在梦里向克洛伊索斯提起的，就是关于这个儿子的事情；梦里告诉说他的这个儿子将要被铁制的尖器刺死。等他醒来的时候，他独自认真地把这个梦思考了一番，就不由得对这个梦感到毛骨悚然了。于是他首先给这个儿子娶了个妻子；同时由于这个儿子在先前经常指

---

① ［法］库朗日：《古代城邦》，转引自［法］P.莱韦斯克（Pierre Leveque）：《希腊的诞生：灿烂的古典文明》，王鹏、陈祚敏译，上海书店出版社，1999年，第134—135页。
② 《黄帝内经》上卷《素问篇》，第十三章《移精变气论》。
③ 20世纪70年代出土的湖南长沙马王堆汉墓帛书《易传》之《要》，是提供孔子与上古思想的关系的重要资料。《要》记载说："赞而不达于数，则其为之巫；数而不达于德，则其为之史。……吾与史巫同途而殊归者也。君子德行焉求福，故祭祀而寡也；仁义焉求吉，故卜筮而希也。"
④ 参看吴文璋著：《巫师传统和儒家的深层结构》，（高雄）复文图书出版社，2001年；以及复旦大学葛兆光教授在《古代中国文化讲义》中阐述的观点。

挥吕底亚军队作战，现在便不叫他担任这样的职务了。一切长枪、投枪和人们在战时使用的诸般兵器，都从男子居室运了出来而堆放到后房里去，因为他怕挂起来的这样一件兵器保不定会掉下来刺着他的儿子。"① 但是无论克洛伊索斯如何加强防范，保护自己的爱子，梦里的预兆最终应验，他的儿子在猎捕怪兽时被同伴的投枪刺中，当即身亡。希罗多德记录了这一故事，说明凡人无法与命运抗争，即使是王侯将相也只能顺应神灵的安排。这是神话故事，亦是希罗多德接受的历史事件。

看到希罗多德这样的一番叙事，有经验的读者一定会有一种似曾相识的感觉：还以为自己在读希腊神话或荷马史诗吧？俄狄浦斯诞生及神谕的"杀父娶母"命运，不也是如此这般神秘地透露给人间王者的吗？孩子的家长为此做出的所有防患于未然的举措，难道会起作用吗？大家早已经心知肚明。梦兆和占卜一样，就叫梦占，以梦境占卜吉凶、由梦而获得启示（ὀνειραιτητέω），把梦当作人神沟通的渠道，那无疑是来自史前文化大传统的精神遗产。《历史》的撰写者对此深信不疑，津津乐道梦占以及应验的历史故事，多次讲述梦境神谕情况。再如第7卷第12章，述说一个波斯人的传说：一个梦降临到波斯王克谢尔克谢斯（简译薛西斯）脑中，一个姿容秀丽、体格高大的男子站在他身旁，动员他不要放弃，要率领大军去征讨希腊。说完就飞升而去了。② 这个人是谁？熟悉民间故事写法的人都能猜出：这显然是神明的化身。我们不禁要问：希罗多德何许人也，竟然像吕底亚国王和波斯国王肚子里的蛔虫一般，能够知道这些统治者自己做的是什么样的梦？！他写作时的取材，明显来自民间文学的内容。不论是神话还是传说，只要能够体现出历史事件发生的因果关系即可。

再去参考《古希腊众神的生活》一书的说法，就会明白，希罗多德史书中记载的梦境，只不过是神托或神谕的另一种表现方式而已。"神侵入梦中，利用人的身份和身体，给出想法，加剧四肢和思想的变化——神甚至潜入凡人行动和存在的根源，来隐藏自己。"③ 由此看来，荷马和希罗多德笔下的梦实

---

① ［古希腊］希罗多德：《历史》（上册），王以铸译，商务印书馆，1985年，第16—17页。
② 同上书，第473页。
③ ［法］德蒂安：《古希腊众神的生活》，郑元华译，上海人民出版社，2008年，第91页。

质是一样的，都是文学之梦、神托之梦。其对现实中的人物和事件的影响是决定性的，命中注定一般的。不需要等到20世纪初年由弗洛伊德写出《释梦》，人们早就能够明白古人之梦的预见作用。有人批判希罗多德是矛盾的、宿命的，历史故事里怎么会掺杂这些预言、幻象、梦兆、占卜等神灵古怪？这恰恰体现了作者的神话历史观，决定了他的思考和行文方式。

一般而言，原因一方总是在神明和神所掌控的命运那里。人就像被掌控操纵的木偶一样，哪怕是贵为万人之上的王者，也不得不在神谕和梦占面前俯首帖耳、言听计从。懂得这个原理，就不难理解《历史》第1卷中如下一段描写的意义。当古革斯听从神谕的安排做了吕底亚国王之后，便向德尔斐神殿敬献了不少东西：这位谋权篡位、名不正言不顺的新国王在神谕的保护下怡然自得地稳坐宝座，出于感激和敬畏之心，古革斯向神殿奉上大量的银制品；除此之外，他还献出了大量的黄金，在这当中特别值得提一提的是那六只黄金的混酒钵。它们的重量总计有三十塔兰特（τάλαντον）①，并且被放置在科林斯人的宝库里面。②

唯有对神明特别虔诚恭敬的人，才能得到神明的保佑。对所有的神话信仰者来说，神人之间的关系包括互惠的关系。平时不敬神，临时抱佛脚的做法，是不能得到神明眷顾的。神灵造福或降祸，世人必须仰视神灵，向神殿献祭敬奉。这就是希罗多德试图完成的司马迁那般类似于"究天人之际"的考察成果吧，也就是他冠名自己著作的"历史"这个词所包含的"探究""考察"之义所在。离开了信仰背景，就割裂了命运和事件背后的因果关系。由此可见，"历史"这个希腊语词的本义，和现当代人所谓的"历史科学"相去甚远。

历史是科学的，也是神话的。当代美国的史学理论家菲利普·巴格比（Philip Baggby）认为"历史科学"这样的合成词具有严重的误导危险。不是希罗多德搞错了或措辞不当，而是我们当代人搞错了，才导致"历史科学"这样的合成词具有严重的误导性效果。在19世纪，自然科学的显赫声

---

① 又译塔兰同，含义为"秤，天平"，是古代中东和希腊-罗马世界使用的质量单位，希腊人使用的塔兰同实际质量约相当于今天的26千克。
② ［古希腊］希罗多德：《历史》（上册），王以铸译，商务印书馆，1985年，第7页。

誉使得一些历史学家用"历史科学"这个名词来表示那种更为合理的方法，他们构想出这些方法是为了弄清历史事件的真相。……但是，只是在上一个世纪，它才变得成熟起来，并被称作"科学"。然而，"历史科学"这个词语是非常不恰当的，因为从"科学"一词的任何一种通常意义上说，那些方法都不构成一种科学。① 历史最初始融在神话语境对过去和当下的探索之中，它不应该贴上绝对真实、绝对科学的标签。它与神话结合得如此紧密，血肉相连，又如何说它是神话的对立面呢？历史科学是19世纪的说法，在"历史之父"希罗多德那里，历史就是不忘初心地探索，是带有信仰的"存疑求真"。

希罗多德就是带着这样一颗虔诚信神的心，踏上他的长途考察之旅：到小亚细亚诸城市、希腊、马其顿、埃及、腓尼基、叙利亚、黑海沿岸、意大利南部和西西里等地，据说甚至到达了印度。在此基础上才完成了著名的《历史》(Ἱστορία)一书。

《历史》共分九卷，根据后人分析，"此书之流布有一个相当可信的手稿传统，尽管一位早期编者（阿尔丁版本继之）以九位希腊缪斯女神这种奇特的称呼命名各个部分——从历史女神自身克丽奥（Clio）到史诗女神卡利俄铂（Calliope）——她们都是记忆女神摩涅莫辛涅（Mnemosyne）的女

图9-2　历史女神克丽奥在阅读卷轴，约公元前430年玻伊俄提亚的红彩细颈油瓶（lekythos）瓶画

---

① ［美］菲利普·巴格比：《文化：历史的投影》，夏克等译，上海人民出版社，1987年，第5页。

儿"。①《历史》传世抄本有几十种，大多是10—15世纪时的。全书传统上分为九卷，每卷各冠以一位缪斯女神的名字，因此后世又把它称为《缪斯书》。据学者推测，这种分法大概出自后来编订此书的亚历山大里亚学者之手，未必是原书的本来面貌。②如果真是由亚历山大里亚学者分卷和命名，那么他们的依据也是貌似合理的，因为《历史》一书中的确存在着大量的梦兆应验故事，他们在希罗多德身上看到了他对待历史如同对待神灵一般，拥有一颗敬畏和虔诚之心。希罗多德以崇敬和怀疑的态度对许多耳熟能详的神话故事作了详细的调查，他的目的是通过文字保存以往的功绩，为人类留住记忆。不过由于时代的局限，希罗多德的探索免不了先入为主的猜想和对材料的主观取舍。他对众多问题都抱有一追到底的好奇心，对不同的文化、不同的族群，从远古到当下，从文明到野蛮，从神话到可确定的事实，皆是如此。可以说，历史女神克丽奥在希罗多德的笔下呈现出多副面孔：地理的、民族的、风俗的、宗教的和历史的等等。这样的"历史"由神话而生。

第三节　历史映照神话

希罗多德在《历史》的开篇就告诉我们，他撰写该书的目的是为了记录人类的丰功伟绩，通过文字的力量避免一些事件由于岁月流逝而被人们淡忘，即"在这里发表出来的，乃是哈利卡尔那索斯人希罗多德的研究成果，他所以要把这些研究成果发表出来，是为了保存人类的功业，使之不致由于年深日久而被人们遗忘，为了使希腊人和异邦人的那些值得赞叹的丰功伟绩不致失去它们的光彩，特别是为了把他们发生纷争的原因给记载下来"。③卷首语出现了一个关键词——"原因"（αἰτίην），强调了两次：一是《历史》成书的原因；二是书中记录事件发生的"原因"。通过"原因"，探究人类的过往，人与神、人与人的关系。

---

① ［美］唐纳德·R.凯利：《多面的历史：从希罗多德到赫尔德的历史探询》，陈恒、宋立宏译，生活·读书·新知三联书店，2003年，第36页。
② ［古希腊］希罗多德：《历史》（上册），王以铸译，商务印书馆，1985年，出版说明，iii。
③ 同上书，第1页。

希罗多德刻意与前人保持距离，他认定自己的故事源自人。显然这样的执着在于挑战以往的诗人，尤其是荷马以降的传统。众所周知，古希腊诗人在创作之时都会歌颂文艺女神的馈赠。无论是《伊利亚特》的开头，还是《神谱》的卷首，荷马和赫西俄德都将颂歌和灵感的源泉归于女神缪斯，也就是说，归于一个神圣的源泉，一个灵异的所在。与此相异，希罗多德的取舍原则是"记录神插足人类事务的故事；基于同样的原则，他排斥宗教——诗性的（religious-poetic）叙述，因为这种叙述认为故事拥有神圣的起源"[①]。希罗多德"存疑求真"，实地考察，力求还原真相。其中，他对美女海伦究竟在不在特洛伊的思考显示出他对荷马的怀疑。他亲自询问埃及的祭司，并且理性地判断海伦不可能在特洛伊，因为特洛伊国王普里阿摩斯和英雄赫克托耳都不会冒着家破人亡的风险收留抛夫弃子、顶着"不守妇道"恶名的海伦。可是战争还是发生了，而且一打就是十年，因为希腊人不相信海伦不在特洛伊。希罗多德仔细地分析道：

> 埃及祭司们告诉我的一切就说到这里为止了。至于我本人，我是相信他们关于海伦的说法的。我的理由是这样：如果海伦是在特洛伊的话，那么不管亚历山德罗愿意与否，她都要被送回希腊人那里。可以肯定，普里阿摩斯和他最亲近的人们都不会疯狂到竟然会允许他们自己、儿子以及他们的城邦冒着危险而叫亚历山德罗娶海伦为妻。甚至假如他们在开头的时候有意这样做的话，那么，不仅仅是许多特洛伊人在与希腊人作战时被杀死，而且普里阿摩斯本人在每次战斗中，如果诗人的叙事诗可信的话，都要死掉两三个甚至更多的儿子，当这种情况发生的时候，即使海伦是普里阿摩斯自己的妻子，我自己也必然会想到，他绝对会把她送回到希腊人那里去的，如果这样做他可以躲避目前的灾祸的话。尽管普里阿摩斯上了年纪，亚历山德罗却不是最近的一个王位继承者，因此他不能成为一位真正的统治者。这样的一个人是赫克托耳，这是一个比亚历山德罗年长且比后者更勇敢的人物，他是极有可能在普里

[①] 巴特基（Elliot Bartky）：《史与诗之争》，吴小锋译，见刘小枫选编：《古典诗文绎读·西学卷·古代编》（上），华夏出版社，2008年，第202页。

阿摩斯死时取得王权的。赫克托耳绝不会同意他兄弟的不义之行,特别是当这个兄弟是造成赫克托耳本人以及整个特洛伊的巨大灾祸的原因的时候。然而事情的结果却正如他们所说的那样,因为特洛伊人那里并没有海伦可以交回,而且尽管他们讲了真话,希腊人却不相信他们;因为,我相信并认为,天意注定特洛伊的彻底摧毁,这件事将会在全体世人的面前证明,诸神确是严厉地惩罚了重大不义之行的。我是按照我自己所相信的来讲的。①

分析以上文字,可以看出希罗多德认为特洛伊的毁灭源于"天意",诸神必然会对不义之行严惩不贷。另外,也可看出希罗多德的矛盾,他始终纠结在历史与神话之争当中。一方面,他不断地提出个人的见解,用"我认为""我相信""在我看来"这样的字眼来否定荷马叙事的合理性,通过自己的逻辑推断海伦根本不在特洛伊,这样一来荷马史诗完全成了虚构的故事,由此拉开了《历史》与史诗的距离;另一方面,他依然不能彻底地脱离前人的叙事和思考模式,以至于他的历史叙事在秘索思与逻各斯之间纠缠不清。出现这一矛盾状况的原因是理性思考的权威尚未确立。换言之,逻各斯还没有从秘索思中完全脱胎和独立出来。按同一社会共同体内部的衍生神话历史的逻辑规则,这样的历史叙事还只能是神话叙事的延续。不过,他的可贵之处在于他质疑前辈、冲击当时的思维定式,并提供了无限的可能。

《历史》也开启了早期"比较"(comparison)的史学传统,通过比较,了解不同民族文化间的异同。希罗多德指出埃及与希腊在"荣誉上、艺术上和形式上"(第2卷第50—53章)的差异。"这些差异根源于两者不同的宗教信仰。第一,埃及不像希腊人,他们不相信一个凡人可以由神灵生出,因此埃及没有英雄(第2卷第50章第1—3节)。埃及人信奉赫拉克勒斯,是一位神灵,是单一的。而古希腊人在赫拉克勒斯身上投入了两重性:神灵信仰和英雄崇拜。如果说神灵赫拉克勒斯派生自埃及的话,那么英雄赫拉克勒斯绝对属于希腊本土产物,是独一二的。"② 希罗多德在比较的过程有两个重要发

---

① [古希腊]希罗多德:《历史》(上册),王以铸译,商务印书馆,1985年,第161页。
② Ann Ward, *Herodotus and the Philosophy of Empire*, New York: Baylor University Press, 2008, p. 28.

现：第一，赫拉克勒斯在埃及是一位神灵，在希腊却降格为英雄；第二，埃及对神灵的信仰是单一的，古希腊人的信仰则稍显复杂，在同一个人物身上投入了两重性，既把他当成人，也把他视为神。也就是说，希腊的赫拉克勒斯，形象更为丰富和饱满，这位介于神与人之间的英雄被赋予了调和神人之间矛盾的使命和功能。

在谈及动物崇拜时，希罗多德举了埃及忒拜城的例子。在《历史》第2卷第42章中，他介绍说忒拜人是不能碰触山羊的，这一风俗的起源是因为神话中说，赫拉克勒斯坚持一睹宙斯的真面目，而神灵是不能随随便便让凡人看视的。所以，宙斯用一只山羊头挡住自己的脸，披上羊皮。埃及人对动物的崇拜，不是因为动物本身的神性，而是依附在动物身上的神灵。同时，不去窥视神灵本来的面貌，而以动物形象显示也是出于对肉眼的保护和对神灵的尊重。① 希罗多德将埃及和希腊的习俗同她们的神话故事结合起来讨论，不仅解释了一些风俗的具体情况和各自的神话出处，也强调了神话在世人生活中所起到的指导性作用。

图9-3　希罗多德《历史》1494年由Lorenzo Valla翻译成的拉丁文版本，现存于耶鲁大学贝内克珍本书和手稿图书馆（Beinecke Rare Book & Manuscript Libary）

和赫西俄德在《神谱》中频频提及神秘数字9一样，希罗多德也巧妙地运用了这个数字。首先，《历史》共分九卷，分别向天上的九位缪斯女神致敬。其实，在希腊神话中，经常出现数字九：大地女神得墨忒耳寻找女儿珀耳塞福涅，九天里跑遍全世界；勒托生阿波罗和阿耳忒弥丝兄妹忍受了九天

---

① Ann Ward, *Herodotus and the Philosophy of Empire*, New York: Baylor University Press, 2008, p. 32.

九夜的疼痛；九位缪斯女神是天神宙斯九个夜晚的爱情结晶等等。"九似乎是怀孕欺瞒与寻找终获结果的标准，象征努力的成果与创造的完成。"① 但希罗多德又不同于赫西俄德，他的伟大之处在于他把对神话的好奇心转向解答自身时代的具有现实意义的问题上。《历史》的大标题是"历史"，还有一个小标题叫作"希腊波斯战争史"，希罗多德的历史考察与时代问题紧紧相连。希波战争是欧亚两大洲发生的大规模国际战争，这场战争从公元前499年（一说公元前492年或前500年）至前449年前后，持续了近半个世纪。希罗多德出生的时候，战争打得正酣，如火如荼的交战一直持续到希罗多德的中年甚至到晚年时期。因为亲自体验战争以及由战争引发的诸多问题给历史学家带来别样的思考空间。第1卷第1章希罗多德认真地思索希腊和波斯发生纷争的原因，追溯希腊与亚洲国家之间的矛盾，把相传已久的神话故事放在现实生活中去检验，对比真伪。按照波斯人的说法，腓尼基人抢走了阿尔戈斯的公主伊娥，把她带到埃及，而不是神话所说，天后赫拉驱赶伊娥，用牛虻叮咬她，在走投无路之际，伊娥在普罗米修斯的指引下来到埃及的；希腊人犯下两次不义之行，一次是抢走腓尼基的公主欧罗巴（神话中欧罗巴被变成一头公牛的宙斯拐走），一次是抢走科尔启斯的公主美狄亚（神话传说金羊毛的故事讲美狄亚是伊阿宋诱拐走的）。由此希腊与亚洲国家结怨，为了报复希腊人，普里阿摩斯的王子亚历山大才从希腊劫走了海伦。由于希腊人对小亚细亚的入侵，波斯与希腊成了仇敌，也就是希波战争爆发的历史原因。希罗多德仔细辨认腓尼基人和波斯人说法的不同，评论说："这两种说法中哪一种说法合乎事实，我不想去论述。"② 他承认这些事件的真实存在，指出神话的不实之处。交战双方各执一词，真相扑朔迷离，希罗多德没有带领我们去拨云见日，而是把思考空间留给每一个人。

战争激起历史学家探究真相的热情，对真相的好奇成为史学家撰写历史的精神驱动力。正如英国历史学家汤因比（Arnold Joseph Toynbee）所言："那些能够带来精神满足的重大事件也会激发历史学家的创造力，如波斯战

---

① 《世界文化象征辞典》，湖南文艺出版社，1994年，第459页。
② 《历史》第1卷第1章。[古希腊]希罗多德：《历史》（上册），王以铸译，商务印书馆，2016年，第1页。

争对希罗多德构成的精神挑战。在大多数情况下，最能激发历史学家作出完美回应的莫过于历史上发生的重大灾难，因为这些大灾难挑战了人类天生的乐观主义。"①从战争的层面理解，我们才明白希罗多德为什么会对海伦是否藏匿于特洛伊的真相如此热衷，也明白为什么他反复提及战争时期士兵在神殿里避难，祈求神灵的援助，神话在战争历史中起到精神支撑的作用。原始人不会有历史感，因为他们的社会环境只涉及大自然，与社会现实问题不沾边②；太平盛世的人们即使有历史感，也只有在社会动荡、兵荒马乱、朝不保夕之际，才会对发生在远古战场上的生命嗟叹感同身受。希罗多德踏上探寻历史的漫漫长途，也踏上了"寻求神，找到神"③的朝圣之路。

希罗多德仔细区分神灵在史诗和神话中的表现，认为神灵的出生地、存在时间以及外形并不是希腊人独到的发明，甚至推断赫西俄德和荷马的时代距他生活的公元前5世纪并不遥远。

> 然而，从什么地方每一个神（τῶν θεῶν）产生出来，或者是不是它们都一直存在着，他们的外形（τὰ εἴδεα）是怎样的，这一切可以说，是希腊人在不久之前才知道的。因为我认为赫西俄德与荷马的时代比之我的时代不会早过四百年；是他们把诸神的家世交给希腊人，把它们的一些名字、尊荣和技艺交给所有的人并且说出了它们的外形。然而据说比赫西俄德与荷马更老的那些诗人，在我看来，反而是生得比较晚的。上述这一切当中开头的部分是多铎那（Δωδωνίδες）的女祭司们讲的；关于赫西俄德和荷马的，后面的部分则是我自己说的。④

希罗多德的历史在一定程度上是对神话的解读，他考察神的历史，思考他们产生的源头，从什么地方来的，他们的外形是如何确定的。希罗多德

---

① ［英］阿诺德·汤因比：《历史研究》（下卷），郭小凌等译，上海人民出版社，2010年，第937页。
② 同上书，第935页。
③ 《使徒行传》第17章第27节："要叫他们寻求神，或者可以揣摩而得，其实他离我们各人不远。" 转引自上书，第935页。
④ 《历史》第2卷第53章。［古希腊］希罗多德：《历史》（上册），王以铸译，商务印书馆，1985年，第134—135页。根据希腊文有所添加。

向最有名最古老的圣地之一多铎那（Dodona）①的女祭司询问，了解到希腊人对神灵的出身、外形等情况的了解时间并不久远。除了询问经验丰富的祭司，他还有自己的想法：首先，荷马和赫西俄德应该生活在公元前9世纪之后，不会比自己的时代早400年以上；其次，是荷马和赫西俄德这两位诗人给神灵确立了家谱、名字、尊称、技艺和外形；还有，许多年代久远的诗人其实都出生在荷马和赫西俄德之后，而不是之前。依据神话去解读历史上赫西俄德对于五个时代划分的认识模式，我们可以发现希腊神话历史的诗学与史学研究的无限可能性，一直以来存在的诗与史之争，其实在根源上并非水火不容，诗人和史家在记录人类的故事上都抱有雄心。只不过相较于诗及诗人，"希腊史学所表现出的雄心及其涉及的对象则有限得多。然而，正是在这有限性中，它达成了某种不容忽视的全新成就。从根本上说，希腊人的史述一方面无意追寻时间背后的深意，另一方面，这种史学却因此拥有了一个成果颇丰的可能性：它能够循着偶然性回溯事件，并通过理智洞悉它们背后的东西"。②希罗多德的制史观建立在两个层面上：他把许多古老的神话看作历史，不自觉地将神话历史化，同时，他把现代历史以神话故事的模式进行讲述，使历史神话化。"在思想观念上，他既是人文主义的，又是宿命的，认为命运或历史是神和人共同作用的结果。在这样的历史观指导下，他所创作的《历史》也就成为神话历史合二为一的典范。"③《历史》中列举了大量神谕应验的例子，这反映出作者置身于神话语境中的历史观，他没有完全跳离神话的大框架，他的"历史"带有显著的"神话历史"特征。一方面，他质疑前人，调动理性，挑战约定俗成的经典，成为名副其实的"历史之父"；另一方面，他由古老的传说哺育和滋养，没有真正斩断与天命史观连接的脐带，依然是一位"神话之子"。

《历史》的材料大多来自地方性的传说，第1卷记录了吕奇亚人（Λυκίην）奇特的风俗习惯。希罗多德介绍说，吕奇亚人的风俗习惯一部分

---

① 位于希腊的西北部，是最古老的神谕圣地。按照希罗多德的说法，这个地方可以追溯到公元前第二个千年（the second Millennium BCE）。
② ［德］梅耶（Christian Meier）：《古希腊政治的起源》，王师译，华东师范大学出版社，2013年，第322页。
③ 冯金朋：《历史：另一种神话——谈希罗多德的人神史观》，《重庆社会科学》2006年第2期。

来自克里地人（Κρητικοῖσι），一部分属于卡里亚人（Καρικοῖσι）。但是他们却有一个和世界上任何民族都不相同的风俗。那就是子随母姓（καλέουσι ἀπὸ τῶν μητέρων），一切都以母方的身份地位为基准：他们不是从父方，而是从母方取得自己的名字。如果旁边一个人问一个吕奇亚人他是谁的话，他就会说他是自己的母亲某某人的儿子，这样按照母系往上推。而且，一个具有充分公民权的自由妇女即使和一个奴隶结婚的话，他们的孩子也还是有充分公民权的；反过来，倘若一个有充分公民权的自由男子和一个异邦妇女结婚或者是和一个异邦的小妾同居的话，即使他是国内的首要人物，他们的孩子也是没有任何公民权的。① 希罗多德在这里讨论的是母系社会的遗风问题，儿女跟随母亲的姓氏，并根据母亲的身份来决定自己是否拥有公民权。如果继续下去就有可能追溯到女神神话的传统，但是希罗多德并没有深究下去。不过，结合荷马史诗中有关吕奇亚的描述，可以了解吕奇亚这一传统的由来。在《伊利亚特》第6卷第165—210行提到了小亚细亚西南部的吕奇亚。英雄伯勒罗丰忒斯（Βελλεροφόντης）曾来到吕奇亚，屠杀了阿玛宗女郎，吕奇亚国王有心挽留他，于是命人划出一片肥沃的土地，将伯勒罗丰忒斯招赘。史诗谈到吕奇亚国王招赘，英雄入赘成了上门女婿这一事情，我们可以设想，男方到女家成亲落户一般都要随女方的姓氏，在中国俗称"倒插门"。吕奇亚子随母姓的风俗成为荷马史诗中吕奇亚招赘一事的注脚，也就是说荷马史诗在希罗多德的历史中得到了延续、扩展和解释。

　　《历史》中的地方民俗资料非常丰富，历史映照出神话。历史与神话的水乳交融还体现在第4卷关于英雄赫拉克勒斯的传奇故事上，提到英雄赫拉克勒斯是斯奇提亚人（Scythian）的祖先。希罗多德强调说，这是根据在黑海居住的希腊人的说法。赫拉克勒斯曾赶着牛群到达的地方，当时是一片茫茫沙漠，现在却是斯奇提亚人的居住地。赫拉克勒斯睡着时，驾战车的牝马神奇失踪。为了寻找失踪马匹，赫拉克勒斯来到了一个叫作叙莱亚（Hylaea）或者称为"树林之地"（Wood Land）的地方，进入一处幽深的洞穴，发现里面有一个半女半蛇的奇怪生物——她的腰部以上是一个女子，腰部以下则呈现

---

① 《历史》，第1卷第173章。［古希腊］希罗多德：《历史》（上册），王以铸译，商务印书馆，1985年，第87页。

蛇的形状。她主动要求与赫拉克勒斯交媾，才肯交还马匹。后来蛇女为赫拉克勒斯产下三个儿子，他们是赫拉克勒斯的后代，小儿子成为斯奇提亚人的祖先。① 这里体现的是希罗多德对古老民族之源的认知。② 一个民族的祖先居然由蛇女生出，这些令现代人感到荒诞不经的故事证明：希罗多德的历史书写仍然遵循着早期神话传说的模式，这位"神话之子"撰写的历史"真实地"反映出当时的社会环境和历史条件。这样的历史书写在一定程度上仍然属于一种神话叙述，因为作者认为这是约定俗成的说法，没有从源头质疑的必要。同样地，《历史》照搬居住在黑海的希腊人的说法——这是希罗多德亲自获取的一手资料——讲述一个民族的产生源头，正映照着"历史"的母体——神话。赫拉克勒斯的子孙既然有一个神话的起源，自然有一个神话的结局。

希罗多德的神话历史研究是建立在走访、询问、实地勘查并加以推导和假设的基础之上的。正如希罗多德最初所尝试的那般，依据神话去解读历史，又通过历史去诠释神话。因为史实成分恰恰寓于神话陈述的故事情节中，历史分析则要从神话故事中发现这些历史线索，并加以分析核实，将之作为神话产生的"源头"。③ 这种将希腊的神话与历史紧密结合，而不是彻底割裂的研究方法，为神话和历史诸多谜团的破解提供了一个视角、一种方法、一种可能。

也许对希罗多德而言，神话讲述的历史故事只是一种表象，神话所反映的社会内容才是"真实的"。换言之，神话的意义在于它能反映社会本身，而不是某个具体的历史事件。发生在荷马时代之前的特洛伊战争，对于荷马时代之后的希罗多德意义非凡。荷马史诗中的神灵和英雄在希罗多德的时代依然魅力不减。历史都在重复，跨越千年的故事依然在不同的时期轮番上演。从这个角度上讲，神圣的伊利昂与得胜的雅典似乎是同一的，而相差数百年的特洛伊战争时代与希波战争也可以说处于同一个水平层面，都是在长年厮杀中同呼吸、共命运的时代。神话所反映的是其赖以产生和存在的社

---

① 《历史》，第4卷第8、9章。
② Ann Ward, *Herodotus and the Philosophy of Empire*, New York: Baylor University Press, 2008, p. 32.
③ ［法］让·皮埃尔·韦尔南特:《古希腊神话与社会》(英译本) 伦敦，1982年，第211—212页。转引自王以欣、王敦书:《希腊神话与历史——近现代各派学术观点述评》,《史学理论研究》1998年第4期。

会。也就是说，神话植根于具体的社会文化环境中并"真实地"反映它们。①无论将神话与历史等同，还是将二者严格区分，都不是神话历史研究本身，《历史》最初不是我们现在所说的"历史"，因为它有诸多神话般的讲述，不是严格意义上的科学的"历史"，而且，在神话语境下，历史无法显现科学讲真求实的目标。神话历史学派和社会功能学派提供的是切入神话历史的途径和方法，不是最正确的，也不是唯一的。

《历史》中反复强调的"赫拉克勒斯子孙回归"的故事，在现代人看来既是一部历史，也是一则神话。马林诺夫斯基认为，神话是为"活的信仰"提供奇迹证明的，为社会现实与道德观念提供先例和依据："每一项历史变迁都创造一个神话，可是神话只是间接地与历史事实有关。"②换言之，神话的功能是为现存事物寻找存在依据，颁发一个社会"特许证"。③《历史》第5卷第76章谈到多利安人对雅典的四次入侵。从功能派角度看，多利安人编造的"赫拉克勒斯子孙回归"的神话不过是为其入侵希腊大陆南部寻找依据。入侵理由十分充分，赫拉克勒斯是迈锡尼王子，作为赫氏后裔，多利安人也就成了迈锡尼王室的合法继承人，其南下入侵不过是夺回祖辈故有的王权。这是典型的寻找殖民"归属感"、获取入侵"资格证"的神话。既然神话的实用功能如此明显，其历史真实性就可想而知了。因为神话"有用"，所以在历史上被频频"借用"，打着子虚乌有的神话大旗而树立权威的故事在历史上并不少见。除了赫拉克勒斯，希罗多德在《历史》第6卷第138章还讲过另外一个典型的"神话借用"：勒摩诺斯岛（Λῆμνος）上的一些人原来是居住在雅典的佩拉斯吉人（Πελασγοί），后因对雅典人做了不义之事而被驱逐出来，移居勒摩诺斯岛上。为图报复，他们劫掠了很多雅典妇女为妾。这些雅典妇女生的孩子从母亲那里学得雅典的语言和风俗，长大后抱成一团，以雅典人的后代自居，与当地岛民格格不入。勒摩诺斯当地人感觉受

---

① 简·布罗墨尔（Jan Bremmer）编：《希腊神话的解释》（Interpretations of Greek Mythology），伦敦，1987年，第216、233页。转引自王以欣、王敦书：《希腊神话与历史——近现代各派学术观点述评》，《史学理论研究》1998年第4期。
② ［英］马林诺夫斯基：《巫术、科学、宗教与神话》，上海文艺出版社，1987年（影印本），第184页。
③ 参看王以欣：《古希腊神话与土地占有权》，《世界历史》2002年第4期。

到威胁，便将雅典妇女及其所生儿女统统杀死，结果触怒神明，招致灾祸。最后他们只好奉神谕之命向雅典人许诺，有朝一日将把国土奉献给雅典人。希波战争期间，雅典人名正言顺地出兵占领了该岛。① 与有些故事貌似神话、实属历史有别，有些故事貌似历史、实属神话。

《历史》中，一些历史事件被神话化，不少神话故事被历史化。这两则"神话借用"故事正如英国古典历史学家保罗·卡特勒支（Paul Cartledge）在《希腊人》（The Greeks）一书中所言，"是融合了传统与创新成分的极好的神话例证，其目的是借两极分化来加强种族认同感；协调因公民地位和性别作用的差异而引发的矛盾；同时发挥全面的政治功能，为攻占重要的海外领土提供一个合法的'特许证'。是否为史实则另当别论"。② 以上例证表明：在有心利用神话的历史人物看来，神话的历史内容是否属实是次要的，神话的社会功能才是唯一重要的。问题在于，未必属实的神话嵌入了历史的血肉之中，当辨别和剥离它们的时候，会发现虚假的神话成就了真实的历史。无论是多利安人入侵希腊还是雅典人占领勒摩诺斯岛，都体现出他们巧妙地利用了神话的功能，即为了现存事物寻找存在的依据，寻找一种被世人接受容纳的身份证和归属感，为自己的军事行为谋求合理的借口。历史上，这些从神话传说中获得的"特许证"成为一场场蓄谋已久的侵占他人土地的幌子。希罗多德"真实地"记录了这些神话历史事件的发生，这位神话的继承者、历史的创始人告诉我们，历史有其深厚的神话土壤，他把对神话的需求和依附浓缩在希腊的一段特殊历史时期当中，串联起希腊、地中海乃至整个人类文明发展的一段神话历史。

小结 历史：另一种神话

《历史》记录了许多奇闻怪事，作者肩负"刻写人类光荣事迹的重任"，

---

① 《历史》，第6卷，第137—140章。
② 保罗·卡特勒支（Paul Cartledge）：《希腊人》（The Greeks），牛津，1993年，第26页。转引自王以欣、王敦书：《希腊神话与历史——近现代各派学术观点述评》，《史学理论研究》1998年第4期。

长途跋涉，一探究竟。亚里士多德曾就希罗多德与诗人尤其是荷马的相似性，而在《诗学》(Περὶ ποιτικῆς) 中毫不留情地批评了《历史》。希罗多德与荷马之间的相似与差异，肇始于希罗多德的探究方法；用现代的话来说，这种探究方法融合了神话和历史，处处展现出希罗多德的神话历史观。"希罗多德在某种程度上混合传说、神谕和梦，是因为这些东西传报人们的所言所行；换句话说，这些东西都是人类经验的重要部分。……希罗多德融会了许多出现在荷马史诗中的传说和故事，由此《历史》打造成的织体既有宗教-传说(religious-mythic)，也带有某些诗性。可是，希罗多德故事中的宗教成分，不只限于人物的所言所行，毋宁说，这种宗教成分乃是基于整个《历史》的宗教视野。希罗多德通常相信神谕、预兆和梦都是真的，他的神学感在这些事实中彰明昭著；希罗多德还相信：神之间相互忌妒，神对人类事务感兴趣，并且'神也会严肃地惩罚重大的不义之行'。"①历史事件以神话故事的方式进行诉说，所以，希罗多德的历史构成了另一种神话。

希罗多德的认识是二元的，神话和历史在他的观念里同时并存。在《历史》第8卷第77章，他接受了神干预战争的观念，明确表达了对神谕的信任；第7卷第129章暗示他相信波塞冬带来地震的说法；在《历史》第3卷第122章，他认为克里特的米诺斯国王不同于公元前6世纪的萨摩斯僭主波利克拉迪斯(Polycrates)，他认定前者是神话人物，不足全信。现代词汇history（历史）来源于希罗多德这部著作的定名 *Historia*，不同于现代学科的历史学分类，"历史之父"希罗多德的初衷只是希望在调查的过程中记录人类的业绩，而他认为这些业绩的创造与神灵是分不开的。

希罗多德的《历史》充分说明认识神话与历史的关系需要有个渐进发展的过程。解析《历史》，会发现另一个神话。在古希腊人看来，神话和"古史"浑然不分；中世纪则盛行古希腊的欧赫墨罗斯主义(Εὐήμερος)②，神话被当作乔装改扮的历史；在近代，神话被正统史家排斥于历史领域之外；接

---

① 巴特基(Elliot Bartky)：《史与诗之争》，吴小锋译，见刘小枫选编：《古典诗文绎读·西学卷·古代编》(上)，华夏出版社，2008年，第200—201页。
② 欧赫墨罗斯是公元前4世纪时期的神话作家，著有《圣史》(*Sacred History*) 一书，主张神话中包含很多真实的成分。后世用其名字代称神祇来源于历史上真实英雄的理论观点，即欧赫墨罗斯主义。

着，爱琴考古活动又使欧赫墨罗斯主义复活。不少人也像欧赫墨罗斯那样，相信人们普遍信奉的大神，最初本是伟大的国王或征服者，世人为了感谢和纪念他们的事迹才将他们奉为神明。比如，希腊神话中乌拉诺斯、克洛诺斯和宙斯三代神灵间的新旧交替正是古代王位更迭的反映。于是神话成了真史，神性有了人性，神话中的神灵被看作真实的历史人物。欧赫墨罗斯学说点燃了古典文化爱好者的希望之火，他们热衷于从神话故事中发现神话古史的线索。如前所述，乔治·格劳特排斥神话，认为特洛伊城是伪造的；E.库斯特迷信神话，认为神话中含有史迹。他们二人代表两种极端的学术倾向，虽然属于学术尚未成熟的表现，不过他们的努力为神话历史的研究贡献了力量。大概客观公正的研究态度应是一种中庸之道（亚里士多德伦理学所提倡中道之说——the Golden Mean），意即取其两端的平衡点。因为完全脱离历史语境的神话是不存在的，一如历史之初，建立在对神话源头的追问和探索上。神话能反映历史，但远非"信史"。[①]神话有历史的维度，历史有神话的视角。我们应该看到，神话既有货真价实的成分，也有弄虚作假的成分。因迷信神话而歪曲或不顾考古事实，或只承认考古结果而轻率地否定神话，都不能说是客观公正的。成功的历史解释应建立在神话与考古的和谐之上。当科学理性在思想界获得霸权地位并且充斥日常生活的时候，我们也应该强调人文学科的价值，考虑古希腊神话深层的智慧对于精神层面的影响。我们必须借鉴考古、语言、图像、文化、宗教、心理学和神话学等多方面的研究成果，唯其如此，才有可能对史前社会历史发展轨迹作出较为准确的描述和分析，才有可能回答神话是否反映史实、在多大程度上反映史实等等问题。倘若我们同意意大利哲学家维科（Giambattista Vico）所认为的，人类从以直观感受和想象为主的"缺乏反思能力"的野性思维，过渡到具有"充分发展的人类理性"的文明思维，其基本特征是"观察"与"思考"的话[②]，那么，我们可以说历史都有一个神话的起源，神话在创造之初就发生了历史。至少在希罗多德那里神话的历史并非泾渭分明，神明崇拜和神谕应验加入人类的

[①] 王以欣、王敦书：《希腊神话与历史——近现代各派学术观点述评》，《史学理论研究》1998年第4期。
[②] ［意］维科：《新科学》，朱光潜译，人民文学出版社，1986年，第69、134—148页。

伟大事业当中，或推动或阻碍人类文明社会的发展。神话宛若人类天真烂漫、妙不可言的童年，并一直伴随着人类成长、成熟。很显然，希罗多德所作的"历史"，正是对起源的探究，他处在"诗"的末处，"史"的开端，他的《历史》不再等同于荷马和赫西俄德以神话思维为框架的"诗性的历史"，然而，也尚未成为"科学的历史"。

神话会重述，历史有反复。对我们现代人来说，没有文字甚至缺乏图像的史前时代仍是个神秘的"神话时代"，它有太多的谜团未解，人们寄希望于神话和传说提供一定的历史证据，毕竟神话"远非一个人的凭空捏造，它在一定程度上意味着整个民族的集体记忆"。①终归，神是由人创造和描绘、尊奉起来的，是人最完美的体现和最终的精神寄托。神的历史在一定程度上反映了人对自己历史的认知，同时，在不断探索神的历史、追问神之由来、思考神人关系的过程中，形成了人类的历史。

通过《历史》所叙述的神话故事，可以从不同的理论角度探讨神话与历史的关系、神话与历史事件的联系。《历史》中的神话提供了当时重要的社会文化信息，具有巨大的学术参考价值。希罗多德既是"历史之父"，亦是"神话之子"。他在浩如烟海的神话故事材料中寻找历史的线索，像一个虔诚的学生那样孜孜以求地探索真知。希罗多德的可贵之处在于他努力冲破既有知识的局限，谦虚谨慎地潜入人类文明发展的深流，描述希波战争前后古希腊及地中海世界的状况，力图真实地记录和思考一些民族的来龙去脉，探索无尽的未知。他是神话观念的继承者，也是历史观念的开拓者。他的历史，也是他缔造的另一种神话。

---

① ［美］J. W. 汤普森：《历史著作史》（第4分册下卷），谢德风译，商务印书馆，1992年，第682—683页。

| 总　结 |

史学与文学的汇流

一、历史：发明的发明

历史是文化的历史。文化史区别于自然史，其最大特征是人类的主观性参与和创造。当代的科学知识社会学，即所谓建构主义学派，将人类的这种话语创造活动定义为"建构"或者"发明"。历史和文化传统是"被发明出来的"。这样的说法若是出现在现实主义思维流行的20世纪之前，一定会被当成一种痴人说梦的呓语。在那个时代里，历史被奉为"历史科学"。可是放在20世纪后期，这样的说法就成为史学界的一种理论时髦。著名历史学家霍布斯鲍姆（Eric Hobsbawm）在《传统的发明》（*The Invention of Tradition*）一书导论中指出："'被发明的传统'这一说法，是在一种宽泛但又并非模糊不清的意义上被使用的。它既包含那些确实被发明、建构和正式确立的传统，也包括那些在某一短暂的、可确定的年代的时期中（可能只有几年）以一种难以辨认的方式出现和迅速确立的'传统'。英国国王的圣诞广播讲话（确立于1932年）就是前一种传统的范例；与英国足总杯决赛相关联的实践活动的出现和发展则是后一种传统的代表。"[①] "被发明的传统"意味着一整套由某种规则或潜规则所控制的人类实践活动，具有一定的仪式性和象征性，在不断重复中灌输一定的价值和行为规范，而且必须暗含与过去的联系性。在历史学家所关注的任何时代和地域中，都可能看到这种意义上

---

① ［英］霍布斯鲍姆等:《传统的发明》，顾杭等译，译林出版社，2004年，第1页。

的传统的"发明"。在社会转型变革期,情况尤其明显和突出。

历史由"发明"所产生的说法,一时间在史学界迅速流行起来,好像已经成为一种新发现的"真理"。如英国的新史学代表人物彼得·伯克(Peter Burke)在《什么是文化史》(*What is Cultural History*)中所列举的情况:

> 如果说福柯和塞尔托提出的有关文化建构重要性的论点可以成立,那么,所有的历史都变成了文化的历史。如果把1980年以来出版的凡书名或标题中带有"发明""建构""想象"等字眼的全部历史论著开列出一份清单的话,那么,这份清单肯定会很长,而且五花八门。其中将会包括一大批有关"发明"的著作,例如发明雅典人,发明蛮族,发明传统,发明经济,发明知识分子,发明法国大革命,发明原始社会,发明报纸,发明文艺复兴期间的妇女,发明餐馆,发明十字军,发明色情文学,发明罗浮宫,发明民族和发明乔治·华盛顿,等等。①

就西方文明历史的开端而言,希腊文字普及使用之前的情况具有十分重要的奠基性意义。口传文化时代对历史的"建构"或"发明"情况,就是神话与史诗的口耳间传承,以伟大的故事歌手荷马为代表。而文字和书写活动一旦开始,更确凿和可辨识的伟大发明就一直延续至今。②荷马传唱的《伊利亚特》和《奥德赛》,在后来被书写为希腊文的文本之后,铸就了希腊人的族群认同与历史认同标的。所以当今处于学术前沿的史学家们希望通过荷马史诗的文化记忆来梳理希腊文明被发明的情况。德国学者扬·阿斯曼(Jan Assmann)所著《文化记忆:早期高级文化中的文字、回忆和政治身份》(*Das kulturelle gedächtnis:Schrift, Erinnerung und politische Identität in frühen Hochkulturen*)一书便是这方面的代表。该书第七章第二节题为"荷马与希腊民族的形成",其中的首个小标题是"英雄时代作为荷马的回忆"。

---

① [英]彼得·伯克:《什么是文化史》,蔡玉辉译,北京大学出版社,2009年,第93—94页。
② Jack Goody, *The Power of Written Tradition*, Washington and London:Smithsonian Institution Press,2000, pp. 47–62.

对于希腊这个"民族"(volk)来说，上文所显现出来的泛希腊意识绝不是理所当然的事。希腊人几乎不具有形成政治同一性的基础，他们分属不同的政权，因此在对外关系问题上相互独立，正因为如此，雅典人才如此费尽心机地宣传泛希腊属性。这一共同的属性主要归功于一部文字形式的作品及其传播，这部作品就是《伊利亚特》。"希腊人把《伊利亚特》当作自己所拥有的无价之宝，虽然他们分属不同的氏族和阶层，而且他们所处的政治和社会环境不断变化，正是在这部史诗的基础上，所有的希腊人开始把自己视为一个整体。"

我们在探讨以色列书写文化时碰到的现象同样存在于希腊书写文化中：与以色列民族一样，希腊民族在一部具有奠基意义的作品基础上逐步形成。虽然这一可比性不言而喻，更加具有启发意义的是二者之间的差别。①

阿斯曼非常注重在西方文明的两大源头希腊和希伯来之间进行穿插对比。一方面是希腊人的发明，另一方面则是希伯来人的发明。两个迥异的民族在回忆自己祖先事迹方面的方式是不同的：以色列人通常会沉浸在一个个片段式的回忆里，他们记忆的核心内容是摩西出埃及记的故事、以色列人奉耶和华为独尊的过程以及他们在异国他乡如何得到拯救的故事；而希腊人则把分散在四面八方的同胞们的回忆揉捏在一块，形成一个整体——这一共同回忆的内容集中在荷马史诗《伊利亚特》当中，因为这部史诗展现了希腊联军同仇敌忾的过去，他们曾经组成过一个整体并获得胜利。"与此相关，希腊人回忆的核心内容是所有的希腊人为了一个来自东方的敌人而结成联盟，即一个泛希腊同盟。"②就此而言，荷马史诗对发明传统所起到的作用，无异于希伯来人的《圣经》。二者共同的基础是早期文明人对神灵的虔诚信仰。文明的奠基一定伴随着信仰支配下的活动，而文明初始期的文本一定是具有神圣性的文本。这样，学者们就可以给历史的发明找到永久性的原型——神话。

---

① [德]扬·阿斯曼：《文化记忆：早期高级文化中的文字、回忆和政治身份》，金寿福、黄晓晨译，北京大学出版社，2015年，第295—296页。
② 同上，第296页。

阿斯曼接着从两个方面进行阐述。首先审视的是，在文明初始期具有奠基性意义的文本及其产生的历史条件。其次审视的是，相关人群进行回忆的全部过程。这两个方面的探讨能够充分展示出文化记忆的形式和功能是怎样得到运作的。探究是从如下的具体问题开始的：为什么公元前8世纪的希腊人要进行回忆，而且是以史诗的形式叙述500年之前发生的事情？解答的方式在于梳理后世对荷马的回忆以及荷马史诗的传承和传播情况。

首先需要说明的是，荷马史诗的传承与传播不是借助书籍文化（Buchkultur）和阅读文化（Lesekultur），而是借助隆重的朗诵文化（Rezitationskultur）来完成。希腊人开始有组织地传承和传播荷马史诗是在公元前6世纪后半叶，与希腊史诗富有创造性的时期的终结同时。这一巧合实际上并非偶然。在以色列，"预言的终结"预示着确立正典的时刻即将到来。公元前6世纪的诵诗人（Rhapsoden）是"职业的朗诵者，他们朗诵固定的诗作，这些诗作被认为是由荷马所作"（法伊弗）。这些人从一开始就集传承（Überlieferung，涉及行文）、解释（Auslegung，涉及意义）和传授（Vermittlung）于一身，说明不只是单纯地让人消遣和为人助兴，而是同时充当了语文学家和教育家。此外，荷马史诗还起到了"行为百科全书"（encyclopaedias of conduct）的作用。正如同样身为诵诗人的色诺芬曾经断言，"所有的人从荷马那里学到了东西"（B10）。以竞赛的形式朗诵荷马史诗的机制始于泛雅典娜节的竞赛（panathenäische Spiele），然后又波及所有泛希腊的节日（panhellenische Feste）。在这些起初为进行文化记忆而在泛希腊层面上形成的机制和组织起到了向荷马诗作注入民族精神的作用，因为接受这两部诗作的形式和过程具有鲜明的节日、仪式、地方的色彩，有助于共同体的形成。荷马史诗流传时所借助的方式就是典型的"借助仪式进行的交流"，它们与泛希腊节日密切联系在一起，为一个民族在政治领域以外诞生（或者说不依赖政治身份）这样一个伟大的工程奠定了基础。①

---

① ［德］扬·阿斯曼：《文化记忆：早期高级文化中的文字、回忆和政治身份》，金寿福、黄晓晨译，北京大学出版社，2015年，第298—299页。

就本书的主题希腊神话历史而言，阿斯曼倡导的文化记忆视角堪称一种研究范例。他通过传播学史的分析，揭示出荷马史诗这样通常被古典文学课程讲述的对象，是如何对建构和发明希腊历史发挥其奠基性作用的。为此，他当然不得不直面对现代学术分科制度下，历史与神话两大概念相互对立的现状，并努力寻求突破的方向。

> 我们把具有奠基意义的故事称作"神话"。人们经常把"神话"这个概念与"历史"对立，并且将这组对立与其他两组联系到一起：虚构（神话）和现实（历史）的对立、带有价值判断的目的性（神话）和无目的的客观性（历史）的对立。这些概念两两之间的对立由来已久。如果真的有那样的文本存在，在那之中，过去如同被防腐剂处理过一般、不被任何试图重构它的想象或带有价值判断的利益需求所打扰的话，那这种文本不存在于古典时代，同时对我们的研究来说意义也不大。我们所关注的问题，是被忆起的过去都以哪些形式出现，对此的研究要将神话和历史不加区分地纳入进来。过去，如果被固定和内化成起到奠基作用的历史，那就变成了神话，这一点与它的虚构性或真实性毫无关系。①

既然研究文化记忆问题需要将神话和历史不加区分地纳入研究者的议程中，二者的真正区别就不在于虚与实之间，而在于是否给历史叙事起到奠基的作用。对此，20世纪的文学批评家有自己的一套术语，那就是来自柏拉图的"原型"（εἶδος, eidos）②概念。柏拉图认为原型是属于理念世界的，现实世界的事物只是理念世界的原型的影子。精神分析理论的开创者弗洛伊德和荣格，用"置换变形"（displacement）这个术语指称原型的运作规则。文学理论家弗莱改造柏拉图的术语，认为原型是在文学中反复出现的并且可以形

---

① ［德］扬·阿斯曼：《文化记忆：早期高级文化中的文字、回忆和政治身份》，金寿福、黄晓晨译，北京大学出版社，2015年，第72页。
② Eidos是古希腊术语，意思是"形式"（form）、"本质"（essence）、"类型"（type）或者"种类"（species）。见柏拉图的形式理论（theory of forms）以及亚里士多德的宇宙理论（theory of universals）。

式化的要素，其根源就在于神话与仪式，以及支撑神话和仪式复合体的宗教信仰。针对西方文学而言，重要的原型一般来自古希腊罗马神话和希伯来人的《圣经》。弗莱晚期的著作题为《伟大的代码——圣经与文学》，就是希望通过揭示《旧约圣经》和《新约圣经》的发生编码情况，寻找和诠释整个西方文学的重要原型。弗莱的这部书以语言、神话和隐喻为分章标题，希望找出圣经叙事的文学表象背后隐喻的历史和宗教内容。弗莱虽然没有使用"发明"或"建构"这样新潮的学术语汇，但是他的初衷也是说明为什么我们会有这样一种从神话世界出发一路走来的文化传统。

> 人类不像其他动物那样，直接地赤身露体地生活在大自然中，而是生活在一个神话世界之中。人类出于对自身存在的关注，产生了种种假想和信念，从而构成了这个神话世界。而这一切多半是在不知不觉之中形成的。也就是说，当我们用艺术或文学的形式来表现人们的想象时，我们只知道这些想象表现了神话世界的构成成分，并没有清楚地理解它们构成的这整个世界。实际上我们从这个由人类的关注构成的神话天体中所见到的一切，都具有社会的前提和文化的继承。……因此我认为文学批评的实际功能之一，就是使我们更加认识到我们的神话的熏陶作用。我在这里所说的文学批评功能，就是指有意识地建立起一种文化传统。①

历史学家为探寻历史底层的文化记忆而转向神话，文学批评家为解释文学背后的文化传统而转向神话。历史和文学这两个长期被分割开来的各自独立的对象，就这样在20世纪后期的跨学科潮流中重新聚首，开启一种汇流和融合的过程。也许不会有一个比"神话历史"一词更恰当的术语，能够简明扼要地概括文史哲分家2 000年之后的这场重新汇合了。这毕竟意味着逻各斯与秘索思的重新汇合，意义深远。

上述史学家与文学批评家的研究案例充分说明了神话世界的再发现如何导致文史哲的重新贯通。这对于我们理解文学研究和史学研究共同走向文化研究的当代大趋势，有一定的启迪。与此同时，我们也还要关注在传统的文

---

① ［加］弗莱：《伟大的代码——圣经与文学》，郝振益等译，北京大学出版社，1998年，第9页。

史哲学科之外的人类学家们，他们对原住民社会中神话与仪式的复合体的考察和记录，同样指向的是这些无文字的原住民社会的历史和族群记忆。自称对历史研究深感兴趣的人类学家、剑桥大学的杰克·古迪（Jack Goody）在《神话、仪式与口述》（*Myth, Ritual and the Oral*）一书中提示我们，关注部落社会中类似神话的传奇与历史记诵的关系。他这样写道：

> 传奇与历史记诵——或"历史"——各地都出现过：无首领的部落会写出部落迁徙的故事，有首领的部落则创作统治者到来并建立王国的故事。案例会随着书写的出现而增加，并变得非常不同，但在口语文化中都是作为重要的正式活动存在，并在仪式中讲述出来，就像加纳北部地区巴格尔典礼中的"库什里驾到"（Coming of the Kusiele）活动，或《西非阿散蒂人》（*Asante of West Africa*）一书中的很多王朝的历史记述一样。这些文体可能与图腾崇拜有关，讲述某种动物如何在已故祖先处在艰难时刻给予其帮助，因此食用或杀死它们成为后代人的禁忌。"传奇"（legend）这个词（源自拉丁语 legenda，表示"被阅读"的意思）专门用于中世纪罗马天主教的欧亚圣徒故事，同类一些故事则被当作真相叙述，这些被看作口语文化的特征之一，后来通常为建构书写历史做基础，就像我们在早期希腊神话中看到的那样。①

过去专属于西方文学课堂的希腊神话和传奇故事，如今成为探索世界上数以千计的无文字社会之历史真相的"活态课本"。这就意味着，神话对社会的奠基作用，不只是适合于考察文明社会，同样适合于考察口传文化的社会。神话成为一切社会意识形态的原编码。

二、神话：原型性的发明

如果要追问历史是怎样被发明出来的，那么诉诸《圣经》的创世记神

---

① ［英］杰克·古迪：《神话、仪式与口述》，李源译，中国人民大学出版社，2014年，第52页。

话,显然要比诉诸荷马史诗更容易说明问题。因为荷马讲述的希腊神话在逻各斯建立权威后只被当作虚假的文学存在,而《圣经旧约·创世记》讲述的神话则通过犹太教和基督教的传播,成为千百万人信奉的真实信仰,并且在每一个礼拜日的教堂里重复讲述着。借用弗莱的比喻说法,《圣经》如同西方文明中挥之不去的斯芬克司,"使我们企图避开它的一切努力都归于失败"。①即便是不信奉犹太教和基督教的国家,又能避开希伯来神话的影响吗?不论你信奉什么宗教,今日的世界各国大都奉行一周七天的历法制度。而这种制度的由来是被希伯来人的耶和华神七日创世神话所规定的。换言之,仅此《创世记》耶和华创造神话一例,就足以说明我们全人类至今依然还生活在持续未断的神话历史之中。没有神话的民族,注定会死于苍白和寒冷。神话是一切发明的讲述原型,对文化编码和文明制度均发挥着奠基作用。阿斯曼当然也考虑到神话的真实性问题,并引用当代哲学家和比较宗教学家的观点,试图说明神话如何发挥着给历史奠基的作用。

> 过去被改写成具有奠基意义的历史,转变成了神话。我认为,对此进行区分的重点在于,要看它是"绝对的"还是"相对的"过去。一个绝对的过去(卡西尔[E.Cassirer]1923,第130页)或曰一种另类时间,它总是与不断向前的当下保持着永远不变的距离,它更像是一种永恒,或者如澳大利亚土著所说,是一个"黄金时代"。在这种情况下,神话对"冷"的社会来说,是世界观和现实观(Wirklichkeitsverständnis)的基础,对这种过去的现时化,是通过循环重复的形式实现的。说到历史性的过去,神话为"热"社会的自我认知提供基础,这个社会已将自己的历史演变进行了内化。伊利亚德很好地概括了这一区别:对历史的符号化取代了对宇宙的符号化。②

在论及"回忆的神话动力"这个问题时,阿斯曼首先提请读者关注的是

---

① [加]弗莱:《伟大的代码——圣经与文学》,郝振益等译,北京大学出版社,1998年,第10页。
② [德]扬·阿斯曼:《文化记忆:早期高级文化中的文字、回忆和政治身份》,金寿福、黄晓晨译,北京大学出版社,2015年,第75页。

"具有奠基意义的回忆和与现实对立的回忆",这当然又要回到神话的真实性上来加以讨论。

一种"热"的回忆,它不是单纯地把过去作为产生于时间层面上的、对社会进行定向和控制的工具,而且还通过指涉过去获得有关自我定义的各种因素并为未来的期望和行动目标找到支撑点,我们称这样的回忆为"神话"。神话是(主要以叙事形式出现的)对过去的指涉,来自那里的光辉可以将当下和未来照亮。这种对过去的指涉通常服务于神话的两个表面看起来相对立的功用:其中一种是"奠基作用",它将当下置于历史的视线下,这样的历史使当下显得充满意义、符合神的旨意、绝对必要和不可改变。这种功能表现在欧西里斯神话之于古埃及王权、出埃及的传说之于以色列、特洛伊题材之于罗马及其继承者法国和英国。我们会在本书中专辟一章讲到古希腊,荷马的《伊利亚特》在这方面起到了同样的作用,同时,这部作品奠定了泛希腊意识的基础。神话的另外一个作用可以被称为"与现实对立"(泰森1988)的作用。它从对现实的不满经验出发,并在回忆中唤起一个过去,而这个过去通常带有某些英雄时代的特征。从这些叙事中照射到当下的,是完全不同的一种光芒:被凸显出来的是那些缺席的、消逝的、丢失的、被排挤到边缘的东西,让人意识到"从前"和"现在"之间的断裂。在这里,当下非但没有被巩固,反而显得是从根本上被篡改了,或至少在一个更伟大、更美好的过去面前被相对化了。在这里,我们也可以以荷马史诗为例。如果我们的分析正确的话,荷马史诗应该诞生于一个过渡时代,当时,希腊的整体情况发生了变化,游牧贵族那种拥有广阔生活空间、无拘无束的生活方式逐步被城邦式的拥有狭小空间、受制于集体的生活方式取而代之。这样便产生了一种对现实不满的经验,这种经验使得一个英雄时代出现在了衰落和断裂的彼岸。神话的这两种作用并不是互不相容的,但将它们从概念上加以区分,仍显得十分必要。有一些回忆明显是与现实对立的,也就是说了,是可以将当下相对化的,因此这种回忆在某些情况下是不受欢迎的,比如对罗马共和国早期的恺撒时期的回忆(钱奇克-林登迈尔/钱奇克1987)。还有一些回忆明显是起到奠基作用的，比如对基督教早期圣杯的回忆，或者现代以色列对马萨达的回忆。但还有些神话形式的回忆兼具上述两种功用。从根本上讲，每个起到奠基作用的神话都可以被转换成与现实对立的神话。因此，所谓的起到奠基作用的和与现实对立的这些提法，都不是针对神话本身，而更多是针对在当下，神话在群体树立自我形象、成为其行为指导方面发挥了何种作用，以及对一个处于特定处境的群体来说，在指导其前进方向时发挥了何种力量。这种力量，被我们称为"神话动力"。

当对现实的不满经验达到极端时，和现实对立的神话动力便有可能变得带有革命性，例如在受到异族统治和压迫时。这时，现实无法顺利通过历史的校验，于是诱发了改变和颠覆现实的召唤。历史所指向的过去，不再以不可重来的英雄时代的面目出现，而变成了一种政治和社会意义上的乌托邦，值得人们为此而生活和工作。回忆转换成了期待，而被神话动力建构起的时间获取了其他特性；永恒回归中的循环性变成了直线性，直指一个遥远的目的地；"再一循环"和"（星辰般的）循环流转"中生成了革命和颠覆。我们在全世界各地都可以看到这类运动；民族学家将这些运动以"弥赛亚主义""千禧年主义"为名归类到一起，并由此又回到了犹太人对弥赛亚的期待。①

神话作为社会变革或革命的一种精神动力，在此得到初步的解释。

与此相对的是，早在希腊的古典时期，就有一种关于神话源于历史的学说。如前文所述，生活在公元前4世纪末期的古希腊学者欧赫墨罗斯认为，古希腊神话中诸神的形象均来源于古代的国土相征服者，也就是说，追本溯源，神通广大的神灵全是有血有肉的凡夫俗子。这一理论的提出曾经被标记为"欧赫墨罗斯主义"（euhemerism）②，且一度十分流行。它让众多的神话人物找到了历史上的原型，比如：独目巨人库克罗普斯（Cyclopes）对应的是西西里某一种族的奴隶；肩扛天宇的提坦神阿特拉斯（Atlas）实际上是历史

---

① ［德］扬·阿斯曼：《文化记忆：早期高级文化中的文字、回忆和政治身份》，金寿福、黄晓晨译，北京大学出版社，2015年，第75—77页。
② ［美］Adrian Room编著：《古典神话人物词典》，刘佳、夏天注释，外语教学与研究出版社，2007年，第15页。

上的一位天文学家；奥林波斯山上的天马珀伽索斯（Pegasus）本是一艘航行迅疾的海盗船……神话不再神秘，她以讲故事的方式回忆人类的过去，在无文字时代，神话通过口诵的形式记录了一段段真实的历史。

"欧赫墨罗斯主义"用类似还原的方法，把神话世界的形象统统还原到现实世界。一时间，高高在上、光芒万丈的神祇纷纷坠落人间，被打回原形。与此相应的学术努力是，一些历史学家试图以神话故事为基础建构迄今为止的叙事，即使困难重重，也挡不住他们致力于重构从首位雅典国王、人头蛇身的凯克洛普斯（Κέκροψ）①以来的历史的决心；也有一些人则采取了将神话与人类的历史截然区分开来的批判性办法。②不过，这二者的分界线到底如何，却是一个见仁见智、涉及研究者价值判断的问题。

澳大利亚古典学家查尔斯·彭伽拉斯的做法与此不同，他不是在古希腊的现实世界中寻找神话的原型，而是着眼于文化传播的历史过程，在希腊本土之外的东方去探寻神话历史想象的更加深远的渊源。他所著《希腊神话与美索不达米亚》便是这方面的代表。书中指出，希腊的诗人和听众都很熟悉并能够很好地欣赏古老的神话故事，能够把握神话的母题和思想。在荷马史诗和赫西俄德的作品中，以象征和暗示的手法表现思想的叙述特点，也表明思想和材料在希腊能够被很好地理解和接受。世人显然通晓神话所表现的一整套宗教、历史和神话观念的传承。其文化来源于地中海东岸的世界最早文明城邦——苏美尔和巴比伦。尽管故事五花八门且叙事母题众多，但是它们都很好地表达了神话中的历史思维，以及时间与空间的背景和置换。希腊的传承者在继承这些古老的神话叙事遗产时，为了创造出更适合希腊宗教背景的故事而大胆构思，并创造性地以新的框架结构来表达传统的观念。希腊神话的来源表明，这是一笔地中海文明的神话遗产，其跨文化的传承和影响持续了很长时间。至少从荷马和赫西俄德之前的好几代人，一直持续到公元前

---

① 雅典的神话国王，据说上半身是人，下半身是蛇。他曾治理雅典50年。凯克洛普斯（Cecrops）的名字很有意思，Cerc意思是"尾巴"，Ops意思是"脸"，按照斯特拉博的说法，这个名字应该不是希腊的（《地理学》第7卷第7章第1节）。
② ［英］西蒙·普莱斯：《古希腊人的宗教生活》，邢颖译，北京大学出版社，2015年，第18页。

6世纪初。①不论是神话中的历史思维，还是历史中的神话观念，都是一笔宝贵的希腊乃至世界的思想遗产。每一种文化都不可能是茫茫大海中的一座孤岛，绝世而独立，而是经由千百年神话观念和历史思维的冲刷磨砺，形成了现今这个神话历史的婆娑世界。

本书在论述希腊字母的腓尼基起源、阿芙洛狄忒女神的东方渊源时，也多少涉及了美索不达米亚的影响。而更多的章节则是选取若干案例，力求从一个侧面探析希腊神话中蕴含的本土历史信息，说明神话与历史在希腊资料中的表现情况以及两者之间模糊的界限。不可否认，探索希腊神话与真实历史之间的关联性，是一个引人入胜的话题。在特洛伊城、迈锡尼古城相继被发现之后，这方面的探究已经成为媒体热衷的素材。一个原型性的主题、人物、故事，都能够持久地引发反复的创作与再创作；从发明和再发明的意义上，持续着神话历史的传承与演化。

从美国环球电影公司于2003年出品的《新特洛伊》(*Helen of Troy*，又译《特洛伊的海伦》)到"重述神话"集体写作计划中的小说《珀涅罗珀记》②，一个反叛父权制社会的男性中心视角，改换为从女性视角为主的希腊神话历史再建构运动，正在悄然兴起。文化价值观的改变，自然带来文化再编码，同样的神话原型将会置换变形成为不同的历史想象场景。男神的古老性与权威性一旦被质疑和动摇起来，女神的重新登场就成为不可避免的潮流。③历史一方面在延续，另一方面则又被重新"发明"着。

三、史学与文学研究的汇流

前现代的西方观点认为，神话是神圣的叙事，当然也是最可信的历史，需要在每个礼拜日的教堂里重复学习和背诵。一些神学家试图将理性引入神

---

① 参看 Charles Penglase, *Greek Myths and Mesopotamia, Parallels and Influence in the Homeric Hymns and Hesiod*, London and New York: Routledge, 1994。
② 参看［加］玛格丽特·阿特伍德：《珀涅罗珀记——珀涅罗珀与奥德修斯的神话》，韦清琦译，重庆出版社，2005年。
③ 参看［美］金芭塔丝：《女神的语言》，苏永前等译，社会科学文献出版社，2016年。

学中，比如托马斯·阿奎那（Thomas Aquinas），他用"自然法则"来论证"神圣的存在"，以期调和宗教与科学、神话与历史的矛盾。

现代的西方观点认为，神话是文学研究的对象，是虚构和想象的作品，只有史学著作才是历史研究的对象。

后现代的观点认为，神话和历史必须分割，由此造成一种历史性的认识误区。如今需要做的就是，完整地找回那一份珍贵的遗产：从荷马、赫西俄德、希罗多德和索福克勒斯他们那里传承下来的"神话历史"。

我们看到，人类的神话讲述中带有最深沉的历史信息；历史讲述则始源于神话叙事。那种把神话交给文学课堂，将历史禁闭在历史系的传统做法，如今已经受到普遍质疑。本书针对希腊神话研究与历史研究的汇流趋势，选择若干主题展开粗浅的探讨，希望能够再现希腊神话历史的一些基本脉络。从维柯创作《新科学》以来，按照"神的时代——英雄时代——人的时代"三阶段考察神话史的演进模式，已经日益流行。往前溯流，往后推演，维科努力地发现集诗性智慧与哲学思维于一身的荷马，同样我们也可以找寻和发现兼有感性与理性、秘索思与逻各斯的赫西俄德、三大悲剧家以及希罗多德，探究古希腊的神话历史。本书结构设计上沿用维科三阶段模式的同时，也考虑在各章的细部考察方面提出一些浅陋的个人见解。诸如：追索希腊的第一大英雄赫拉克勒斯的古埃及人物原型赫瑞沙夫；希腊文字母A的象形蕴意的揭示与神话历史梳理；伊利昂与特洛伊的异名同城现象的所以然分析；等等。展开这些个案分析的共同原则是，着眼于神话和现实的结合部分，在文学和历史之间穿越前行，追踪那些因为人为的区分而被遮蔽或模糊化的文化隐情。

需要思考的是，当代人文学术发展中出现史学与文学汇流的现象：文学批评家打出的旗号是新历史主义；史学家打出的前卫旗帜上则写着"神话历史"。难道纯粹出于巧合吗？有一点是明确的，那就是历史在过去被当作客观发生的现象。如今人们好像从客观性的迷梦中渐渐苏醒了，不再强调历史的科学性与客观性，而是强调历史这个词实际上指涉的是一些被当作历史的文本。换言之，我们不能生活在过去的世界，我们所知道的过往的历史，是以文本化形式而存在的。历史的文本化，意味着历史书写者与权力和政治的关系，替代历史的客观性，成为新史学关注的焦点。英国社会人类学家杰克·古迪一针见血地指出历史文本的价值和缺陷："比如，葛林伯雷在其《关于莎士比亚的谈判》中认为，历史应该刷新自己，方法是脱离关于历史文本意义的'现实主义'的假定，而转向认可历史与文学都是话语，都是建构而非反映、发明而非发现了过去的道路。这第一种说法——即历史是文本的——远不止是一种认为历史知识基于文本而不是经验事实的观点。它认定历史在自身之中承载着由叙事与情节强加其上的价值观和各种臆断，因此历史知识在认为能透明地接近过去的同时常常不自觉地同意看那些价值观。"① 特定族群的文化价值观，肯定会出现在希罗多德、司马迁们撰写的史书之中。如果这种价值观还包括探寻"天人之际"或"神人之际"，"究天人之际，通古今之变，成一家之言"这样明确表达的主观意向，那么其历史文本与文学文本的近似性，就不言而喻了。此种情况应验了史学领域人们常常提起的一句意大利文艺批评家克罗齐（Benedetto Croce）的名言：一切历史都是当代史（All history is contemporary history）。②

神话历史不会主动地向世人澄清一切。本书中的一些观点只是作为背景知识，一带而过，而没有给予解释。比如说，阿波罗诞生的时候，那些在狂风的驱使下打击得洛斯岛人的黑色的波浪究竟是什么？漂浮的岛屿本身的象征意义又是什么？为何爱神阿芙洛狄忒嘲笑世间的爱情却总被人歌颂？阿玛宗女战士为什么都是悲剧结局？神话历史或许并未给出现成的、令人满意的答案。假如我们对某些神话的来龙去脉有清晰而准确的认识的话，就会惊喜地发现一切细节似乎都是建立在象征或隐喻的基础之上的；事件的发生顺序，尤其是宇宙的建立和在这一时期诸神的诞生都为人所知。在这一阶段里，我们会察觉到时代所没有存留下的大量素材，会意识到一个旁观者无法看到的远远多于神话本身的暗示意义。虽然运用目前所掌握的知识我们依旧无法参透。正如一个圆，已知的里圈逐渐变多起来，但是未知的外圈则更为巨大。把未知变为已知，意味着我们知识的圆圈在不断拓展之中，这是一切学术研究的基本目标。

本书的探讨只是一个起步，刚刚来到希腊神话历史宝库的门外，尚且停留在轻拍门扉、等待响应的阶段。置身于现今浩如烟海的研究成果之中，本书仅仅是一颗再轻微不过的小水珠。

---

① ［英］杰克·古迪：《神话、仪式与口述》，李源译，中国人民大学出版社，2014年，第97页。
② ［意］贝奈戴托·克罗齐：《历史学的理论和实际》，［英］道格拉斯·安斯利英译，傅任敢译，商务印书馆，1982年，第1页。

附　录
"史诗"词源考

　　陈寅恪先生曾感叹"一字一部文化史"。①如今，作为文学术语的"史诗"一词颇为流行，广义的、狭义的②，它被如此频繁地使用以至于我们往往忽视了其最初的来源和复杂的演变过程。《现代汉语大辞典》对"史诗"的释义如下：

　　　　① 叙述英雄传说或重大历史事件的叙事长诗。也借指比较全面地反映一个历史时期社会面貌、人民生活的优秀长篇叙事文学作品。
　　　　② 比喻壮丽的、足以传世的业绩。③

　　太过宽泛的解释，往往流于简单和模糊。遍搜中国基本古籍库所收从先秦到民国（公元前11世纪至公元20世纪初）共计17万卷的历代典籍④，史与诗基本上是以"咏（詠）史""诗曰"的方式出现，即使有"史诗"一词出现，意思也不甚明朗。⑤一些学者断定像"文学""诗歌""历史""观念"这些词汇皆由明治维新后的日本对译英文创制而成，后来由留日学人介绍到中

---

① 1935年4月18日，陈寅恪读完沈兼士寄来的论文《"鬼"字原始意义之试探》，复函道："大著读讫，欢喜敬佩之至，依照今日训诂学之标准，凡解释一字即是作一部文化史。"曾载北京大学《国学季刊》五卷三号（1935年），见沈兼士：《沈兼士学术论文集》，中华书局，1986年，第202页。
② 参看 Paul Merchant, *The Epic*, London and New York: Methuen, 1986。
③ 《现代汉语大辞典》，上海辞书出版社，2009年，第1117页。
④ 中国有史以来最大的历代典籍总汇，也是目前世界上最大的中文数字出版物，收录范围几乎涵盖全部中国历史与文化文献，共18亿字，图像1 000万页，数据量约400 G。
⑤ 比如说清朝吏部侍郎黄叔琳（1672—1756）对南北朝时期刘勰所撰《文心雕龙》的辑注中出现"左思有咏史诗"一句，见［清］黄叔琳辑注：《文心雕龙辑注》（卷十），清文渊阁四库全书本。

国。①换句话说,"史诗"很可能是舶来品。众所周知,中国接受西学主要有两个途径:一是西来的,这个时期较早,传播者多为来自英、德、意等国的传教士,比如明朝年间来华的罗明坚、利玛窦等人;二是东来的,由明治维新之后日本充当媒介,此时大量的日译西学新词流入华夏,冲击着近代中国人的思想和观念。不过,中国在接受西学的过程中存在着原典缺失、吸收不全、消化不良的现象,比如"史诗"这个概念的移译即是一个典型。何谓史诗?一个建立在西方文学观念上的诗学理论话语是如何进入中国本土的?这就需要考察"史诗"的创造和传播始末,同时见微知著地对中国西学接受史进行省察。

一、"史诗"的古希腊语源

"史诗"一词是不是19世纪末日本运用汉字造字法创制的新词?要回答这个疑问首先必须追溯它的词源以及最早在汉语和日语中的出现情况。英文"史诗"写作epic,源于拉丁语词epicus的英语化改造,而拉丁文epicus又是来自古希腊文ἐπικός。epic作为形容词,第一次使用的书面文献出现在1589年;作为名词,则可追溯到1706年。也就是说,在16世纪亚里士多德的《诗学》被重新发现之后,人们才开始对史诗进行理论上的讨论。②实际上,古希腊词ἐπικός最初的语义并非单一。归纳利德尔(Liddell)和斯科特(Robert Scott)所编《牛津希英辞典》(*Greek English Lexicon*)以及国内古希腊学者罗念生先生等人的分类,这个词汇有如下解释:

Ⅰ.字,言辞,字句,话语,ἐνὶ ἔπει。③

---

① 日本汉学家实藤惠秀着力探讨日本"新汉语"的入华问题,其专著《中国人留学日本史》(1960年初版,1970年增补)在"中国人承认来自日语的现代汉语词汇一览表"中列出入华的日制汉语新词共计784个,中文版由香港中文大学出版社于1982年印行,香港学者兼译者谭汝谦、林启彦二位征得作者的同意,将该书所列的日制汉语新词增至844个。见冯天瑜:《新语探源——中西日文化互动与近代汉字术语生成》,中华书局,2004年,第494—499页。
② Alex Preminger, T. V. F. Brogan, eds., *The New Princeton Encyclopedia of Poetry and Poetics*, Princeton, New Jersey: Princeton University Press, 1993, pp. 361-375.
③ 罗念生翻译为"一言以蔽之",见罗念生、水建馥编:《古希腊语汉语词典》,商务印书馆,2004年,第321页。

Ⅱ. 讲话，故事，（入乐的）歌词。

Ⅲ. ① 预言，神示，格言，谚语 *Od.* 12. 266；Hdt. 1. 13。

② 劝告。

③ 诺言 *Il.* 8. 8。

④ 信息，条令 *Il.* 1. 216, 2. 807, *Od.* 18. 166。

⑤ τὰ ἔπη 史诗（和 μέλη "抒情诗" 相对的叙事诗）Pi. N. 2. 2; Hdt. 2. 117, Cf. Th. 1. 3; X. Mem. 1. 4. 3; Pl. R. 379a。

⑥ 诗句，诗的统称（包括叙事、抒情诗）Alcm 25。[①]

可以看出，ἔπος 原本与语言、说话、话语有关，在荷马两大史诗中尤为典型。比如以《伊利亚特》的前三卷为例，就可以大体知道 ἔπος 的含义范围，涉及的多为"话、词"，与事件甚至历史相联系的语义则是后来产生的。《伊利亚特》第1卷出现五处 ἔπος：第109行"你从未说过吉利的话"；第216行"我必须听从，女神，服从你的话"；第361行"对他开口劝说"；第419行"祈求喜好炸雷的宙斯"；第543行"把你的想法告诉我"。第2卷有二处：第361行"我有一番告诫"；第807行赫克托耳听到女神的话音。第3卷有三处：第83行"有话要说"；第204行"你的话完全正确，说得一点不错"；第308行"宙斯知道，毫无疑问，还有其他永生的神祇，他俩中谁个将死，已由命里注定（θάμβησέν τ᾽ ἄρ᾽ ἔπειτα ἔπος τ᾽ ἔφατ᾽ ἔκ τ᾽ ὀνόμαζε）"。[②] 荷马使用这个词汇的频率很高，其意带有至高的权威性。比如第8卷第8行，宙斯严厉地对众神命令："我的话（ἔπος）谁也不许反驳；相反，你们大家都要表示赞同。"[③] 除了简单的"话语、言辞"，荷马吟唱的 ἔπος 也与事件、情感以及不可言说的神秘事物相关。比如《奥德赛》第12卷第266行：

[①] Henry George Liddell, Robert Scott, comp., *Greek-English Lexicon*, Oxford: Clarendon Press, 1996, p. 676.

[②] ［古希腊］荷马：《伊利亚特》，陈中梅译注，译林出版社，2000年，以上译文皆引自陈中梅版本，页码分别为第6、10、17、19、24、43、62、70、76、80页。本文参照的希腊原文和英文版本为 *Homer, The Iliad*, with an English translation by A. T. Murray, London: William Heinemann Ltd, Cambridge, Massachusetts: Harvard University Press, First printed 1924, Reprinted 1971.

[③] ［古希腊］荷马：《伊利亚特》，陈中梅译注，译林出版社，2000年，第198页。

> 心中顿然想起
> 双目失明的先知，忒拜人泰瑞西阿斯和
> 埃阿亚的基尔凯的叮咛（ἔπος）。二位曾再三告诫，
> 要我避开赫利俄斯的岛屿，他给凡人致送欣喜。①

《伊利亚特》中的 ἔπος 表述话语、神谕、诺言、命运等，《奥德赛》则体现作为语言的 ἔπος 本身的迷思和魅力，甚至强调它的欺骗性。有一句希腊谚语叫作 αμ' ἔπος αμ' ἔργον，译成中文就是"说干就干，雷厉风行"。在这些语境下，ἔπος 词义本身并不代表真实，它允许虚构和想象，更与真实的事实无涉。从词源上讲，ἔπος 属于"秘索思"（mythos）的范畴。随着时间的推移，到了希罗多德那里，开始着意区分 ἔπος 中的真实与虚假成分，ἔπος 作为叙事诗的意义凸显出来。希罗多德在《历史》第1卷第13段讲述：

> 不过佩提亚又说（εἶπε），巨吉斯的第五代的子孙将要受到海拉克列达伊家的报复。实际上，在这个预言（ἔπεος）应验之前，不拘是吕底亚人还是他们历代的国王根本就没有把这些话（ἐποιεῦντο）记在心上。②

希罗多德的"历史"实为对历史真相的一种"探索"，他对往昔发生的事件穷追不舍，作出种种推测，甄别所谓历史中的真实和虚构的成分。又比如第2卷第117段，希罗多德分析说：

> 这些诗句和特别是这一节非常清楚地证明，塞浦路斯叙事诗（ἔπεα）并不是荷马，而是另一位诗人写的。因为塞浦路斯的叙事诗（ἔπεα）说，亚历山大偕同海伦在三天之内从斯巴达到伊里翁，一路之上是顺风顺水没有浪头的。但是根据伊利亚特，他在带着她的时候，是

---

① ［古希腊］荷马：《奥德赛》，陈中梅译注，译林出版社，2002年，第378页。
② ［古希腊］希罗多德：《历史》（上册），王以铸译，商务印书馆，1985年，第7页。古希腊文和英文参考 Michael A. Flower, John Marincola, eds., *Herodotus' Histories* (Cambridge Greek and Latin Classics), Cambridge: Cambridge University Press, 2002。

迷失了道路的。现在我就不再谈荷马与塞浦路斯叙事诗（ἔπεα）了。①

希罗多德对先贤的断言产生怀疑，并就叙事诗中所记录的情节真实与否进行分析。他认为叙事诗不是历史，因为不同的作者对同一事件的描述千差万别，真假难辨。这与荷马所使用的ἔπος的语义已产生了很大的分歧。柏拉图则更进一步，寻找类型和用语的标准，在其著述中直接把ἔπος归入与神相关的诗的范畴。《理想国》2.379a 两位论者对话道：

　　他说，你说得对，但你说的关于诸神的这些故事的类型或判断其用语是否正确的标准又是什么呢？
　　我说，大体上是这样的，把神的真正性质描写出来，无论是写史诗、抒情诗，还是写悲剧，都要把这些真正的性质归之于神。②

史诗也好，抒情诗也好，悲剧也罢，它们的核心都与神灵相关。柏拉图所理解的史诗功能在于叙述（diēgēsis）。在《理想国》（3.392D—394C）中，柏拉图从悲剧和史诗中各取一种方式作为媒介，并将史诗明确地归于叙述和摹仿（mimēsis）的艺术。最先确定史诗的理论研究范式的第一人当属亚里士多德。他在《诗学》最后四章，着重探讨史诗的属性、分类、格律及其功用，认为史诗与历史不同，历史记载的是"发生在某一时期内的、涉及一个或一些人的所有事件——尽管一件事情和其他事情之间只有偶然的关联"，而史诗允许"编制戏剧化"③的情节：

　　史诗更能容纳不合情理之事——此类事情极能引发惊异感——因为它所描述的行动中的人物是观众看不见的。……能引起惊异的事会给人快感，可资证明的是，人们在讲故事时总爱添油加醋，目的就是为了取悦别人。④

---

① ［古希腊］希罗多德：《历史》（上册），王以铸译，商务印书馆，1985年，第160页。
② ［古希腊］柏拉图：《柏拉图全集》（第2卷），王晓朝译，人民出版社，2003年，第340页。
③ ［古希腊］亚里士多德：《诗学》，陈中梅译注，商务印书馆，2005年，第163页。
④ 同上书，第169页。

通过以上分析可以看出，古希腊词汇"史诗"从来未能彻底脱离神话语境，荷马、希罗多德、柏拉图对"史诗"一词的使用仍然属于神话语境中的运用。亚里士多德给了史诗定义、范畴以及名分，他将史诗当作各类诗歌中最重要的一种体裁，并认为其重要性仅次于悲剧。不过他更为关注的是，史诗带有鲜明的历史印记，与历史虽有特殊关联性，但是史诗里面依然存有"不合情理"的成分，无法全然等同于具体历史事件的艺术再现。

之后，诸多拉丁词语由希腊文移植过来，包括拉丁文epos，直接由希腊文 ἔπος 转写而成。① 文艺复兴时期的批评家更是将史诗的地位推高至各种类型的文学之首。② 在很长一段时间，基于词源意义，史诗最大、最明显的特点之一都被认为在于它所采用的表达方式，也就是对某一事件或多个事件的"叙述"。而叙述的内容真实与否，人们似乎并不在意也很少怀疑，"史诗"逐渐地广义化。黑格尔在亚里士多德分类方法的基础上作了进一步细划，他在1835年出版的《美学》第3卷论说："'史诗'在希腊文里是Epos，原义是'平话'或故事，一般地说，'话'是要说出的事物是什么，它要求一种本身独立的内容，以便把内容是什么和内容经过怎样都说出来。"③ 黑格尔把17世纪以来出现的新艺术形式分别归入史诗、抒情诗和戏剧这三大文类当中，他力图超越亚里士多德，但仍然没能跳出规范诗学的框架。从诗到史，从半诗半史到正式史诗，史诗不可替代的重要性渐渐让位于小说。卢卡斯（Lukács）在《小说理论》（*Theory of the Novel*）里甚至声称："小说即为遭到上帝遗弃的史诗。"④ 而此时无论是口传还是文字形式，人们对"史诗"这个词的理解与古希腊时期的含义已越来越远。

二、"史诗"东渡日本

那么，英语世界中的"史诗"是如何进入中国文学术语中并被固定下来的

---

① *Latin Dictionary*, Oxford: Clarendon Press, 1968, p. 613.
② 《辞海》，上海辞书出版社，1999年，第2048页。
③ ［德］黑格尔：《美学》，朱光潜译，商务印书馆，1997年，第116页。
④ 艾布拉姆斯（M. H. Abrams）：《文学术语汇编》（*A Glossary of Literary Terms*），外语教学与研究出版社，2004年，第76—79页。

呢？中国古籍既然未见类似史诗这样的诗歌体裁的记载，那么很容易便误将这一概念归于日本近代用汉字对接西方文学观的尝试。事实是不是这样的呢？

1983年版《日本国语大辞典》如此解释"史诗"：

「史詩」叙事詩の一つ。歴史上の事実を題材にした詩。
（史诗：叙事诗的一种。以历史上的事实为题材的诗。）①

"史诗"一词最早出现在日本是什么时候呢？在日本近代思想史上，明治30年代，也就是从1897年至1906年这十年间又可以划分为三个阶段。②第一个阶段开始于明治20年代末，这个时期日本思想界的代表人物是文艺评论家高山樗牛（1871—1902），他仔细地对比西方、中国、日本的文化，强调文学树立独立精神的目的和作用，从早先的日本主义文学观转到追求超越国家和自我本能的文学观。③1898年，高山樗牛撰写了一部《西洋文明史》，由东京博文馆刊行。书中在谈到西洋文明的时候，著者便使用了汉字对接英文的译法，积极地将西方新思潮引进日本文学中来，在当时可谓独具一格。明治初期的日本，以教育、科技立国，脱亚入欧的心愿迫切，所以无论是从思想上还是行动上都追求去神秘化。然而中国的人文传统太过强大，渗入日语的骨髓之中，使用汉字对接西方文字自然成为一种需求。然而，高山樗牛独特的西文译法却别有用心，欲与日本沿用千年的中国传统文化，确切地说是以儒家思想为核心的中国文化分庭抗礼。高山樗牛的意图很明显，就是要彻底摆脱日本千百年来所受到的中国文化的影响和制约。在此之前，高山樗牛就同日本现代启蒙思想之父福泽谕吉所持有的脱亚入欧的观点不谋而合。他在《汉学的衰颓》一文中曾彻底地否认中国文学的价值，认为中国从最古老的文学《诗经》开始，便被形式主义所支配，一味地偏重实用主义。④高山樗牛刻意避谈历史意义，声称汉学毫无价值，中国文学对日本文学绝无裨

---

① 『日本国語大辞典』、1983年、第495頁。
② ［日］高坂正顕著『明治思想史』、東京：橙影社、1999年、第327頁。
③ 靳明全：《日本文化史要——古代中世、近世、近代部分》，中国社会科学出版社，2010年，第87页。
④ 姉崎正治、笹川種郎編『樗牛全集：改訂注釈高山林次郎遺著』第2巻「支那文学の価値」、東京：日本図書センター、1980年、第430頁。

益。他如是说:"欧洲文学的源头为古希腊、古罗马文学,而日本文学之基石却是支那文学。可叹现如今的小说家,徒然地罗列支离破碎的文字、唱和轻松怪异的语句,真乃我国文学之悲哀。"① 当然,古希腊神话哺育了整个后世的欧洲文学,高山樗牛在介绍西洋文明的时候,自然关注到作为西方文学源头的荷马史诗的重要性。其实,"史诗"一词在19世纪末近代日语中的使用已不新鲜,早在高山樗牛发表《西洋文明史》的20年前,"史诗"已经明确地刻印在日本出版的《英华和译辞典》当中。

1879年,由日本启蒙思想家中村敬宇校正的《英华和译辞典》由山内輹发行,分上下两册,分别以"乾""坤"命名,泛指天地万物,辞典上赫然印着英文: *A Dictionary of the English, Chinese and Japanese Languages, with the Japanese Pronunciation*(即"英文中文日文词典附日文发音"),全书共计3 254页,其中乾部1 541页,坤部1 713页。每一个英语词条后紧跟着汉语译词,然后是平假名和日文译词,最后添上罗马字表记的日文译词读音。② Epic词条收录在上册,即"乾"部,日文译词全部使用的是"史诗"。那么,"史诗"概念是不是就出现在1879年呢?答案是否定的,时间需要继续往前推。

事实上,《英华和译辞典》是一部日译辞典,所依照词典原本购自中国,原名《英华字典》(*English and Chinese Dictionary*),编著者是来华传教士罗存德(Whilhelm Lobscheid,1822—1893),日语将其姓名译作ロプシャイト,他耗时四年于1866—1869年在中国编著完成。日本人之所以看中这本《英华字典》而出版《英华和译辞典》,正因为字典的发行顺应了当时日本国内学习西方的需求,随即在日本产生了巨大反响。日本德川幕府时代长期闭关锁国,唯独在长崎设立贸易口,仅对荷兰和部分中国商户开放,所以日本"兰学家"只会荷兰语。1868年明治天皇收复政权,除旧布新,积极主动地接触西方文化。日本社会面临学术转型期,许多人借此机会恶补英语,而1879年"罗存德的这本《英华字典》刚好填补了日本人学习英语教科书(工

---

① 姉崎正治、笹川種郎編『樗牛全集:改訂注釈高山林次郎遺著』第2巻「支那文学の価値」、東京:日本図書センター、1980年、第103頁。
② Lobscheid, William著、中村正直校『英華和訳字典』(乾坤)、東京:山内輹1879年、東京:大空社、1998年復刻。有关评述参见宮田和子:「中村敬宇『英華和訳字典』の典拠——ウェブスターを中心に」、『国語学』2002年、第53号、第164—170頁。

具书）的空白，也为这本词典得以在日本得到广泛使用，进而对日本近代英语学习史、日语近代译词（新词）的形成等方面产生深刻的影响创造了难得的良好条件"。①《英华和译辞典》每一个英文词条后紧跟的是汉语译词、日文译词、罗马字表记的日文译词读音，当然汉文在其中占据着文化绝对优势地位。"史诗"一词出现在"乾"册。1884年日本哲学家井上哲次郎再次对罗存德的《英华字典》进行增订，并在"序言"中强调了该辞典所肩负的重要的传播作用，提出了振兴学术，提升国力，以至与西方诸强国相抗衡的希望。②可见，日本学界之所以对于罗存德这本字典如此关注和重视，盖因为这本字典具有里程碑的意义，对中国、日本两国近代译词的形成以及在中、英、日文化交流史上发挥了重要的作用。而字典中出现的"史诗"一词，不是日本造词，而是借自来华传教士的译词。

针对目前各学界只要论及20世纪初叶语文新词汇凡一出现，大多认为是日本所创词汇的现象，历史学家王尔敏曾忧心忡忡地转述香港浸会大学历史研究者周佳荣的观点说，一些"由日本传入的新名词，原来是日本学者在19世纪中叶，将西洋教士在香港所刊行的中西词字对照，抄回日本，先在日本推广使用，如神学、哲学、社会、银行等词，早在香港教士使用。若西洋文法的八大词类，亦并早行于教会学校，为时俱在晚清自日本大量输入新名词之前"，并敬告学界"这事必须重新思考解说，定论必须重订"。③日本1868年推翻幕府统治，结束长达百年的闭关锁国的状态，显而易见，"史诗"一词不太可能在1868年之前内忧外患的日本本土产生，这个汉语词的生成的地点本来就在中国。

三、"史诗"在中国

毋庸置疑，近代以来许多新概念入华，在很大程度上要归功于18、19

---

① 李运博：《『英華和訳字典』中出现的日语新词》，《日语学习与研究》2012年第3期。
② 罗布存德原著，井上哲次郎订增：《订增英华字典》，东京：藤本次右衞門，明治十七年（1884），合本。该字典由日本的ゆまに书房1995年翻刻。参看宫田和子：「井上哲次郎『訂增英華字典』の典拠増補訳語を中心に」，『英学史研究』1999年、第32号。
③ 王尔敏：《晚清政治思想史论》，广西师范大学出版社，2005年，自序，第5页。

世纪来华传教士的辞典编译。最早将西方史诗观念介绍到中国的是外国传教士，而将英文epic对译成中文的也是来华传教士。也就是说，早期的中国现代启蒙主义者，在接受西方的史诗观念时，主要还是取例自西方，同时又赋予了很强的历史观念和意识形态色彩。日本所翻译和看重的《英华字典》原貌究竟是怎样的呢？

（一）罗存德的《英华字典》

1848年，德籍传教士罗存德由德国礼贤会（the Rheish Missionary Society）委派，在英国登船前往中国。经过数月的海上颠簸，他先在香港登陆，之后往返于香港与广州之间进行传教。[1] 耗时四年，罗存德编纂的四卷本《英华字典》，于1866年开始由每日新闻办公室（Daily Press Office）在香港发行，直至1869年结束。字典为八开本，共2 000多页，可以算得上是香港最早的双语字典。这本字典综合性极强，几乎代表了19世纪西方人英汉辞典编纂的最高成就[2]，在19世纪中国出版的为数众多的汉外辞典中，尤其值得关注。在1867年出版的字典第2卷第743页出现了对Epic"史诗"译词的命名和解释：

    Epic，narrative，說 shüt. Shwoh，紀 (kí. Kí；an epic poem，史詩 (sz, shí. Shí shí，紀事之詩 Kí sz², (chí, (shí. Kí sz chí shí，懷古之詩，s wái (kú chí, shí. Hwái kú chí shí.[3]

必须承认，罗存德是一个对19世纪以后中日汉字新词的形成颇具影响的人物，他曾三次来华，在中国前后逗留近20年，用心编撰《英华字典》，无论是词条的收入数量还是字义的解释、注音，较之前人其开创性贡献都不容忽视。为什么要编纂这样一部字典？它与之前来华的马礼逊（Robert

---

[1] 中国社会科学院近代史所翻译室编：《近代来华外国人名辞典》，中国社会科学出版社，1981年，第291页。

[2] 沈国威：《近代英华华英辞典解题》，（大阪）关西大学出版部，2011年，第97页。

[3] W. Lobscheid, *English and Chinese Dictionary*, (Hong Kong) Daily Press Office, 1868, p. 743. 本文参考的罗存德《英华字典》为哥伦比亚大学图书馆所藏原本的影印本，特此说明。

Morrison)、麦都思（Henry Medhurst）等人编纂的字典又有何不同之处？虽然罗存德在辞典的序言中只字未提，但在1872年写给冯·罗赫登（Von Rohden）的信中，却透露了编纂《英华字典》信息：他受到"学术学会"（Akademie der Wissenschaft）的委托，旨在"发掘以前完全不为人所知，但可以传递唯一正确的理解的钥匙的汉语特点"。① 只可惜，就在1869年字典完成的前夕，罗存德与中国传教士教会（China Missionary Conference）发生冲突，遭到免去神职，黯然回国。② 再加上《英华字典》在中国国内的发行受阻，一度湮没无闻，国内目前几乎很难找到罗氏字典包括他的著作。罗存德之名连同《英华字典》被中国的词典史束之高阁，在现有的英汉、汉英词典史中很少得到评述，甚至只字不提③，确属学术研究的憾事。

与在中国遭到的冷遇相反，《英华字典》一经出版旋即被日本大量购入，加上中村敬宇、井上哲次郎的翻译、介绍和增补，对日本近代英日辞典的编纂、译词形成产生的深远作用远远超过其在汉语界的影响。显然，罗存德编撰字典的初衷应该是帮助西方人打开一扇了解中国文化、学习汉语的窗口，没有料到自己却被日本人奉为座上宾，用以提升日本国力、对抗西方的工具和砝码。

我们无法还原罗存德在将英文epic poem译为汉语"史诗"时的具体情形和最初的动机，只能按照时代背景和周遭环境推测作者当时的考量。首先，epic在词源上有叙事之意，确与中国记事的"史"字义相关，poem则对应汉语中的"诗"无疑。其次，罗存德编纂字典的目的在于中西文化的沟通和理解，追求的是英汉语言的对译而不是对等。编纂者对中国的古籍

---

① 转引自熊英:《罗存德及其〈英华字典〉研究》，北京外国语大学博士论文，2014年，第47页。
② 一说，因为罗存德是德国人，母语非英语而受到质疑；一说，由于字典的序言以及导论近50页的内容遭人随意删除；一说，由于辞典装订问题。详见上书，第53—55页。
③ 高永伟:《罗存德和他的〈英华字典〉》，《辞书研究》2011年第6期。熊月之所著《西学东渐与晚清社会》(中国人民大学出版社，2010年)提到罗存德在1854—1860年期间在港出版的《异端总论》《福世梁》《地理新志》《千字文》《麦氏三字经》《幼学诗释句》《四书俚语启蒙》七本小书。值得注意的是，由黄河清编著的《近现代词源》(上海辞书出版社，2010年，第678页)已明确地指出:"史诗"一词在1866—1869年《英华字典》中出现。另外，北京外国语大学的熊英专赴德国新教联合会档案馆，查阅罗存德的手稿，2014年完成博士论文《罗存德及其〈英华字典〉研究》。

以及儒家思想有所研究,《英华字典》第2卷扉页上印着《论语·卫灵公篇》（15.41）的一句话"子曰：辞达而已矣"可见一斑。再有,汉语中的双音节词汇言简意赅,容易理解和通行。另外,对中国古典说法的借用——罗存德尤其欣赏儒家思想。子曰:"质胜文则野,文胜质则史。文质彬彬,然后君子。"现代的人解释说,孔子曾讲:"朴实多于文采,就未免粗野；文采多于朴实,又未免虚浮。文采和朴实,配合恰当,这才是君子。"① "史"本指宗庙之祝史,或在官府执掌文书者,这些人往往显得虚伪、假正经,故"史"意指浮夸,过于浮夸的辞藻,是孔子所反对的。而孔子对《诗经》的礼赞"《诗》三百,一言以蔽之,思无邪",想必给来华学习汉语的罗存德留下了深刻的印象。最后,罗存德在众多来华传教士的翻译成果上进行革新,就是把"诗史"改为"史诗"的举措。

（二）从"诗史"到"史诗"

在罗存德之前,各国传教士多用"诗史"一词来指称古希腊荷马的两部英雄诗歌。毕业于伦敦大学的英国传教士艾约瑟（Joseph Edkins, 1823—1905）,精通希腊、拉丁等多门语言,他于1857年在《六合丛谈》（*Shanghai Serial*）创刊号上发表了《希腊为西国文学之祖》（Greek the stem of Western Literature）一文,文章谈到西方的史诗,用的是"诗史"一词:

> 今之泰西各国,天人理数,文学彬彬,其始皆祖于希腊……初,希腊人作诗歌以叙史事（明人杨慎二十一史弹词即其类也）和马海修达二人创为之,余子所作,今失传,时当中国姬周中叶,传为无多,均由口授,每临胜会,歌以动人,和马所作诗史（唐杜甫作诗关系国事谓之诗史,西国则真有诗史也）。②

---

① 杨伯峻译注：《论语译注》，中华书局，2006年，第68页。
② 艾约瑟：《希腊为西国文学之祖》，载《六合丛谈》（创刊号），江苏松江上海墨海书馆印，咸丰丁巳正月朔日（1857年1月26日）印行版。原文引自沈国威编著：《〈六合丛谈〉：附解题·索引》，上海辞书出版社，2006年，第534页，所附英国和日本图书馆所藏《六合丛谈》的影印本。

艾约瑟认为西方文学的源头是古希腊，并特别提到"诗史"一词，在文章中使用三次，强调其由荷马最早创立，最初古希腊人通过创作诗歌来记叙历史。其实，"诗史"一词在中国文学史上属于一个具有重要影响的概念。该词最早见于唐代孟棨的《本事诗·高逸第三》："杜逢禄山之难，流离陇蜀，毕陈于诗，推见至隐，殆无遗事，故当时号为'诗史'。"①意思是，杜甫在安史之乱中颠沛流离，他用笔抒发自己的见闻和感受，全面而又深刻地反映了这一时期的社会现实，被称为"诗史"。中国诗本就与西方传统意义上的诗不同，诗史少陵的诗作没有半点虚构成分，从一定程度上讲是对现实生活的真实记录，这才有陈寅恪推行"以诗证史"学术方法的可能。所以说，中国原有的"诗史"与《六合丛谈》中所言"诗史"已呈现出东西方对于诗体本身理解上的差异。艾约瑟也注意到二者的不同，不过他倾向于认为西方才有真正的"诗史"。后来，"诗史"是如何演变成为"史诗"的呢？艾约瑟称为"诗史"的年份是1857年，至罗存德在《英华字典》中明确"史诗"一词的1867年，中间隔了10年。可不可以断言第一位命名"史诗"的人就是罗存德呢？从"诗史"到"史诗"这10年之中有没有其他人比罗存德更早使用"史诗"的命名呢？实际情况如何，还待今后的进一步深入研究。笔者目前有四个推测：第一，双音节的词发音shi shi基本一致，容易混同；第二，按照英文短语epic poem的顺序译成，"史"在前，"诗"在后；第三，罗存德爱好儒学，向中国典籍致敬；第四，字典编纂者的蓄意创新，以区别于前辈用法。史记事，诗言志。许慎《说文解字》云：

    史，记事者也。玉藻。动则左史书之。言则右史书之。不云记言者、以记事包之也。从又持中。中、正也。君举必书。良史书法不隐。疏士切。一部。②
    诗，志也。毛诗序曰。诗者，志之所之也。在心为志。发言为诗。

---

① 〔唐〕孟棨:《本事诗》,见丁福保辑:《历代诗话续编》（上册），中华书局，1983年，第15页。
② 〔汉〕许慎撰:《说文解字》,〔清〕段玉裁注，上海古籍出版社，1988年，第116页。

按许不云志之所之。径云志也者。序析言之。①

从表面看来,"诗史"偏重在史,描述事实;"史诗"则偏重在诗,抒发情感。"诗史"是中国已有的概念,作为对译西方文学术语"epic poem"的词汇,将原顺序调整为"史诗"一词的初始动机,想必就是要区别于中国本土的概念,同时又不能与此概念相去过远,而让中国人产生异域、陌生之感。按照现代的流行话来说,这个译词很接地气,顺应汉语造词习惯。"诗史"重视"史","史诗"强调"诗"。正如赛义德在《理论的旅行》一文中所阐述的,19世纪初,所谓东方的超验观念输入欧洲,或者19世纪晚期欧洲的某些社会思想译入传统的东方社会,都属于观念和理论从一种文化向另外一种文化的移动。②不过,近代中国的情况尤为特殊,更为曲折,仅用理论旅行一说,似还不够。

中国社会科学院叶隽研究员的新著《变创与渐常——侨易学的观念》一书,首次提出"侨易学"的观念,探讨研究对象是如何通过二元关系的相交,导致"异质"相交,从而引发精神层面的变易。"因为只有在'侨'与'易'的双重维度中,我们才可以更清楚地看出事物发展的内在轨迹,其变与常的中点和关系。也就是说在移动、运动的过程中产生变化,同时又有不变之道横亘其中。"③如果把"史诗"作为一个侨易个案的话,侨易主体就变成了一个非生命体,即作为概念的"史诗",这是一种话语概念,是抽象世界的文化符号。那么它的物质位移,显然就不仅是我们所理解的地理位移。符号位移与个体位移形成一种交错现象,则可以更清晰地观察它的演变轨迹,阐释其核心问题。在侨易学的视域下,"史诗"的侨易现象不仅仅属于简单的物质位移,它是在复杂的历史语境中形成的。"史诗"概念播撒到近代中国的土壤后,并没有很快发芽;而罗存德的字典在日本获得翻译和介绍,这一概念逐渐开花。本来,中国外来的新名词与其母语中的原形词之间并非天然存在着一种对等关系,它们在建立之初就是两种或多种文明间思想

---

① 〔汉〕许慎撰:《说文解字》,〔清〕段玉裁注,上海古籍出版社,1988年,第90页。
② 〔美〕爱德华·W.赛义德:《赛义德自选集》,谢少波、韩刚等译,中国社会科学出版社,1999年,第138页。
③ 叶隽:《变创与渐常:侨易学的观念》,北京大学出版社,2014年,第83页。

观念互动的"实践"产物。这些外来新名词的思想史意义,不仅表现在其形成之后,而且表现在它们诞生之时,即开始于两种或多种语言词汇"互译"的过程之中。①所以,与其说是罗存德首创了"史诗"这一词汇,不如说是他利用中国典籍、在前传教士的贡献基础上改造了这一概念,使其作为西方文学术语进入中日字典史以及文学史当中,从一定程度上说,可以算作对于异国文化的一种传承和创新。罗存德属于较早地进行嫁接中西语言从而创造新词的尝试者之一,他在前传教士的基础上虚心借鉴并大胆革新,通过中英两种语言之间注音、互译、释义、例证、检索等方法,实践了近代中国历史上汉语与西方语言之间的跨文化传播,赋予"史诗"等词汇以鲜活的生命,在中西文化交流史上可谓功不可没。

小　　结

考察西方"史诗"概念输入近代中国的曲折过程,宛如打开了一座尘封多年、令人目不暇接的文化创造宝库,异彩纷呈的语言、文学、思想在这里相遇、碰撞、聚合、重组,东方文化传统中所没有的新的概念在这里萌发、提炼、升腾。事实证明,"史诗"并非日本人首创,而是由一名德国人依照西方的文学惯例、中华文化的人文传统以及表述方式对译英文完成。日本借用了这一术语,留日中国学人又将它带回家乡,"史诗"的历程堪比一条"曲线救国"之路。从古希腊到英语世界,从中国到日本,从日本再回到中国,贯穿着"二元三维,大道侨易"②的基本思维。厘清类似"史诗"这样重要概念的发生史和侨易现象,是考察中西文化交流史不可或缺的一项研究。

"史诗"一词的生成,从一定的角度看,是中、英、日交流产生的结果。某些学者的形容一针见血:"这个时期,所谓世界史上的中西对话、日西、中

---

① 刘禾:《跨语际实践——文学、民族文化与被译介的现代性》,宋伟杰译,生活·读书·新知三联书店,2002年。转引自邹振环:《近代"百科全书"译名的形成、变异与文化理解》,见叶隽主编:《侨易》(第1辑),社会科学文献出版社,2014年,第22页。
② 叶隽:《变创与渐常:侨易学的观念》,北京大学出版社,2014年,第9—17页。

日对话，从根本上讲就是西方与以中国为主的整个东亚文化圈的对话。这一对话的吊诡之处在于：东亚文化圈中的日本用中国文化的文字工具，对接了西方文化，创造了一套以西方文史哲为内容，以汉字为工具的现代文学词汇，中国再把这些原产于本土、重新排列组合后产生新一层意义的词汇承接过来，用于中国现代的文史哲学建构。"①的确，在近代历史上，迫于世界现代化的激烈挑战，日本在亚洲范围内率先进行了"向西方看齐"的现代化政体和文化改革，试图与先进而又强硬的西方进行文字对译和文化对接。日本变革的深层意义，表面看来是日本与西方文化的对接尝试，实际上却标志着汉字文化与西方文化的直接碰撞。无论日本脱亚入欧的心情如何迫切，采用了何等激进的方式，不可否认的是，底蕴深厚的汉文化从始到终都起到了关键的作用。

然而，令人忧心的是中国学术界针对某一热点问题总是呈现扎堆式、人满为患式的研究，过于笼统地将近代许多新词归因于日本。诞生于中国本土的《英华字典》研究却鲜有人问津，连同编纂者罗存德的名字似乎一同淡化于历史的洪流之中。这本字典珍贵的史学价值，以及其后蕴藏的中、日、英、希的文化基因都有待发掘。仅仅通过"史诗"一词，便可以窥见西方、日本、中国之间复杂而微妙的关系，新的课题接踵而至，寻找新的立足点看待问题的角度亟待深入。

（原载《江苏师范大学学报（哲学社会科学版）》2015年第5期，人大复印资料《外国文学研究》2016年第1期转载）

---

① 张法：《走向全球化时代的中国哲学——从世界思想史看中国哲学的现代转型与当代重建》，北京大学出版社，2011年，第77页。

主要参考文献

Aeschylus, *Prometheus Bound*, James Scully and C. J. Hertington (trans.), Oxford: Oxford University Press, 1975.

Apollodorus, Ἀπολλόδωρος, Βιβλιοθήκη, (*The Library*), James George Frazer (trans.), Cambridge: Harvard University Press, 1996.

Armstrong, Karen, *A Short History of Myth*, Edinburgh: Canongate Books, 2005.

Baring, Anne & Jules Cashford, *The Myth of the Goddess*, London: Penguin Books, 1991.

Benedict, Ruth, *The Chrysanthemum and the Sword*, Westport, Conn.: Greenwood Publishers, 1946.

Bernal, Martin, *Black Athena: The Afroasiatic Roots of Classical Civilization*, London: Free Association Books, 1991.

Bloom, Harold., ed., *Sophocles' Oedipus Play*, Philadelphia: Chelsea House Publishers, 1988.

Boedeker, Deborah, *Aphrodite in Greek Epic*, Leiden: E. J. Brill, 1976.

Blundell, Sue, *Women in Ancient Greece*, Cambridge: Harvard University Press, 1995.

Bremmer, Jane, "Oedipus and the Greek Oedipus Complex", in Jan Bremmer, ed., *Interpretation of Greek Mythology*, London and Sidney: Routledge, 1987.

Brod, Max, *Franz Kafka: A Biography*, translated by Humpheys Roberts and Richard Winston, second edition, New York: Schocken Books, 1960.

Burkert, Walter, *Greek Religion*, Cambridge (Mass.) and London: Harvard University Press, 1985.

——— *Babylon, Memphis, Persepolis—Eastern Contexts of Greek Culture*, Cambridge: Harvard University Press, 2004.

——— *Structure and History in Greek Mythology and Ritual*, Berkeley, Los Angeles, London: University of California Press, 1979.

——— *The Orientalizing Revolution: Near Eastern Influence on Greek Culture in the Early Archaic Age*, Cambridge: Harvard University Press, 1992.

Cameron, Alister, *The Identity of Oedipus the king: Five Essays on the Oedipus Tyrannus*, New York: New York University Press, 1968.

Campbell, Joseph, *The Hero With a Thousand Faces*, New York: Meridian Books, 1956.

Castriota, D., *Myth, Ethos, and Actuality: Official Art in Fifth-century BC Athens*, Madison, WI and London: Wisconsin University Press, 1992.

Cirlot, J. E., *A Dictionary of Symbols*, translated from the Spanish by Jack Sage, New York: Philosophical Library, 2001.

Cooper, John M., ed. & trans., *Plato Complete Works*, Indianapolis: Hackett Publishing Company, 1997.

Copeland, Rebecca L., "Mother Obsession and Womb Imagery in Japanese Literature", in *Translations of the Asiatic Society of Japan*, Fourth Series, Volume 3, 1988.

Dalley, Stephanie (translated with an introduction and notes by), *Myth from Mesopotamia: Creation, the Flood, Gilgamesh and Others*, London: Oxford University Press, 1989.

Dawe, R. D., ed., *Sophocles, Oedipus Rex*, Cambridge: Cambridge University Press, 1982.

Deleuze, Gilles and Guattari, Felix, *Anti-Oedipus*, R. Hurley (trans.), Minneapolis: University of Minnesota Press, 1983.

Democitus, *Ancilla to the Pre-Socratic Philosophers*, K. Freeman, ed., Oxford: Blackwell, 1948.

Derrida, Jacques, *Marges de la Philosophie*, Paris: Éditions de Minuit, 1972.

Dodds, E. R., *The Greeks and the Irrational*, Berkeley: University of California Press, 1951.

Dowden, Ken, *The Uses of Greek Mythology*, London and New York: Routledge Press, 1992.

Edmund, Lowell & Dundes, Alan, eds., *Oedipus: A Folklore Casebook*, New York and London: University of Wilsconsin Press, 1983.

Edmunds, Lowell, *Oedipus: The Ancient Legend and Its Later Analogues*, London: The Johns Hopkins University Press, 1985.

Eliade, M., *A History of Religious Ideas*, Volume I, Chicago: University of Chicago Press, 1978.

Eliade, Mircea, *Myth and Reality*, translated from the French by Willard R. Trask, New York: Harper Torchbooks, 1968.

Fagles, R., trans., *Sophocles: The Three Theban Plays*, London: Penguin Books 1982.

Farnell, Lewis, *The Cults of the Greek States*, II, Oxford: Clarendon Press, 1986.

Fernie, Ewan, *Shame in Shakespeare*, London: Routledge, 2002.

Fowler, H. N., trans., *Plato, Republic*, Cambridge: Harvard University Press, 1939.

Freud, Sigmund, *The Oedipus Complex*, in *Sophocles: Oedipus Tyrannus*, translated and edited by L. Berkowitz and T. F. Bruuner, New York: W. W. Norton, 1970.

Friedrich, Paul, *The Meaning of Aphrodite*, Chicago: University of Chicago Press, 1978.

Frye, Northrop, *Anatomy of Criticism*, Princeton: Princeton University Press, 1957.

Gantz, Timothy, *Early Greek Myth: A Guide to Literary and Artistic Sources*, Baltimore: The Johns Hopkins University Press, 1993.

Geary, Patrick J., *Women at the Beginning*, Princeton: Princeton University Press, 2006.

Gere, Cathy, *The Tomb of Agamemnon*: *Mycenae and the Search for a Hero*, London: Profile Books, 2006.

Giacomelli, Anne, *The Justice of Aphrodite in Sappho Fr. 1*, in Ellen Greene, ed., *Reading Sappho*, Berkeley, Los Angeles and London: University of California Press, 1996.

Gimbutas, Marija, *The Language of the Goddess*, London: Thames and Hudson, 2001.

Golan, Ariel, *Prehistoric Religion · Mythology · Symbolism*, Jerusalem: Jerusalem Press, 2003.

Goody, Jack, *The Power of Written Tradition*, Washington and London:Smithsonian Institution Press, 2000.

Goux, J. Joseplo, *Oedipus, Philosopher*, Catherine Porter (trans.), Stanford: Stanford University Press, 1993.

Graves, Robert, *The Greek Myths: 1*, Harmondsworth: Penguin Books, 1960.

Green, P. M., "Myth, truth, and narrative in Herodotus", *Choice*, Vol. 51, No. 3, 2013.

Hart, George, *The Routledge Dictionary of Egyptian Gods and Goddesses*, London: Routledge, 2005.

Hawkes, Jacquetta, *Man and the Sun*, New York: Random House, 1962.

Herzfeld, M., *Anthropology through the Looking-Glass*, Cambridge: Cambridge University Press, 1987.

Hesiod, *Theogony*, edited with Prolegomena and Commentary by M. L. West, Oxford: Clarendon Press, 1966.

——— *Works & Days*, edited with Prolegomena and Commentary by M. L. West, Oxford: Clarendon Press, 1978.

Herodotus, *The Histories*, A new translation by Robin Waterfield, with an Introduction and Notes by Carolyn Dawald, Oxford: Oxford University Press, 1998.

Highet, Gilbert, *The Classical Tradition—Greek and Roman Influences on Western Literature*, London: Oxford University Press, 1951.

Homer, *The Iliad*, with an English translation by A. T. Murray, London: William Heinemann Ltd, Cambridge, Massachusetts: Harvard University Press, First printed 1924, reprinted 1971.

———*The Odyssey*, with an English translation by A.T. Murray, Cambridge, Massachusetts: Harvard University Press, 1974 (first printed 1919).

Jung, C. G., *Symbols of Transformation*, R. F. C. Hull (trans.), Princeton: Princeton University Press, 1956.

——— "The psychology of transference", Nathan Shwartz-Salant, ed., *Jung on Alchemy*,

Princeton: Princeton University Press, 1995.

Kennedy, G. A., ed., *The Cambridge History of Literary Criticism, Volume 1: Classical Criticism*, London: Cambridge University Press, 1989.

Knox, Bernard M. W., *The Heroic Temper: Studies in Sophoclean Tragedy*, Berkeley: University of California Press, 1964.

Kramer, S. N., *Sumerian Mythology*, The American Philosophical Society, 1944.

Larson, Jennifer, *Ancient Greek Cults: A Guide*, New York: Routledge, 2007.

Lefkowitz, Mary R., *Women in Greek Myth*, London: Paperbacks, 1986.

Lemaire, Anika, *Jacques Lacan*, London: Routlege and Kegan Paul, 1977.

Levi-Stauss, Claude, *Structure Anthropology*, Claire Jacobson (trans.), New York: Basic Books, 1958.

Lewis-Williams, David, and David Pearce, *Inside the Neolithic Mind, Consciousness, Cosmos and the Realm of the Gods*, London: Thames and Hudson, 2005.

Liddell, Henry George & Scott, Robert, comp., *A Greek-English Lexicon*, Oxford: Clarendon Press, 1996.

Mackenzie, Donald, A., *Egyptian Myth and Legend*, New York: Bell Publishing Company, 1978.

Marindin, G. E., *Encyclopaedia of Classical, Mythology and Culture* Volume 2: H-O, New Delhi: Aryan Books International, 1996.

Merellynd, Helen, *On Shame and the Search for Identity*, London: Routledge, 1958.

Mey, J. L., *Pragmatics*, Oxford: Blackwell, 1993.

Mueller, Martin, *Children of Oedipus, and Other Essays on the Imitation of Greek Tragedy, 1550–1880*, Toronto: University of Toronto Press, 1980.

Mullahy, Patrick, *Oedipus: Myth and Complex: A Review of Psychoanalytic Theory*, New York: Hermitage, 1948.

Murray, Gilbert, *The Literature of Ancient Greece*, Chicago: Chicago University Press, 1957.

Nakamura, Hajime, *Ways of Thinking of Eastern Peoples*, Honolulu: The East-West Center, University Press of Hawaii, 1964.

Neumann, Erich, *The Great Mother: An Analysis of the Archetype*, Princeton: Princeton University Press, 1963.

Nilsson, Martin, *The Minoan-Mycenaen Religion and It's Survival in Greek Religion*, Biblo-Moser, 1950.

——— *The Mycenaean Origin of Greek Mythology*, Berkeley: University of California Press, 1972.

Padraig O'cleirigh, Rex Barrell, *An Introduction to Greek Mythology*, New York: Edwin Mellen

Press, 2000.

Page, Denys, *Sappho and Alcaeus*, Oxford: Clarendon Press, 1987.

Parkinson, R. B., *The Tale of the Eloquent Peasant*, Oxford: Griffith Institute, 1991.

Penglase, Charles, *Greek Myths and Mesopotamia: Parallels and Influence in the Homeric Hymns and Hesiod*, London: Routledge, 1994.

Plato, *Theaetetus Sophist*, Harold North Fowler (tran.), Cambridge: Harvard University Press, 1921.

Powell, Jim, *The Poetry of Sappho*, New York: Oxford University Press, 2007.

Propp, Vladimir, *Theory and History of Folklore*, Ariadna Y. Martin (trans.), Anatoly Liberman (ed.), Minneapolis: University of Minnesota Press, 1997.

Pucci, Pietro, *Oedipus and the Fabrication of the Father: Oedipus Tyrannus in Modern Criticism and Philosophy*, Baltimore: The John Hopkins University Press, 1992.

Raglan, Lord, *Jocasta's Crime*, London: Thinker's Library, 1940.

Rimbaud, Arthur, *Selected Poems and Letters*, translated and with an Introduction and Notes by Jeremy Harding and John Sturrock, London: Penguin Books, 2004.

Róheim, Géza, *The Eternal Ones of the Dream—A Psychoanalytic Interpretation of Australian Myth and Ritual*, New York: International Universities Press, 1969.

Rudnytsky, P. L., *Freud and Oedipus*, New York: Columbia University Press, 1987.

Rundle, Clark R. T., *Myth and Symbol in Ancient Egypt*, London: Thames and Hudson Ltd, 1959.

Savage, Energies, *Lessons of Myth and Ritual in Ancient Greece*, Chicago: University of Chicago Press, 2001.

Segal, Charles, *Oedipus Tyrannus: Tragic Heroism and the Limits of Knowledge*, New York: Macmillan Publishing Company, 1993.

Segal, Robert A., ed., "Structuralism in Myth", in *Theories of Myth*, Volume VI, New York: Garland Publishers, 1996.

Seyffert, Oskar *A Dictionary of Classical Antiquities, Mythology Religion Literature Art, I*, Revised and edited by Henry Nettleship and J. E. Sandys, the Meridian Library, New York: Meridian Books, 1956.

Sioris, G. A., *Mythology of Greece and Japan: Archetypal Similarities*, New Delhi: Sterling Publishers, 1987.

Stabbs, Samuel James, ed., *Oedipus, Oracles, and Meaning—From Sophocles to Umberto Eco, Lecture Series*, Toronto: University of Toronto Press, 1991.

Stanage, S., *Violatives: Modes and Themes of Violence*, In Stanage, S., ed., *Reason and Violence*. Totowa, NJ: Littlefield/ Adams, 1974.

Taylor, Timothy, *Prehistory of Sex, Four Million Years of Human Sexual Culture*, New York: Bantam Books, 1996.

The Loeb Classical Library, *Greek Lyric Ⅰ, Sappho and Alcaeus*, G. P. Goold (ed.), Cambridge: Harvard University Press, 1990.

Thompson, Lana, *The Wandering Womb—A Cultural History of Outrageous Beliefs about Women*, New York: Prometheus Books, 1999.

Trigger, B., *Ancient Egypt: A Social History*, Cambridge: Cambridge University Press, 1985.

Vernant, J. P., *Myth and Tragedy in Ancient Greece*, New York: Zone Books; Cambridge, Mass.: Distributed by MIT Press, 1988.

——— *The Origins of Greek Thought*, Ithaca: Cornell University Press, 1982.

Ward, Ann, *Herodotus and the Philosophy of Empire*, New York: Baylor University Press, 2008.

Warrington, John, *Everyman's Classical Dictionary, 800 B. C.–A. D. 337*, London: J. M. Dent & Sons Ltd, 1961.

West, Martin, "A New Sappho Poem", *Times Literary Supplement*, 2005, No. 5334.

Whitmont, Edward C., *Return of the Goddess*, London: Arkana Paperbacks, 1982.

Wood, Michael, *In Search of the Trojan War*, London: Guild Publishing, 1985.

Woodard, Thomas, ed., *Sophocles: A Collection of Critical Essays*, New Jersey: Prentice-Hall, Inc., 1966.

［拜占庭］奥林匹奥多罗：《苏格拉底的命相——〈斐多〉讲疏》，宋志润译，华东师范大学出版社，2010年。

［比利时］米歇尔·梅耶：《差异 排斥 历史》，史忠义、晓祥译，知识产权出版社，2015年。

［丹麦］克斯汀·海斯翠普著编：《他者的历史》，贾士蘅译，（台北）麦田出版股份有限公司，1998年。

［德］瓦尔特·伯克特：《东方化革命——古风时代前期近东对古希腊文化的影响》，刘智译，上海三联书店，2010年。

［德］埃里希·弗洛姆：《弗洛伊德思想的贡献与局限》，申荷永译，湖南人民出版社，1986年。

［德］恩斯特·卡西尔：《人论》，甘阳译，上海译文出版社，2003年。

［德］恩斯特·卡西尔：《人文科学的逻辑》，关子尹译，上海译文出版社，2004年。

［德］汉斯·布鲁门伯格：《神话研究》（上），胡继华译，上海人民出版社，2012年。

［德］荷尔德林：《荷尔德林文集》，戴晖译，商务印书馆，1999年，第269页。

［德］黑格尔：《美学》（第1卷），朱光潜译，商务印书馆，1979年。

［德］马克思、恩格斯：《马克思恩格斯全集》，人民出版社，1972年。

［德］麦克斯·缪勒：《比较神话学》，金泽译，上海文艺出版社，1989年。

［德］麦克斯·舍勒：《价值的颠覆》，曹卫东译，生活·读书·新知三联书店，1997年。

［德］梅耶（Christian Meier）：《古希腊政治的起源》，王师译，华东师范大学出版社，2013年。

［德］莫尔特曼：《创造中的上帝——生态的创造论》，苏贤贵等译，生活·读书·新知三联书店，2002年。

［德］舍勒：《舍勒选集》（下卷），刘小枫选编，上海三联书店，1999年。

［德］瓦尔特·伯克特：《巴比伦·孟斐斯·波斯波利斯》，唐卉译，社会科学文献出版社，2015年。

［德］扬·阿斯曼：《文化记忆：早期高级文化中的文字、回忆和政治身份》，金寿福、黄晓晨译，北京大学出版社，2015年。

［俄］普列汉诺夫：《论艺术（没有地址的信）》，曹葆华译，生活·读书·新知三联书店，1973年。

［法］P.莱韦斯克：《希腊的诞生》，王鹏等译，上海书店出版社，1999年。

［法］阿尔蒂尔·兰波：《兰波作品全集》，王以培译，作家出版社，2011年。

［法］保罗·里克尔：《恶的象征》，公车译，上海人民出版社，2005年。

［法］德蒂安：《古希腊众神的生活》，郑元华译，上海人民出版社，2008年。

［法］费尔南·布罗代尔：《地中海考古：史前史和古代史》，蒋明炜等译，社会科学文献出版社，2005年。

［法］菲斯泰尔·德·古朗士：《古代城市：希腊罗马宗教、法律及制度研究》，吴晓群译，上海人民出版社，2006年。

［法］居代·德拉孔波等编：《赫西俄德：神话之艺》，吴雅凌译，华夏出版社，2004年。

［法］克莉斯特娃：《爱情传奇》，姚劲超等译，华夏出版社，1992年。

［法］克洛德·莱维-斯特劳斯：《结构人类学》，谢维扬、俞宣孟译，上海译文出版社，1995年。

［法］克洛德·列维-斯特劳斯：《嫉妒的制陶女》，刘汉全译，中国人民大学出版社，2006年。

［法］莱昂·罗斑：《希腊思想和科学精神的起源》，陈修斋译，广西师范大学出版社，2003年。

［法］勒内·基拉尔：《双重束缚——文学、摹仿及人类学文集》，刘舒、陈明珠译，华夏出版社，2006年。

［法］勒内·吉拉尔：《替罪羊》，冯寿农译，东方出版社，2002年。

［法］列维-斯特劳斯：《乱伦与神话》，见叶舒宪主编：《神话-原型批评》，陕西师范大学

出版社，1987年。

［法］马特：《柏拉图与神话之镜——从黄金时代到大西岛》，吴雅凌译，华东师范大学出版社，2008年。

［法］米歇尔·福科：《疯癫与文明》，刘北成等译，生活·读书·新知三联书店，2002年。

［法］让-皮埃尔·韦尔南：《希腊思想的起源》，秦海鹰译，生活·读书·新知三联书店，1996年。

［法］让-皮尔埃·韦尔南：《神话与政治之间》，余中先译，生活·读书·新知三联书店，2001年。

［法］朱尔·勒皮迪：《黄金》，彭宁兮、刘艳译，商务印书馆，2005年。

［古罗马］维吉尔：《埃涅阿斯纪》，杨周翰译，人民文学出版社，1984年。

［古希腊］阿波罗多洛斯：《苦雨斋译丛·希腊神话》，周作人译，中国对外翻译出版公司，1999年。

［古希腊］阿里斯托芬：《地母节妇女　蛙》，罗念生译，上海人民出版社，2006年。

［古希腊］埃斯库罗斯、索福克勒斯：《罗念生全集II埃斯库罗斯悲剧三种　索福克勒斯悲剧四种》，上海人民出版社，2004年。

［古希腊］埃斯库罗斯：《埃斯库罗斯悲剧集》，陈中梅译，华夏出版社，2008年。

［古希腊］埃斯库罗斯：《埃斯库罗斯悲剧集》，陈中梅译，辽宁教育出版社，1999年。

［古希腊］柏拉图：《柏拉图全集》，王晓朝译，人民出版社，2003年。

［古希腊］柏拉图：《理想国》，郭斌和、张竹明译，商务印书馆，1996年。

［古希腊］荷马等：《英雄诗系笺释》，崔嵬、程志敏译，华夏出版社，2011年。

［古希腊］荷马：《奥德赛》，陈中梅译注，译林出版社，2003年。

［古希腊］荷马：《奥德赛》，王焕生译，人民文学出版社，1997年。

［古希腊］荷马：《伊利亚特》，陈中梅译，花城出版社，1994年。

［古希腊］荷马：《伊利亚特》，陈中梅译注，译林出版社，2000年。

［古希腊］赫西俄德：《工作与时日·神谱》，张竹明、蒋平译，商务印书馆，1991年。

［古希腊］斯特拉博：《地理学》，李铁匠译，上海三联书店，2014年。

［古希腊］索福克勒斯等：《古希腊悲剧选》，罗念生等译，人民文学出版社，1998年。

［古希腊］无名氏：《荷马与赫西俄德之间的辩论》，《经典与解释3》，吴雅凌译，华夏出版社，2004年。

［古希腊］希罗多德：《历史——希腊波斯战争史》，王以铸译，商务印书馆，1985年。

［古希腊］修昔底德：《伯罗奔尼撒战争史》，徐松岩译注，上海人民出版社，2012年。

［古希腊］希波克拉底：《希波克拉底文集》，赵洪钧、武鹏译，中国中医药出版社，2007年。

［古希腊］亚里士多德：《诗学》，陈中梅译注，商务印书馆，2005年。

［古希腊］亚里士多德：《形而上学》，吴寿彭译，商务印书馆，1959年。

［加拿大］弗莱：《伟大的代码——圣经与文学》，郝振益等译，北京大学出版社，1998年。

［加拿大］玛格丽特·阿特伍德：《珀涅罗珀记——珀涅罗珀与奥德修斯的神话》，韦清琦译，重庆出版社，2005年。

［加拿大］罗伯特·洛根：《字母表效应：拼音文字与西方文明》，何道宽译，复旦大学出版社，2012年。

［加拿大］诺思洛普·弗莱：《批评的剖析》，陈慧等译，百花文艺出版社，1998年。

［罗马尼亚］米尔恰·伊利亚德：《神圣与世俗》，王建光译，华夏出版社，2003年。

［罗马尼亚］米尔恰·伊利亚德：《宗教思想史》，晏可佳等译，上海社会科学院出版社，2004年。

［美］Adrian Room编著：《古典神话人物词典》，刘佳、夏天注释，外语教学与研究出版社，2007年。

［美］J. W. 汤普森：《历史著作史》，谢德风译，商务印书馆，1992年。

［美］埃里克·沃格林：《秩序与历史（卷二）：城邦的世界》，陈周旺译，译林出版社，2012年。

［美］保罗·麦克金德里克：《会说话的希腊石头》，晏绍祥译，浙江人民出版社，2000年。

［美］伯纳德特：《弓弦与竖琴——从柏拉图解读〈奥德赛〉》，程志敏译，华夏出版社，2003年。

［美］伯纳德特：《情节中的论辩——希腊诗与哲学》，严蓓雯、蒋文惠等译，华东师范大学出版社，2016年。

［美］布鲁斯·林肯：《死亡、战争与献祭》，晏可佳译，上海人民出版社，2002年。

［美］菲利普·巴格比：《文化：历史的投影》，夏克等译，上海人民出版社，1987年。

［美］菲利普·费尔南德兹-阿迈斯托：《世界：一部历史》（上册），北京大学出版社，2010年。

［美］罗伯特·扬：《白色神话》，赵稀方译，北京大学出版社，2014年。

［美］金芭塔丝：《女神的语言》，苏永前等译，社会科学文献出版社，2016年。

［美］塞·诺·克雷默：《世界古代神话》，魏庆征译，华夏出版社，1989年。

［美］罗伯特·柯布里克：《希腊人：爱琴海岸的奇葩》，李继荣等译，世界图书出版公司，2013年。

［美］马丁·贝纳尔：《黑色雅典娜——古典文明的亚非之根》，郝田虎、程英译，吉林出版集团，2011。

［美］马文·哈里斯：《好吃：食物与文化之谜》，叶舒宪、户晓辉译，山东画报出版社，2001年。

［美］玛丽加·金芭塔丝：《活着的女神》，叶舒宪等译，广西师范大学出版社，2008年。
［美］唐纳德·R. 凯利：《多面的历史：从希罗多德到赫尔德的历史探询》，陈恒、宋立宏译，生活·读书·新知三联书店，2003年。
［日］土居健郎：《日本人的心理结构》，阎小妹译，商务印书馆，2006年。
［苏联］M. H. 鲍特文尼克等编著：《神话辞典》，黄鸿森、温乃铮译，商务印书馆，1985年。
［希腊］索菲娅·N. 斯菲罗亚：《希腊诸神传》，［美］黛安·舒加特英译，张云江汉译，国际文化出版公司，2007年。
［英］托马斯·卡莱尔：《论英雄和英雄崇拜》，张志民、段忠桥译，中国国际广播出版社，1988年。
［英］A. S. 默里：《古希腊雕塑史——从早期到菲迪亚斯时代》，张铨、孙志刚、刘寒清译，江苏美术出版社，2007年。
［英］J. R. 哈里斯编：《埃及的遗产》，田明等译，上海人民出版社，2006年。
［英］爱德华·霍列特·卡尔：《历史是什么？》，吴柱存译，商务印书馆，1981年。
［英］彼得·伯克：《什么是文化史》，蔡玉辉译，北京大学出版社，2009年。
［英］伯特兰·罗素：《西方的智慧》，崔权醴译，文化艺术出版社，1992年。
［英］多佛（K. J. Dover）等：《古希腊文学常谈》，陈国强译，华夏出版社，2012年。
［英］赫罗兹尼：《西亚细亚、印度和克里特上古史》，谢德风等译，生活·读书·新知三联书店，1958年。
［英］霍布斯鲍姆等：《传统的发明》，顾杭等译，译林出版社，2004年。
［英］吉尔伯特·默雷：《古希腊文学史》，孙席珍、蒋丙贤、郭智石译，上海译文出版社，1988年。
［英］简·艾伦·赫丽生：《古希腊宗教的社会起源》，谢世坚译，广西师范大学出版社，2004年。
［英］杰克·古迪：《从口头到书面：故事讲述中的人类学突破》，尸晓辉译，《民族义学研究》2002年第3期。
［英］杰克·古迪：《神话、仪式与口述》，李源译，中国人民大学出版社，2014年。
［英］杰拉德·德兰迪、恩斯·伊辛主编：《历史社会学手册》，李霞、李恭忠译，中国人民大学出版社，2009年。
［英］弗朗西斯·麦克唐纳·康福德：《修昔底德：神话与历史之间》，孙艳萍译，上海三联书店，2006年。
［英］马克·麦克德莫特：《早期希腊年代学——文献传统》，载东北师范大学世界古典文明史研究所编著：《世界诸古代文明年代学研究的历史与现状》，世界图书出版公司，1999年。

［英］马林诺夫斯基：《巫术、科学、宗教与神话》，上海文艺出版社，1987年（影印本）。

［英］诺曼·戴维斯：《欧洲史》（上卷），郭方、刘北成等译，世界知识出版社，2007年。

［英］塞拉·里克特：《希腊艺术手册》，李本正、范景中译，中国美术学院出版社，1989年。

［英］托马斯·克伦普：《数字人类学》，郑元者译，中央编译出版社，2007年。

［英］西蒙·普莱斯：《古希腊人的宗教生活》，邢颖译，北京大学出版社，2015年。

《不列颠简明百科全书》（修订版），第4卷，中国大百科全书出版社，2011年。

《当代圣经》，（香港）中国圣经出版社，1979年。

《世界文化象征辞典》，湖南文艺出版社，1994年。

白钢：《Ex oriente lux（光从东方来）——论希腊精神中的东方因素》，载《思想史研究》第六辑"希腊与东方"，世纪出版集团，2009年。

陈中梅：《〈奥德赛〉的认识论启示：寻找西方认知史上logon didonai的前点链接》，《外国文学评论》2006年第4/5期。

陈中梅：《宙斯的天空——〈荷马史诗〉里的宙斯、雅典娜和阿波罗研究》，北京大学出版社，2011年。

冯金朋：《历史：另一种神话——谈希罗多德的人神史观》，《重庆社会科学》2006年第2期。

耿幼壮：《书写的神话——西方文化中的文学》，中国人民大学出版社，2006年。

关永中：《神话与时间》，（台北）台湾书店，1997年。

郝际陶：《关于〈帕罗斯碑铭文〉的史料价值》，《世界历史》1998年第6期。

郝际陶：《帕罗斯碑铭文与希腊年代学》，载东北师范大学世界古典文明史研究所编著：《世界诸古代文明年代学研究的历史与现状》，世界图书出版公司，1999年。

何立平：《论古罗马的女角斗士》，《贵州师范大学学报（社会科学版）》2004年第3期。

林惠祥：《文化人类学》，（台湾）商务印书馆，1981年。

刘小枫：《一个故事两种讲法——读赫西俄德笔下的普罗米修斯神话》，《中山大学学报（社会科学版）》2010年第2期。

刘小枫选编：《古典诗文绎读·西学卷·古代编》（上），华夏出版社，2008年。

刘意青、罗经国编：《欧洲文学史》（第1卷），商务印书馆，2002年。

罗念生、水建馥编：《古希腊语汉语词典》，商务印书馆，2005年。

吕健："竞赛"（agōn）中的英雄：古风诗歌与〈疯狂的赫拉克勒斯〉》，《文艺评论》2010年第3期。

麦永雄：《英雄符码及其结构：荷马史诗三位主要英雄形象论析》，《外国文学研究》1997年第3期。

钱锺书：《管锥编》（第1册），中华书局，1979年。

芮逸夫主编:《云五社会科学大辞典》第10册《人类学》,(台湾)商务印书馆,1980年。

石元康:《天命与正当性:从韦伯的分类看儒家的政道》,《开放时代》1999年第6期。

水建馥:《古希腊抒情诗选》,人民文学出版社,1988年。

田晓菲编译:《"萨福":一个欧美文学传统的生成》,生活·读书·新知三联书店,2003年。

王以欣:《神话与历史——古希腊英雄故事的历史和文化内涵》,商务印书馆,2006年。

王以欣、王敦书:《希腊神话与历史——近现代各派学术观点述评》,《史学理论研究》1998年第4期。

王以欣:《古希腊神话与土地占有权》,《世界历史》2002年第4期。

王以欣:《迈锡尼时代的王权:起源和发展》,《世界历史》2005年第1期。

吴雅凌编译:《俄耳甫斯祷歌》,华夏出版社,2006年。

吴雅凌:《神谱笺释》,华夏出版社,2010年。

杨惠南:《印度哲学史》,(台北)东大图书公司,1995年。

张芳宁:《勒斯波斯的第十"缪斯"》,《浙江学刊》2010年第2期。

张强:《特洛伊考古一百年》,《东北师大学报(哲学社会科学版)》1999年第5期。

周遐寿:《希腊女诗人萨波》(影印本),文艺复兴丛书第一辑,上海出版公司,1958年。

朱荣华:《寻找母亲的花园》,《中华女子学院学报》2010年第1期。

祝宏俊:《赫西俄德的史学地位》,《史学史研究》2002年第4期。

索引

《奥德赛》, 32, 33, 35, 37, 49, 55, 58, 95, 99, 101–103, 111, 135, 144, 187–190, 193, 198, 205–208, 231, 269, 281, 313, 328, 329

《会饮篇》, 66–68, 75, 76, 82

《历史》, 58–60, 67, 73, 115, 118, 127, 131, 134, 155, 158, 159, 162, 163, 188, 191, 269, 287–292, 294–298, 300–302, 304–309, 311, 329

《神话全书》, 3, 94, 107, 109, 114, 130, 136, 139, 152, 211, 267

《神谱》, 14, 15, 35, 36, 56, 61, 81, 103, 113, 114, 144, 210, 254–257, 260, 262, 263, 265, 268–275, 278–284, 299, 301

《伊利亚特》, 4, 5, 10, 14, 17–20, 22–25, 31–33, 35–37, 47, 53, 55, 58, 61, 62, 68, 69, 74, 81, 82, 95, 98, 100–103, 112, 149, 150, 156, 160, 176, 178–185, 187–193, 198, 205, 206, 208, 221, 257, 261, 269, 279, 283, 299, 305, 313, 314, 320, 328, 329

阿波罗, 30–54, 104, 140, 180, 184, 210, 211, 213, 214, 218, 221, 225, 226, 231, 232, 241, 262, 290, 301, 325, 352

阿波罗多洛斯, 3, 4, 94, 107, 109, 114, 115, 130, 134, 136, 139, 145, 152, 211, 261, 267, 268, 349

阿耳忒弥丝, 3, 33, 49, 50, 53, 69, 70, 146, 148, 150, 154, 160, 174, 245, 262, 290, 301

阿芙洛狄忒, 16, 18, 19, 25, 55–77, 81–87, 95, 104, 154, 262, 290, 323, 325

阿基琉斯, 31, 47, 92, 95, 98–100, 103, 156, 157, 168, 180, 182, 193

阿玛宗, 93, 137, 145–175, 228, 305, 325

阿瑞斯, 10, 24, 34, 37, 68, 69, 108, 138, 151, 153, 156, 160, 262

阿斯克勒庇俄斯, 39, 40, 156, 235

阿提卡, 18, 73, 94, 134, 135, 137, 147, 150, 152, 154, 155, 182, 209, 211

埃及, 6, 11, 53, 59, 64, 71, 92, 93, 114, 116, 118, 119, 122–130, 132, 133, 135, 140, 142, 144, 161, 171, 191, 203, 204, 214, 243, 291, 294, 297, 299–302, 314, 320, 324, 351

埃斯库罗斯, 39, 40, 113, 134, 158, 213–217, 222, 230, 232–234, 242, 252, 276, 284, 349

爱奥尼亚, 44, 47, 147, 255, 286

奥林波斯, 3, 9, 10, 17, 19–22, 24, 32–34, 42, 51, 55, 60, 61, 69, 71, 81, 86, 92–95, 98, 99, 103, 105, 107, 108, 113, 116–118, 136, 138, 186, 256, 258, 262, 268, 271, 273–277, 279, 284, 290, 322

巴比伦, 268, 277, 291, 322, 348

白银, 82, 119, 120, 156, 258, 260, 271, 273, 280

柏拉图, 12, 22, 38, 43, 44, 47–50, 62, 66–68, 70, 73–75, 82, 84, 190, 205, 293, 316, 330, 331, 349, 350

鲍桑尼亚斯, 21, 27, 58, 59, 61, 131, 137, 211, 266, 276

波斯, 22, 30, 32–34, 40, 43, 59, 73, 75, 76, 81, 82, 84, 86, 116–118, 126, 131, 132, 134, 154, 155, 161, 164, 177, 180, 188, 192, 214, 268, 273, 277, 288, 295, 302, 348, 349, 353

伯罗奔尼撒, 119, 121, 130, 138, 140, 141, 143, 177, 191, 209, 217, 219, 349

伯纳德特, 49, 67, 70, 83, 84, 154, 246, 350

查尔斯·彭伽拉斯, 60, 62, 277, 322

德尔斐, 13, 33, 34, 40–44, 49–51, 93, 94, 109, 110, 132, 137, 139, 210, 222, 229, 239, 250, 252, 266, 276, 289, 296

狄奥尼索斯, 56, 160, 232, 233, 263

狄娥奈, 25, 66, 70, 95, 96

底比斯, 124, 240, 252

东方, 30, 45, 53, 64, 65, 86, 92, 93, 118–120, 122, 123, 128, 142, 146, 164, 197, 243, 277, 280, 314, 322, 323, 339, 340, 347, 348, 352

多利安, 121, 130, 131, 138–141, 143, 307, 308

俄狄浦斯, 15, 16, 41, 101, 203–216, 218–253, 295

俄耳甫斯, 45, 70, 71, 353

腓尼基, 4, 6, 8, 11, 15, 38, 53, 59, 62, 91, 92, 117, 118, 121, 128, 129, 131–133, 138, 142–144, 208, 276, 297, 302, 323

该亚, 23, 25, 40, 43, 94, 235, 262, 264, 265, 267, 271, 273

荷马, 3–5, 15–20, 22, 23, 25, 26, 28, 31–38, 42, 45, 47, 49, 51, 53, 55, 57, 58, 60–62, 69, 70, 74, 81, 82, 86, 91, 95–98, 100–104, 117, 119, 127, 129, 133–135, 137, 143, 144, 147, 149, 150, 156, 173, 174, 176–183, 185–195, 197–200, 205–208, 221, 226, 230, 255, 261, 268, 269, 277, 281, 282, 284, 295, 299, 300, 303–306, 309, 311, 313–316, 319, 320, 322, 324, 328–331, 333, 337, 338, 349, 352

赫耳墨斯, 10, 26, 60, 102, 262, 270, 290

赫拉, 3–29, 33, 45, 55, 56, 61, 69, 81–83, 93–96, 98–100, 102, 104, 108–110, 112, 117, 120, 124–126, 129, 133, 136–138, 140–142, 152, 153, 155, 209, 210, 243, 261–265, 267, 284, 290, 302

赫拉克勒斯, 9, 10, 13, 16, 38, 91–123, 125–144, 150–153, 160, 184, 283, 290, 300, 301, 305–307, 324, 352

赫丽生, 25, 27, 92, 103, 351

赫利俄斯, 30, 32, 35, 38–40, 43, 45, 51, 53, 63, 114, 329

赫瑞沙夫, 119, 123–130, 142, 144, 324

赫梯, 128, 196–198, 277

赫西俄德, 14–16, 24, 35, 36, 55–57, 60–62, 68, 70, 74, 81, 82, 103, 104, 112–114, 119, 129, 134, 135, 143, 144, 199, 210, 211, 254–263, 266, 268–273, 275–286, 299, 301–304, 311, 322, 324, 348, 349, 352, 353

黑铁, 82, 119, 162, 179, 210, 258–260, 271–

273, 280, 284

黄金，7, 18, 20, 21, 31, 34, 40, 50, 55, 60, 78, 81, 82, 85, 92, 102, 118–120, 126, 156, 163, 167, 173, 258–260, 271–273, 280, 284, 296, 319, 349

祭司，13, 26, 27, 31, 36, 43, 44, 50, 94, 117, 126, 130, 132, 137, 179, 191, 249, 289, 293, 294, 299, 303, 304

杰克·古迪，318, 324

近东，53, 58, 59, 62–65, 122, 123, 198, 279, 347

竞赛，25, 104, 112, 119, 120, 315, 352

卡德摩斯，15, 182, 210, 211

卡俄斯，31, 273

卡塔尔胡玉克，9

凯克洛普斯，121, 122, 322

康福德，119, 185, 190, 191, 199, 351

克丽奥，256, 257, 286, 297, 298

克洛诺斯，14, 17, 22, 57, 70, 98, 99, 102, 114, 186, 210, 259–268, 271, 273–276, 279, 310

拉俄墨冬，180, 181, 184

吕底亚，91, 122, 130, 131, 133, 137, 148, 188, 289, 291, 294–296, 329

吕奇亚，268, 304, 305

逻各斯，110, 190, 199, 205, 212, 213, 215, 218, 219, 229, 234, 240, 241, 252, 277, 279, 300, 317, 319, 324

马丁·韦斯特，14, 74, 114, 262

迈锡尼，7, 11, 20, 51, 52, 56, 64, 91, 92, 112, 127, 128, 133, 139, 140, 188, 197, 198, 290, 291, 307, 323, 353

蛮族，142, 145, 147, 151, 167, 313

美索不达米亚，61, 62, 65, 214, 219, 277, 322, 323

孟斐斯，59, 129, 268, 277, 348

米诺，20, 52, 64, 191, 309

秘索思，190, 205, 208, 212, 213, 215, 218, 229, 234, 240, 252, 277, 279, 300, 317, 324, 329

冥府，14, 15, 99, 101–103, 105, 111, 112, 208, 259, 263, 268, 275

缪斯，22, 32, 33, 45, 47, 62, 73, 74, 81, 84, 86, 254–257, 269, 279, 280, 282, 283, 286, 287, 289, 297–299, 301, 302, 353

母牛，4–6, 8, 11, 17, 22, 25, 26, 28, 59

牛角，4, 7, 28

欧赫墨罗斯，309, 310, 321, 322

欧里庇得斯，38–40, 69, 70, 93, 105, 108–113, 134, 154, 208, 217, 229, 230, 232, 233, 276

帕罗斯碑，76, 121, 122, 352

彭特西勒亚，151, 156, 157, 164, 168, 172

品达，41, 104, 126, 129, 134, 141, 150, 151, 211, 237

普鲁塔克，50, 61, 125, 129

普罗米修斯，113–115, 136, 143, 214, 215, 242, 269–272, 276, 280, 283, 284, 290, 302, 352

青铜，19, 21, 82, 91, 110, 119, 133, 141, 194, 210, 258–260, 271, 273, 280

荣格，13, 16, 243, 316

萨福，22, 73–76, 79–86, 353

萨满，122, 163, 263

塞浦路斯，57–60, 62, 64, 246, 329, 330

色诺芬，292, 315

色诺芬尼，95

闪米特，4–6, 28, 53, 64, 65

蛇, 13, 34, 40–43, 51, 93, 122–124, 136, 179, 186, 187, 193, 235, 305, 306, 322

神谕, 13, 38, 40–42, 44, 45, 50, 51, 93, 94, 106, 109, 130, 132, 139, 140, 181, 187, 210, 211, 213, 216, 221, 223, 231, 238, 250, 255, 289, 293–296, 304, 308–310, 329

斯巴达, 57, 121, 130–132, 141–143, 217, 329

斯芬克司, 15, 16, 203, 209, 210, 222, 239, 243, 251, 252, 319

斯卡曼德洛斯, 157, 164, 183, 192, 193

斯奇提亚, 58, 59, 158, 161, 163, 173, 305, 306

斯特拉博, 59, 72, 141–143, 146, 147, 149, 162, 168, 212, 322, 349

苏格拉底, 12, 38, 43, 44, 47–49, 51, 66–68, 75, 76, 216, 268, 347

苏美尔, 62, 64, 65, 92, 119, 123, 291, 322

索福克勒斯, 40, 41, 91, 105–108, 134, 204, 208, 209, 213, 216–219, 221–224, 227–231, 234–239, 242, 246–251, 253, 324, 349

忒拜, 11, 15, 16, 98, 99, 105, 109, 112, 113, 123, 135–137, 182, 203, 205–215, 219, 221, 226, 230, 231, 238, 240, 243, 301, 329

忒修斯, 69, 112, 113, 150, 154–156

特洛伊, 8, 18, 19, 24, 31–36, 38, 51–53, 55, 69, 87, 97, 100, 108, 121–123, 143, 147, 149, 156, 157, 160, 176–185, 187–200, 231, 299, 300, 303, 306, 310, 320, 323, 324, 353

梯林斯, 20, 91, 103, 135, 137–139

瓦尔特·伯克特, 6, 9, 35, 51, 53, 62, 122, 123, 268, 277, 348

乌拉诺斯, 25, 57, 61, 66, 70, 86, 261–267, 271, 274, 310

西徐亚, 151, 161–163

希波克拉底, 148, 159, 162, 172–174, 349

希波吕忒, 137, 150–154, 156, 172

希罗多德, 58–60, 71, 73, 74, 115–119, 121–123, 127, 129–132, 134, 138, 143, 147, 155, 158, 159, 161–163, 166, 172–174, 177, 188, 191, 192, 212, 216, 256, 269, 286–292, 294–311, 324, 325, 329–331, 349, 351, 352

线形文字B, 11, 56, 127

象形文字, 28, 124

楔形文字, 197

谢里曼, 176, 192–196

修昔底德, 67, 118, 119, 121, 132, 177, 185, 190, 191, 199, 219, 273, 349, 351

雅典娜, 15, 16, 18–20, 24, 33, 35, 36, 42, 53, 55, 56, 69, 70, 95, 97, 102, 133, 150, 154, 262, 290, 315, 350, 352

亚马逊, 145, 148, 150, 161, 167

伊娥, 3, 26, 112, 132, 302

伊里丝, 109, 110, 183

伊利昂, 96, 132, 136, 176–185, 187–192, 194–199, 306, 324

伊利亚德, 13, 22–24, 42, 51, 133, 184, 185, 319, 350

伊西斯, 126, 204

秩序, 26, 51, 56, 81, 107, 111, 113, 218, 220, 239, 256, 257, 260–263, 268, 269, 271–274, 277–280, 282–284, 350

宙斯, 3, 4, 10, 12–26, 28, 32–37, 40, 42, 43, 53, 55–57, 61, 66, 69, 70, 77, 81–83,

85, 86, 95-102, 104-109, 111-115, 128, 135-138, 152, 153, 178, 180, 182, 184, 186, 187, 210, 214, 256, 258-269, 271, 274-279, 283, 284, 290, 301, 302, 310, 328, 352

马丁·伯纳尔

后 记

　　微信聊天、淘宝购物、"双十一"狂欢的喧嚣时代，每一个人似乎都在被高科技排山倒海般的浪潮裹挟着向前，有谁会关注几千年前古希腊人心目中神明的存在？

　　神话有一种魔力，神灵的谱系、人类的起源、神与人之间的爱恨情仇，她娓娓道来。她是祖祖辈辈放飞的想象，是传统思维的方式，是先人智慧的结晶。我们穿越其中，看到无数光怪陆离的景象，看到我们自身，并且思考过去、现在和将来。

　　不管信与不信，古希腊人都有一定的宗教情怀。把哲学从天上带到人间的苏格拉底在临终前仍然兴致高昂地谈论身体和灵魂，面对那些泪流满面给他送行的学生说："你们活着，我去死。究竟哪一个更好，只有神知道。"所谓神知道，也许只是为了表明人生是短暂的，人类的所知是有限的，宇宙之外还有浩瀚的宇宙，这个世界永远存在无穷无尽的未知。敬畏神明也好，敬畏知识也罢，人总得保持一颗敬畏之心，总得有那么一点自知之明。铭刻在德尔斐神殿前的一句"认识你自己"，提醒世人最该做也最难做的事情——内省是多么重要。

　　神话历史的关键在于：神话是历史的密钥，她站在考古的钻头无法深入的地方；历史是神话的影子，神话有多久，历史就有多长。

　　感谢复旦大学出版社的宋启立编辑。当初传来初稿的时候，我正在名古屋大学访学，因杂事纷扰，校对任务一拖再拖。他总是以十足的耐心支持和等待，为编辑工作的完成付出不少心血。

　　最后，我把这本小书献给我的爱人。他是我人生路上的一盏明灯，教会我很多很多，让我相信即使身处最黑暗、最寒冷、最孤寂的地方，只要心中有光，依然能够一直一直走下去……

唐 卉
2018 年 11 月 22 日　感恩节

图书在版编目(CIP)数据

希腊神话历史探赜:神、英雄与人/唐卉著.—上海:复旦大学出版社,2019.7
(中国文学人类学理论与方法研究系列)
ISBN 978-7-309-13897-9

Ⅰ.①希… Ⅱ.①唐… Ⅲ.①神话-历史-研究-希腊 Ⅳ.①B932.545

中国版本图书馆 CIP 数据核字(2019)第 125693 号

希腊神话历史探赜:神、英雄与人
唐　卉　著

出 品 人　严　　峰
责任编辑　宋启立

复旦大学出版社有限公司出版发行
上海市国权路 579 号　邮编:200433
网址:fupnet@fudanpress.com　http://www.fudanpress.com
门市零售:86-21-65642857　团体订购:86-21-65118853
外埠邮购:86-21-65109143　出版部电话:86-21-65642845
上海盛通时代印刷有限公司

开本 787×960　1/16　印张 24　字数 404 千
2019 年 7 月第 1 版第 1 次印刷

ISBN 978-7-309-13897-9/B·673
定价:88.00 元

如有印装质量问题,请向复旦大学出版社有限公司出版部调换。
版权所有　　侵权必究